咨询工程师（投资）职业资格考试参考教材之四

现代咨询方法与实务
XIANDAI ZIXUN FANGFA YU SHIWU

全国咨询工程师（投资）职业资格考试参考教材编写委员会 编著

（2019年版）

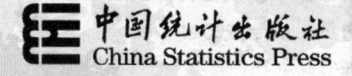

中国统计出版社
China Statistics Press

图书在版编目（CIP）数据

现代咨询方法与实务 / 全国咨询工程师（投资）职业资格考试参考教材编写委员会编著. ——北京：中国统计出版社，2018.12（2019.11重印）

2019年版咨询工程师（投资）职业资格考试参考教材

ISBN 978-7-5037-8753-9

Ⅰ. ①现… Ⅱ. ①全… Ⅲ. ①投资－咨询服务－资格考试－自学参考资料 Ⅳ. ①F830.59

中国版本图书馆CIP数据核字（2018）第264479号

现代咨询方法与实务

作　　者	/全国咨询工程师（投资）职业资格考试参考教材编写委员会
责任编辑	/姜　洋　梁　超　杨映霜　徐　颖　顾　燃
封面设计	/黄　晨
出版发行	/中国统计出版社
通信地址	/北京市丰台区西三环南路甲6号　邮政编码/100073
电　　话	/邮购（010）63376909　书店（010）68783171
网　　址	/http://www.zgtjcbs.com/
印　　刷	/三河市双峰印刷装订有限公司
开　　本	/787mm×1092mm　1/16
字　　数	/550千字
印　　张	/23.75
印　　数	/58001—61000册
版　　别	/2018年12月第1版
版　　次	/2019年11月第4次印刷
定　　价	/86.00元

版权所有。未经许可，本书的任何部分不得以任何方式在世界任何地区以任何文字翻印、拷贝、仿制或转载。
如有印装差错，由本社发行部调换。

全国咨询工程师（投资）职业资格考试参考教材编写委员会

编委会主任：肖凤桐

编委会副主任：赵旸泮

编委会主编：王忠诚

编委会副主编：王雪青

编委会委员：（以姓氏笔画为序）

王辉仁　牛新祥　任　远　许有志　李清立
杨　萍　汪　洋　张　薇　张秋艳　林之毅
周福全　孟俊娜　赵文忠　徐伟金　高会晋
郭建斌　韩红梅　程　选

编委会办公室主任：张惠萍

《现代咨询方法与实务》编写组

组　　长：郭建斌
副组长：李清立　任　远
成　　员：（以姓氏笔画为序）
　　　　　于　明　王大卫　车　路　石锻花　伍思宇
　　　　　衣梦耘　孙　慧　李　倩　李文倩　周　茜
　　　　　郑　立　赵文忠　洪　辉　曾建伟

前　言

自 2001 年我国设立咨询工程师（投资）执业资格制度以来，咨询工程师（投资）资格经历了从准入类到水平评价类的转变，但是咨询工程师（投资）作为工程咨询行业骨干核心力量的地位没有变。2004 年，我国开始组织第一次咨询工程师（投资）资格考试，参加咨询工程师（投资）资格考试自此成为取得咨询工程师（投资）资格证书的唯一途径。十几年中，全国共有 759960 人报名考试，457690 人参加考试，93766 人取得咨询工程师（投资）资格证书，一支以咨询工程师（投资）为核心的高素质工程咨询专业技术人才队伍已经形成，在为政府、社会和企业提供咨询服务的过程中，展现出了良好的职业素养和较高的业务水平，为我国经济社会发展做出了重要贡献。

根据考试工作需要，中国工程咨询协会组织成立的考试参考教材编写委员会，依据不同时期的考试大纲，适应不断变化的新形势和新要求，先后组织编写了 2003 年版、2008 年版、2012 年版和 2017 年版咨询工程师（投资）职业资格考试参考教材，为帮助考生备考和专家命题发挥了积极的作用。

在习近平新时代中国特色社会主义思想指导下，近年来，我国各领域"放管服"改革进一步深化，使得工程咨询业所处的政策、法律以及经济社会环境发生了重大变化，工程咨询业管理体制以及与之相适应的咨询工程师（投资）管理制度发生了重大变革，工程咨询服务的范围、内容、方式、技术方法和要求等也有了新的发展。

为满足新时期咨询工程师（投资）考试工作的需要，在人力资源社会保障部、国家发展和改革委员会的指导下，全国咨询工程师（投资）职业资格考试专家委员会组织编制了 2019 年版《咨询工程师（投资）职业资格考试大纲》。依据新的考试大纲，教材编写委员会组织业内专家和学者在 2017 年版参考教材的基础上，修订出版了 2019 年版《咨询工程师（投资）职业资格考试参考教材》。

新版《咨询工程师（投资）职业资格考试参考教材》在沿用 2017 年版考试参考教材体系并继承历年版考试参考教材内容精华的基础上，以习近平新时代中国特色社会主义思想为指导,按照新时期工程咨询管理体制和咨询工程师管理制度的新特点和新要求,充分反映了工程咨询服务内容、服务方式和技术方法的新变化。

一、在政策依据上,突出与时俱进。根据党的十八大尤其是党的十九大以来国家各领域改革的最新发展以及与工程咨询行业相关的各类法律法规、标准规范和政策文件的最新要求,对工程咨询行业如何按照习近平新时代中国特色社会主义思想贯彻新发展理念,做了最新阐述。

二、在内容编排上,理论与实践并重。对有关科目存在的内容交叉重复的部分,进行了调整;对涉及到的方法体系,按照全过程工程咨询服务的理念重新进行了梳理;广泛吸收国内外有关工程咨询的最新理论成果和最佳实践经验,对相关案例进行了调整,使之更加贴近实际工作需要。

三、在篇幅结构上,适当进行压缩。对内容相近的部分进行了合并,对已经完成的各类规划、已废止执行的各项政策规定以及陈旧过时的内容进行了删除,对部分过于专业和复杂、考试中很难涉及的内容也进行了压减。

这次修订出版的《咨询工程师(投资)职业资格考试参考教材》,可作为2019年及其以后年份咨询工程师(投资)考试命题、考前辅导和考生复习备考的参考用书,也可供投资建设领域相关业务主管部门的人员以及工程咨询从业人员在工作中选择性使用,还可作为有关高等院校、科研机构的专业教学和研究用书。

2019年版《咨询工程师(投资)职业资格考试参考教材》,全套共4册,与考试科目一一对应,分别由各科目编写组撰写、修改,最后由教材编写委员会组织终审、定稿。在修订过程中,吴萨、孙彦明、马念君、汪文祥、何晓光、杨晓春、石国虎、王艳华、杨克磊、陶黎敏等同志,或参与了提纲讨论,或提出了修改意见,或给予了其他帮助;不少作者编写的相关著作、论文和工作成果,也提供了有价值的观点和资料,在此一并表示衷心感谢。

我们正处在深化改革的时代,与工程咨询相关的新政策不断出台,加上本次修订工作量大、时间紧,新版考试参考教材难免有不尽人意之处,欢迎广大读者予以指正。

全国咨询工程师(投资)职业资格考试
参考教材编写委员会
二〇一八年十二月

目　录

第一章　现代工程咨询方法 …………………………………………………………… 1
　第一节　现代工程咨询方法概述 ……………………………………………………… 1
　　一、基本概念 ………………………………………………………………………… 1
　　二、现代工程咨询方法的特点 ……………………………………………………… 2
　　三、现代工程咨询方法框架 ………………………………………………………… 3
　第二节　逻辑框架法 …………………………………………………………………… 3
　　一、逻辑框架法的概念及模式 ……………………………………………………… 5
　　二、逻辑框架法中的逻辑关系 ……………………………………………………… 6
　　三、逻辑框架矩阵的编制 …………………………………………………………… 8
　　四、逻辑框架法应用案例 ………………………………………………………… 13
　第三节　层次分析法 ………………………………………………………………… 18
　　一、层次分析法概述及优缺点 …………………………………………………… 18
　　二、层次分析法的基本步骤 ……………………………………………………… 19
　　三、层次分析法应用案例 ………………………………………………………… 24
　第四节　SWOT 分析法 ……………………………………………………………… 27
　　一、SWOT 分析法模型 …………………………………………………………… 27
　　二、SWOT 分析法的基本步骤 …………………………………………………… 28
　　三、SWOT 分析法应用案例 ……………………………………………………… 29
　第五节　PEST 分析法 ……………………………………………………………… 34
　　一、PEST 分析 …………………………………………………………………… 34
　　二、PEST 分析法应用案例 ……………………………………………………… 35

第二章　数据采集、分析与知识管理 ………………………………………………… 38
　第一节　工程咨询信息及其管理 …………………………………………………… 38
　　一、概述 …………………………………………………………………………… 38
　　二、工程咨询信息类型及来源 …………………………………………………… 39
　　三、"互联网＋"背景下的工程咨询信息管理 …………………………………… 41
　第二节　信息采集途径和方法 ……………………………………………………… 44
　　一、工程咨询信息采集途径 ……………………………………………………… 44

二、网络信息搜索和提取方法 ……………………………………………… 45
　第三节　信息鉴别 ……………………………………………………………… 48
　　一、信息鉴别及必要性 …………………………………………………… 48
　　二、信息鉴别常用方法 …………………………………………………… 48
　　三、信息的综合 …………………………………………………………… 50
　第四节　数据分析与挖掘 ……………………………………………………… 50
　　一、概述 …………………………………………………………………… 50
　　二、数据统计分析 ………………………………………………………… 51
　　三、时间数据分析方法 …………………………………………………… 52
　　四、大数据系统和数据挖掘技术 ………………………………………… 53
　第五节　工程咨询知识管理 …………………………………………………… 56
　　一、工程咨询知识及其特点 ……………………………………………… 56
　　二、工程咨询企业知识管理 ……………………………………………… 57
　　三、建立知识管理系统步骤 ……………………………………………… 59

第三章　规划咨询 ………………………………………………………………… 61
　第一节　规划咨询方法概述 …………………………………………………… 61
　　一、调查方法 ……………………………………………………………… 61
　　二、综合平衡方法 ………………………………………………………… 62
　　三、宏观分析方法 ………………………………………………………… 62
　　四、模拟预测方法 ………………………………………………………… 64
　第二节　规划咨询的常用方法 ………………………………………………… 64
　　一、区位熵 ………………………………………………………………… 65
　　二、偏离－份额分析法 …………………………………………………… 67
　　三、波特钻石模型 ………………………………………………………… 72
　　四、德尔菲法 ……………………………………………………………… 77
　　五、城市规模等级模型 …………………………………………………… 80
　　六、利益相关者分析 ……………………………………………………… 86
　第三节　规划咨询方法的新发展 ……………………………………………… 91
　　一、地理信息系统分析方法 ……………………………………………… 91
　　二、情景分析方法 ………………………………………………………… 93
　　三、决策支持系统法 ……………………………………………………… 94

第四章　资源环境承载力分析 …………………………………………………… 95
　第一节　资源环境承载力概述 ………………………………………………… 95
　　一、资源环境承载力的内涵 ……………………………………………… 95
　　二、资源环境承载力的特征 ……………………………………………… 96
　　三、资源环境承载力分析的类型 ………………………………………… 97

四、资源环境承载力分析框架 ……………………………………………… 99
　第二节　资源环境承载力影响因素识别及评价指标 …………………………… 101
　　一、资源承载力影响因素识别及评价指标 ………………………………… 101
　　二、环境承载力影响因素识别及评价指标 ………………………………… 105
　　三、生态承载力影响因素识别及评价指标 ………………………………… 106
　　四、资源环境承载力评价综合指标体系 …………………………………… 107
　第三节　资源环境承载力分析方法体系 ………………………………………… 108
　　一、资源环境承载力分析方法 ……………………………………………… 108
　　二、分析方法选用 …………………………………………………………… 109
　第四节　资源环境承载力常用分析方法 ………………………………………… 110
　　一、生态足迹法及应用案例 ………………………………………………… 110
　　二、层次分析法及应用案例 ………………………………………………… 115
　　三、其他方法 ………………………………………………………………… 120

第五章　市场分析 …………………………………………………………………… 126
　第一节　市场分析概述 …………………………………………………………… 126
　　一、市场需求预测 …………………………………………………………… 126
　　二、市场战略分析 …………………………………………………………… 127
　第二节　定性预测法 ……………………………………………………………… 133
　　一、类推预测法 ……………………………………………………………… 133
　　二、专家预测法 ……………………………………………………………… 134
　　三、征兆指标预测 …………………………………………………………… 135
　　四、点面联想法 ……………………………………………………………… 136
　第三节　因果分析法 ……………………………………………………………… 136
　　一、线性回归分析 …………………………………………………………… 136
　　二、弹性系数法 ……………………………………………………………… 142
　　三、消费系数法 ……………………………………………………………… 146
　　四、购买力估算法 …………………………………………………………… 147
　第四节　延伸预测法 ……………………………………………………………… 148
　　一、简单移动平均法 ………………………………………………………… 148
　　二、指数平滑法 ……………………………………………………………… 151
　第五节　竞争能力分析 …………………………………………………………… 154
　　一、行业竞争结构分析 ……………………………………………………… 154
　　二、企业竞争能力分析 ……………………………………………………… 156
　第六节　价值链分析 ……………………………………………………………… 159
　　一、基本原理 ………………………………………………………………… 159
　　二、分析步骤 ………………………………………………………………… 159
　　三、价值链分析应用 ………………………………………………………… 160

— 3 —

第七节　投资组合分析 ································ 162
　　　一、波士顿矩阵 ···································· 162
　　　二、通用矩阵 ······································ 165

第六章　现金流量分析 ···································· 168
　第一节　资金时间价值与等值换算 ······················ 168
　　　一、现金流量与现金流量图 ························ 168
　　　二、资金时间价值与资金等值 ······················ 169
　　　三、常用的资金等值换算公式 ······················ 174
　第二节　现金流量分析指标及应用 ······················ 179
　　　一、现金流量分析的原则 ·························· 179
　　　二、现金流量分析指标计算 ························ 180
　　　三、现金流量分析指标应用 ························ 191
　　　四、基准收益率的测算和选取 ······················ 191

第七章　工程项目投资估算 ································ 195
　第一节　建设投资简单估算法 ·························· 195
　　　一、单位生产能力估算法 ·························· 195
　　　二、生产能力指数法 ······························ 196
　　　三、比例估算法 ·································· 196
　　　四、系数估算法 ·································· 197
　　　五、估算指标法 ·································· 198
　第二节　建设投资分类估算法 ·························· 199
　　　一、估算步骤 ···································· 199
　　　二、工程费用估算 ································ 199
　　　三、工程建设其他费用估算 ························ 207
　　　四、预备费估算 ·································· 213
　　　五、建设投资中的增值税、进项税额 ················ 214
　　　六、建设投资汇总及建设投资合理性分析 ············ 215
　第三节　建设期利息估算 ······························ 217
　　　一、建设期利息估算的前提条件 ···················· 217
　　　二、建设期利息的估算方法 ························ 217
　第四节　流动资金估算 ································ 219
　　　一、扩大指标估算法 ······························ 220
　　　二、分项详细估算法 ······························ 220
　　　三、流动资金估算应注意的问题 ···················· 223
　第五节　项目总投资与分年投资计划 ···················· 224
　　　一、项目总投资估算表的编制 ······················ 224

二、分年投资计划表的编制 ·················· 225

第八章 融资方案分析 ·················· 226
第一节 资金成本分析 ·················· 226
一、资金成本的构成 ·················· 226
二、权益资金成本分析 ·················· 227
三、债务资金成本分析 ·················· 229
四、加权平均资金成本 ·················· 233
第二节 资金结构优化比选 ·················· 233
一、比较资金成本法 ·················· 234
二、息税前利润——每股利润分析法 ·················· 235
第三节 资产证券化方案分析 ·················· 236
一、资产证券化概念和特点 ·················· 236
二、资产证券化模式设计 ·················· 239
三、资产证券化定价模型及其应用 ·················· 243
四、PPP项目资产证券化 ·················· 250
第四节 并购融资及债务重组 ·················· 252
一、并购融资方式 ·················· 252
二、公允价值估值方法 ·················· 256

第九章 工程项目财务分析 ·················· 264
第一节 财务分析概述 ·················· 264
一、财务分析的作用 ·················· 264
二、财务分析的内容 ·················· 265
三、财务分析的步骤 ·················· 265
四、财务分析的基本原则 ·················· 266
第二节 财务分析的价格及选取原则 ·················· 267
一、财务分析的价格体系 ·················· 267
二、财务分析的取价原则 ·················· 269
第三节 财务现金流量的估算 ·················· 270
一、项目计算期的分析确定 ·················· 270
二、营业收入与补贴收入估算 ·················· 270
三、成本与费用估算 ·················· 273
四、税费估算 ·················· 284
五、改扩建项目现金流量分析的特点 ·················· 288
第四节 财务盈利能力分析 ·················· 293
一、动态指标分析 ·················· 293
二、静态指标分析 ·················· 305

三、改扩建项目盈利能力分析的特点 ································ 308
　第五节　偿债能力分析和财务生存能力分析 ································ 313
　　一、相关报表编制 ································ 313
　　二、偿债能力分析 ································ 317
　　三、财务生存能力分析 ································ 321

第十章　工程项目经济分析 ································ 323
　第一节　经济分析概述 ································ 323
　　一、经济分析的作用 ································ 323
　　二、经济分析的基本方法 ································ 324
　　三、经济分析的适用范围 ································ 325
　　四、经济分析与财务分析的异同与联系 ································ 326
　第二节　经济效益与费用的识别与计算 ································ 327
　　一、经济效益与费用识别的基本要求 ································ 327
　　二、经济效益与费用的估算原则 ································ 327
　　三、直接效益与直接费用的识别与计算 ································ 328
　　四、间接效益与间接费用的识别与计算 ································ 329
　第三节　投入产出经济价格的确定 ································ 331
　　一、投入产出经济价格的含义 ································ 331
　　二、市场定价货物的经济价格确定 ································ 332
　　三、不具备市场价格的产出效果经济价格确定 ································ 334
　　四、政府调控价格货物经济价格确定 ································ 334
　　五、特殊投入经济价格确定 ································ 338
　　六、特殊产出经济价格确定 ································ 341
　第四节　经济分析基本方法 ································ 342
　　一、项目费用效益分析 ································ 342
　　二、项目费用效果分析 ································ 353
　第五节　投资项目经济影响分析方法 ································ 355
　　一、分析原则及基本方法 ································ 355
　　二、定量指标分析方法 ································ 356
　　三、重大项目的经济安全影响分析 ································ 360
　　四、经济影响分析模型简介 ································ 362

参考文献 ································ 365

第一章 现代工程咨询方法

在工程咨询活动中，咨询工程师需要应用多种科学的方法分析、处理各种信息，预测模拟多种情景，计算诸多评价指标，构建评价模型，辅助投资项目决策，经过长期的咨询实践，已经建立了较为完善的现代工程咨询方法体系。现代工程咨询用到的方法很多，本章概述了工程咨询常用方法体系，并主要介绍了通用性比较强、应用比较广泛的逻辑框架法、层次分析法、SWOT分析法和PEST法四类综合方法，其他方法在相关章节中具体介绍。

第一节 现代工程咨询方法概述

一、基本概念

现代工程咨询是遵循独立、公正、科学的原则，综合运用多学科知识、工程实践经验、现代科学管理方法，在经济社会发展、生态建设与环境保护、资源开发与有效利用以及境内外各类投资建设项目决策与实施活动中，为投资者和政府部门提供阶段性或全过程咨询和管理的智力服务。现代工程咨询具有综合性、系统性和跨学科、多专业等特点。因此，现代工程咨询方法是融合工程、技术、经济、管理、财务和法律等专业知识和分析方法在工程咨询领域综合运用的方法体系。

现代工程咨询服务范围包括：

1. 规划咨询：含国家、省（区、市）和县（区、市）（包括各类开发区、产业园区、高新区等）经济社会发展总体规划、专项规划（包括产业发展规划、基础设施规划、生态环境保护规划等）和区域规划"三级三类"规划以及企业发展战略规划的编制；

2. 项目咨询：含项目投资机会研究、投融资策划（商业计划书）、项目建议书（预可行性研究报告）、项目可行性研究报告、项目申请报告、资金申请报告的编制、市场研究、行业分析、厂址选择和方案技术经济比选等专题研究报告的编写、政府和社会资本合作（PPP）项目咨询等；

3. 评估咨询：各级政府部门、开发区、银行、投资机构和有关企事业单位委托的对规划、项目建议书、可行性研究报告、项目申请报告、资金申请报告、PPP项目实施方案、初步设计的评估，规划和项目中期评估、后评价，项目概预决算审查，及其他履行投资管理职能所需的专业技术服务；

4. 全过程工程咨询：采用多种服务方式组合，为项目决策、实施和运营持续提供局部或整体解决方案以及管理服务。

二、现代工程咨询方法的特点

现代工程咨询方法的特点是,定性分析和定量分析相结合,重视定量分析;静态分析与动态分析相结合,重视动态分析;统计分析与预测分析相结合,重视预测分析。

(一) 定性分析与定量分析

1. 定性分析

定性分析是通过研究事物构成要素间的相互联系来揭示事物本质的方法,它是在逻辑分析、判断推理的基础上,对客观事物进行分析与综合,从而找出事物发展内在规律性,确定事物的本质。在工程咨询研究中,许多难以用计量表达的场合,定性分析方法可以发挥重要作用。

2. 定量分析

定量分析是依据统计数据,选择建立合适的数学模型,计算出分析对象的各项指标及其数值的一种方法。它是通过反映一定质的事物量的关系来揭示事物内在规律的方法,在数学、统计学、运筹学、计量学、计算机等学科基础之上,通过方程、数学图表和模型等方式来研究事物的本质。在工程咨询工作中采用定量分析的方法,对复杂事物进行数据处理,进行比较分析,可以使问题更为清晰,解决方案更精确。

(二) 静态分析与动态分析

1. 静态分析

静态分析是观测和评价事物某一时点状态的一种方法。如项目评价中通过计算静态投资回收期、总投资收益率、资本金净利润率等指标,可以对项目的财务效益得出初步的判断。

2. 动态分析

在工程咨询服务的各个阶段,特别是在项目决策评价阶段,要树立动态观念,如考虑资金时间价值、市场供求变化、技术发展变化、社会经济环境的变化等。现代项目财务评价一般以动态分析为主,主要进行项目现金流量分析,计算财务净现值、内部收益率等指标,并进行风险概率分析等。

(三) 统计分析与预测分析

1. 统计分析

统计分析是对分析对象过去和现在的信息进行收集、整理、统计和分析。在现代工程决策研究咨询中经常需要采取多种方法和渠道,收集大量的统计数据,包括行业、区域、市场、技术、企业等的统计资料和信息,从而分析、归纳和总结事物的发展规律,把握发展动向;在项目执行阶段,也需要对项目的执行情况进行监控,对投资、质量、进度等进行统计分析,并与计划进行比较,判断项目的进展情况,以便采取有针对性的应对措施,促进项目的顺利进行。

2. 预测分析

预测分析是依据分析对象过去和现在的信息,采用一定的方法,对事物未来发展趋势进行分析、推测、判断的方法。预测分析是现代工程咨询的重要方法，尤其是在投资前期决策阶段，预测分析是项目咨询的重要工作。投资项目决策是建立在对未来预测的基础上的，需要对未来的社会经济环境、产业政策走向、技术发展趋势、市场需求变化、原材料供应、配套条件约束、资金市场等进行预测。

三、现代工程咨询方法框架

（一）现代工程咨询方法体系

现代工程咨询方法体系包括哲学方法、逻辑方法和学科方法。哲学方法一般是辩证地分析事物的两面性，包括它的优点和缺点、正面效应和反面效应；逻辑方法是用概念、判断、推理、假说等逻辑思维形式，对事物进行归纳、演绎、综合；学科方法是利用各种学科中常用的研究方法，包括文献法、观察法、访谈法、问卷法、测量法和实验法、价值工程方法、网络控制方法、市场调查研究方法、战略规划研究方法、财务评价方法、经济评价方法、风险分析方法等。

（二）常用现代工程咨询方法

基于咨询工程师的基本能力要求，以项目周期的全过程咨询服务为主线，重点集中于投资项目前期咨询服务领域，常用的现代工程咨询方法包括综合分析、规划咨询、市场分析、项目评价、项目管理等五大类，每一大类中又包括若干具体方法。需要说明的是，虽然我们将某一具体方法归于某一大类名下，但其并不是仅限应用于此类项目咨询领域，亦可应用于其他项目咨询中。如利益相关方分析法，经常应用于规划咨询，同时也常用于社会评价；如德尔菲法，不仅应用于市场预测，同时也应用于规划咨询、社会评价等。常用现代工程咨询方法体系如图1—1所示。限于篇幅，本章重点介绍综合分析法中的逻辑框架法、层次分析法、SWOT分析法和PEST法，其他咨询方法在相关章节中进行具体介绍。

第二节 逻辑框架法

逻辑框架法（Logical Framework Approach，简称LFA）是由美国国际开发署（USAID）在1970年开发并使用的一种项目设计、计划和评价工具，并逐步在国际组织援助项目的计划管理及评价中得到普遍推广应用。目前已有2/3的国际组织把逻辑框架作为援助项目的计划、管理和评价的主要方法。

逻辑框架分析方法广泛应用于项目策划设计、风险分析、评估、实施检查、监测评价和可持续性分析之中。在工程咨询活动中，逻辑框架分析方法通常用于规划编制、项目建议书、可行性研究及评价、项目管理信息系统、项目监测与评价、项目后评价、影响评价以及风险分析、可持续分析、社会评价等工作中，在项目后评价和社会评价中，逻辑框架法是一种普遍采用的分析工具。

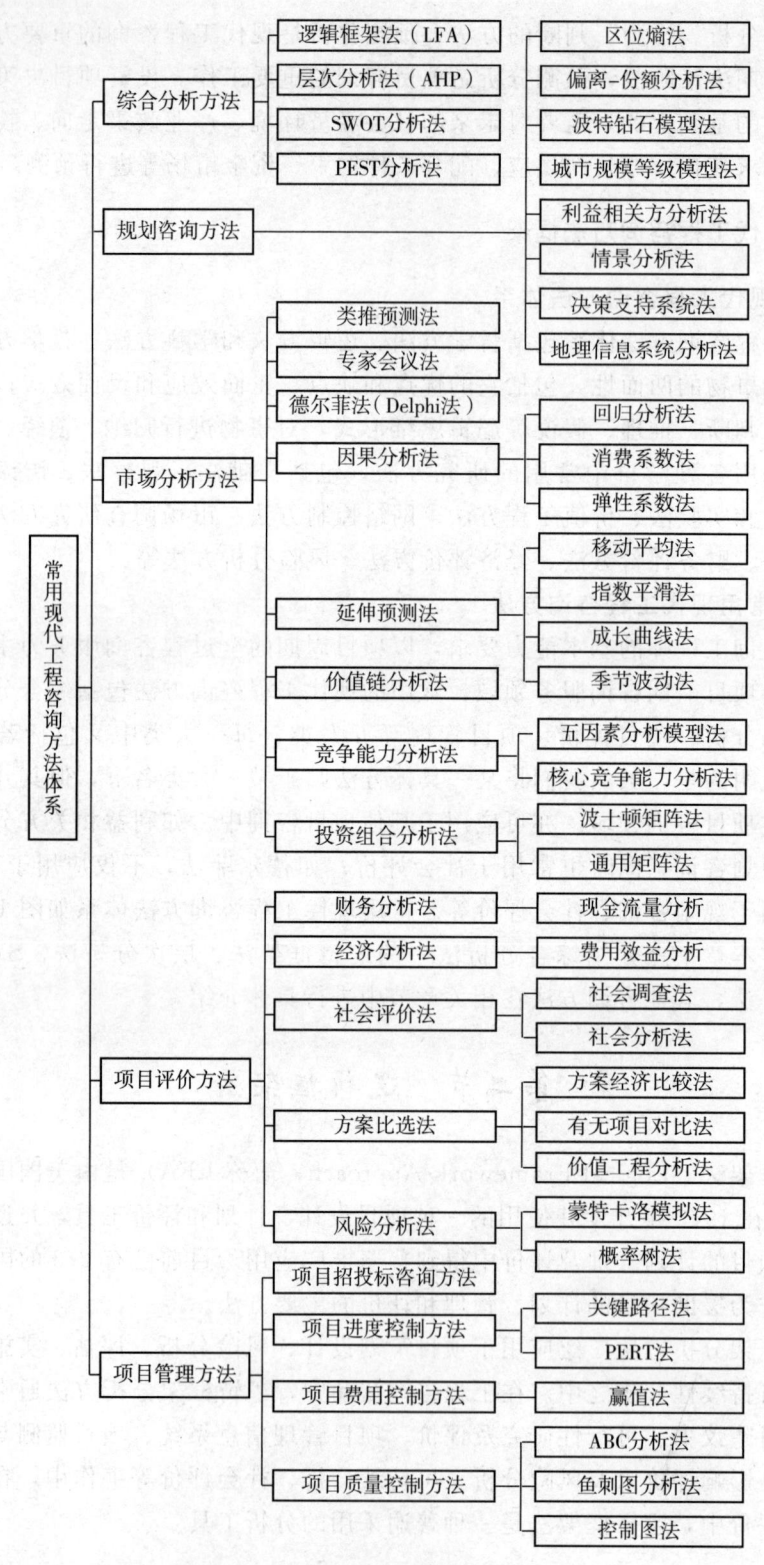

```
常用现代工程咨询方法体系
├─ 综合分析方法
│   ├─ 逻辑框架法（LFA）
│   ├─ 层次分析法（AHP）
│   ├─ SWOT分析法
│   └─ PEST分析法
├─ 规划咨询方法
│   ├─ 区位熵法
│   ├─ 偏离-份额分析法
│   ├─ 波特钻石模型法
│   ├─ 城市规模等级模型法
│   ├─ 利益相关方分析法
│   ├─ 情景分析法
│   ├─ 决策支持系统法
│   └─ 地理信息系统分析法
├─ 市场分析方法
│   ├─ 类推预测法
│   ├─ 专家会议法
│   ├─ 德尔菲法（Delphi法）
│   ├─ 因果分析法
│   │   ├─ 回归分析法
│   │   ├─ 消费系数法
│   │   └─ 弹性系数法
│   ├─ 延伸预测法
│   │   ├─ 移动平均法
│   │   ├─ 指数平滑法
│   │   ├─ 成长曲线法
│   │   └─ 季节波动法
│   ├─ 价值链分析法
│   ├─ 竞争能力分析法
│   │   ├─ 五因素分析模型法
│   │   └─ 核心竞争能力分析法
│   └─ 投资组合分析法
│       ├─ 波士顿矩阵法
│       └─ 通用矩阵法
├─ 项目评价方法
│   ├─ 财务分析法 ── 现金流量分析
│   ├─ 经济分析法 ── 费用效益分析
│   ├─ 社会评价法
│   │   ├─ 社会调查法
│   │   └─ 社会分析法
│   ├─ 方案比选法
│   │   ├─ 方案经济比较法
│   │   ├─ 有无项目对比法
│   │   └─ 价值工程分析法
│   └─ 风险分析法
│       ├─ 蒙特卡洛模拟法
│       └─ 概率树法
└─ 项目管理方法
    ├─ 项目招投标咨询方法
    ├─ 项目进度控制方法
    │   ├─ 关键路径法
    │   └─ PERT法
    ├─ 项目费用控制方法 ── 赢值法
    └─ 项目质量控制方法
        ├─ ABC分析法
        ├─ 鱼刺图分析法
        └─ 控制图法
```

图1—1　常用现代工程咨询方法体系图

一、逻辑框架法的概念及模式

（一）LFA 的基本概念

LFA 是一种概念化论述项目的方法，即用一张简单的框图来清晰地分析一个复杂项目的内涵和各种逻辑关系，以便给人们一个整体的框架概念。LFA 是将几个内容相关、必须同步考虑的动态因素组合在一起，通过分析各种要素之间的逻辑关系，从设计策划到目标实现等方面来评价一项活动或工作。LFA 为项目策划者和评价者提供一种分析框架，用以确定工作的范围和任务，并对项目目标和达到目标所需的手段进行逻辑关系分析。

LFA 的核心是项目的各种要素之间的因果关系，即"如果"提供了某种条件，"那么"就会产生某种结果。这些条件包括事物内在的因素及其所需要的各种外部条件。

（二）LFA 的基本模式

逻辑框架分析方法的结果是要形成一个逻辑框架表。由于该表能够充分体现表内包含的各项内容之间的逻辑关系，而且这种逻辑关系构成了一个矩阵式框架结构，因此，逻辑框架表又称为逻辑框架矩阵表。LFA 的模式是一张 4×4 的矩阵，基本模式如表 1-1 所示。

表 1-1 逻辑框架的基本模式

目标层次	客观验证指标	客观验证方法	重要假设及外部条件
宏观目标	宏观目标验证指标	评价及监测手段和方法	实现宏观目标的假设条件
具体目标	具体目标验证指标	评价及监测手段和方法	实现具体目标的假设条件
产出成果	产出成果衡量指标	评价及监测手段和方法	实现项目产出的假设条件
投入/活动	投入方式及定量指标	投入活动验证方法	落实项目投入的外部条件

上述逻辑框架表，自下而上分别代表项目的投入、产出、具体目标和宏观目标的四个层次；自左而右则分别为各层次目标文字叙述、定量化指标、指标的验证方法和实现该目标的必要假设及外部条件。

1. 目标层次

逻辑框架表汇总了项目实施活动的全部要素，并按宏观目标、具体目标、产出成果和投入的层次归纳了投资项目的目标及其因果关系。

(1) 宏观目标。项目的宏观目标即宏观计划、规划、政策和方针等所指向的目标，该目标可通过几个方面的因素来实现。宏观目标一般超越了项目的范畴，是指国家、地区、部门或投资组织的整体目标。这个层次目标的确定和指标的选择一般由国家或行业部门选定，一般要与国家发展目标相联系，并符合国家产业政策、行业规划等的要求。

(2) 具体目标。具体目标也叫直接目标，是指项目的直接效果，是项目立项的重要依据。一般应考虑项目为受益目标群体带来的效果，主要是社会和经济方面的成果和作用。这个层次的目标由项目实施机构和独立的评价机构来确定，目标的实现由项目本身的因素来确定。

（3）产出。这里的"产出"是指项目"干了些什么"，即项目的建设内容或投入的产出物。一般要提供可计量的直接结果，要直截了当地指出项目所完成的实际工程（如港口、铁路、输变电设施、气井、城市服务设施等），或改善机构制度、政策法规等。在分析中应注意，在产出中，项目可能会提供的一些服务和就业机会，往往不是产出而是项目的目的或目标。

（4）投入和活动。该层次是指项目的实施过程及内容，主要包括资源和时间等的投入。

2. 客观验证指标

逻辑框架垂直各层次目标，应有相对应的客观且可度量的验证指标，包括数量、质量、时间及人员等，来说明层次目标的结果，验证每一个目标的实现程度，这种指标的确立应该是客观的，不能凭主观臆断，同时又是可以被验证的。

3. 客观验证方法

在逻辑框架水平逻辑层次上，对应验证指标的是验证方法。验证方法就是主要资料来源和验证所采用的方法。主要资料来源（监测和监督）和验证方法可按照数据收集的类型、信息的来源渠道和收集方法进行划分。

4. 重要的假定条件

在逻辑框架的4个目标层次之间有一些重要的限制条件，称为假定条件，即必要的外部条件或风险。重要的假定条件主要是指可能对项目的进展或成果产生影响，而项目管理者又无法控制的外部条件，即不可控风险或限制条件。

二、逻辑框架法中的逻辑关系

（一）垂直逻辑关系

目标各层次的主要区别是，项目宏观目标的实现往往由多个项目的具体目标所构成，而一个具体目标的取得往往需要该项目完成多项具体的投入和产出活动。这样，四个层次的要素就自下而上构成了三个相互连接的逻辑关系。

第一级：如果保证一定的资源投入，并加以很好地管理，则预计有怎样的产出；

第二级：如果项目的产出活动能够顺利进行，并确保外部条件能够落实，则预计能取得怎样的具体目标；

第三级：项目的具体目标对整个地区乃至整个国家更高层次宏观目标的贡献关联性。

这种逻辑关系在LFA中称为"垂直逻辑"，可用来阐述各层次的目标内容及其上下层次间的因果关系。

概述

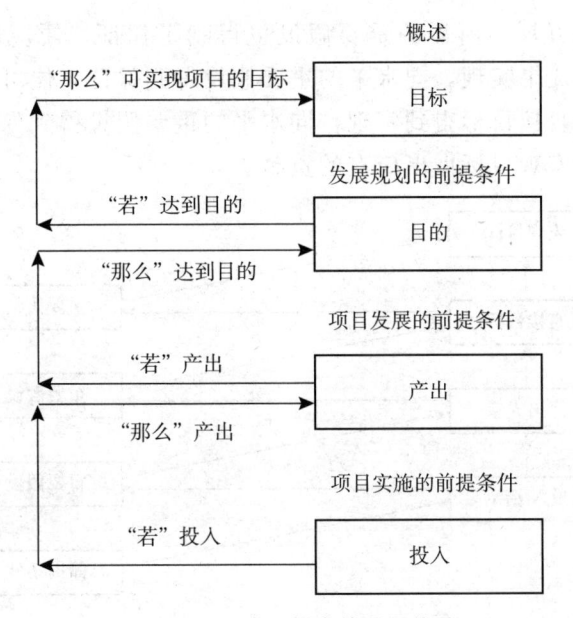

```
"那么"可实现项目的目标 ──▶ 目标
         ◀──"若"达到目的     发展规划的前提条件
                 "那么"达到目的 ──▶ 目的
         ◀──"若"产出         项目发展的前提条件
                 "那么"产出 ──▶ 产出
         ◀──"若"投入         项目实施的前提条件
                           ──▶ 投入
```

图1-2 垂直逻辑中的因果关系

（二）水平逻辑关系

垂直逻辑对项目目标层次的因果关系进行了分析，但这种分析不能满足对项目进行分析和评价的要求。水平逻辑分析的目的是通过主要验证指标和验证方法来衡量一个项目的资源和成果。与垂直逻辑中的每个层次目标对应，水平逻辑对各层次的结果加以具体说明，由验证指标、验证方法和重要的假定条件所构成，形成了LFA的4×4的逻辑框架。水平逻辑验证指标和验证方法的内容及逻辑关系如表1-2所示。

表1-2 逻辑框架中水平逻辑关系

目标层次	验证指标	验证方法	重要假设条件
宏观目标	对宏观目标影响程度的评价指标（包括预测值、实际值）	资料来源：项目文件、统计资料、项目受益者提供的资料等 采用方法：调查研究、统计分析等	
具体目标	验证项目具体目标的实现程度	资料来源：项目受益者提供 采用方法：调查研究等	
产出成果	产出成果衡量指标	资料来源：项目记录、监测报告、项目受益者提供的资料等 采用方法：资料分析、调查研究等	
投入/活动	投入方式及定量指标	资料来源：项目评价报告、项目计划文件、投资者协议文件等	

在项目的水平逻辑关系中，还有一个重要的逻辑关系就是重要假设条件与不同目标层次之间的关系，主要内容是：一旦前提条件得到满足，项目活动便可以开

始。一旦项目活动开展，所需的重要假设也得到了保证，便应取得相应的产出成果；一旦这些产出成果实现，同水平的重要假设得到保证，便可以实现项目的直接目标；一旦项目的直接目标得到实现，同水平的重要假设得到保证，项目的直接目标便可以为项目的宏观目标做出应有的贡献。

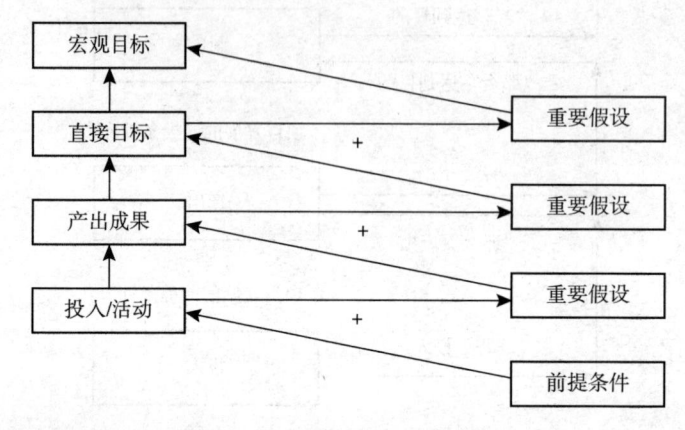

图 1-3 水平逻辑中的因果关系

对于一个理想的项目策划方案，以因果关系为核心，很容易推导出项目实施的必要条件和充分条件。项目不同目标层次间的因果关系可以推导出实现目标所需要的必要条件，这就是项目的内部逻辑关系。而充分条件则是各目标层次的外部条件，这是项目的外部逻辑。把项目的层次目标（必要条件）和项目的外部制约（充分条件）结合起来，就可以得出清晰的项目概念和设计思路。

总之，逻辑框架分析方法不仅仅是一个分析程序，更重要的是一种帮助思维的模式，通过明确的总体思维，把与项目运作相关的重要关系集中加以分析，以确定"谁"在为"谁"干"什么"？"什么时间"？"为什么"？以及"怎么干"。虽然编制逻辑框架是一件比较困难和费时的工作，但是对于项目决策者、管理者和评价者来讲，可以事先明细项目应该达到的具体目标和实现的宏观目标，以及可以用来鉴别其成果的手段，对项目的成功计划和实施具有很大的帮助。

三、逻辑框架矩阵的编制

逻辑框架的编制过程，同时也是对项目各要素的不断分析和加深认识的过程，按照因果关系进行逻辑分析，理顺项目的层次，找出问题的关键，提出解决问题的方案和对策。在逻辑框架的分析过程中，应重点解决以下问题：

1. 为什么要进行这一项目，如何度量项目的宏观目标；
2. 项目要达到什么具体目标，不同层次的具体目标和宏观目标之间有何联系；
3. 怎样达到这些具体目标；
4. 有哪些外部因素在项目具体目标的取得上是必须考虑的；
5. 项目成功与否的测量指标是什么，如何进行检测；
6. 验证项目指标的数据从哪里得到；

7. 项目实施中要求投入哪些资源，需要的费用是多少；

8. 项目计划的内容及实施的主要外部条件是什么；

9. 如何检查项目的进度。

（一）逻辑框架的编制步骤

逻辑框架矩阵表的编制，可以按照以下步骤进行：

1. 确定项目的具体目标；

2. 确定为实现项目具体目标所要实现的产出成果；

3. 确定为达到每项产出成果所需要投入的活动；

4. 确定项目的宏观目标；

5. 用"如果，那么"的逻辑关系自下而上检验纵向逻辑关系；

6. 确定每一层次目标的实现所需要的重要假设和外部条件；

7. 依次确定项目的直接目标、产出成果和宏观目标的可验证的指标；

8. 确定指标的客观验证方法；

9. 确定各项投入活动的预算成本和验证指标及方法；

10. 对整个逻辑框架的设计进行对照检查和核对。

（二）目标层次的逻辑关系表述

目标层次的逻辑关系表述，目的是要确定各层次的目标关系，分析项目的宏观目标、具体目标和产出成果及其逻辑关系。主要做法是：

1. 宏观目标构成项目逻辑框架的最上层次，其他项目也可能为此目标做出贡献。要对项目进行目标体系的分解和分析，可借助目标树的方法进行分析，确定项目的宏观目标和具体目标。项目宏观目标的分析表述要尽量做到具体化。

2. 项目具体目标是达到宏观目标的分目标之一，也是该项目希望达到的目标，是用以评价某一项目最后是否取得成功的判断依据。项目规划的使命就是要努力保证项目具体目标的实现。

3. 各项产出成果是为实现项目具体目标必须达到的结果。它们从其效果来看应是合适的、必要的、足够的。

4. 项目必要的投入活动的表述，应注意简洁明了，不要列举太多的具体活动，只要使项目的基本结构和方案能够得到清晰表达就足够了。

5. 将各项投入活动和产出成果逐一编号，表示时间顺序或优先顺序。

6. 项目概述应有严密的逻辑性：为了达到产出成果而开展相应的投入活动；各项产出成果是达到项目直接目标所必需的条件，与重要假设及外部条件结合构成项目具体目标的先决条件；项目具体目标是达到宏观目标的条件之一。

（三）重要假设的表述

逻辑框架矩阵中的"重要假设"，是由外部条件即项目之外的影响因素转化而来的。项目之外的影响因素指在项目的控制范围以外但对项目的成功有影响的条件。

在确定重要假设时，一般要回答这样的问题，即"哪些外部因素对项目的实施显得特别重要,但项目本身又不能加以控制?"一旦发现上述这些外部条件或项目之外的影响因素存在,就要进行认真分析,并放入逻辑框架矩阵表内,提醒项目管理者注意监视此类条件的变化。如有可能,应施加一定的影响,使其尽可能向有利于项目实施的方向转变。

重要假设条件的存在,是由多种原因造成的。首先是项目所在地的特定自然环境及其变化。例如农业项目,管理者无法控制的一个主要外部因素是气候,变化无常的天气可能使庄稼颗粒无收,计划彻底失败。这类风险还包括地震、干旱、洪水、台风、病虫等自然灾害。其次,政府在政策、计划、发展战略等方面的失误或变化给项目带来严重影响。例如,一些发展中国家的产品价格极不合理,农产品价格很低,那么即使项目的设计和实施完成得再好,仍然逃脱不了经济上的失败。另外,管理体制也是项目无法控制的因素。僵化的管理体制往往造成项目投入产出与其具体目标和宏观目标的分离。例如,一些国家的农田灌溉设施由水资源部门管理,一个具体的农业项目(包括良种、化肥、农药、农机设施、农技服务、水利灌溉等多项内容)可能因为水资源部门不合理的水量分配而大大降低效益。

列入逻辑框架矩阵表的重要假设条件要具备3个条件:对项目的成功很重要;项目本身无法对之进行控制;有可能发生。

重要假设可以描述自然条件,如保证一定期间范围内的降水量是多少、粮食价格保持稳定、农民愿意采纳新技术、农民愿意使用新的信贷系统等;也可以描述与此项目有关的其他项目,如世界银行灌溉项目一定要按时完成,或者施肥项目届时结束等。这里需要强调的是"可能发生的"这一点,即不确定的程度,例如我们假定将有充足的降雨量,没有这个条件,新的品种就不会达到增产的目标。如果你想测定这种不确定性的程度,仍要了解这种假设变成现实的可能性有多大。

(四)客观验证指标和验证方法的表述

逻辑框架法要求,项目的每一个要素都应是可以测定的,包括投入、产出、具体目标和宏观目标,以及重要假设和外部条件。因此,项目的评价指标及其检验方法在逻辑框架分析中占有重要位置。

1. 客观验证指标

逻辑框架垂直各层次目标,应有相对应的客观且可度量的验证指标,包括数量、质量、时间及人员等,来说明层次目标的结果,验证每一个目标的实现程度,这种指标的确立应该是客观的,不能凭主观臆断,同时又是可以被验证的。为了验证层次目标实现的程度,逻辑框架采用的验证指标应具备下列条件:

(1) 清晰的量化指标,以测定项目目标的实现程度;
(2) 必须针对项目主要具体目标,突出重点指标;
(3) 验证指标与对应目标的关系明确合理;
(4) 验证指标与层次目标一一对应,是唯一的、单独的;
(5) 验证指标必须是完整的、充分的、定义准确的;
(6) 验证指标必须是客观的,不是人为可以变动的;

(7) 间接指标的采用。有时项目很难找到直接的验证指标，需要采用间接指标。间接指标与验证对象的关系必须是明确的，如一个卫生项目的目的是降低婴儿死亡率，但在较短时间内很难验证这个比例，那么只能用家长受过专门训练的比例和医疗卫生设施的使用比例作为间接指标。

(8) 验证指标的准确性。准确的指标应该包括明确的定义、定量和定性的数据以及规定的时间。

确定指标时，要尽可能选择简易可行、成本较低的信息收集途径。如要了解农民收入，可能需要很复杂的调查研究，但有时通过对一个村农户电视机、自行车拥有量调查便可有所了解。如果发现所确定的指标不足以准确的说明宏观目标、具体目标或产出成果，就应该以其他指标来代替。

2. 客观验证方法

某项指标被作为检验某个目标层次的标准，它来源于哪本书、哪个统计报表或文件，必须提出明确的验证方法。这里所指的统计报表或文件应该具有权威性。此外，也可在此注明验证指标的具体形式。主要资料来源（监测和监督）和验证方法可按照数据收集的类型、信息的来源渠道和收集方法进行划分。

(1) 数据收集类型。数据收集应符合验证指标的要求，每个层次的指标都有不同的数据收集要求，因此数据收集必须有针对性，简明扼要。

(2) 咨询信息来源。验证方法需要说明资料信息来源的可靠性，找出省钱省时的途径。一般的信息来自建设单位、当地群众和官方文件等3个方面。

(3) 数据收集技巧。在数据类型和来源明确之后，要确定是否符合信息管理的数据质量要求，再编制表格。如果采用抽样调查的方法，应对取样规模、内容、统计标准等进行充分考虑和安排。简单的抽样调查或案例分析是不够的，验证指标一般都有一些比较常用的数据收集和处理方法与技巧，可根据要求和条件加以选择。

(五) 确定项目的投入形式和投入量

项目投入是项目计划的重要组成部分。投入形式和投入数量体现了项目规模，直接影响到项目的效果。认真做好这项工作是项目成功的重要保证。确定项目投入形式和投入数量的具体做法如下：

1. 根据逻辑框架内所列出的每项投入活动，确定所需要的人、财、物的数量；
2. 明确投资者和受益者；
3. 人员投入以人月为计算单位；
4. 对所投入的设备、物资应登记清楚，并要注明所指的具体投入活动；
5. 计算投入总量；
6. 计算每个产出成果的投入总量；
7. 在效益风险分析的基础上估计可能附加的投入量以及逻辑框架内反映不出来的隐性投入（如组建办公室、秘书及司机等的费用负担），并通过讨论加以落实；
8. 当资金提供单位限定了资金数量时，项目设计必须从量化方面考虑，计划要说明多少投入量能够取得什么结果。

总之，应根据实际可能性和必要性来计算投入量，其结果应能反映出不同层次的利益和责任。最后将研究和估算结果填入逻辑框架表内。

（六）最后的复查

项目的投入形式和投入量确定后，逻辑框架矩阵表至此已全部完成。这时需要进行通盘检查。应包括如下内容：

1. 垂直逻辑关系（目标层次）是否完善、准确；
2. 客观验证指标和验证方法是否可靠，所需信息是否可以获得；
3. 前提条件是否真实，符合实际；
4. 重要假设是否合理；
5. 项目的风险是否可以接受；
6. 成功的把握是否很大；
7. 是否考虑了持续性问题，这种持续性是否反映在成果、活动或重要假设当中；
8. 效益是否远远高于成本；
9. 是否需要辅助性研究。

为保证逻辑框架各项内容表述的准确性，还要对所制定的逻辑框架进行进一步核实。核实的内容包括：

1. 项目具有一个宏观目标；
2. 项目具体目标不是对产出成果的重复描述；
3. 项目具体目标是项目的管理责任（与产出是相对的），项目产出实现之后，项目的具体目标应该能够实现。这里的管理责任是指项目直接目标的客观性；
4. 项目的具体目标应描述清楚；
5. 所有产出成果都是完成具体目标的必要条件；
6. 各项产出成果描述清楚；
7. 各项产出成果描述为投入活动的结果；
8. 所设计的投入活动都是完成某项产出的必要条件；
9. 宏观目标应描述清楚；
10. 宏观目标与具体目标之间具备"如果，那么"的逻辑相关性，没有忽略重要的步骤；
11. 投入层重要假设不包括任何前提条件，因为前提条件是活动开始之前已经开展的工作；
12. 在同一层次上，产出加上重要假设构成达到项目直接目标的必要及充分条件；
13. 项目直接目标加上重要假设构成实现宏观目标的关键条件；
14. 投入与产出之间的关系是真实的；
15. 产出与项目具体目标之间的关系是真实的；
16. 投入、产出、项目具体目标和宏观目标的纵向逻辑关系是真实的；
17. 项目具体目标的指标独立于产出。它们不是产出的总结，而是检测具体目标的尺度；

18. 项目具体目标的测定指标能够恰当地反映项目具体目标的重要内容；
19. 项目具体目标的指标可以检测数量、质量和时间标准；
20. 产出的指标在数量、质量和时间上是客观可验证的；
21. 宏观目标的指标在数量、质量和时间上客观可验证的；
22. 在投入层所描述的投入能够反映完成项目的所需的资源；
23. 验证方法应说明在哪里可获得验证每个指标的信息；
24. 整个逻辑框架矩阵的内容，可以据以确定项目的评价计划。

四、逻辑框架法应用案例

1. 项目背景

项目位于国家重点扶持的西部某贫困地区，该地区贫困状况具有以下特点：贫困面广且相对集中；贫困度高、返贫率高；少数民族人口比重大；由贫困引起的社会问题多；地区抵御灾害能力差等。这些特点决定了本项目建设的必要性。造成该地区贫困的原因是多方面的，其中影响最大的是当地恶劣的自然条件对农业生产和人类生存的严重制约。水资源奇缺，降水量小，蒸发量大，水土流失严重；自然灾害频发，灾害种类繁多；有效农业资源不足；自然生态系统破坏严重。在国家的扶持下，当地政府进行了不懈努力，开展了异地移民开发和原地移民开发等多种扶贫措施，但难以从根本上解决问题。为了尽快完成脱贫任务，本项目提出要进行水土优化结合的异地移民开发扶贫工程，从改变恶劣的生存条件入手，把水利灌溉与扶贫结合起来，以灌溉工程为基础，通过大规模移民解决贫困问题，从根本上改变当地贫困人口的生存条件，加快该地区经济、社会发展步伐。本项目计划结合水利灌溉工程建设，用6年时间，投资30亿元，开发200万亩耕地，解决100万人的脱贫问题。项目主要建设内容包括水利骨干工程、农业及灌区配套工程、移民工程、供电工程和通信工程。

2. 目标分析

本项目的建设实施，将会达到如下效果：

（1）对移民进行培训，使其掌握相应的生产技能；
（2）通过建设新的农业发展区和移民安置，使本地区100万贫困人口能够摆脱贫困并得以进一步发展；
（3）彻底摆脱贫困状况，促进本地区协调发展；
（4）水利骨干工程的建设；
（5）与水利工程配套的各种基础设施的建设；
（6）建成引水主干渠，开发新的灌区；
（7）行政管理机构的建设；
（8）农业生产技术服务体系的建设。

在上述实施效果中，请分别指出哪些是宏观目标、具体目标和项目的产出成果。

分析：投资项目的目标分析，是编制逻辑框架表，进行逻辑框架分析的核心工作之一。在分析中应注意，宏观目标是一个国家、地区、部门或投资组织的整体目标，一个项目的实施往往只能够对宏观目标的实现做出一定的贡献，宏观目标的实现，除有赖于本项目的成功实施外，还需要其他方面的配合；具体目标则是本项目的直接效果，是本项目的成功实施能够达到的目标，是项目的实施能够为受益者目标群带来的效果；项目的产出则是指项目的建设内容或投入活动的直接产出物。宏观目标一般是多个项目直接目标实现的结果。在分析中应注意各个目标层次之间的垂直逻辑关系。

在本项目中，宏观目标是：彻底摆脱贫困状况，促进本地区协调发展。项目的直接目标是：通过建设新的农业发展区和移民安置，使本地区100万贫困人口能够摆脱贫困并得以进一步发展。项目的产出成果主要包括：水利骨干工程的建设；与水利工程配套的各种基础设施的建设；建成引水主干渠，开发新的灌区；行政管理机构的建设；农业生产技术服务体系的建设；对移民进行培训，使其掌握相应的生产技能。

3. 客观验证指标的设计

为了评价上述各种效果能否顺利实现，设计了下列客观验证指标：

（1）引水工程建设按期完成，灌区土地开发按期完成；

（2）新建16个乡镇，123个中心村；

（3）保证目标人口人均拥有两亩水浇地；

（4）灌区配套工程完成，130万亩土地开发完成并可以耕作；

（5）移民收入提高水平及项目影响区的社会经济发展水平提升；

（6）水利骨干设施如期完成并引水至灌区；

（7）各项基础设施如道路、通信、医院、学校等建设完成并投入使用；

（8）移民搬迁按期、分批完成，移民搬迁后能够启动其生产与生活；

（9）各项基础设施建设如期完成并交付使用；

（10）72个农业技术服务站建设完成并发挥效用；

（11）行政管理的机构、制度、人员、经费等得到落实。

请分别指出哪些可以作为宏观目标、具体目标和项目产出成果的验证指标。

分析：本项目的宏观目标是彻底摆脱贫困状况，促进本地区协调发展。能够验证该目标的指标，应该将"移民收入提高水平及项目影响区的社会经济发展水平"作为客观验证指标。本项目的直接目标是通过建设新的农业发展区和移民安置，使本地区100万贫困人口能够摆脱贫困并得以进一步发展。为了验证这些目标能否实现，可以采用下列验证指标：水利工程建设按期完成，灌区土地开发按期完成；移民搬迁按期、分批完成，移民搬迁后能够启动其生产与生活；保证目标人口人均拥有两亩水浇地；各项基础设施建设如期完成并交付使用。

本项目的产出成果有多项内容，每一项产出成果都应该有其对应的客观的、可验证的指标，具体可以包括：水利骨干设施如期完成并引水至灌区；灌区配套工程完成，130万亩土地开发完成并可以耕作；各项基础设施如道路、通信、医院、学校等建设完成并投入使用；新建16个乡镇，123个中心村；72个农业技术服务站建设完成并发挥效用；行政管理的机构、制度、人员、经费等得到落实。

4. 验证方法的设计

为了评价上述验证指标，专家组设计了下列验证方法：

(1) 项目实施效果分析报告；

(2) 本地区国民经济和社会发展统计资料；

(3) 工程进度报告；

(4) 项目后评价报告；

(5) 项目竣工验收报告；

(6) 项目及工程监理报告；

(7) 移民培训计划和移民培训记录报告；

(8) 对移民和安置区的调查资料；

请分别指出哪些验证方法可以分别用于验证宏观目标、具体目标和项目的产出成果的验证指标。

分析：本项目宏观目标的验证指标为：移民收入提高水平及项目影响区的社会经济发展水平。能够对这些指标进行验证的方法可以是：本地区国民经济和社会发展统计资料、项目实施效果分析报告。

验证本项目直接目标的指标包括：水利工程建设按期完成，灌区土地开发按期完成；移民搬迁按期、分批完成，移民搬迁后能够启动其生产与生活；保证目标人口人均拥有两亩水浇地；各项基础设施建设如期完成并交付使用。为了对这些指标进行验证，可以采用以下验证方法：项目实施效果分析报告；对移民和安置区的调查资料；项目及工程监理报告；工程进度报告；项目后评价报告；项目竣工验收报告。

本项目产出成果的验证指标有多项内容，每一项验证指标都应该有其对应的客观可行的验证方法。上述给定的专家组设计的验证方法中，下列可用于产出成果的验证：项目及工程监理报告；工程进度报告；对移民和安置区的调查资料；项目竣工验收报告；移民培训计划和移民培训的记录报告。

5. 逻辑框架矩阵的编制

已知本项目的宏观目标、直接目标和产出成果的实现应具备的外部条件如表1-3所示。

表1-3 项目的重要假设外部条件

目标层次	重要假设及外部条件
宏观目标	1) 相关政策进一步完善；2) 移民计划实施并完成；3) 移民进入安置区后能够顺利启动其生产与生活，并且能够集聚进一步发展的力量；4) 水利工程按期完成并发挥效益；5) 移民区的经济社会发展规划顺利实施

续表

目标层次	重要假设及外部条件
直接目标	1) 水利骨干工程如期完成，灌区土地开发完成并具备农业生产条件；2) 基础设施的建设按照设计如期完成；3) 移民搬迁与安置顺利完成；4) 移民的生产与生活顺利启动并得到高于原来水平的经济收入，移民得到培训的机会
产出成果	1) 资金到位，不留缺口；2) 项目如期开工，按期完成水利骨干工程和灌区土地开发；3) 基础设施按期完成并发挥作用；4) 培训人员到位并发挥作用，移民有能力接受培训

本项目的各项投入及其验证指标、验证方法，以及保证这些投入活动能够实现的外部条件如表1－4所示。

表1－4　项目投入及验证条件

项目投入	各项投入的验证指标	各项投入验证方法	保证各项投入能够实现的外部条件
1) 资金投入 2) 项目组织管理机构投入 3) 培训人员投入 4) 相关政策投入	1) 外国政府贷款1.4亿美元 2) 国家投资7.06亿元 3) 当地政府自筹9亿元 4) 组建项目组织管理机构 5) 当地政府制定相关政策	1) 项目开工报告 2) 项目可行性研究报告 3) 当地政府制定的相关政策文件	1) 项目得到批准 2) 资金筹措计划得到批准并落实 3) 建立完善高效的项目组织管理机构 4) 培训人员来源确定并能够发挥作用 5) 当地政府制定的相关政策

根据上述分析结果，得到项目的逻辑框架分析矩阵，如表1－5所示。

表1－5　项目逻辑框架分析矩阵

项目目标	客观验证指标	客观验证方法	达到目标的重要假设条件
1. 宏观目标：彻底摆脱贫困状况，促进本地区协调发展	移民收入提高水平及项目影响区的社会经济发展水平	1) 本地区国民经济和社会发展统计资料 2) 项目实施效果分析报告	1) 相关政策进一步完善 2) 移民计划实施并完成 3) 移民进入安置区后能够顺利启动其生产与生活，并且能够集聚进一步发展的力量 4) 水利工程按期完成并发挥效益 5) 移民区经济社会发展规划顺利实施

续表

项目目标	客观验证指标	客观验证方法	达到目标的重要假设条件
2. 直接目标：通过建设新的农业发展区和移民安置，使本地区100万贫困人口能够摆脱贫困并得以进一步发展	1）水利工程建设按期完成，灌区土地开发按期完成 2）移民搬迁按期、分批完成，移民搬迁后能够启动其生产与生活 3）保证目标人口人均拥有两亩水浇地 4）各项基础设施建设如期完成并交付使用	1）项目实施效果分析报告 2）对移民和安置区的调查资料 3）项目及工程监理报告 4）工程进度报告 5）项目后评价报告 6）项目竣工验收报告	1）水利骨干工程如期完成，灌区土地开发完成并具备农业生产条件 2）基础设施的建设按照设计如期完成 3）移民搬迁与安置顺利完成 4）移民的生产与生活顺利启动并得到高于原来水平的经济收入；移民得到培训的机会
3. 产出成果： 1）水利骨干工程的建设 2）与水利工程配套的各种基础设施的建设 3）建成引水主干渠，开发新的灌区 4）行政管理机构的建设 5）农业生产技术服务体系的建设 6）对移民进行培训，使其掌握相应的生产技能	1）水利骨干设施如期完成并引水至灌区 2）灌区配套工程完成，130万亩土地开发完成并可以耕作 3）各项基础设施如道路、通信、医院、学校等建设完成并投入使用 4）新建16个乡镇，123个中心村 5）72个农业技术服务站建设完成并发挥效用 6）行政管理的机构、制度、人员、经费等得到落实	1）项目及工程监理报告 2）工程进度报告 3）对移民和安置区的调查资料 4）项目竣工验收报告 5）移民培训计划和移民培训的记录报告	1）资金到位，不留缺口 2）项目如期开工，按期完成水利骨干工程和灌区土地开发 3）基础设施按期完成并发挥作用 4）培训人员到位并发挥作用，移民有能力接受培训
4. 项目投入： 1）资金投入 2）项目组织管理机构投入 3）培训人员投入 4）相关政策投入	1）外国政府贷款1.4亿美元 2）国家投资7.06亿元 3）当地政府自筹9亿元 4）组建项目组织管理机构 5）当地政府制定相关政策	1）项目开工报告 2）项目可行性研究报告 3）当地政府制定的相关政策文件	1）项目得到批准 2）资金筹措计划得到批准并落实 3）建立完善高效项目组织管理机构 4）培训人员来源确定并能够发挥作用 5）当地政府制定的相关政策

第三节　层次分析法

一、层次分析法概述及优缺点

（一）层次分析法概述

层次分析法（Analytic Hierarchy Process，简称 AHP）是美国匹茨堡大学运筹学家 T. L. satty 教授于 20 世纪 70 年代初，在为美国国防部研究"应急计划"时，应用网络系统理论和多目标综合评价方法，提出的一种层次权重决策分析方法。该方法将决策问题的有关元素分解成目标、准则、方案等层次，在此基础上进行定性分析和定量分析的一种决策方法。这一方法的特点，是在对复杂决策问题的本质、影响因素及其内在关系等进行深入分析之后，构建一个层次结构模型，然后利用较少的定量信息，把决策的思维过程数学化，从而为求解多准则或无结构特性的复杂决策问题提供一种简便的综合决策分析方法。

层次分析法的应用范围十分广泛，应用的领域包括：经济与计划；能源政策与资源分配；政治问题及冲突；人力资源管理；教育发展；医疗卫生；环境工程；军事指挥与武器评价；企业管理与生产经营决策；项目评价；规划咨询；资源环境承载力评价等。

（二）层次分析法优缺点

1. 层次分析法的优点

（1）系统性的分析方法

层次分析法把研究对象作为一个系统，按照分解、比较判断、综合的思维方式进行决策，成为继机理分析、统计分析之后发展起来的系统分析的重要工具。系统的思想在于不割断各个因素对结果的影响，层次分析法中每一层的权重设置最后都会直接或间接影响到结果，而且在每个层次中的每个因素对结果的影响程度都是量化的，非常清晰明确。

（2）简洁实用的决策方法

这种方法既不单纯追求高深数学，又不片面地注重行为、逻辑、推理，而是把定性方法与定量方法有机地结合起来，将多目标、多准则又难以全部量化处理的决策问题化为多层次单目标问题，通过两两比较确定同一层次元素相对上一层次元素的数量关系后，最后进行简单的数学运算。该方法计算简便，结果明确，且易于决策者了解和掌握。

（3）所需定量数据信息较少

层次分析法主要是从评价者对评价问题的本质、要素的理解出发，比一般的定量方法更讲究定性的分析和判断。由于层次分析法是一种模拟人们决策过程的思维方式的一种方法，该方法把判断各要素的相对重要性化为简单的权重进行计算。

2. 层次分析法的缺点

(1) 不能为决策者提供新方案

对于大部分决策者来说，如果一种分析方法能替我们分析出在我们已知的方案里的最优者，然后能指出已知方案的不足，或者甚至能提出改进方案的话，这种分析方法才是比较完美的。而层次分析法只能从原有备选方案中选择较优者，而不能为决策者提供解决问题的新方案。

(2) 指标过多时工作量大，且权重难以确定

当我们希望能解决较普遍的问题时，指标的选取数量很可能也就随之增加，而指标的增加就意味着我们要构造层次更深、数量更多、规模更庞大的判断矩阵，那么就需要对许多的指标进行两两比较的工作。由于一般情况下两两比较是用 1 至 9 来说明其相对重要性，如果有越来越多的指标，对每两个指标之间的重要程度的判断可能就会出现困难，甚至会对层次单排序和总排序的一致性产生影响，使一致性检验不能通过，如果不能通过，就需要进行调整，在指标数量多的时候其调整的工作量大，且权重难以确定。

(3) 特征值和特征向量的精确求法比较复杂

在求判断矩阵的特征值和特征向量时，所用的方法和我们多元统计所用的方法是一样的。在二阶、三阶的时候，还比较容易处理，但随着指标的增加，阶数也随之增加，其人工计算也变得越来越困难，需要借助计算机来完成。

二、层次分析法的基本步骤

当一个决策者在对问题进行分析时，首先要将分析对象的因素建立起彼此相关因素的层次系统结构，这种层次结构可以清晰地反映出相关因素（目标、准则、对象）的彼此关系，使得决策者能够把复杂的问题顺理成章，然后进行逐一比较、判断，从中选出最优的方案。运用层次分析法大体上分成四个步骤：建立层次结构模型；构造比较判别矩阵；单准则下层次排序及其一致性检验；层次总排序及其一致性检验。

(一) 建立层次结构模型

层次分析法先将决策的目标、考虑的因素（评价准则）和决策对象（行动方案）按它们之间的相互关系分为最高层、中间层和最低层，其中最高层称为目标层，这一层中只有一个元素，就是该问题要达到的目标或理想的结果；中间层为准则层，层中的元素为实现目标所采用的措施、政策、准则等，准则层中可以不止一层，可以根据问题规模的大小和复杂程度，分为准则层、子准则层；最低层为方案层，这一层包括了实现目标可供选择的方案。据此绘出层次结构模型图，模型中，目标、评价准则和行动方案处于不同的层次，彼此之间关系用线段表示，评价准则可细分多层。典型层次结构模型如图 1—4 所示。

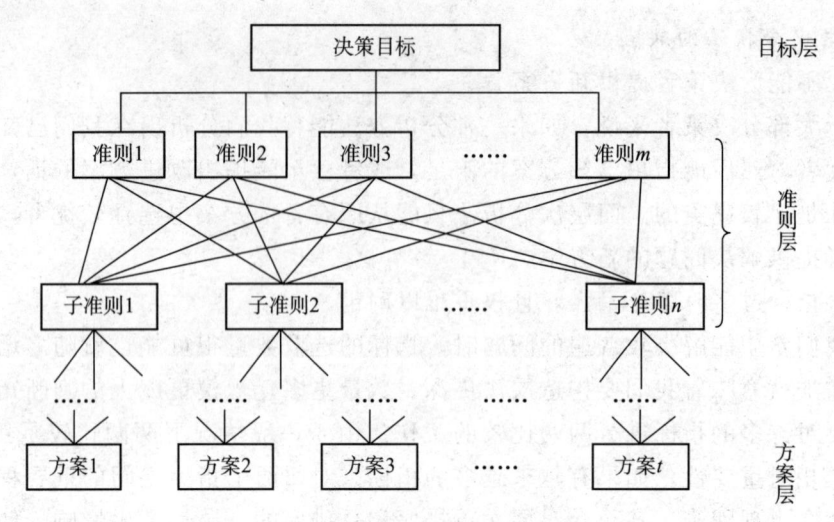

图 1—4　典型层次结构模型图

在层次结构模型中，各层均由若干因素构成，当某个层次包含因素较多时，可将该层次进一步划分成若干子层次。通常应使各层次中的各因素支配的元素一般不超过 9 个，这是因为支配元素过多会给两两比较带来困难。

一个好的层次结构模型对解决问题极为重要，因此，在构建层次结构模型时，应注意以下四点：

1. 自上至下顺序地存在支配关系，用直线段表示上一层次因素与下一层次因素之间的关系，同一层次及不相邻元素之间不存在支配关系；

2. 整个结构不受层次限制；

3. 最高层只有一个元素，每个元素所支配元素一般不超过 9 个，元素过多可进一步分层；

4. 对某些具有子层次结构可引入虚元素，使之成为典型层次结构模型。

（二）构造比较判别矩阵

层次结构建立后，评价者根据自己的知识、经验和判断，从第一个准则层开始向下，逐步确定各层不同因素相对于上一层因素的重要性权数。层次分析法在确定各层不同因素相对于上一层各因素的重要性权数时，通常使用两两比较的方法。当以上一层次某个因素作为比较准则时，可用一个比较标度 a_{ij} 来表达下一层次中第 i 个因素与第 j 个因素的相对重要性（或偏好优劣）的认识。a_{ij} 的取值一般取正整数 1~9（称为标度）及其倒数。a_{ij} 取值的规则如表 1—6 所示。a_{ij} 取值也可以取上述各数的中值 2，4，6，8 及其倒数，即若因素 i 与因素 j 比较得 a_{ij}，则因素 j 与因素 i 比较得 $1/a_{ij}$。由 a_{ij} 构成的矩阵称为比较判断矩阵 $A=(a_{ij})$。即：

$$A = \begin{bmatrix} a_{11} & a_{12} & \cdots & a_{1n} \\ a_{21} & a_{22} & \cdots & a_{2n} \\ \vdots & \vdots & & \vdots \\ a_{n1} & a_{n2} & \cdots & a_{nn} \end{bmatrix}$$

比较判断矩阵具有以下特点：$a_{ij} > 0$；$a_{ji} = 1/a_{ij}$；$a_{ii} = 1$ ($i, j = 1, 2, 3, \cdots, n$)。具有上述性质的矩阵称为正互反矩阵。

表 1-6　层次分析法两两对比标度表

元素	标度	取值规则
a_{ij}	1	以上一层某个因素为准则，本层次因素 i 与因素 j 相比，具有同样重要
	3	以上一层某个因素为准则，本层次因素 i 与因素 j 相比，i 比 j 稍微重要
	5	以上一层某个因素为准则，本层次因素 i 与因素 j 相比，i 比 j 明显重要
	7	以上一层某个因素为准则，本层次因素 i 与因素 j 相比，i 比 j 强烈重要
	9	以上一层某个因素为准则，本层次因素 i 与因素 j 相比，i 比 j 极端重要
	2, 4, 6, 8	i 与 j 两因素重要性比较结果处于以上结果的中间
a_{ji}	倒数	j 与 i 两因素重要性比较结果是 i 与 j 两因素重要性比较结果的倒数

（三）单准则下层次排序及其一致性检验

层次分析法的信息基础是比较判断矩阵。由于每个准则都支配下一层若干个因素，这样对于每一个准则及它所支配的因素都可以得到一个比较判断矩阵。因此，根据比较判断矩阵如何求出各因素对于准则的相对排序权重的过程称为单准则下的排序。

计算权重的方法有多种，其中和法和根法是比较成熟并得到广泛应用的方法。

1. 和法

第一步：将判断矩阵的列向量归一化，即：

$$\widetilde{A}_{ij} = \left(\frac{a_{ij}}{\sum\limits_{i=1}^{n} a_{ij}} \right)$$

第二步：将 $\widetilde{A}_{ij}$ 按行求和，即：

$$\widetilde{W} = \left(\sum_{j=1}^{n} \frac{a_{1j}}{\sum\limits_{i=1}^{n} a_{ij}}, \sum_{j=1}^{n} \frac{a_{2j}}{\sum\limits_{i=1}^{n} a_{ij}}, \cdots, \sum_{j=1}^{n} \frac{a_{nj}}{\sum\limits_{i=1}^{n} a_{ij}} \right)^T$$

第三步：将 $\widetilde{W}$ 归一化后得，$W = (w_1, w_2, \cdots, w_n)^T$；

第四步：$\lambda = \dfrac{1}{n} \sum\limits_{i=1}^{n} \dfrac{(AW)_i}{w_i}$，为 A 的最大特征值。

【**例 1-1**】求下列判断矩阵的最大特征值和权重向量。

$$A = \begin{pmatrix} 1 & 3 & 7 \\ 1/3 & 1 & 5 \\ 1/7 & 1/5 & 1 \end{pmatrix}$$

【**解答**】$A = \begin{pmatrix} 1 & 3 & 7 \\ 1/3 & 1 & 5 \\ 1/7 & 1/5 & 1 \end{pmatrix} \xrightarrow{\text{列归一}} \begin{pmatrix} 0.677 & 0.714 & 0.538 \\ 0.226 & 0.238 & 0.385 \\ 0.097 & 0.048 & 0.077 \end{pmatrix} \xrightarrow{\text{行和}}$

$$\begin{pmatrix} 1.929 \\ 0.849 \\ 0.222 \end{pmatrix} \xrightarrow{\text{归一化}} \begin{pmatrix} 0.643 \\ 0.283 \\ 0.074 \end{pmatrix}$$

所以，$W = \begin{pmatrix} 0.643 \\ 0.283 \\ 0.074 \end{pmatrix}$，即为所求的权重向量。

$$AW = \begin{pmatrix} 1 & 3 & 7 \\ 1/3 & 1 & 5 \\ 1/7 & 1/5 & 1 \end{pmatrix} \begin{pmatrix} 0.643 \\ 0.283 \\ 0.074 \end{pmatrix} = \begin{pmatrix} 2.010 \\ 0.867 \\ 0.223 \end{pmatrix}$$

$$\lambda = \frac{1}{3} \times \left(\frac{2.01}{0.643} + \frac{0.867}{0.283} + \frac{0.223}{0.074} \right) = 3.076$$

2. 根法

第一步：将判断矩阵的列向量归一化，即：

$$\widetilde{A}_{ij} = \left(\frac{a_{ij}}{\sum_{i=1}^{n} a_{ij}} \right)$$

第二步：将 $\widetilde{A}_{ij}$ 按行求根，即：

$$\overline{W} = \left(\left(\prod_{j=1}^{n} \frac{a_{1j}}{\sum_{i=1}^{n} a_{ij}} \right)^{1/n}, \left(\prod_{j=1}^{n} \frac{a_{2j}}{\sum_{i=1}^{n} a_{ij}} \right)^{1/n}, \cdots, \left(\prod_{j=1}^{n} \frac{a_{nj}}{\sum_{i=1}^{n} a_{ij}} \right)^{1/n} \right)^T$$

第三步：将 $\widetilde{W}$ 归一化后得，$W = (w_1, w_2, \cdots, w_n)^T$；

第四步：$\lambda = \dfrac{1}{n} \sum_{i=1}^{n} \dfrac{(AW)_i}{w_i}$ 为 A 的最大特征值。

【例1-2】求下列判断矩阵的最大特征值和权重向量。

$$A = \begin{pmatrix} 1 & 2 & 6 \\ 1/2 & 1 & 4 \\ 1/6 & 1/4 & 1 \end{pmatrix}$$

【解答】$A = \begin{pmatrix} 1 & 2 & 6 \\ 1/2 & 1 & 4 \\ 1/6 & 1/4 & 1 \end{pmatrix} \xrightarrow{\text{列归一}} \begin{pmatrix} 0.6 & 0.615 & 0.545 \\ 0.3 & 0.308 & 0.364 \\ 0.1 & 0.077 & 0.091 \end{pmatrix} \xrightarrow{\text{行根}}$

$\begin{pmatrix} 0.586 \\ 0.323 \\ 0.089 \end{pmatrix} \xrightarrow{\text{归一化}} \begin{pmatrix} 0.587 \\ 0.324 \\ 0.089 \end{pmatrix}$

所以，$W = \begin{pmatrix} 0.587 \\ 0.324 \\ 0.089 \end{pmatrix}$。

$$AW = \begin{pmatrix} 1 & 2 & 6 \\ 1/2 & 1 & 4 \\ 1/6 & 1/4 & 1 \end{pmatrix} \begin{pmatrix} 0.587 \\ 0.324 \\ 0.089 \end{pmatrix} = \begin{pmatrix} 1.769 \\ 0.974 \\ 0.268 \end{pmatrix}$$

$$\lambda = \frac{1}{3} \times \left(\frac{1.769}{0.587} + \frac{0.974}{0.324} + \frac{0.268}{0.089} \right) = 3.009$$

3. 判断矩阵一致性检验

由于客观事物的复杂性，会使我们的判断带有主观性和片面性，完全要求每次比较判断的思维标准一致是不大可能的。因此在我们构造比较判断矩阵时，我们并不要求 $n(n+1)/2$ 次比较全部一致。但这可能出现甲与乙相对重要，乙与丙相比极端重要，丙与甲相比相对重要，这种比较判断严重不一致这种情况。事实上，在构建比较判断矩阵时，我们虽然不要求判断具有一致性，但一个混乱的，经不起推敲的比较判断矩阵有可能导致决策的失误，所以我们希望在判断时应大体上的一致。而上述计算权重方法，当判断矩阵过于偏离一致性时，其可靠程度也就值得怀疑了，故对于每一层次作单准则排序时，均需要作一致性的检验。

设 A 为 n 阶正互反矩阵，令

$$CI = \frac{\lambda_{\max} - n}{n - 1}$$

其中 $\lambda_{\max}$ 为 A 的最大特征值，CI 可作为衡量不一致程度的数量标准，称 CI 为一致性指标。

当判断矩阵 A 的最大特征值稍大于 n，称 A 具有满意的一致性。然而"满意的一致性"说法不够准确，A 的最大特征值 λ_{max} 与 n 是怎样的接近为满意？这必须有一个量化，采用的方法是：固定 n，随机构造正互反矩阵 $A = (a_{ij})_n$，其中 a_{ij} 是从 1，2，3，…，9，1/2，1/3，…，1/9 共 17 个数中随即抽取。这样的正互反矩阵 A 是最不一致的，计算 1000 次上述随机判断矩阵的最大特征 λ_{max}，给出了的 RI 值（称为平均随即一致性指标）如表 1—7 所示。

表 1—7 平均随机一致性指标

n	1	2	3	4	5	6	7	8	9
RI	0	0	0.58	0.94	1.12	1.24	1.32	1.41	1.45

表 1—7 中 $n=1$，2 时 $RI=0$，因 1，2 阶判断矩阵总是一致的。当 $n \geqslant 3$ 时，令 $CR=CI/RI$，称 CR 为一致性比例。当 $CR<0.1$，认为比较判断矩阵的一致性可以接受，否则应对判断矩阵作适当的修正。

（四）层次总排序及其一致性检验

1. 层次总排序

计算同一层次中所有元素对于最高层（总目标）的相对重要性标度（又称排序权重向量）称为层次总排序。层次总排序的步骤为：

（1）计算同一层次所有因素对最高层相对重要性的排序权向量，这一过程自上而下逐层进行；

（2）设已计算出第 $k-1$ 层上有 n_{k-1} 个元素相对总目标的排序权向量为：

$$w^{(k-1)} = (w_1^{(k-1)}, w_2^{(k-1)}, \cdots, w_{n_{k-1}}^{(k-1)})^T$$

（3）第 k 层有 n_k 个元素，它们对于上一层次（第 $k-1$ 层）的某个因素 u_i 的单准则排序权向量为：

$$p_i^{(k)} = (w_{1i}^{(k)}, w_{2i}^{(k)}, \cdots, w_{n_k i}^{(k)})^T$$

对于与 $k-1$ 层第 i 个元素无支配关系的对应 u_{ij} 取值为 0。

（4）第 k 层 n_k 个元素相对总目标的排序权向量为：

$$(w_1^{(k)}, w_2^{(k)}, \cdots, w_{n_k}^{(k)})^T = (p_1^{(k)}, p_2^{(k)}, \cdots, p_{k-1}^{(k)}) w^{(k-1)}$$

2. 总排序一致性检验

人们在对各层元素作比较时，尽管每一层中所用的比较尺度基本一致，但各层之间仍可能有所差异，而这种差异将随着层次总排序的逐渐计算而累加起来，因此需要从模型的总体上来检验这种差异尺度的累积是否显著，检验的过程称为层次总排序的一致性检验。

假设第 $k-1$ 层第 j 个因素为比较准则，第 k 层的一致性检验指标为 $CI_j^{(k-1)}$，平均随机一致性指标为 $CI_j^{(k-1)}$，则第 k 层各因素两两比较的层次单排序一致性指标为：

$$CI^k = CI^{k-1} \cdot w^{(k-1)}$$

其中 $w^{(k-1)}$ 表示第 $k-1$ 层对总目标的总排序向量。

另有 $\quad RI^k = RI^{k-1} \cdot w^{(k-1)}, \quad CR^k = CR^{k-1} + \dfrac{CI^k}{RI^k} \quad (3 \leqslant k \leqslant n)$

如 $CR^k < 0.1$，可认为评价模型在 k 层水平上整个达到局部满意一致性。

三、层次分析法应用案例

背景资料：某工厂在扩大企业自主权后，有一笔留成利润，要由厂领导和职代会来决定如何使用，可供选择的方案有：P1—发奖金；P2—扩建集体福利事业；P3—办职工业余技校；P4—建图书馆、俱乐部；P5—引进新设备。这些方案都各具有其合理的因素，因此如何对这些方案进行综合评价，并由此进行方案排序及优选是厂领导和职代会面临的实际问题。上述问题属于方案排序与优选问题，且各待选方案的具体内容已经确定，故可采用 AHP 法来解决。

1. 建立层次结构模型

该模型最高一层为总目标 A：合理使用企业利润。

第二层设计为方案评价的准则层，它包含有三个准则：B1：进一步调动职工劳动积极性；B2：提高企业技术水平；B3：改善职工物质与文化生活。

最低层为方案层，它包含从 P1—P5 五种方案。则其层次结构如图 1-5 所示。

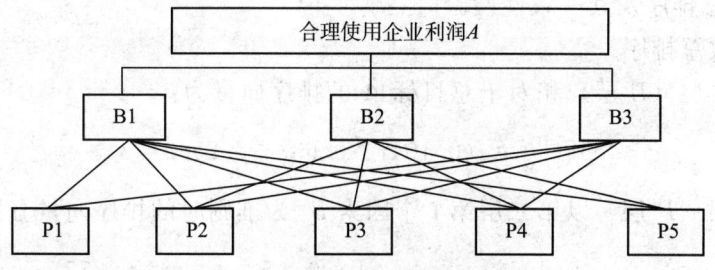

图 1-5 合理分配利润层次结构模型图

2. 构造比较判断矩阵

经征求意见后给出第二层对第一层的两两比较判断矩阵如下：

$$A-B: \begin{pmatrix} 1 & 1/5 & 1/3 \\ 5 & 1 & 3 \\ 3 & 1/3 & 1 \end{pmatrix}$$

分别给出第三层对第二层的三个比较判别矩阵：

$$B_1-P: \begin{pmatrix} 1 & 3 & 5 & 4 & 7 \\ 1/3 & 1 & 3 & 2 & 5 \\ 1/5 & 1/3 & 1 & 1/2 & 2 \\ 1/4 & 1/2 & 2 & 1 & 3 \\ 1/7 & 1/5 & 1/2 & 1/3 & 1 \end{pmatrix}, B_2-P: \begin{pmatrix} 1 & 1/7 & 1/3 & 1/5 \\ 7 & 1 & 5 & 3 \\ 3 & 1/5 & 1 & 1/3 \\ 5 & 1/3 & 3 & 1 \end{pmatrix}$$

$$B_3-P: \begin{pmatrix} 1 & 1 & 3 & 3 \\ 1 & 1 & 3 & 3 \\ 1/3 & 1/3 & 1 & 1 \\ 1/3 & 1/3 & 1 & 1 \end{pmatrix}$$

3. 层次单排序及其一致性检验

对于上述各比较判断矩阵，求出其最大的特征值及其对应的特征向量，将特征向量经归一化后，即可得到相应的层次单排序的相对重要性权重向量，以及一致性指标 CI 和一致性比例 CR，如表 1-8 所示。

表 1-8 合理使用企业利润的计算结果

矩阵	层次单排序的权重向量	λ_{max}	CI	RI	CR
$A-B$	$(0.1047, 0.6370, 0.2583)^T$	3.0385	0.0193	0.58	0.0332
B_1-P	$(0.4956, 0.2319, 0.0848, 0.1374, 0.0503)^T$	5.0792	0.0198	1.12	0.0177
B_2-P	$(0.0553, 0.5650, 0.1175, 0.2622)^T$	4.1170	0.0389	0.90	0.0433
B_3-P	$(0.375, 0.375, 0.125, 0.125)^T$	4	0	0.90	0

由此可见，所有四个层次单排序的 CR 的值均小于 0.1，符合满意一致性要求。

4. 层次总排序及其一致性检验

(1) 层次总排序

已知第二层（B 层）相对于总目标 A 的排序向量为：

$$W^{(2)} = (0.1047 \quad 0.637 \quad 0.2583)^T$$

而第三层（P 层）以第二层第 i 个因素 B_i 为准则时的排序向量分别为：

$$P_1^{(3)} = \begin{pmatrix} 0.4956 \\ 0.2319 \\ 0.0848 \\ 0.1374 \\ 0.0503 \end{pmatrix}, \quad P_2^{(3)} = \begin{pmatrix} 0 \\ 0.0553 \\ 0.5650 \\ 0.1175 \\ 0.2622 \end{pmatrix}, \quad P_3^{(3)} = \begin{pmatrix} 0.375 \\ 0.375 \\ 0.125 \\ 0.125 \\ 0 \end{pmatrix}$$

则第三层（P 层）相对于总目标的排序向量为：

$$W = (P_1^{(3)} P_2^{(3)} P_3^{(3)}) W^{(2)} = \begin{pmatrix} 0.4956 & 0 & 0.375 \\ 0.2319 & 0.0553 & 0.375 \\ 0.0848 & 0.5650 & 0.125 \\ 0.1374 & 0.1175 & 0.125 \\ 0.0503 & 0.2622 & 0 \end{pmatrix} \begin{pmatrix} 0.1047 \\ 0.6370 \\ 0.2583 \end{pmatrix}$$

$$= (0.1488 \quad 0.1564 \quad 0.4011 \quad 0.1215 \quad 0.1723)^T$$

(2) 层次总排序一致性检验

$$CI^{(2)} = (0.0198, 0.039, 0)^T, \quad RI^{(2)} = (1.12, 0.9, 0.9)^T$$

$$CI^{(3)} = W^{(2)} \cdot CI^{(2)} = (0.1047 \quad 0.637 \quad 0.2583)(0.0198, 0.039, 0)^T = 0.269$$

$$RI^{(3)} = W^{(2)} \cdot RI^{(2)} = (0.1047 \quad 0.637 \quad 0.2583)(1.12, 0.9, 0.9)^T = 0.923$$

$$CR^{(3)} = CR^{(2)} + \frac{CI^{(3)}}{RI^{(3)}} = 0.0332 + \frac{0.0269}{0.923} = 0.0624 < 0.1$$

由此看出，总排序一致性通过。

5. 结论

某工厂合理使用企业留成利润这一总目标，所考虑的五种方案排序的相对优先排序为：

(1) P3（开办职工业务技校），权重为 0.4011；

(2) P5（引进新技术设备），权重为 0.1723；

(3) P2（扩建集体福利事业），权重为 0.1564；

(4) P1（发奖金），权重为 0.1488；

(5) P4（建图书馆，俱乐部），权重为 0.1215。

厂领导和职代会可根据上述分析结果，决定各种方案实施的先后次序，或决定分配使用企业留成利润的比例。

第四节 SWOT分析法

SWOT分析法，即优势（Strengths）、劣势（Weakness）、机会（Opportunities）、和威胁（Threats）分析，亦称态势分析法，是哈佛商学院K.J.安德鲁斯教授于1971年在其《公司战略概论》一书中首次提出的。SWOT分析法自创立以来，广泛应用于企业战略研究与竞争分析，成为战略管理和竞争情报的重要分析工具。目前，SWOT分析法除应用于企业战略制定之外，还在政策制定、项目评价、规划编制等方面得到广泛应用。

SWOT分析法具有分析直观、使用简单的优点，即在没有精确的数据支持和更专业化的分析工具的情况下，也可以得出较有说服力的结论。但是，正是这种直观和简单，使得SWOT不可避免地带有精度不够的缺陷，例如SWOT分析采用定性方法，通过罗列优势、劣势、机会和威胁的各种表现，形成一种模糊的企业竞争地位描述，以此为依据做出的判断，不免带有一定程度的主观臆断，所以，在使用SWOT方法时要注意方法的局限性，在罗列作为判断依据的事实时，要尽量真实、客观、准确，并提供一定的定量数据以弥补SWOT定性分析的不足。

一、SWOT分析法模型

SWOT分析基于内外部竞争环境和竞争条件下的态势分析，就是将与研究对象密切相关的各种主要内部优势、劣势和外部的机会和威胁等，通过调查列举出来，并依照矩阵形式排列，然后用系统分析的思想，把各种因素相互匹配起来加以分析，从中得出一系列相应的结论。运用这种方法，可以对研究对象所处的情景进行全面、系统、准确的研究，从而根据研究结果制定相应的发展战略。根据优势、劣势与机会、威胁两两组合，SWOT分析可以形成SO、WO、ST、WT四种不同类型的组合战略。

SO战略（优势—机会）：是一种发展企业内部优势与利用外部机会的战略，是一种理想的战略模式。当企业具有特定方面的优势，而外部环境又为发挥这种优势提供有利机会时，可以采取该战略。

WO战略（劣势—机会）：是利用外部机会来弥补内部劣势，使企业改劣势而获取优势的战略。存在外部机会，但由于企业存在一些内部劣势而妨碍其利用机会，可采取措施先克服这些劣势。

ST战略（优势—威胁）：是指企业利用自身优势，回避或减轻外部威胁所造成的影响。

WT战略（劣势—威胁）：是一种旨在减少内部劣势，回避外部环境威胁的防御性技术。

SWOT分析法在应用于企业发展战略制定时，首先应根据企业优劣势分析和机会威胁分析，画出 SWOT 分析图，然后根据 SWOT 分析结果，在 SWOT 分析图上找到企业相应的位置，从而进行相应的战略选择。

```
              机会（O）
                │
   扭转性战略   │   增长性战略
      WO       │      SO
               │
劣势（W)───────┼───────优势（S）
               │
   防御性战略   │   多元化战略
      WT       │      ST
                │
              威胁（T）
```

图 1-6　企业 SWOT 分析图

SWOT 分析图划分为 4 个象限，根据企业所在的不同位置，应采取不同的战略。SWOT 提供了 4 种战略选择：在右上角的企业拥有强大的内部优势和众多的机会，企业应采取增加投资、扩大生产、提高市场占有率的增长性战略；在右下角的企业尽管具有较大的内部优势，但必须面临严峻的外部挑战，应利用企业自身优势，开展多元化经营，避免或降低外部威胁的打击，分散风险，寻找新的发展机会；处于左上角的企业，面临外部机会，但自身内部缺乏条件，应采取扭转性战略，改变企业内部的不利条件；处于左下角的企业既面临外部威胁，自身条件也存在问题，应采取防御性战略，避开威胁，消除劣势。

二、SWOT 分析法的基本步骤

运用 SWOT 分析法大体上分成三个步骤：分析环境因素；构造 SWOT 矩阵；制定行动计划。

（一）分析环境因素

运用各种调查研究方法，分析出企业或组织所处的各种环境因素，即外部环境因素和内部能力因素。外部环境因素包括机会因素和威胁因素，它们是外部环境对企业或组织的发展直接有影响的有利和不利因素，属于客观因素，一般归属为经济、政治、社会、人口、产品和服务、技术、市场、竞争等不同范畴。内部环境因素包括优势因素和劣势因素，它们是企业或组织发展中自身存在的积极和消极因素，属主观因素，一般归类为管理、组织、财务、人力资源等不同范畴。在调查分析这些因素时，不仅要考虑到历史与现状，而且更要考虑未来发展问题。

（二）构造 SWOT 矩阵

将调查得出的各种因素根据轻重缓急或影响程度等进行排序，构造 SWOT 矩阵。在此过程中，将那些对企业或组织发展有直接、重要、迫切、久远的影响因素优先排列出来，而将那些间接、次要、不急、短暂的影响因素排在后面。

表 1-9　SWOT 矩阵示意图

内部条件	优势 （Strengths）	劣势 （Weakness）
外部环境	机会 （Opportunities）	威胁 （Threats）

（三）制定行动计划

在完成环境因素分析和 SWOT 矩阵的构造后，便可以制定出相应的行动计划。制定计划的基本思路是：发挥优势因素，克服劣势因素，利用机会因素，化解威胁因素；考虑过去，立足当前，着眼未来；运用系统分析的综合分析方法，将排列与考虑的各种环境因素相互匹配起来加以组合，得出一系列企业或组织未来发展的可选择对策。

三、SWOT 分析法应用案例

【例 1-3】　某大型计算机企业 SWOT 分析。

背景资料：该企业是一家极富创新性的国际化的计算机公司，作为全球个人电脑市场的领导企业，主要生产台式电脑、服务器、笔记本电脑、打印机、掌上电脑、主机板、手机等商品。从 1996 年开始，企业电脑销量位居我国国内市场首位，近几年更是发展迅速，一越占据世界电脑销售量前列。

表 1-10　某企业内部和外部因素评价表

	优势（S）	劣势（W）
内部条件	1) 品牌领导力在中国超过众多竞争者，处于行业领头羊的位置 2) 对本土小消费者需求把握准确 3) 规模化生产，产品成本控制优势明显 4) 产品质量高，重视产品创新与研发 5) 售后服务在行业中享有盛誉	1) 在国际市场影响力不足 2) 公司员工众多，人力资源管理困难，人员效率有待提高 3) 盲目扩张，难以形成自己的核心技术
	机会（O）	威胁（T）
外部环境	1) 国内电脑市场发展迅速，电脑市场空间比较大 2) IT 行业竞争加剧，未来可能继续扩大市场份额，提高市场占有率 3) IT 技术日新月异，将会刺激电脑更新换代的速度	1) 国际著名品牌的进入，造成了一定的冲击 2) PC 厂商价格战频繁，导致整个行业利润率下降 3) 新兴科技公司逐渐进入 PC 市场，进一步增强了市场的竞争程度

续表

战略选择	SO 战略——增长性战略	ST 战略——多元化战略
	利用企业目前的品牌领导力地位，加大对产品的广告投放力度，同时增加产品创新与研发，增强产品的综合竞争力，结合不同层次人群的需求，进行进一步的市场细分，从而不断扩大产品在国内的市场份额。	从实际出发，在发展 PC 业务的同时，应向上游和下游产业进行延伸，上游要增强自身的软件服务能力，使得自身掌握网络生态系统食物链的顶端，下游应进一步丰富产品线，走多元化的发展战略。
	WO 战略——扭转性战略	WT 战略——防御性战略
	对国内外各市场的份额进行分析，对其中市场份额较低的国家或地区，应采取相应的策略，一方面，提供良好的产品体验，另一方面，应加大优惠力度。	对相对成熟的市场和地区，应继续做好产品的售后和运维服务，提高顾客对产品的品牌忠实度。

从上述分析情况来看，该企业在 PC 市场的优势与劣势共存，虽然行业竞争日益加剧，但是企业已经在 PC 市场占据领头羊位置，这种优势是行业新进入者所欠缺的，因此，该企业应采用防御性战略。

【例1-4】 SWOT 分析法在某地区生态环境保护规划中的应用。

1. 环境因素分析

编制生态环境保护规划是各级政府环境保护部门的一项经常性环境管理工作，是指导区域经济发展和生态环境保护的总体设计。该地区是全国第一家国家环境保护模范城区、第一家国家生态区、第一批全国生态文明先行示范区之一。近年来，该地区通过滚动实施环保三年行动计划、加快调整产业结构和生态创建等一系列举措，环境基础设施渐趋完善，污染减排成效明显，环境综合整治取得一定进展，但灰霾、富营养化等区域复合污染问题仍非常突出，城乡环境差异明显，历史遗留环境问题较多，现有发展模式下以末端治理为主的减排潜力已十分有限，环境监管能力不足，这些均制约了该地区经济发展及环境保护工作的进一步开展，也不利于生态文明先行示范区的建设。总体来看，当前该地区生态环境保护正处于城市快速发展与污染复合压缩期，外部环境压力和内部转型需求都对环境保护工作提出了更高要求，机遇和挑战并存。如何做到既保障经济持续发展，又处理好生态环境问题，需要通过寻求二者共同的平衡点，走出一条经济环境相协调发展的道路，这也是通过编制生态环境保护规划所需要解决的重大问题。

2. SWOT 矩阵构造

通过对该地区相对于其他地区在生态环境保护和经济社会发展中所具备的核心竞争力，如区域的生态环境、产业结构、环保能力建设等的优势条件；区域在经济社会环境发展中自身缺少或者发展不完备的因素，如生态空间布局不合理、历史遗留环境问题多、区域环境差距明显等的劣势条件；外部环境中对区域环境保护有积极影响的重大因素，如国家的大环境、政策支持等的机遇；以及外部环境中对区域环境保护构成威胁及不利因素，如外来人口、生态环境恶化迹象等的挑战的分析，构造 SWOT 分析矩阵，如表 1－11 所示。

表 1－11　某地区生态环境保护规划 SWOT 分析矩阵

	优势（Strengths）	劣势（Weakness）
内部条件	1）生态环境品牌优势：区域生态环境优美，绿化覆盖率达 39.8%，人均公共绿地面积 19.5 平方米；秉承"环保优先"发展理念，"生态立区"发展战略，环境质量不断改善，是全国第一家国家环境保护模范区、第一批全国生态文明先行示范区 2）环保能力建设优势：首创"负面清单"城市市容环境责任区管理新模式，率先制定"批项目、核总量"办法，率先开展危险废弃物属地化管理试点 3）产业结构优势：全区二、三产业都在迅速发展，第三产业整体比重逐年上升，生产性服务业日趋优化，现代服务业迅速发展 4）工业企业集聚优势：全区工业均集中在工业园区，园区工业生产总值占全区工业生产总值的比例达到 57% 以上 5）环境基础设施优势：区内环境基础设施完备，生活垃圾末端处置设施建设成效明显，污水收集管网完备，污水收集处理率达 89% 6）人才智力优势：区内聚集了多所大学，科研力量雄厚，具有专业环保方面人才资源 7）旅游资源优势：区域历史底蕴深厚，拥有一批生态、休闲、观赏为一体的大型公园绿地 8）区位优势：该地区交通便利，是主要对外交通枢纽	1）水环境质量不容乐观：受上游来水水质不佳和本地污染排放叠加效应，水体富营养化现象普遍，水环境功能达标率低 2）空气质量有待提高：区内空气质量优良率仅 70%，以 PM2.5 为代表的复合型污染问题突出，雾霾等污染天气时常出现 3）土壤污染较普遍：土壤重金属污染突出，87.2% 的检测样点属于轻度污染，3.8% 的检测样点属于中度污染，不加控制的情况下会逐步恶化 4）历史遗留环境问题较多：工业园、江河水质等对本区环境影响短期内难以根本解决，镇级固废收运处理设施体系不完善，传统与现代农业将长期并存，农业污染治理有待加强 5）生态空间布局不合理：部分区域居住区与工业园、市政设施交错相邻，环境问题的压缩型、复合型特征明显；建设用地占有率持续升高严重挤压了绿色生态空间；土地利用率低，布局分散 6）环境安全压力大：该地区为区域交通枢纽，交通事故伴发的突发环境污染事件数量较多，区内化工、辐射、危废等高风险行业比例高，环境安全隐患居高不下 7）区域环境差距明显：农村地区环境基础设施和环境管理相对滞后，城乡一体化和均等化水平有待提高
	机遇（Opportunities）	威胁（Threats）
外部环境	1）政策导向：高度响应国家生态文明建设战略，响应国家对本地区提出的环境保护高要求，将环境保护放在更加重要的战略高度。有优异环保基础的条件下，秉承"环保优先"发展理念，"生态立区"发展战略	1）生态环境存在恶化迹象：随着城市空间扩张，受利益驱动，随意填堵河道现象仍有发生，水体生态链断裂，生态系统功能退化迹象渐显。工业"三废"排放对农业生态环境污染日趋严重，工业区污染问题突出逐渐成为常态

续表

	机遇（Opportunities）	威胁（Threats）
外部环境	2) 环境知名度提升：被选为全国首批生态文明先行示范区，是全国第一家国家环境保护模范区 3) 经济环境：该地区是区域经济实力最强的区县，经济实力雄厚，可用于环境治理的投资潜力巨大	2) 外来人口：本地区是外来人口的导入区，人口规模的增长导致对能源和资源的刚性需求不断增加，生态环境面临更大的压力 3) 减排潜力受限：环境通过末端治理的减排潜力已十分有限，节能减排任务艰巨，而能源结构以煤为主、产业结构偏重等结构性问题短期内难以根本解决，城市资源环境承载力矛盾更加凸显 4) 环境监管能力不足：本地区工业污染源量大面广，环境监察和监测能力明显不足，监管范围、深度和力度均难以满足要求

通过SWOT要素分析可见，目前该地区的现状发展在微观环境方面具备生态环境、环保能力建设、产业结构、工业集聚、环境基础设施、人才智力、旅游资源及区位优势等，在宏观环境方面依托当前生态文明建设背景，拥有政府重视、政策资金倾向等良好机遇。在劣势要素方面，主要表现在环境污染问题仍普遍存在、历史遗留环境问题较多、生态布局不合理、环境安全压力大、区域环境差距明显等；在挑战要素方面，存在生态环境恶化可能、外来人口压力以及减排潜力受限、环境监管能力不足等问题。综合来看，就生态环境而言，该地区的内部优势与外部机遇基本明确，而面对内部劣势与外部挑战还需采取积极的改进和应对措施加以化解。

3. 基于SWOT分析的规划措施

通过将内部优势和劣势与外部机遇和挑战相组合，分别得到该地区生态环保的SO战略、ST战略、WO战略和WT战略，形成了该地区环境保护与发展的规划措施，如表1-12所示。

表1-12 基于SWOT分析的环境保护规划措施

机遇与挑战 优势与劣势	机遇 1) 政策导向 2) 环境知名度提升 3) 环保投资潜力大	挑战 1) 经济发展对环境产生冲击 2) 外来人口增加 3) 减排潜力达到瓶颈 4) 环境监管能力不足
优势	SO战略	ST战略
1) 生态环境优势 2) 环保能力建设优势 3) 产业结构优势 4) 工业集聚优势	1) 利用区域生态环境优势，响应当前建设"美丽中国"的号召，全力打造"生态文明先行示范区"	1) 结合在环保能力建设方面的优势，进一步完善污水收集管网和排水基础设施建设，提高利用效率，缓解因经济发展、人口增加对环境导致的负面冲击

续表

优势	SO 战略	ST 战略
5）环境基础设施优势 6）人才智力优势 7）旅游资源优势 8）区位优势	2）充分依靠自身生态环境、旅游资源及区位优势，把握区域环境知名度提高的机遇，打造生态旅游主题品牌 3）把握当前环境知名度提高这一机遇，结合区域生态环境优势及产业结构优势，努力推进农业与二、三产业融合发展，推进现代化低碳农业发展 4）利用区域人才智力优势，结合环境政策、环保资金的支持这一机遇，加强和高校等科研单位的产学研合作	2）借助旅游资源优势，将环保元素及理念与之有机结合，提升区域旅游的档次和内涵，打造区域环保旅游名片 3）充分利用工业集聚优势，落实减量、优化存量、控制增量，加快淘汰高耗能、高污染、低效益产业，督促企业开展中水回用，缓解目前出现的减排潜力不足等问题 4）利用环保能力建设方面的优势，推进企业开展清洁生产审核、节能技术改造、循环经济试点、环境管理体系认证等工作
劣势	WO 战略	WT 战略
1）水质劣势 2）空气质量有待提高 3）土壤污染较普遍 4）历史遗留环境问题多 5）生态空间布局不合理 6）环境安全压力大 7）区域环境差距明显	1）依托"美丽中国"建设背景，结合政策导向的机遇，以生态立区，积极发展循环经济，减缓环境压力 2）立足环保优先、生态立区，结合国家政策和资金支持，加强区域内污水处理设施和污水管网铺设，推进清洁能源替代，逐步改善区域内环境质量 3）把握工业区被列为国家重点老工业改造示范基地的机遇，将工业区建成以清洁生产、循环经济为主要特征的生态园区 4）针对农村环境基础设施和环境管理滞后，利用外部环境投资，努力提高城乡一体化和均等化水平，减少区域环境差距	1）利用外来人口这一数量优势，通过积极宣传引导，扩大公众参与度，把人口压力对的环境的压力转化成监管环境的潜力 2）严控全区建设用地，增加生态用地，限制土地盲目规划开发，合理布局土地利用，提高土地利用效率 3）为满足形势下对环保的高标准与严要求，需进一步优化投资环境，积极吸引绿色低碳产业前来投资，为区域经济发展注入绿色新活力 4）抓住国家积极发展"互联网+"的时代机遇，构建环境大数据平台，利用"互联网+环保"的方式弥补环境监管能力的不足

由表 1—12 可以看出：①SO 战略是一种利用外部机遇发挥内部优势的增长型战略，是该地区经济社会环境发展的主要模式，其核心是利用区域生态环境、旅游资源、区位优势、人才资源等各项优势与政策和资金的支持，创造出一种以"生态文明先行示范区"为核心，促进经济社会环境相协调发展的战略；②ST 战略是一种利用优势应对、消除或规避外部挑战的防御型战略，其核心是利用该地区生态环境、环保能力、产业特点、基础设施等优势，应对经济发展人口增加对环境产生的

冲击以及减排潜力不足等问题;③WO 战略是利用外部机遇来弥补内部劣势的扭转型战略,其核心是积极响应国家政策和各级政府行为,解决区域内环境污染多、生态布局不合理、历史遗留环境问题等内部劣势;④WT 战略旨在减少内部劣势的同时,应对外部挑战,是在最不理想情况下的一种规避型战略,其核心是采取相应的措施来克服自身因素的限制,消除或规避人口增长或经济发展等因素对环境的挑战。由此可见,这四种发展规划策略基本涵盖了该地区生态环境保护与发展的内容,通过扬长补短、内外结合、竞争合作等手段,提出了较全面的保护与发展规划建议。

第五节 PEST 分析法

PEST 分析是指宏观环境的分析,包括政治(Politics)、经济(Economy)、社会(Society)和技术(Technology)分析四个方面。PEST 分析法从不同角度全面地分析外部环境,从变动的因素上探求行业或企业可能的发展潜能,对行业或企业的发展前景有一个大的整体把握,并制定出相应的对策,但因外部各种因素变化大,且行业或企业的发展需要考虑各种因素,既包括外部环境,同时又要考虑内部条件,而 PEST 分析法只考虑了宏观环境因素,故具有局限性,需要与 SWOT 方法等其他综合分析法结合使用。目前,PEST 分析法的运用领域包括企业战略规划、市场规划、企业经营发展、行业研究与发展规划、项目可行性分析等方面。

一、PEST 分析

(一)政治环境分析

政治环境是指一个国家或地区的政治制度、行政体制、法律法规等,具体指标包括政治体制、经济体制、财政政策、税收政策、产业政策、投资政策、政府补贴水平、民众对政治的参与度等。随着全球经济一体化和"一带一路"倡议的深入实施,我国大量企业"走出去"在"一带一路"沿线国家和其他区域国家设厂投资,在进行投资项目可行性研究时,要加强所在国的政治环境分析,高度重视各国政治环境的特殊性,因为不同的国家有不同的社会制度,不同的社会制度对组织活动有不同的限制和要求,即使在同一国家,由于执政党的不同,其政府的施政方针对组织活动的态度和影响也是不断变化的。由此可以看出,政治环境对企业的影响具有直接性、难预测性和不可控制等特点,这些因素常常制约、影响企业的经营行为,尤其是影响企业较长期的投资行为。因此,在制定企业发展战略或进行境外投资时,需要掌握大量的、充分的相关资料,对政治环境的长期性和短期性的判断与预测十分重要。

(二)经济环境分析

经济环境主要包括宏观和微观两个方面的内容。宏观经济环境主要指一个国家的人口数量及其增长趋势,国民收入、国民生产总值及其变化情况以及通过这些指标能够反映的国民经济发展水平和发展速度。微观经济环境主要指企业所在地区或所服务地区的消费者的收入水平、消费偏好、储蓄情况、就业程度等因素。这些因素直接决定着企业目前及未来的市场大小。

(三) 社会自然环境分析

社会自然环境包括社会环境和自然环境。社会环境包括一个国家或地区的居民教育程度和文化水平、宗教信仰、风俗习惯、审美观点、价值观念等,其中文化水平会影响居民的需求层次;宗教信仰和风俗习惯会禁止或抵制某些活动的进行;价值观念会影响居民对组织目标、组织活动以及组织存在本身的认可与否;审美观点则会影响人们对组织活动内容、活动方式以及活动成果的态度。自然环境包括土地、生物、矿产、能源、水资源以及生态环境。

(四) 技术环境分析

技术环境对企业的生存和发展具有直接而重大的影响,不断的技术进步提高了生产效率,降低了生产成本,极大地影响了市场竞争的格局。随着技术更新速度的加快,新产品层出不穷,产品生命周期愈来愈短,越来越多的企业把技术研发作为企业的生存之道。技术环境分析是要分析本企业的产品有关的科学技术的现有水平、发展趋势及发展速度,跟踪掌握新技术、新材料、新工艺、新设备,分析对产品生命周期、生产成本以及竞争格局的影响。

二、PEST 分析法应用案例

【例 1—5】 基于 PEST 分析的我国互联网金融行业未来发展策略。

背景资料:近年来,互联网金融作为一种创新型金融得到了迅猛发展,受到社会各方关注。互联网金融以其独特的发展方式以及运营模式已经对传统金融业形成冲击。因此,基于互联网金融发展的现状,从政治、经济、社会、技术四个方面深入分析当前互联网金融行业发展模式以及未来发展趋势,据此提出互联网金融行业未来发展策略。

1. 政治环境分析

在政策支持力度方面,我国高度重视互联网金融的发展,强调互联网金融在整个国民经济中的积极作用,国家相关部门相继发布了《网络借贷信息中介机构业务活动管理暂行办法》《网络借贷信息中介备案登记管理指引》《网络借贷资金存管业务指引》《网络借贷信息中介机构业务活动信息披露指引》等政策文件,指导互联网金融健康发展;在支付结算方面,随着一批电子牌照的发放,支付市场正式向外资开放,工信部移动支付国家标准以及线上线下收单业务正式纳入央行监管等举措的出台,必将激发市场活力,推动我国互联网金融的快速发展;在小额信贷方面,政府在充分肯定小额信贷对激活金融市场发展的同时,也强调对网络信贷的监管与调控,防止非法集资与非法信贷的发生,这对引导互联网金融的发展将起到至关重要的作用;在金融管制方面,伴随着我国利率市场化步伐的不断加快,我国的金融管制也在逐步放宽,从最初的政府全盘掌控到逐步将权力下放到各个商业银行并由中国人民银行统筹，我国金融的活力得到释放，必将推动我国互联网金融的蓬勃发展。

2. 经济环境分析

纵观我国改革开放 40 年的发展可以看出，我国经济的发展始终保持平稳快速发展，虽然偶尔会遭受来自世界经济不稳定和贸易保护主义的冲击，但宏观经济态势始终保持良好，这为金融创新乃至互联网金融的发展提供了基本条件。互联网金融在我国能够快速发展的重要原因之一就是改革开放以来我国居民收入的不断增加，收入增加所带来的投资理财意识以及消费习惯的改变是对互联网金融的发展起到了巨大的推动作用。与此同时，伴随着国内消费水平和消费需求的不断提升，传统的消费模式已经无法满足居民的消费需求，在此基础上便产生了互联网消费乃至互联网金融，互联网消费的发展直接促进了我国互联网金融的发展，其中以支付宝为代表的第三方支付模式最为典型。当前我国利率市场化进入实质阶段，关于利率市场化的法规和政策不断出台，这些法规和政策的出台大大活跃了我国金融市场。在利率市场化的推动下，我国互联网金融中的小额信贷可以根据市场利率来选择贷款利率。此外，互联网理财产品也可以根据市场利率条件下当期的银行存款利率来选择产品的收益率来满足不同客户的需要。

3. 社会环境分析

改革开放以来，我国居民的消费观念从原先的勤俭节约过渡到现在的适度消费，伴随着收入水平的提高，我国居民的消费能力也得到了显著的提升，同时，传统的现实商品交易已不能满足部分现代年轻群体的消费需求，网络消费应运而生。作为互联网金融的雏形，网络消费的出现是我国互联网金融发展的一个重要阶段，以支付宝为代表的第三方支付平台的出现更是打破了我国消费者传统的消费模式，并得到社会大众的高度认可，阿里巴巴、淘宝、京东等电商平台的出现标志着互联网金融进入全新阶段。

4. 技术环境分析

目前，我国互联网金融已进入大数据和云计算时代，来自各方面的全方位数据汇总和即时计算为互联网金融的发展提供了技术基础。除此之外，互联网金融的发展关系到每一个受众个体，因此实时参与互联网金融市场是每一个资金参与者的理性需求。当前，互联网通信技术不断发展，这都为互联网金融提供了实时参与的平台。另外，各类 APP 的应用以及手机客户端的开发与完善也给社会大众提供了充足的参与机会。我国互联网金融是由所谓的"草根金融"发展而来，无论是支付宝还是小额贷款或是余额宝所针对的受众都是社会中层乃至底层的居民，因此互联网通信以及 APP 应用的发展为互联网金融提供了良好的技术环境。

5. 基于 PEST 分析的我国互联网金融行业未来发展策略

（1）完善风险监督管理机制。互联网金融不同于传统金融业可以通过监督管理机构的适度监管来降低金融风险。主要是因为目前互联网金融还没有完善的政策法规以及监督管理机制，因此，应当对互联网金融进行统一管理，建立起专门的监管机构并颁布相关的法规政策，使互联网金融朝着更为健康的方向发展。

（2）建立严格的互联网金融准入平台。互联网金融企业良莠不齐的现状在一定程度上加大了监管的难度，为此，应建立严格的互联网金融准入平台，从源头上提高互联网金融的质量，从而降低风险发生的概率，保障互联网金融的可持续发展。

（3）金融创新应注重与传统金融业的协调。互联网金融是金融创新的重要平台，但目前互联网金融的发展相对分散，没有形成一个完整的风险防控体系，为此，互联网金融创新应积极与传统金融业进行协调与合作，吸收传统金融对风险调控以及收益预测的经验，确保互联网金融持续健康发展。

（4）加大政策支持力度。由于互联网金融的发展在一定程度上造成传统金融业部分利益的外流以及生存压力的增大，互联网金融受到传统金融的抵制已成为不争事实，而互联网金融作为新生事物，政府除了给予资金上的支持外，还要在互联网金融立法、给予互联网金融企业可行范围内政策上的方便等给予支持。

第二章 数据采集、分析与知识管理

咨询工程师开展咨询工作之前，应知道需要何种信息与知识，以及如何采集、取得、整理、分析、保存和使用数据与信息。对于需要整理、加工或处理的数据或信息，要选用适当的方法、手段与工具，这是咨询工程师必备的知识与技能。本章主要介绍工程咨询信息及其管理、信息采集途径和方法、信息鉴别、数据分析与挖掘、工程咨询知识管理。

第一节 工程咨询信息及其管理

一、概述

（一）工程咨询信息的内涵

信息资源是工程咨询行业的核心资源，通过获取海量有效的信息，依靠信息、知识和智慧、先进科技手段进行服务。信息爆炸的社会要求工程咨询行业服务机构拥有获取信息、处理信息的能力和手段。工程咨询项目管理信息化是结合行业业务特点，以信息资源开发利用为核心，利用现代信息技术、网络技术等现代科技，强化信息技术在业务中的渗透，在工程咨询项目各环节中推广应用信息技术，以提高工程咨询机构管理决策能力，提升咨询工作效率，增强机构行业竞争力。

工程咨询需要的信息，涉及自然、资源、气候、水文、地质、人口、人文、项目投入产出、市场（商品、劳动力、金融）、财政及政策、货币政策、法规、标准与规范、发展规划等。

（二）工程咨询信息管理的必要性

我国经济进入新常态，全球化、绿色发展、结构调整、新技术应用等成为发展主基调，这不仅需要规模巨大的投资，而且更加注重发展质量，这就给工程咨询业带来了极大的发展机遇，也对工程咨询信息管理提出了新的需求。未来工程咨询将更多的应用建筑信息模型技术（BIM）、大数据、物联网、地理信息系统（GIS）、无人机应用、AR仿真模拟、人工智能辅助查询与分析系统等，也迫切要求工程咨询业能够尽快改变传统咨询手段，必须针对新技术、新产业进行调整，建立完善的数据分析与知识管理方法。

传统的信息管理模式工作流程繁琐，耗费人力物力，亟待向智能管理模式迈进。工程咨询信息管理以丰富的信息资源为管理重点，利用"互联网＋"、数据库管理系统等先进的信息管理手段，协助工程咨询人员能够从海量的业务数据中提供有用的信息，进而做出科学的判断以及正确的决策，从而实现为工程咨询的决策提供更加全面及时的信息支出，使工作更加便捷，回复也更加及时，大幅减少出现错误的概率，安全性更高。

二、工程咨询信息类型及来源

（一）信息类型

工程咨询需要的信息，量大、面广。为了便于识别、分析、存储与保管，可从不同的角度将其分类。例如，从信息属性、来源、形态、用途、载体，是否随时而变或是否经过加工处理等角度划分。

1. 不同属性的信息

工程咨询中常用如下几种属性信息：

（1）法律。国家、各级政府颁布的有关投资与工程建设的各种法律、法规、规章等。

（2）规划与政策。国家和地方的各种规划（战略、行业），以及财政、税收、货币、投资和产业等方面的政策。

（3）标准与规范。国家各部门或专业协会发布的技术经济指标、定额、标准与规范等。

（4）自然与资源。调查、统计或其他机构保存或取得的河流、湖泊、沼泽、山脉、森林、植被、矿藏、水文等地理资料，气象、气候等天文资料等。

（5）行业统计。全国乃至全球各行业规模与产业动向、生产与销售、进出口、技术，以及主要企业、公司等的现状、竞争态势，以及发展趋势等。

（6）投资与项目。全国乃至全球各种项目的实施过程与结果，包括投资、规模、技术来源、标准、设备、产品性能和目标市场等。

（7）区域社会与经济状况。区域的社会、民族、文化、教育、宗教、习俗等人文状况，区域经济发展、税收、财政、基础设施等。

2. 来源不同的信息

（1）内部信息。企业或项目已有或反映企业及项目状况，不希望外人获知的信息。

（2）外部信息。诸如宏观政策的变动、市场动态、竞争情况、政策法规、技术发展等方面的信息。

3. 媒介与形式不同的信息

信息有多种形式，如数据、文字、图样、影像、录音。信息载体或媒介亦有多种，如书籍、文件、报告、会议、数据库和磁盘等。

4. 原始信息与加工信息

信息有原始和加工信息。原始信息，如人口普查记录；加工信息，利用某些方法，根据原始信息取得的判断、评价、预测及建议等，如对人口构成的分析。

5. 用途不同的信息

信息的用途五花八门，如标准、规范、手册等，通常用于技术方案设计；如生产资料价格、概算定额等，通常用于投资估算；如税率、产品价格、影子价格等，通常用于项目财务分析或经济分析；行业基准收益率、市场竞争情况等，通常用于投资项目决策。

6. 动态信息与静态信息

信息可分为静态和动态两类，前者指不随时间变化或变化较小的信息，如道路、停车场、交通附属设施等；后者为随时变化的信息，如道路状况、交通事故、天气、车辆密度与流量等。

7. 显性信息与隐性信息

显性信息指以文字、图形或其他符号明显记载于书籍或其他介质的信息。隐性信息是须经过分析、联系与推断才能获得的信息。

(二) 工程咨询对信息的基本要求

信息是咨询和决策的基础，至少应满足如下要求。

1. 来源须可靠，必须来源于实际，不能含有虚假、伪造的成分。
2. 必须全面或较全面反映客观事物与过程，不得将片面、残缺的信息用于咨询。
3. 必须适合或基本适合选用的咨询方法。不同的咨询方法需要不同范围和时间段的信息。如果不能适合选用的咨询方法，就应选择其他咨询方法。

(三) 信息来源

信息来源很多，例如图书馆、档案馆、调查或咨询机构、学校、出版与研究机构、商场、国家与地方统计局及其他政府或新闻机构、国际组织与外国驻华机构、互联网等。

1. 网络和出版物

从互联网上能够快速检索到最新、非常有价值的信息。当然，对这些信息必须特别注意加以鉴别，去伪存真。公开出版物同样发布大量有用的信息，例如行业年鉴、调查与统计报告、专题研究报告等。

2. 借阅与购买

从合作单位、专门机构索取或购买资料是一种重要的信息来源。如到各种图书馆借阅文献与资料，购买国家或地方统计局出版的综合与行业统计年鉴，向某些调查机构索取或购买调查报告，向测量部门购买卫星图片、航测或航拍图片，向地震部门购买地震分布资料，向水文、气象部门采购历年水文、气象资料，向城市主管部门采购地理信息资料，向地质勘探部门采购地质勘探资料等。

3. 自有信息

从事规划、勘察、设计、科研、监理等咨询活动的咨询企业，积累了大量宝贵信息，例如水文地质与地形勘察报告、图档、投资估算、设计概算、工程决算、可行性研究报告、监理报告、实验报告、总结报告、国内外工程招标信息、最新行业动态和资讯、竞争企业情报、国内外工程规范和标准惯例、公司资质和专业资质、人力资源、公文公告、财务信息、企业管理制度和报表模板等，不少咨询企业还拥有专利。

三、"互联网＋"背景下的工程咨询信息管理

"互联网＋"模式能充分发挥互联网在社会资源配置中的优化和集成作用，将互联网的创新成果深度融合于各领域之中。工程咨询行业本身就具有数据化的天然属性，对"互联网＋"模式有着接纳和融合的先天优势。"互联网＋"模式的到来给工程咨询行业的发展带来了新的催化剂和生产力，也带来新思维模式和发展空间。随着计算机与通信技术的飞速发展，互联网不断扩展和普及，网络技术的发展使工程咨询机构能够以快捷、低成本的方式获取更多的信息资源。"互联网＋工程咨询"系统是建设基于互联网的工程咨询机构系统，以丰富的信息资源为管理重心，同时全面集成客户、咨询、销售等业务处理系统及业务信息，支持工程咨询机构内部各层级间及工程咨询机构与外部环境有效沟通的信息管理系统。

（一）"互联网＋"对工程咨询数据分析的作用

工程咨询的工作与互联网连接，使工程咨询可与无限的知识、专家、信息等实现即时对接。一个项目可通过互联网连接强大数据信息库，提供大量相关理论知识与概念，然后通过线上咨询与更多专家进行沟通、研讨，最后可自动与全球其他类似案例进行匹配，提供建设性的意见与建议。"互联网＋工程咨询"系统突破传统局限，利用互联网信息化技术将信息流、数据流、工作流和资金流集成，形成强大的集聚效应，使工程咨询行业在未来的市场竞争中不断发展，呈现一种无限制发展的态势。

一是提高工程咨询服务效率和水平。应用互联网有利于工程咨询人员掌握和有效利用相关数据信息，及时跟踪新政策、新技术的变化，增强决策者信息处理能力，提高工程咨询的服务效率。

二是提高信息的准确性和及时性。及时、准确的获取信息是工程咨询的基础，信息技术改变了工程咨询人员获取信息、搜集信息和传递信息的方式，工程咨询数据的存储、整理、分析、查询、统计和传递可通过专业的信息系统实现，缩短了信息传递周期。

三是有效控制工程咨询项目成本。将工程咨询项目执行成本纳入管理范围，通过统计分析发现项目管理中的问题，找出制约效益的瓶颈，从而降低项目成本，提高工程咨询单位的效益。

（二）信息管理目的与任务

工程咨询企业自己拥有大量信息，使用方便、可靠、费用低。因此，只有当本企业缺乏所需信息时，才考虑其他来源。工程咨询企业在长期为客户服务中产生很多成果与文件，如客户资料、产品配方、生产工艺、设计图纸、货源资料、营销方案、财务报告等，往往使工程咨询企业形成竞争优势。这些宝贵资源若管理不善，则不但无法得到有效利用，还会危及工程咨询企业的竞争地位和安全。

目前，上述信息十分庞杂，有些企业不善于管理，仍然依靠资料室、图书馆等

传统手段保存和管理上述信息，未设立有效的信息管理系统，致使员工在查找所需信息时耗费了大量不必要的时间，甚至找不到本企业实际上有的数据、信息、文件或其他资料，造成了资源的极大浪费；即使使用数据库，能力也很有限。另一方面，一些企业内的某些部门囿于自身利益，不愿意将自己掌握的信息与其他部门共享。落后的信息管理已经严重妨碍了咨询业务的发展，工程咨询企业应当了解信息管理的重要性及紧迫性，迅速改变现状。

信息管理是指将分散、无序、庞杂的数据信息按照一定规则加以识别、编排，并记载各种信息之间的联系，进而保存、添加、检索、共享和利用。为了使信息管理行之有效，应当建立有效的制度，促使企业内各部门之间共享各自掌握的数据与信息，尽可能地减少因重复收集数据与信息而浪费的资源，增加企业的整体收益。

信息管理的任务是了解信息使用者的具体需要，对信息进行全面的收集、适当的筛选、正确的分析、恰当的整理和储存，并将适合需要的信息及时、准确、经济地交给各级工程咨询和决策人员。咨询企业应当利用先进的信息管理手段，建立适合本企业需要的数据库管理系统，加强对本企业内外信息的全面管理，为本企业咨询业务及时提供全面、准确、最新的信息。

（三）信息管理技术与方法

1. 信息管理基本做法

对于数量巨大、种类繁多的数据、信息或其他资料，有一些基本办法，不仅适用于以往的图书室、图书馆、档案馆、博物馆等，也适用于计算机数据库系统。例如，分类与编目方法，现在微软公司的 Windows 文件系统所依据的就是历史悠久的分类与编目原则。

2. 信息分类与编目

对于工程咨询企业掌握的信息，有多种分类与编目方式。例如，按企业管理层次分类编目，大企业，目录第一层按企业总体组织划分，如公司总部、子（分）公司；第二层可按企业各级的职能部门划分，如人力资源部、财务资产部、综合管理部、技术质量部、经营计划部等职能部门，以及规划部门、设计部门等业务部门；第三层可按各业务部门的行政科室或者项目团队来划分。

分类方法的选择，既要考虑企业拥有的信息内容、形式与性质，也要考虑企业为客户提供咨询服务的方式与特点，或者将两方面结合起来，使各种类别的信息便于查询。例如，公司新闻、企业规章制度、会议纪要等，可以归为一类，供一般用户查询。而对于图档，可以按项目名称、时间、业务部门、版本、关键字、文字说明、关联信息等逐层分类。

为了便于企业员工更好地利用企业拥有的信息资源，可以信息地图导航的方式编制目录。信息地图可按照上述分类方法编制，使用户能够快速找到他们需要的信息与资料。

3. 检索功能与权限

信息管理系统必须有完善的查询功能，允许使用者以多种方式查询。查询系统应当灵活、具有模糊查询功能，以满足不同人员的查询习惯与偏好。查询结果能够以多种方式显示或交给用户。当然，为了信息的安全，查询系统应当具备权限管理功能。

（四）现代信息管理技术

信息管理人员应确保将必要的原始信息收集齐全，加工成可用信息。还要确保企业内部人员在合适的时间以合适的形式取得并利用。信息管理要确保企业的信息准确、及时、安全，确保满足所有与工程咨询有关的信息要求。

对于非数字信息，可参考图书馆藏书、文献分类与编目规则加以编排，购置相应设施存放此类信息。对于数字信息，可以保存在计算机数据库中并备份。

1. 建立数据库管理系统

数据库管理系统是根据数据模型研制的描述、建立和管理数据库的专用软件，一般由数据库语言、数据库管理程序和数据库使用程序三部分组成。

数据库语言主要用于建立数据库、使用数据库和对数据库进行维护。

数据库管理程序是对数据库的运行进行管理、调度和控制的例行程序。

数据库使用程序是对数据进行维护使其处于运行状态而使用的各种数据库服务程序。数据库管理系统的功能因系统不同而有所差异，一般包括：定义数据库、装入数据库、操作数据库、维护数据库、数据通信等。

数据库管理系统可分为小型和大中型数据库；亦可分为关系数据库、面向对象数据库、工程数据库、多媒体数据库等。关系数据库在一般信息系统中发挥着巨大作用，是面向对象数据库、工程数据库和多媒体数据库的基础。

2. 信息安全管理

信息安全一般指信息的完整和用途是否得到了有效保护。信息安全分为信息系统、数据库、个人隐私、商用信息、国家机密的保护等方面。保密技术的缺陷、网络无限制传播、计算机病毒、网上犯罪等都威胁到信息的安全。

工程咨询企业向委托人提出的方案和技术，以及委托人提供的信息容易为竞争对手取得，从而损害自己的竞争力，损害委托人的利益。目前某些项目的可行性研究报告未删除客户的敏感信息就上传到很多网站，不同程度地泄漏了本应为客户保密的内容。对此，应当给予充分重视，配备必要的设备，安装可靠的防护软件。企业若不能及时有效地采取措施，信息一旦泄漏会造成不可估量的损失和损害。企业必须防止委托人和自身因泄密而受到损害。良好的信息安全管理可以降低运营风险、保持企业竞争力。

保密有多种方式，主要有：

1) 咨询业务当事人事先签订保密协议，并严格执行；

2) 对信息库设置使用权限。一般可根据信息的重要性和敏感程度分为若干密级，为各级信息设置相应的使用权限。横向权限用来控制查询和使用。纵向权限可考虑信息属性和用户两方面，为各种信息设置相应的安全级别。普通知识，如企业文化、常用规章制度等，安全级别较低，可在企业内部充分共享。而诸如合同、经验、涉密图档等，只能在小范围内交流，安全级别要高。各种用户也应设置权限级别，并将其与信息的安全级别对应起来。横向与纵向的保护办法结合起来，可构成比较严密、完善的安全体系，既能保证信息得到充分利用，又能减少泄露的机会。

第二节 信息采集途径和方法

当工程咨询企业自身拥有的信息不能满足咨询业务需要时，就应从其他来源广泛采集信息，信息来源于文献、媒体、他人、研究对象本身与自身的积累。其他信息来源，包括委托人掌握并提供的信息，反映委托人的要求和期望，可信程度一般较高，是咨询人员着手工作的基础和依据；其他需要收集的信息，涉及政治、经济、法律、行业、文化、市场、工程、项目等各个方面，特别是咨询工作需用的专业技术最新发展、最新研究成果、新的咨询理论、工具和方法等。绝大多数情况下，有关研究对象本身的信息，都要由咨询机构组织力量进行调查与采集。咨询单位与人员应根据调查对象的性质、规模，以及需要的时间和费用，选择合理与适当的方法，认真设计调查程序，选择手段与工具。

一、工程咨询信息采集途径

调查方法可分为普查与抽样调查两大类，这两类都有文案调查、实地调查、问卷调查、实验调查等几种。选择调查方法要考虑收集信息的能力、调查研究的成本、时间要求、样本控制和人员效应的控制程度。

上述各种方法，各有利弊，各有适用范围。文案调查是上述各种调查方法中最简单、最一般和常用的方法，也是其他调查方法的基础。实地调查能够控制调查过程，应用灵活，信息充分，但耗时长、费用多，调查对象易受心理暗示影响，不够客观。问卷调查适应范围广、简单易行、费用较低，得到了大量应用。实验调查最复杂、费用高、应用范围有限，但调查结果可信度较高。

（一）文案调查法

文案调查法是指对已经存在的各种资料档案，以查阅和归纳的方式进行的市场调查。文案调查法又称二手资料或文献调查。文案资料来源很多，主要有：①国际组织和政府机构资料；②行业资料；③公开出版物；④相关企业和行业网站；⑤有关企业的内部资料。

（二）问卷调查法

这种方法是调查人员以面谈、电话询问、网上填表或邮寄问卷等方式，了解调查对象的行为方式，从而收集信息。问卷调查法是市场调查常用方法，尤其在消费者行为调查中大量应用，其核心工作是设计问卷，实施问卷调查。

（三）实地调查法

此法是调查人员通过跟踪、记录调查对象的行为取得第一手资料的方法。这种方法是调查人员直接到市场或某些场所（商品展销会、商品博览会、商场等）亲身感受或借助于某些摄录设备和仪器，跟踪、记录调查对象的活动、行为和事物的特点，获取所需信息资料。

（四）实验调查法

该法是指调查人员在调查过程中，通过改变某些影响调查对象的因素，观察调查对象行为的变化，从而获得消费行为和某些因素之间的内在因果关系。该法主要用于消费行为的调查，企业推出新产品、改变产品外形和包装、调整产品价格、改变广告方式时，都可以用这种方法。

二、网络信息搜索和提取方法

（一）概述

现在，虽然不能说人类所有文献与其他信息都上了互联网，但是网上的信息极为丰富，许多都可用于咨询。但是，许多咨询人员还不善于甚至不知道如何从网上快速、安全、有效地获得自己需要的信息和知识。咨询工程师应当知晓网上有何种信息，应掌握从网上获取信息的方法与基本技巧。对于网上的信息，可利用浏览器和搜索引擎获取。浏览器是供用户阅读网页内容的软件；而搜索引擎，指从互联网上搜集信息的特定电脑程序。

早期的搜索引擎是收集互联网中服务器的地址，按这些服务器拥有的资源类型将其编成不同的目录，各个目录再逐层分类。搜索引擎则沿着此类层级向下搜索，找到用户想要的信息。这种方式只适用于互联网信息不多的时代。随着互联网上信息的迅猛增长，出现了新式搜索引擎，性能大为改进，能够找到网站每一页的起始地址，随后搜索网上所有超级链接，把代表超级链接的所有词汇放入一个数据库。搜索引擎的功能不再限于搜索，已经添加了电子商务、新闻信息服务、个人免费电子信箱服务等。

（二）搜索引擎工作原理

搜索引擎有信息搜集、信息整理和接受用户查询三部分，各自工作原理大致如下：

1. 搜集信息：搜索引擎利用称为网络蜘蛛（spider）的自动搜索机器人程序，从少数几个网页开始，将各个网页的超链接连结在一起，只要网页上有适当的超链接，机器人便可以遍历绝大部分网页。

2. 整理信息：这个过程称为"建立索引"。搜索引擎不仅要保存搜集到的信息，还要按照一定规则编排之。这样，搜索引擎无须重新翻查已保存的所有信息，便能迅速找到所要的资料，从而能够大大加快搜索速度。

3. 接受查询：对于每时每刻都会接到的大量用户几乎同时发出的查询请求，搜索引擎按照各个用户的要求检查自己的索引，能在极短时间内找到用户需要的资料，并交给用户。目前，搜索引擎交给用户的主要是网页链接，用户按照这些链接便能找到含有自己所需资料的网页。搜索引擎一般会在这些链接下加一段有关这些网页的摘要，以便用户判断此网页是否含有自己需要的内容。

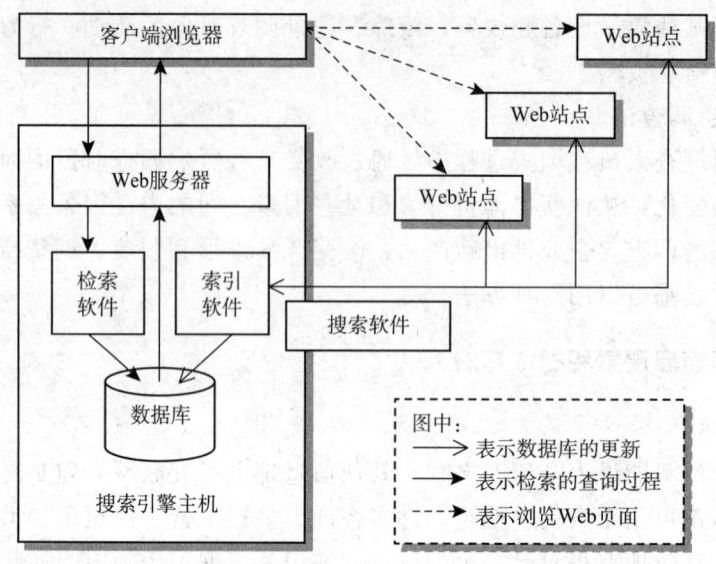

图 2—1　搜索引擎工作原理

(三) 搜索引擎种类

现在，搜索引擎有很多种，可以从不同的角度分类。

按搜索方法，分全文索引、目录索引、元搜索、垂直搜索、集合式搜索、门户搜索、个性搜索、专家型搜索与免费链接列表等。

按搜索对象，分购物、自然语言、新闻、MP3、图片等搜索引擎。

按搜索范围，分桌面、地址栏、本地等搜索引擎。

按出现的时间，分第三代、第四代搜索引擎等。

现在，用的较多的搜索引擎有 Google、百度、Yahoo!、MSNSearch、Webcrawler、Lycos、CNetSearch、LookSmart 等。

(四) 搜索方法与技巧

要想使搜索引擎能在网上快速找到有关咨询的资料，首先要明确查询目的。目的不同，查询策略与方法不同。在明确目的之后，还应了解查询的种类与技巧，学会恰当地使用关键词。

搜索方法的选择取决于搜索的内容。不同搜索引擎的复杂条件查询功能和实现方法各有不同，网站中一般都有"帮助"和"说明"解释各自的功能和方法。

现在的搜索引擎都有模糊查询功能。当用户输入关键词时，搜索引擎不但交给用户关键词的网址，还发来与关键词意义相近的内容。比如，查找"建筑报"一词时，模糊查询搜索的结果会有"建筑报""建设报""建筑时报"等的网址。网址的排列，一般是完全符合关键词在最前边，其次是相近的。模糊查询的结果往往并非用户所需，为了排除不需要的结果，各种搜索引擎也设置了相应的功能。

搜索引擎一般有关键字索引与逐步缩小范围两种查询方式。下面以"百度"为例介绍使用搜索引擎的技巧。

1. 关键词索引

关键词索引的关键是选用关键词。关键词应尽量用完整的句子或用合适的运算方式来减少搜索范围。当用两个以上的关键词时，应按关键词的重要性次序输入搜索引擎，搜索引擎会以第一个关键词作为查找信息的根据，然后将符合条件的内容再按第二个关键词搜索，符合第二个关键词的内容再按下一个关键词的搜索，这样查找的结果多数令人满意。

关键词之间可使用逻辑运算符。以下是几个例子。

（1）＋：用加号连接两个关键词时，只有同时满足这两个关键词的匹配才有效，而排除只满足其中一项者。比如，键入"电脑＋计算"，则在查询"电脑"的结果中排除不含"计算"的结果。＋可写作 AND。

（2）－：用减号连接两个关键词，"百度"将只含第一个关键词但不含第二个关键词的内容交给用户。例如键入"电脑－计算"，则"百度"提交给用户的查询结果中只含"电脑"但不含"计算"。－可写作 NOT。

（3）()：当两个关键词用另外一种操作符连在一起，而又想把他们列为一组，就可以对这两个词加上圆括号。比如我们可以键入"（电脑－计算）＋（程序设计）"来搜索包含"电脑"、不包含"计算"，但同时包含"程序设计"的网站。

（4）＊：星号可代替所有的数字及字母，用来检索那些变形的拼写词或不能确定的一个关键字。比如键入"电＊"后查询结果可以包含电脑、电影、电视等内容。

（5）""：如果要搜索引擎找到与关键字完全一样的内容，可将该关键字放在双引号之间。比如键入"建筑时报"，则搜索引擎不会向用户提交"中华建筑报"等信息。

（6）"t："和"u："在关键字前加上 t：，搜寻引擎仅会查询网站名称，而在关键字前加 u：，则搜寻引擎仅会查询网址 URL（"统一资源定位符"英文缩写，相当于文件名在网络上的扩展，指向资源在互联网上的位置，系统可按资源的 URL，就可以存取、更新、替换之或查找其属性）。

例如，想查询"电脑报"网站，如果键入"电脑报"（不加双引号），则交给用户的搜索结果会有电脑报、电脑报价等很多与之相关的网站；如果加双引号，则相应的结果会少许多。而如果键入"t：电脑报"，那查询结果就非常清楚了。

2. 缩小范围

如果想查找某一类信息但又找不到合适的关键词时，就可以采取逐步缩小范围的办法。这种办法也有多种方式。

（1）分类式搜索

各大网站已将信息分类，例如休闲与运动、社会科学、社会与文化、新闻与媒体、电脑与因特网等，然后再根据各个大类再分为各个小类别，如在"电脑与因特网"中又细分为"因特网、谈天室、软件"。不难发现，各个类别显示的小类别并不完整。这是由于目前网络上的类别实在太多，不可能在一个屏幕上列出所有的类别。

但是，只要用户在各大类别，例如"电脑与因特网"下单击鼠标，系统就会很快地将所有的细分内容一一呈现在用户面前。比如说，我们想通过这种方法找到

"电脑报"的网址,就可以首先按一下"电脑与因特网",紧接着出来的页面上会提示"电脑与因特网"一类中含有"安全与加密""新闻与媒体""电子通讯""多媒体"等一系列信息,我们按下"新闻与媒体"查询后结果仅有"报纸"和"杂志"两项,我们再按下"报纸","电脑报"就找到了。

（2）用逻辑条件限制

当使用多个关键词搜索时,最好指出各关键词之间的关系,例如"和""或""非"。各搜索引擎以这种方式查询的过程不尽相同,多试几次或许就能找到合适的办法。

对于搜索引擎,可以从搜索对象的类型、地域、时间、网站类型以及其他特殊方面施加限制。在特殊方面施加限制的例子有：域名后缀（com、gov、org 等）、文件类型（文本、图形、声音等）等。施加限制的方法各搜索引擎不同,例如,在关键词前加特殊字符,利用下拉式菜单。

第三节　信息鉴别

一、信息鉴别及必要性

（一）信息鉴别

数据与信息鉴别,可称信息识别,就是将信息与具有特定属性的"模式"进行比较,进而判断信息的类别或属性。具体而言,就是信息收集或使用者运用已有的知识和经验,在对获取的信息进行初步分析之后,按照一定原则和目的,辨认与甄别信息的真伪、轻重主次、是否完整、是否有用,以及用途大小等。

（二）信息鉴别的必要性

互联网时代,信息极为丰富,大大开阔了人们的眼界。然而,蜂拥而至、难辨真假的信息掺杂在一起,常常使人们陷入另一种迷茫,甚至成了海量信息的奴隶。过量的信息若不筛选,会使决策者无所适从。现在,互联网上充斥着伪造、篡改、缺失、无代表性、误传、以及过时等信息。有些信息背后隐藏着各种政治、经济、社会的利益团体正当或不正当的目的和企图。信息识别及时与否决定了决策是否正确而又及时,决定了企业、事业、项目和其他活动的命运。

对于工程咨询,信息识别同样十分必要。信息识别并非简单工作,对从事者有很高的要求。决策者固然应高瞻远瞩,但决策的基础是真实、可靠的信息。决定信息识别成败的主要因素有：对服务目标的正确认识及其深刻程度；识别者实事求是的态度和已有的知识、推理与判断能力。

二、信息鉴别常用方法

（一）溯源法

对到手信息涉及的问题应追根溯源,及时核对。例如,尽量找到现场和掌握第一手资料的人；核对原始资料,并查对主要参考文献；按其中叙述的方法、步骤,重做实验或演算，以便从来源上找到鉴别依据。

鉴别和筛选在手信息，判断是否完整、适用与可靠，是咨询人员的重要工作。工程咨询所需信息十分广泛，不可能也不必均由咨询人员鉴别。为了确保信息可靠，应尽可能选用权威机构发布或已鉴定、批准的信息。例如，地质储量选用储量委员会批准的储量报告；地震带的分布用国家地震局的数据；历史数据用国家统计局的数据。

一般来说，专业技术力量强的单位提供的信息较可靠。例如，国际金融组织的国际金融信息较可靠；来自从事钢铁、汽车行业研究的机构的钢铁、汽车业信息较可靠。

（二）比较法

有些信息受主客观条件限制难以溯源，对此，可用比较法，即比较不同人、不同时间和其他方面的材料；对于某一事实，说法、结论是否一致。如果一致，则基本可辨真伪。若否，就需进一步核查。

（三）佐证法

任何事物都与其他事物有一定联系，并相互制约。找到这些联系和制约因素，便可判断事物的真伪。一般说来，口头材料不如文字材料可靠，文字不如实物可靠。分析信息产生的过程也是寻求信息佐证的办法。

1. 普查数据一般比抽查数据全面、准确。

2. 监测数据，长期比短期全面，监测范围大的数据比监测范围小的数据代表性强；勘探密度大的数据比勘探密度小的数据准确，科学实验和仿真模拟计算的数据比一般推理的数据准确。

3. 核对来源不同，收集方法不同的数据。如卫星图片、航测数据可用地面实测数据验证；了解来的市场需求量与行业协会、主要企业、国家统计局的数据对比。

4. 对比不同时期、不同来源的数据，并适当修正其间的差距。同一对象的数据，在不同国家、不同历史时期，由于范围不同，计算的标准和口径可能有所不同，造成数据之间有很大的差异。在对比这些数据时，必须查明统计口径，否则就会出错。

5. 由专家集体辨别信息是否准确，是否可靠。对于来自不同渠道的信息，可能因角度不同、口径不一、方法各异等而不一致，甚至矛盾。这时，可请专家集体讨论，弄清差异和矛盾的原因，去伪存真，取得一致意见。

（四）逻辑法

鉴别信息，逻辑判断必不可少。不经缜密的逻辑思考容易出错。有些基本差错，例如语言或文字的前后矛盾，夸大其词，有悖情理，以及某些虚构，禁不起逻辑的推敲。当然，逻辑合理并不总能证明事物为真，从虚假的前提出发，经过合理的逻辑推断得出的结果不会真实。因此，鉴别信息，既要充分利用经验、认识和判断力，也要借助其他手段。

三、信息的综合

信息综合是信息工作的重要内容。采集来的信息经常是零散、无序，甚至残缺不全，无法直接使用。对于这样的信息，须进行分析、联系、推断、整理和组合，使之成为有用信息，然后确定其特征，如精度、类型、长度、保密度、保留时间、用途等。

信息综合有两种方式：一是对已有信息挖掘、延伸，引发创新需求的新信息，达到信息的"增值"；二是通过设计和试验创造新的信息。有价值的信息往往是反复推理分析和猜想后的结果，这个过程要求咨询工程师具备很强的分析、联想、综合与创造能力。

第四节 数据分析与挖掘

一、概述

（一）信息分析

信息分析是根据咨询问题的具体需要，对与之有关的信息进行整理、鉴别、评价、分析和综合，以便取得咨询所需新信息的过程。

信息分析有如下几种用途：

1. 跟踪。所谓跟踪，就是及时了解各领域新动向、新发展，从而发现问题、提出问题。

2. 比较。比较各种事物的内部矛盾之后，把握事物间的联系，认识事物的本质，从而提出问题、确定目标、拟定方案并作出选择。

3. 预测。利用已掌握的信息、知识和手段，推断事物的未来或未知方面。

4. 评价。进行评价时应选择合适的变量和评价指标，应当考虑评价对象之间的可比性。

信息分析所用方法，可分为定性和定量分析两种。定性方法主要靠逻辑推理；而定量方法涉及数据间的数量关系，要建立数学模型，计算、求解。如今，信息越来越复杂，定性与定量分析已无法单独奏效，只能越来越多地结合起来。

（二）数据分析

数据分析是信息分析的一部分，数据分析是对收集数据进行系统的分析，建立适当的模型，揭示数据中隐含的技术、经济、社会和其他关系，以及发展趋势，为有关的咨询活动提交的有用的数字、信息或建议。

数据分析的对象可分为时间序列和截面数据。如企业历年的咨询收入、利润总额等就是时间序列。截面数据是在同一时间的数据，如企业同一年咨询业务数目、营业额、费用、收入、人工耗费等。两种数据都要注意样本容量大小。对于截面数据，常用线性或非线性回归模型体现数据之间的各种关系。

数据分析属定量分析，包括数据统计分析、时间数据分析、空间数据分析。本届介绍数据统计分析和时间数据分析，空间数据分析见第三章。

（三）数据挖掘（Data Mining）

数据挖掘就是从数据中挖掘出隐含、先前未知、有潜在用途，最终可为人理解的关系、模式、趋势和其他有用信息，并建立模型，用于预测、判断或决策，帮助企业更好地适应变化并做出更明智的决策的过程。数据挖掘广泛应用于制造、金融、零售、保健、中医药及电信等行业的客户关系管理、风险防范、供应链管理、竞争优势分析、部门分析等领域。

数据挖掘要用到统计分析、人工智能、数据库和神经网络等方面的知识，如记忆推理、聚类分析、关联分析、决策树、神经网络、基因算法等。数据挖掘需要用户参与，并非某种单一工具、技术或软件即可独自完成。另一方面，并非所有信息查询都可视为数据挖掘。例如，使用数据库管理系统查找个别记录，或用搜索引擎查找互联网特定的网页，属于信息检索，不能视为数据挖掘。当然，数据挖掘技术也有强大的信息检索能力。

二、数据统计分析

数据分析重要的一类是对具有随机性质的数据进行分析，在多数情况下是用于预测。本段仅介绍统计分析。统计分析不仅是计算样本的数字特征（期望值、方差、相关系数、协方差、离散度、概率分布等），还应当建立适当的模型，进而做出预测。统计分析一般有如下工作或阶段。

1. 选择数字特征。统计分析，就是利用若干数字特征全面认识数据的统计规律。选择数字特征是统计分析研究问题的准备阶段，是统计过程的重要环节。数字特征应当：

（1）能够客观地反映研究分析对象的性质、特点、内在联系和运动过程；

（2）尽可能突出重点，反映分析对象的全貌；

（3）应能反映分析对象的变化；

（4）便于资料获取。

2. 收集并整理数据。确定了需用的数字特征之后，就要收集并整理所需的数据。样本的容量与质量对统计结果影响极大。

3. 计算数字特征。利用整理后的样本计算必要的数字特征。这项工作可以同下面的建模合在一起，利用适当的软件进行。

4. 建立模型。计算出样本数字特征后，应选择适合样本模式的模型。统计分析可用的模型很多，都有各自的特点及适用条件。选择模型时，应全面考虑研究对象与目的、到手的数据与资料、统计方法等各自的特点，以及咨询人员对方法的熟悉程度等。

5. 检验模型误差。建模之后，可利用样本检验模型的误差，误差大小由样本与所选模型与方法所决定。根据经济学理论和研究对象的具体特点，分析和评价模型误差，以及模型和方法本身；若误差未达到要求，应改进模型与方法。

6. 利用模型预测。预测是咨询结论和建议的基本依据之一，应成为咨询及决策人员的高质量信息。

7. 评价统计与预测结果。对统计与预测结果进行评价的任务是对初步统计结果（如离散程度、影响、走势等）进行概括，并寻找它们之间的联系。

评价过程一般有：①形成初步概念；②对现象定性；③提出主要观点；④阐述所提观点的理由；⑤提出论据；⑥得出结论。

咨询工程师在进行评价时，要在大局高度上全面、长远地看问题，多方面观察，不偏废任何一方；注意数据的衔接，当来源不同的数据矛盾时应弄清情况后再做取舍。

三、时间数据分析方法

（一）时间数据

时间数据也称时间序列（Time series）或动态数据，是按时序排列的一组来自同一现象的观察值。时间序列可按日、月、季度、年等收集，有些呈现很强的季节性，建模时应给予反映。气象、水文、生态环境、经济及社会活动都能观察到周期性时间序列。

实际观测并记录的时间序列，实际上是随机过程的样本，即，在产生时间序列的实际过程的每一时点上，人们看到的只是该时点随机变量的样本，并不能观察到母体。时间序列可分为平稳和非平稳序列，还可以分成线性和非线性时间序列。

（二）时间序列分析

1. 概述

时间序列分析是根据随机过程理论，研究时间序列的统计规律。时间序列分析广泛应用于信息压缩、利用卫星照片识别地球资源、石油勘探、经营管理、预测（气象、水文、地震、地下水位、农作物病虫灾害）、控制（环境污染、生态平衡）与滤波（天文学和海洋学）等方面。

时间序列预测的基本依据是：(1) 客观过程是连续的，有惯性，现在是过去的继续，过去的信息会传递到现在与未来，利用过去的数据或信息能推测未来。(2) 偶然因素会影响到客观过程，使其行为与模式有随机性。预测要利用时间序列各时点随机变量的相关关系。

时间序列的趋势与波动称为"模式"，时间序列分析首要要识别其模式，然后用适当的曲线拟合。拟合模式的各种参数根据按"最优预测"原则估算出的时间序列数字特征（期望值、方差、协方差、自相关函数）等确定。

2. 时间序列成分

时间序列常含有4种成分：趋势、季节变动、规则波动和不规则波动。

所谓趋势，是长期持续向上或持续向下的倾向。

季节变动，是实际过程受气候、市场状况、节假日或风俗习惯等影响而呈现的周期性波动。

规则波动，是周期不等的变动，呈涨落交替之状。波动的周期可能很长，但与趋势不同。

不规则波动，是时间序列除去趋势、季节变动和周期波动之后的波动。不规则波动总是夹杂在时间序列中，致使时间序列产生一种波浪形或震荡式的变动。

时间序列经常是各种周期成分的叠加，例如地震或人工地震波的记录。这样的序列要做频域分析。频域分析确定时间序列各周期成分称为"谱"或"功率谱"的能量分布形态。频域分析又称谱分析。谱分析的重要内容就是通过序列的周期图 $I(\omega)$ 的极值点寻找各种分量的周期。

3. 时间序列建模

时间序列建模一般有如下几个步骤。

(1) 取得时间序列样本。

(2) 将样本点画成图，进行相关分析。时间序列图形可显示出变化趋势和周期，并发现离群点和转折点。若离群点确实为观测值，建模时应加以考虑，若非，应加以调整。转折点指时间序列趋势突变的点。如果发现转折拐点，则在建模时须分段用不同的模型拟合时间序列，例如用门限回归模型。

(3) 模式识别与拟合。时间序列模式众多。小样本可用趋势模型、季节模型加上随机误差拟合。对于样本容量（即观测值个数）$N > 50$ 的平稳时间序列，可用 ARMA（自回归移动平均）模型拟合。非平稳时间序列可经差分化为平稳时间序列，再用 ARMA 模型拟合。

(4) 预测未来。利用建成的模型预测时间序列未来值。

4. 时间序列常用模型

(1) ARMA 模型

ARMA 模型是 20 世纪 70 年代以来用得最多的时间序列模型。满足 ARMA 模型的平稳时间序列，其线性最优预测与控制等问题都有简捷的解法，尤其是自回归模型 AR 用起来更方便。还有其他一些与 ARMA 模型有密切关系的模型，以线性模型较成熟。

(2) 回归模型

时间序列 $\{Y(k)\}$ 中若有趋势 $\{\Phi(k)\}$ 与随机分量 $\{X(k)\}$，则可在分解后分别用不同的模型拟合。如果 $\{X(k)\}$ 是均值为零的平稳序列，则可分别用回归模型和 ARMA 模型拟合。

四、大数据系统和数据挖掘技术

(一) 数据挖掘概述

1. 大数据

大数据是指超过既往数据库系统规模、传输速度和处理能力，或者既往数据库系统结构无法容纳的数据。大数据常以万亿或 EB 衡量，且种类多、实时性强，蕴藏的商业价值大。很多现有的新或旧的信息基础设施、工具和技术可用来开发和利用大数据中蕴藏的价值。

大数据有各种各样的来源：传感器、气候信息、公开的信息、如杂志、报纸、文章、买卖记录、网络日志、病历、事监控、视频和图像档案，及大型电子商务。

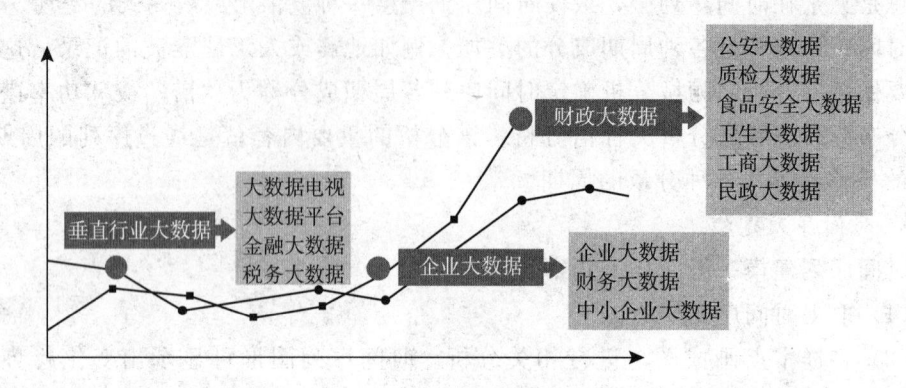

图 2—2 大数据来源示意图

大数据是数据挖掘产生与生存发展的土壤。如今数据每五年翻一番，面对前所未有的海量数据，为了从中发现有用的信息必须进行数据挖掘。此外，计算机存储、处理大量数据，以及运算的能力大为增强，为数据挖掘创造了条件，使其成为一门独特的学科和技术。

2. 数据挖掘与数据分析的区别

数据挖掘与数据分析的主要区别在于：

（1）处理工作量。数据分析的数据量可能并不大，而数据挖掘的数据量极大。

（2）制约条件。数据分析是从某些假设出发，建立方程或模型，而数据挖掘不作假设，可以自动建立方程。

（3）处理对象。数据分析往往是针对数字型数据，而数据挖掘对象类型繁多，例如图像、声音、文本等。

（4）处理结果。数据分析可以解释结果的含义；数据挖掘的结果不易解释，着眼于预测未来，并提出决策建议。

想要从数据中发现规律（即认知），往往需将数据分析和数据挖掘结合起来。

3. 数据挖掘举例

【例 2—1】某国际机场是一个快速增长的客运和货运交通中心。日益增加的在该机场入境的乘客也使海关的工作量、入境乘客等待的时间大为增加。在这种情况下，如何提高海关效率，使入境乘客满意，就成了问题。解决这个问题的第一步是预测从该机场入关的乘客数量。于是，该机场就请人用 IBM SPSS Modeler 的规则归纳算法研究以往的入境乘客记录，IBM SPSS Modeler 的快速建模环境显示最重要的旅游因素，并从中得到了准确的结果，将其用于做出准确的交通预测，进而提出了改善交通的计划。

该机场按照 IBM SPSS Modeler 的数据处理部分的格式，将上述记录按通用标题、平面容量和起源等分类、分组。然后，分析师用变量表示各个字段组，确保各组对流量的影响是独立的。这个重要的预处理使浦东机场可以查明特定字段，一组核心的相关变量，简化并大大帮助该组的数据挖掘效能。

(二) 数据挖掘步骤

按挖掘对象，数据挖掘分为数据库与数据仓库挖掘和网络挖掘两种，各自步骤分述如下。

1. 数据库与数据仓库挖掘

数据挖掘一般有信息收集、数据集成、数据规约、数据清理、数据变换、数据挖掘、模式评估和知识表示8个步骤。

(1) 信息收集。从确定的挖掘对象中提取特征，然后选择合适的收集方法，将收集到的信息存入数据库。对于海量数据，必须选择合适的数据仓库。

(2) 数据集成。把来源、格式、特点、性质不同的数据按逻辑或物理属性加以编排，以便以后使用。

(3) 数据规约。多数数据挖掘算法耗时很长，商业数据往往较多，数据挖掘更耗时间。数据规约就是简化已有可用数据集的表示，规约后数量大减，但仍能保持原数据的完整性，对规约数据的挖掘结果，与对规约前数据的挖掘结果相同或几乎相同。

(4) 数据清理。有些数据不完整（属性缺少属性值）、含噪声（属性值错误），不一致（同一信息有多种表示），需要清理，使其完整、正确、一致后存入数据仓库。

(5) 数据变换。将数据变换成适合数据挖掘的形式。实数型数据，可将其分层和离散化。

(6) 数据挖掘。根据数据格式、属性与特点，选择合适的处理工具，例如统计方法、事例推理、决策树、规则推理、模糊集，甚至神经网络，取得有用的信息。

(7) 模式评估。由行业专家核实数据挖掘结果是否合理、是否可用。

(8) 知识表示。将数据挖掘得到的信息以可视方式交给用户，或作为新的知识存入知识库，供其他应用程序使用。

并非所有的数据挖掘都要走上述的每一步。若只有一个数据源，可以省略步骤(2)。

数据规约、数据清理、数据变换合称数据预处理。数据挖掘至少60%的费用要花在信息收集阶段，而至少60%以上的精力和时间要花在数据预处理上。

数据挖掘是一个反复多次的过程，若一次未满足要求或未得到有用结果，则需回到前面，经过调整后重新开始。

2. 网络挖掘（Web Mining）

网络挖掘可分为网络用户行为挖掘与网络信息挖掘。前者基本不在工程咨询人员关心之列。后者可理解为"从WWW中发现和分析有用的信息"。

网络信息挖掘是在已知数据样本的基础上，通过归纳学习、机器学习、统计分析等发现挖掘对象间的内在关系与特性,进而在网络中提取用户感兴趣的信息,获得更高层次的知识和规律。

网络信息挖掘沿用了Robot、全文检索、人工智能的模式识别、神经网络等技术。现在的搜索引擎使用了这些技术,能够在网页或网站数据库中为用户搜寻有用信息。

网络信息挖掘具体步骤如下:

(1) 确立目标样本。由用户选择目标文本,提取特征信息。

(2) 提取特征信息。根据目标样本的词频分布,从统计词典中提取挖掘目标的特征向量并计算出相应的权值。

(3) 网络信息获取。先利用搜索引擎站点选择待采集站点,再利用Robot程序采集静态Web页面,最后获取被访问站点网络数据库中的动态信息,生成WWW资源索引库。

(4) 信息特征匹配。提取索引库中的源信息特征向量,并与目标样本的特征向量对照,将符合要求的信息交给用户。

第五节 工程咨询知识管理

一、工程咨询知识及其特点

(一) 工程咨询知识

工程咨询需要多方面知识与技能。知识,有哲学、工程学、经济学、社会学、管理学、财务会计、法律等方面的知识;技能,有专业知识、项目管理、公共关系、野外考察、外国语、信息处理等方面的技能。

(二) 工程咨询知识的特点

1. 数量多,种类庞杂

工程咨询行业涉及国民经济众多部门,专业门类多,大小不一,跨地区、跨国界。即便是行业工程咨询,也涉及多种专业。例如对校舍工程的咨询,就涉及国民经济、统计、消防、建筑、结构、给排水、暖通、电气、技术经济、法律等十多个专业。

2. 隐性知识难以提炼

隐性知识,特别是经验,在工程咨询中有重要作用。经验需要积累,且常难以提炼和恰当表达。正因为如此,长期积累的经验最容易随着这些经验的载体——人离去而散失。

3. 保密要求高

咨询企业在咨询过程中获得了客户大量信息,有些很敏感,客户不希望透漏给第三方。在本企业内部共享由此而获得的信息、经验与知识时,或将来为其他客户服务时,应确保不透漏给第三方。

二、工程咨询企业知识管理

(一) 知识管理及知识管理的组织

1. 知识管理的概念

日益激烈的竞争以及其他众多因素对工程咨询企业知识的数量与质量提出了更高的要求。从某种意义上说,知识管理是咨询企业最重要的能力。经常有人将知识管理与信息管理混为一谈。信息是知识的来源,但不一定成为知识。要想从信息中提炼知识,需要有意识地开展必要的活动,使信息经过大脑的处理、加工与提炼。

知识管理,是建立一套制度,开展一系列活动,获取、记录、整合、存取、更新和创新知识,以适当的形式为咨询企业所掌握,成为企业知识积累中的一部分,用来为客户、社会创造价值,不至随着企业活动的结束或停止或因当事人的离开而流失。知识管理可以延伸到人在知识方面的行为、企业管理制度与企业文化等方面。

简而言之,知识管理就是对知识提炼、创造、共享和积累,以及应用等过程进行规划、实施和控制的活动。图 2—3 表示了知识管理的功能、目的与目标。

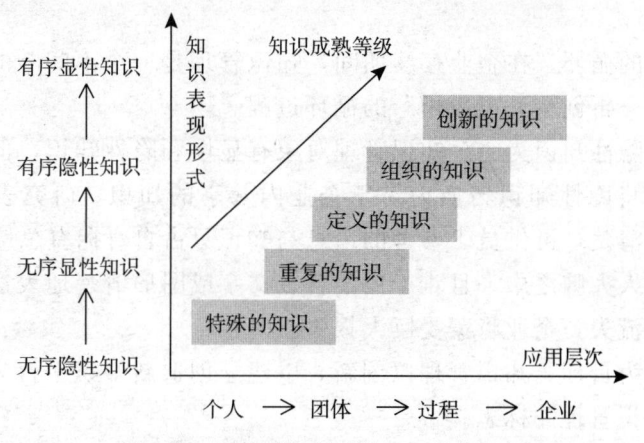

图 2—3 知识管理的功能、目的与目标

2. 知识管理的必要性

知识管理能够减少重复劳动,增强企业的记忆,丰富咨询企业的智慧。知识管理在全球迅猛发展的原因在于:

(1) 竞争。市场竞争日益激烈,创新速度加快。咨询企业必须不断获得新知识,利用知识为企业和社会创造价值。要走向世界,就必须掌握与世界交流,以及获取、创造与转换知识的能力。企业文化对企业学习能力影响极大,必须摆脱封闭、保守、不思进取的陈旧文化,转变成学习型企业,才能在竞争中立于不败之地。

(2) 以客户为中心。企业要为客户创造价值。

(3) 员工流动。如果企业不能及时妥善地处理,就会丧失员工在本企业工作期间获得的知识。很多咨询企业,当某专业骨干离职后,在相当长一段时间内,无法正常开展该专业的业务,给企业和客户造成了损失。

(4) 不确定性。咨询企业内外不确定因素众多,市场竞争使咨询企业不能确保客户上门。当前的世界,新技术频出,更新加快,咨询企业不能确信自己为客户提出的技术方案一定成功。

企业及其成员获取和使用知识的能力成为企业生存与发展的决定性因素,知识已成为企业获取竞争优势的基础与稀缺资产。

3. 知识管理的组织

工程咨询企业必须建立知识管理需要的组织,明确必要的角色及其职责、权限和相互关系,并分派给适当人员。必须制订管理方针、目标以及实现这些目标所需要的规章制度。此外,还要设立必要的知识库、多渠道知识收集系统等。知识管理需要长期坚持并且努力使其成为企业文化的一部分。知识管理体系应当具备如下特征:

(1) 以人为本。知识管理要以人为本,咨询企业应充分发动每个部门、每一员工,贡献自己掌握的信息与知识,使之成为企业的知识与智慧。

(2) 以无形资产为主要对象。知识管理比以往任何管理形式都更重视知识资产。

(3) 无间断的循环。在企业存续期间,知识管理是一个不间断的"积累—创造—应用—再积累—再创造—再应用"的循环过程。

(4) 以提炼隐性知识为主。知识管理对象有显性和隐性知识,但以提炼隐性知识为重点,设法将隐性知识转换为易于企业内共享的知识。研究表明,大多数企业,有序、关系清楚,可供员工参考的信息与知识只占自身拥有总量的10%,其他90%存在员工个人大脑之中,且难于用语言、文字或图形清楚地表达出来供企业使用。一旦这些人流失,企业将蒙受巨大损失。

(5) 以创新为目标。知识管理以创新,以建立创造新知识平台为目标,创新和孕育新智慧是知识管理的标志。

(6) 建立学习型组织。便于知识管理的组织与叠床架屋的层级组织不同,只有中间层次简单的"扁平"、开放学习型组织,才有利于知识管理。

知识管理必须利用先进的信息技术与工具。有些咨询企业已按自身的发展战略及管理体制建立了独特的知识管理系统。与信息管理一样,知识管理也应具备安全管理功能,保护本企业掌握的知识不受损害。

(二) 知识管理原则与功能

1. 知识管理原则

(1) 积累原则。知识积累是实施知识管理的基础。

(2) 共享原则。咨询企业应使每一员工都能接触和使用公司的知识和信息。

(3) 交流原则。知识管理的核心是要在企业内部建立有利于交流的结构和文化,消除员工之间的交流的障碍。

知识交流在上述原则中处于最高层次。

2. 知识管理功能

知识管理要获得成功，需要有完整的知识管理制度。该制度应具备的主要功能如下：

(1) 能够清楚地了解企业已有何种知识，还需要何种知识；

(2) 要能够及时将知识传递给真正需要的人；

(3) 一定要使需要知识的人能够获取；不断生产新知识，并使整个企业的人能够使用；

(4) 确保进入企业的知识可靠、有生命力；

(5) 定期检查企业的知识是否仍然有效；

(6) 改造企业文化，建立激励机制，为知识管理创造便利条件。

（三）内部交流与共享

咨询企业内部的知识交流一方面可以让不同项目组之间交流咨询方法和经验，促进隐性知识的提炼；另一方面也便于彼此加深了解和信任，促进合作，促进知识的创新与共享。知识共享有多种方式，例如即时通信、培训与及时交流会。

知识共享将分散于各部门和各员工头脑中的知识汇集起来，将知识孤岛连成大陆，产生孤岛无法产生的价值。

交流可以最大限度地使知识和经验得到融合和升华，也是使旧知识得以发展、新知识得以产生的催化剂。

咨询企业应当成为学习型组织，内部的知识交流是员工学习与组织学习的重要方式。咨询单位应当建立适当的激励制度，促进知识共享，在共享中充实。企业的知识管理规章和制度，应当全面鼓励各部门奉献自己的知识，与他人共享。只有这样，才有利于企业的知识积累。

（四）知识管理成效的评估

咨询企业知识管理的好坏与成效，可从以下几个方面评估：

1. 人力资源：培训费用、员工向心力与经验；

2. 创新成果：研发费用、员工创新态度与比率、咨询业务的更新、知识产权；

3. 客户态度：服务质量、合作时间、咨询次数、销售额等。

三、建立知识管理系统步骤

建立知识管理系统，一般经历认知、规划、试点、投入使用与建立新制度几阶段。

（一）认知

这一阶段任务是统一企业对知识管理的认识，评价企业知识管理现状，提出知识管理的策略。主要工作有：对企业管理者，尤其是高层培训，使其全面、正确地认识知识管理的作用；利用知识管理成熟度模型等多角度评价企业知识管理现状，调查、分析存在的主要问题；评价知识管理对企业发展的长远和近期影响；做出必要的决策；提出实施战略和努力方向等。

（二）规划

在认知的基础上，制订详细的实施计划。这一阶段主要是详细分析本企业所需知识的类型，根据业务流程等制订知识管理计划。规划时，务必将知识管理融入企业管理之中。主要工作有：从战略、业务流程及职能划分的角度制订计划；实事求是地分析企业管理与知识管理的现状；从企业发展战略上提出知识管理的目标和实施策略，并对业务流程进行合理化改造；分析对知识管理的具体要求；为知识管理奠定坚实的理论与实施基础。

（三）试点

选取适当部门和业务试行知识管理。及时观察与记录实施结果，解决遇到的问题。咨询业务虽然需要多方面知识，但重点应放在关键知识上，提出改进知识管理的具体策略。在分析与总结试点成败、要求和改进计划之后，应考虑必需的IT系统建立或改造工作。应建立有力的团队，协调各业务部门、外部参与者等多方面的行动。

（四）投入使用

知识管理计划试点并经完善之后，应全面推广。主要工作有：推广试点部门的具体作法和完善后的知识管理计划；将知识管理融入业务流程和价值链；建立初步的知识管理制度；将企业逐步改造成学习型组织，充分利用头脑风暴等手段和技术提炼知识。

在全面推广过程中应注意：把握实施全局，合理协调企业文化、管理与技术；要恰当控制难免的混乱；将知识管理融入日常业务和工作并非一蹴而就，须持之以恒；努力使知识管理为企业发展做出贡献；对于人的思想观念等应予以引导，充分考虑实施知识管理造成的利益再分配；建立有效的激励和评价制度，确保知识管理成功。

（五）建立新制度

建立适合于知识管理与企业发展的新制度，既是知识管理项目实施的结束，又是企业知识管理的新开端，也是企业自我完善的过程。为此，企业须重新定义发展战略，并改造企业组织结构及业务流程，准确评估知识管理为企业带来的价值。

第三章 规划咨询

在各类规划研究、编制、评估和实施管理的过程中,要运用多种咨询方法进行数据的收集、整理、分析、研判,以及对规划目标的预测和实施情况的评价。传统规划咨询遵循调查分析、多方案比较、听取专家与政府部门意见、提出方案、专家评估、政府审批、颁布实施、规划评估的程序和路径。在该程序主导下,规划主要是专家和政府部门的"技术精英"的工作,规划咨询的方法也具有较强的专业技术特色,通过各种理性比较、定量化分析等寻求规划的最佳方案。本章主要进行规划咨询方法概述,并对常用的规划咨询方法以及规划咨询方法的新进展进行介绍。

第一节 规划咨询方法概述

根据规划咨询的大致过程,可将规划咨询的方法分为调查方法、综合平衡方法、宏观分析方法、模拟预测方法四种基本类型。

一、调查方法

规划咨询与决策过程是建立在相关信息基础上的,规划咨询的调查工作就是收集与规划对象相关的信息,一般可分为环境(包括自然生态环境和人文环境)、经济和社会三个基本领域,各个领域的信息均具有时间(不同阶段)和空间(不同地域)的属性。规划咨询过程中不同阶段对各个领域的信息要求是不同的。

规划咨询的调查方法是对研究对象过去和现在的相关信息、数据进行收集、整理、分析的方法,与规划类型、调查目的和调查对象有关,大致可分为文献方法、访谈方法、实地调查方法和问卷调查方法四种类型,各种调查方法都有适用性和局限性,在实际规划咨询工作中,一般采用多种方法相结合的方式进行。

(一)文献方法

规划咨询中的大量调查多采用文献方法。与规划咨询相关的主要文献来源包括统计资料(如国家和地方的经济、社会和环境等方面的统计年鉴)、普查资料(如人口普查、经济普查、产业普查等)、文件资料(如政府的有关文件、上位层面或前一阶段的规划文件)、档案资料(如地方志和专项志)以及各种相关的出版物。

(二)访谈方法

访谈方法是规划咨询中广泛采用的调查方法,用于了解相关利益者的态度、愿望和发展诉求,收集各方的意见和建议。访谈的形式多种多样,既可以面对面的直接访谈,也可以通过电话、网络等方式访谈;既可以是一对一的单独访谈,也可以通过座谈会等形式进行集体访谈（如针对规划议题的座谈会、公众评议会、听证会等）。

（三）实地调查方法

实地调查也是规划咨询中经常采用的调查方法，通过实地调查，可以明了情况，弄清问题，为规划咨询提供第一手资料。如通过对园区土地利用状况的现场踏勘，可以科学合理的规划园区的产业空间布局。

（四）问卷方法

问卷方式可以了解政府相关部门、企业、社会团体、市民等规划相关利益方发放，可以了解相关方对于规划政策和规划方案的选择意愿、效果评价和改善建议，同时，通过对调查问卷的统计分析，也可以收集到从文献资料中无法获得的有价值信息，如居民对于交通设施或其他公共设施的需求。随着信息化的深入，网络问卷方法为新时期规划咨询提供了一种更加快捷有效的方法。

二、综合平衡方法

所谓平衡，就是各种关系的处理。如土地利用平衡，就是要处理好农业用地（如耕地、花圃、果园、苗圃、牧草地、林地、水产养殖地等）与非农业用地（如城镇建设用地、农村居民点用地、独立工矿区用地、交通建设用地、军事用地等）、农业内部各类用地、各项非农业用地之间的关系，同时要处理好各类土地在空间分布上的平衡。总体说来，综合平衡要处理好三个方面的关系：一是供给和需求的关系，规划应尽可能使需求和供给在品种和数量及质量、时序上相互适应、相互协调；二是国民经济各部门、各类具体建设项目的用地关系，要使各种物质要素各得其所、有机联系、密切配合，在空间上相互协调；三是地区与地区之间的关系，要在讲求效益、公平、安全等原则的基础上，在建设项目的空间布局、建设进度和程序上合理安排，使地区之间相互协作，共同发展。

平衡表是进行综合平衡的一个重要工具。编制平衡表的基本思路是：在供给总量控制的前提下，各部门、各地区的需求与供给总量要基本保持一致。当然，由于平衡的内容各不相同，平衡的格式和编制方法也就会有所差别。综合平衡方法的工作步骤一般是：

(1) 确定综合平衡的内容和指标体系。

(2) 预测发展需求，包括部门发展和地区发展的预测，确定各项目需求量。

(3) 综合平衡。通过供需双方的比较，反复调整，最后确定规划方案。在综合平衡过程中，规划工作者往往需要与需求部门和各个地区多次协商研究，才能制定出平衡方案。

三、宏观分析方法

宏观分析方法可以分为定性分析和定量分析两种基本类型。定量分析主要是对事物的状态和过程进行描述，常用的方法包括区位熵、偏离－份额分析法、城市规模等级模型的应用;定性分析则是对状态和过程的因果机制进行解释,如波特钻石模型、利益相关者分析等方法的应用。定性分析往往主观性较强,而定量分析通常忽略许多约束性因素,在规划咨询过程中,通常采取定性定量相结合的方式弥补二者的不足。宏观分析中通常采用区域分析、空间分析、相关分析等定性与定量相结合的方法,揭示研究对象的各种特征,为规划政策和规划方案的制定提供有价值的信息。

(一)区域分析

区域分析是对区域发展的自然条件和社会经济背景特征及其对区域社会经济发展的影响进行分析,探讨区域内部各自然和人文要素之间以及区域之间相互联系的规律的一种综合性方法。区域分析涉及地理学、经济学、社会学、政治学以及生物学等许多学科,以经济学和地理学为主,主要有经济学的投入—产出分析法、地理学的区域系统分析法如区位熵、偏离—份额分析法等。

投入—产出分析法更多是对区域内各部门之间联系的分析,投入—产出分析的基本思路对规划咨询中各方面关系的把握具有重要的作用,其主要内容是:为获得一定的产出,必须有一定的投入,国民经济各部门之间在投入与产出上存在着极其密切的生产技术联系和经济联系。

地理学理论与方法的应用使得区域分析中对区域发展问题的研究更加深入和全面。其在规划研究中的应用主要是对人流、物流、技术流、信息流、资金流等五种流态在区域内相互作用机制的分析,表现在包括交通网络、通信网络、邮递网络等方面的流向分析和主要包括原材料及半成品流量、资金融通量、产品扩散、技术转让、商品流通、信息传输和客货流量等方面的流量分析。通过这些分析,主要目的是明确区域发展的基础,评估潜力,为选择区域发展的方向、调整区域产业结构和空间结构提供依据。地理学中的城市规模等级模型方法常应用于分析区域内部城市的集聚与分散状态,以了解和把握一定尺度区域内部的城市体系特点及其发展演化特征,为正确制定区域城市体系的发展战略提供支撑。此外,区域分析过程中,地图和遥感技术的运用对区域分析的作用尤为显著。它不但直观,而且可以应用现代计算机技术对信息进行加工处理,使分析更为方便、可靠。

(二)空间分析

空间分析主要通过空间数据和空间模型的联合分析来挖掘空间目标的潜在信息,包括空间位置、分布、形态、距离、方位等。对发展资源的空间配置进行分析,包括空间分布和空间作用,是规划咨询的重要任务之一。

物质要素的空间分布有点状分布(如学校、医院等)、线状分布(如交通路网、能源管网等)、面状分布(如不同区的人口分布等)。可分别采用离散程度测度、网络测度、位商、罗伦兹曲线等测度分析方法。测度空间分布的方法可用来分析调查对象的空间分布变化以及与其他相关对象的空间分布之间的关系。

规划政策或规划方案涉及不同地域空间(如城市、乡村等)发展资源的空间分布,因此产生的影响也具有空间属性。比如一个新超级市场的建设会对附近其他超级市场产生影响，这些都反映了城市构成要素之间的空间作用，可以用城市空间引力模型进行分析。

（三）相关分析

根据定性分析，可以知道规划对象（如都市圈、城市等）中的各种要素之间存在着相关关系，如居住人口分布与公共设施分布之间的相关关系，土地开发强度与交通可达性之间的相关关系等。相关系数可以定量测定各个对象之间的相关程度，以验证定性分析的结论，常用的相关分析方法有区位熵、偏离－份额分析等。

四、模拟预测方法

规划就是对未来的发展进行合理的安排，模拟预测方法是在搜集了有关量化指标或对有关指标量化后，根据事物的特征及其运动规律加以模拟，建立预测模型，并对模型进行检验合格后，运用模型对区域事物进行预测分析的一种方法。随着计算机技术的发展，模拟预测方法在规划咨询中得到广泛应用，这不仅提高了规划指标的精度，而且为模拟对象的动态发展过程提供了可能。规划咨询中常用的模拟预测方法有系统分析法、层次分析法、专家系统法等三种基本方法。层次分析法详见本书第一章第三节，下面主要介绍系统分析法和专家系统法。

（一）系统分析法

从系统论的观点出发，应用科学方法和电子计算机等工具，对区域系统现状进行科学完整的认识分析，并在收集处理数据资料的基础上，建立若干替代方案和必要的模型，进行模拟运算和动态仿真，最后将结果整理评价后，提供给决策者作为决策依据，提高规划的可行性及实用价值。

（二）专家系统法

专家系统法借助由专家归纳并具有相当权威性的专家知识，对市场经济条件下发生的不可预测事件和不确定因素，以及它们导致的意外情况和可能后果，做出判断、推理和论证，以供规划决策参考。由于它能推知多种随机事件对某一目标影响的概率、灵敏度、后果及影响程度，而这些问题用常规的数学模型又无法解决，所以理应成为规划的有效方法，加之整个系统过程参与了专家对话和科学民主的决策，因此规划的可行性和实用价值亦大大提高。波特钻石模型、德尔菲法等是专家系统法诊断中的常用方法。

第二节　规划咨询的常用方法

规划咨询作为全过程工程咨询的一部分，常用方法除第一章中介绍的逻辑框架法、层次分析法、SWOT 分析法、PEST 分析法之外，还有区位熵、偏离－份额分析法、波特钻石模型、德尔菲法、城市规模等级模型和利益相关者分析。此外还有系统动力学、生态足迹法、回归预测模型、投入产出法等诸多方法，这些方法将在数据分析、资源环境承载力、市场预测、项目投融资等章节具体介绍。

一、区位熵

区位熵（Location quotient，简写为 LQ）又称专门化率，用于衡量某一区域要素的空间分布情况，反映某一产业部门的专业化程度，以及某一区域在全国的地位和作用等情况。在规划咨询中，区位熵是用来分析区域产业集聚度和比较优势产业的常用方法。

以区位熵分析区域专业化部门的情况为例，其计算公式为：

$$L_i = \frac{e_i/e_t}{E_i/E_t} \quad (i=1, 2, \cdots, n)$$

式中　L_i 为某区域 i 产业在全国的区位熵；

　　　e_i 为区域中 i 产业的总量指标（通常用增加值、产值、产量、就业人数等）；

　　　e_t 为区域所有产业对应的总量指标；

　　　E_i 是全国 i 产业的总量指标；

　　　E_t 为全国所有产业对应的总量指标。

通过计算某一区域的区位熵，可以找出该区域在全国具有一定比较优势的产业，并根据区位熵的大小来衡量其专门化率。区位熵大于1，可以认为该产业是区域的专业化部门；区位熵越大，专业化水平越高；如果区位熵小于或等于1，则认为该产业是自给性部门。

区位熵计算方法具有简单易行、数据容易获取等优点，但也有其局限性。首先，区位熵是静态分析，难以反映产业优势的动态变化情况和产业之间的互动关联；其次，该方法基于每一个产业在国家和区域层面具有相同劳动生产率这一前提假设，但实际中各产业的劳动生产率肯定存在差别；此外，区位熵没有考虑企业规模因素的影响，假如一个地区在某一产业只有一个或者少量几个规模很大的企业，并且该地区经济总量较小，则就可能造成该地区在该产业上具有较大的区位熵指数，而实际上该地区并不存在产业集聚现象的出现。

【例 3—1】　某市为我国珠三角地区的城市，近年来第三产业发展迅速，第三产业占地区生产总值比重超过70%。为进一步促进产业发展，该市现委托某咨询企业为其编制产业规划。咨询企业从该市的统计年鉴中获取了以下行业增加值数据（表 3—1），想通过这些数据来分析哪些行业是具有全国比较优势的产业。请问该咨询公司可以采用何种方法来分析该市的优势产业，并分析该市哪些产业具有比较优势。

表 3—1　2015 年某市及全国行业增加值表

单位：亿元

行业增加值	某市	全国
租赁和商务服务业	1381	17111
文化、体育和娱乐业	293	4931
交通运输、仓储和邮政业	1255	30488

续表

行业增加值	某市	全国
批发和零售业	2697	66187
房地产业	1529	41701
科学研究和技术服务业	466	13498
住宿和餐饮业	403	12154
卫生和社会工作	480	14955
信息传输、软件和信息技术服务业	584	18546
水利、环境和公共设施管理业	118	3852
金融业	1629	57873
教育	611	24253
居民服务、修理和其他服务业	223	10855
公共管理、社会保障和社会组织	449	26623
工业	5186	236507
建筑业	551	46627
农、林、牧、渔业	246	62912
地区生产总值	18100	689073

【解答】

可以采用区位熵来计算该市具有全国比较优势的产业。

具体计算方法如下表：

表3—2　2015年某市、全国行业增加值及区位熵表

行业增加值	某市	全国	e_i/e_t	E_i/E_t	区位熵 L_i
租赁和商务服务业	1381	17111	0.076	0.025	3.072
文化、体育和娱乐业	293	4931	0.016	0.007	2.263
交通运输、仓储和邮政业	1255	30488	0.069	0.044	1.567
批发和零售业	2697	66187	0.149	0.096	1.551
房地产业	1529	41701	0.084	0.061	1.396
科学研究和技术服务业	466	13498	0.026	0.020	1.313
住宿和餐饮业	403	12154	0.022	0.018	1.261
卫生和社会工作	480	14955	0.027	0.022	1.222
信息传输、软件和信息技术服务业	584	18546	0.032	0.027	1.198
水利、环境和公共设施管理业	118	3852	0.007	0.006	1.168
金融业	1629	57873	0.090	0.084	1.071
教育	611	24253	0.034	0.035	0.958
居民服务、修理和其他服务业	223	10855	0.012	0.016	0.783
公共管理、社会保障和社会组织	449	26623	0.025	0.039	0.642
工业	5186	236507	0.286	0.343	0.835
建筑业	551	46627	0.030	0.068	0.450
农、林、牧、渔业	246	62912	0.014	0.091	0.149
地区生产总值	18100	689073			

根据计算结果，某市有 11 个行业区位熵大于 1，可以认为这些行业具有全国比较优势，其中租赁和商务服务业以及文化、体育和娱乐业的区位熵分别为 3.072 和 2.263，在全国范围内具有较强的竞争力。

二、偏离－份额分析法

偏离－份额分析法（Shift-Share-Method，SSM）是分析区域经济和产业结构的常用方法。它将区域经济的变化看作一个动态的过程，以研究区域的上级区域或整个国家的经济发展为参照系，将区域自身经济总量在特定时间段的变动分解为份额分量、结构偏离分量和竞争力偏离分量。该方法可以用来评价区域经济结构和竞争力，找出区域具有相对竞争优势的产业部门，确定区域未来产业结构调整的方向。其基本的计算过程为：

1. 明确时间范围以及参照区域

时间范围 t 值一般取 5 年或 10 年，即考察区域在近 5 年或者 10 年内的变化。参考区域为研究区域的上级区域，比如省、大区或者全国。

2. 计算份额分量、结构偏离分量、竞争力偏离分量

假设区域 i 在经历了时间 $[0, t]$ 之后，经济总量和结构都发生了变化。将区域 i 划分为 n 个产业部门，分别以 $b_{ij,0}$，$b_{ij,t}$（$j=1, 2, \cdots, n$）表示区域 i 第 j 个产业在初期与末期的经济规模。以 B_0 和 B_t 表示全国（或大区）在相应时期初期与末期经济总规模，以 $B_{j,0}$ 与 $B_{j,t}$ 表示全国（或大区）初期与末期第 j 个产业部门的规模。

则国家所有产业部门在 $[0, t]$ 时间段的变化率 R 为

$$R = \frac{B_t - B_0}{B_0}$$

区域 i 第 j 个产业部门在 $[0, t]$ 时间段的变化率 r_{ij} 为：

$$r_{ij} = \frac{b_{ij,t} - b_{ij,0}}{b_{ij,0}} \quad (j=1, 2, \cdots, n)$$

全国（或大区）j 产业部门在 $[0, t]$ 内的变化率 R_{ij} 为：

$$R_j = \frac{B_{j,t} - B_{j,0}}{B_{j,0}} \quad (j=1, 2, \cdots, n)$$

根据偏离－份额分析法将 t 时段内区域 i 第 j 产业部门的增长量 G_{ij} 分解若干部分：

$$\begin{aligned}
G_{ij} &= b_{ij,t} - b_{ij,0} \\
&= b_{ij,0} \times r_{ij} \\
&= [R + (R_j - R) + (r_{ij} - R_j)] \times b_{ij,0} \\
&= R \times b_{ij,0} + (R_j - R) \times b_{ij,0} + (r_{ij} - R_j) \times b_{ij,0} \\
&= N_{ij} + P_{ij} + D_{ij}
\end{aligned}$$

上式中：

N_{ij} 为份额分量 $N_{ij}=b_{ij,0}\times R$。它是指 i 区域的 j 产业部门按全国（或大区）的产业平均增长率的增长量。$N_{ij}>0$，说明 j 产业部门为全国性增长产业；$N_{ij}<0$，说明 j 产业部门为全国性衰退产业。

P_{ij} 为结构偏离分量 $P_{ij}=(R_j-R)b_{ij,0}$。它是指 i 区域的 j 产业部门按照全国（或大区）j 产业部门增长率的增长量与其按照全国（或大区）产业平均增长率的增长量之间的差额。P_{ij} 用来分析产业结构对增长的影响和贡献，P_{ij} 为正，说明区域 i 的产业结构优于全国（所在大区）的产业结构，且 P_{ij} 愈大，说明部门结构对经济总量增长的贡献愈大。

D_{ij} 为竞争力偏离分量 $D_{ij}=b_{ij,0}\times(r_{ij}-R_j)$。它是指 i 区域 j 产业部门按自身增长率的增长量与按全国（或大区）j 产业部门增长率的增长量之间的差额。D_{ij} 反映 i 区域 j 部门相对竞争能力，D_{ij} 为正，说明 i 区域 j 产业部门在全国（或大区）具有较大竞争力，且 D_{ij} 越大，说明区域 j 部门竞争力对经济增长的作用越大。

结构偏离分量与竞争力偏离分量之和即 $P_{ij}+D_{ij}$ 叫做总偏离，标记为 PD_{ij}，表示 i 区域 j 部门的增长速度相对于全国所有部门平均水平的高低，总偏离是衡量区域经济发展相对效果的指标。

3. 计算结构效果指数 W 和区域竞争效果指数 u

在上述计算结果的基础上，还可以引入结构效果指数 W 和区域竞争效果指数 u 对区域总的结构效果和竞争能力做出分析判断。

将 i 区域 j 部门在初期与末期占同期全国或所在大区相应部门的比重表示为

$$K_{j,0}=\frac{b_{ij,0}}{B_{j,0}}, \quad K_{j,t}=\frac{b_{ij,t}}{B_{j,t}}$$

i 区域对于全国或所在大区域的相对增长率为 L，可以计算得到结构效果指数 W 和区域竞争效果指数 u。

$$L=\frac{b_t/b_0}{B_t/B_0}=W\times u$$

$$W=\frac{\sum_{j=1}^{n}K_{j,0}\times B_{j,t} \Big/ \sum_{j=1}^{n}K_{j,0}\times B_{j,0}}{\sum_{j=1}^{n}B_{j,t} \Big/ \sum_{j=1}^{n}B_{j,0}}, \quad u=\frac{\sum_{j=1}^{n}K_{j,t}\times B_{j,t}}{\sum_{j=1}^{n}K_{j,0}\times B_{j,t}}$$

如果区域增长量 G_i 越大，L 大于 1，则区域增长快于全国或所在区域；若 P_i 越大，W 大于 1，这说明区域经济中朝阳的、增长快的产业部门比重大，区域总体经济结构比较好，结构对于经济增长的贡献大；倘若 D_i 较大，u 大于 1，则说明区域各产业部门发展迅速，地位不断上升，具有很强的竞争能力。

4. 结果分析

（1）偏离—份额分析表

根据研究的深度要求和数据的可得性，将区域经济划分为 n 个部门，构建偏离一份额分析表。分析表通过 G_{ij}，N_{ij}，P_{ij}，D_{ij}，PD_{ij} 的计算结果对区域各产业部门进行分析判断。

表 3—3 偏离—份额分析表

部门分析指标	总计	1	2	…	n
G_{ij}					
N_{ij}					
P_{ij}					
D_{ij}					
PD_{ij}					

根据分析表得到的计算结果可以对区域各产业部门进行分析判断。

(2) 偏离—份额分析图

根据偏离—份额分析表的计算数据可绘制偏离—份额分析图，使结论更加直观地显示出来。偏离—份额分析图是将坐标系分为 8 个扇面，根据各部门在图中所落的扇面，对其进行分类。

(a) 部门优势分析图　　　　　　(b) 部门偏离分量分析图

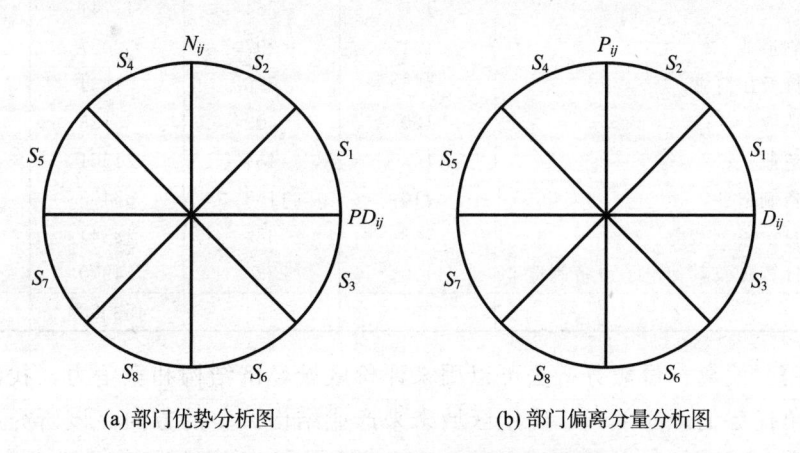

图 3—1 部门优势分析图和部门偏离分析图

以总偏离量 PD_{ij} 为横坐标，以份额分量 N_{ij} 为纵坐标，绘制部门优势分析图（图 3—1(a)）。图中 S_1、S_2 为具有优势的增长部门；S_3、S_4 为一般部门，S_3 虽具有部门优势，但却为衰退部门；S_4 为增长部门，却不具有部门优势。S_5、S_6 部门总量为负增长，且虽然 S_5 为增长部门，S_6 具有部门优势，但都不足以消除因部门优势或全国性衰退造成的负贡献；S_7、S_8 是最差部门，既无部门优势，又为衰退部门。

以竞争力偏离分量 D_{ij} 为横轴，以结构偏离分量 P_{ij} 为纵轴绘制部门偏离分量分析图（图 3—1(b)）。图中 S_1 为原有基础很好，竞争力较强的部门；S_2 为竞争力很强，原有基础较好的部门；S_3 为基础差但发展快的部门；S_4 为基础较好但地位处于下降的部门；S_5 为基础较好但竞争力很差的较差部门；S_6 为基础很差但发展很快的较差部门；S_7、S_8 为基础差且缺乏竞争力的最差部门。

【例 3—2】 某市近年来出台了许多政策推动制造业转型升级，现委托一家研究机构对产业结构调整效果和产业竞争力情况进行研究。该研究机构希望采用偏离—份额分析法对 2010—2015 年主要制造业情况进行分析。请问：该研究机构为何选用偏离—份额分析法？试根据下表提供的数据，对该市的制造业竞争力情况进行分析。

表 3—4 某市与全国 2010—2015 年部分产业部门工业总产值

单位：亿元

产业部门	某市工业总产值 2010 年	某市工业总产值 2015 年	全国工业总产值 2010 年	全国工业总产值 2015 年
农副食品加工业	115	232	34928	65836
食品制造业	96	148	11350	21872
纺织业	54	64	28508	39393
石油加工、炼焦及核燃料加工业	275	753	29239	34305
化学原料及化学制品业	376	307	47920	83256
医药制造业	125	264	11741	25740
非金属矿物制造业	151	297	32057	59788
黑色金属冶炼及压延业	475	596	51834	61257
通用设备制造业	160	409	35133	47173
专用设备制造业	165	434	21561	36185
交通运输设备制造业	710	1153	55453	89961
电气机械器材设备制造业	183	387	43344	69558
通讯设备、计算机及其他电子设备制造业	1120	2380	54970	91379
合计	4005	7424	458038	725703

【解答】 偏离—份额分析法可以用来评价区域经济结构和竞争力，找出区域具有相对竞争优势的产业部门，确定区域未来产业结构调整的方向。该研究机构采用偏离—份额分析法可以对某市主要制造业的竞争力情况进行分析。

使用偏离—份额分析法分析的主要过程为：

（1）根据表 3—4 提供的数据计算 2010—2015 年某市和全国部分产业部门工业总产值的增长量和增长率。

表 3—5 2010—2015 年某市和全国部分产业部门工业总产值的增长量和增长率

产业部门	某市工业总产值增长量（亿元）	全国工业总产值增长量（亿元）	某市增长率 r_{ij}（%）	全国增长率 R_j（%）
农副食品加工业	117	30908	101.7	88.5
食品制造业	52	10522	54.2	92.7
纺织业	10	10885	18.5	38.2
石油加工、炼焦及核燃料加工业	478	5066	173.8	17.3

续表

产业部门	某市工业总产值增长量（亿元）	全国工业总产值增长量（亿元）	某市增长率 r_{ij}（%）	全国增长率 R_j（%）
化学原料及化学制品业	−69	35336	−18.4	73.7
医药制造业	139	13999	111.2	119.2
非金属矿物制造业	146	27731	96.7	86.5
黑色金属冶炼及压延业	121	9423	25.5	18.2
通用设备制造业	249	12040	155.6	34.3
专用设备制造业	269	14624	163.0	67.8
交通运输设备制造业	443	34508	62.4	62.2
电气机械器材设备制造业	204	26214	111.5	60.5
通讯设备、计算机及其他电子设备制造业	1260	36409	112.5	66.2
合计	3419	267665		

同时，根据表3－5可计算出2010－2015年期间，全国这些行业的平均增长率 R 为58.4%。

（2）根据偏离－份额分析法，计算份额分量、结构偏离分量、竞争力偏离分量和总偏离量。

$$N_{ij} = b_{ij,0} \times R$$
$$P_{ij} = (R_j - R)b_{ij,0}$$
$$D_{ij} = b_{ij,0} \times (r_{ij} - R_j)$$

表3－6　2010－2015年某市部分行业份额分量、结构偏离分量、竞争力偏离分量和总偏离量

偏离量	农副食品加工业	食品制造业	纺织业	石油加工、炼焦及核燃料加工业	化学原料及化学制品业	医药制造业	非金属矿物制造业	黑色金属冶炼及压延业	通用设备制造业	专用设备制造业	交通运输设备制造业	电气机械器材设备制造业	通讯设备、计算机及其他电子设备制造业
份额分量 N_{ij}	67.2	56.1	31.6	160.7	219.7	73.0	88.2	277.6	93.5	96.4	414.9	106.9	654.5
结构偏离分量 P_{ij}	34.6	32.9	−10.9	−113.1	57.5	76.0	42.4	−191.2	−38.7	15.5	26.9	3.7	87.3
竞争力偏离分量 D_{ij}	15.2	−37.0	−10.6	430.4	−346.5	−10.0	15.4	34.6	194.2	157.1	1.2	93.3	518.2
总偏离量 PD_{ij}	49.8	−4.1	−21.6	317.3	−288.5	66.0	57.8	−156.6	155.5	172.6	28.1	97.1	605.5

（3）结论分析

根据上表，这些产业部门的份额分量 N_{ij} 都大于0，这些产业都为全国性的增长产业。其中：

"农副食品加工业、非金属矿物制造业、专用设备制造业、交通运输设备制造业、电气机械器材设备制造业、通讯设备、计算机及其他电子设备制造业"的产业结构偏离分量 $P>0$，竞争力分量 $D>0$，总偏离分量 $PD>0$，说明该行业产业结构较好，竞争力水平较高。

"食品制造业"、"化学原料及化学制品业"产业结构偏离分量 $P>0$，竞争力分量 $D<0$，总偏离分量 $PD<0$，说明这些行业的产业内部结构有一定优势，但行业的整体竞争力水平较低，对该市的经济增长贡献较小。

"医药制造业"的产业结构偏离分量 $P>0$，竞争力分量 $D<0$，总偏离分量 $PD>0$，说明该行业虽然对促进该市的经济增长具有重要一定作用，但在全国的竞争力水平较低。

"石油加工、炼焦及核燃料加工业"、"通用设备制造业"的产业结构偏离分量 $P<0$，竞争力分量 $D>0$，总偏离分量 $PD>0$，该行业竞争力很强，但产业内部结构不合理。

"黑色金属冶炼及压延业" $P<0$，竞争力分量 $D>0$，总偏离分量 $PD<0$，说明虽然该产业具有一定的竞争力，但是产业内部结构不合理，但在全国还具有一定竞争力。

"纺织业"产业结构偏离分量 $P<0$，竞争力分量 $D<0$，总偏离分量 $PD<0$，说明该行业产业内部结构不合理，且在全国的竞争力水平较低。

三、波特钻石模型

波特钻石模型（Michael Porter diamond Model），又称波特菱形模型，由美国哈佛商学院著名战略管理学家迈克尔·波特于 1990 年在其《国家竞争优势》一书中提出，主要用来分析一个国家或地区各行业在竞争经济环境下如何形成整体优势，进而获得较强竞争力的工具。钻石模型的中心思想即一个国家或地区行业的竞争力主要是由四个基本要素（资源要素、需求条件、相关及支持产业、企业战略），以及两个辅助要素（政府和机会）共同决定的，这六项要素组合形成一个类似钻石的形状（如图 3—2），因而被称为钻石模型。钻石模型从资源等六个要素来解析一个国家或地区行业竞争力获取，同时，这六项要素也是对国家或地区内行业相关情况的全面阐释，因而使用钻石模型对区域内行业发展情况进行分析，更有利于准确定位行业发展方向和发展路径。

（一）生产要素

生产要素分为初级生产要素和高级生产要素。初级生产要素是指企业所处国家和地区的地理位置、天然资源、人口、气候以及非技术人工、融资等，通过被动继承或者简单的投资就可获得；高级生产要素包括高级人才、科研院所、高等教育体系、现代基础设施等，需要在人力和资本上先期大量投入才能获得。波特认为，在现代社会，初级生产要素的重要性已经变得越来越小，而高级生产要素则日益扮演着更加重要的角色。并且，随着全球化的发展，企业可以通过国际采购等活动，来

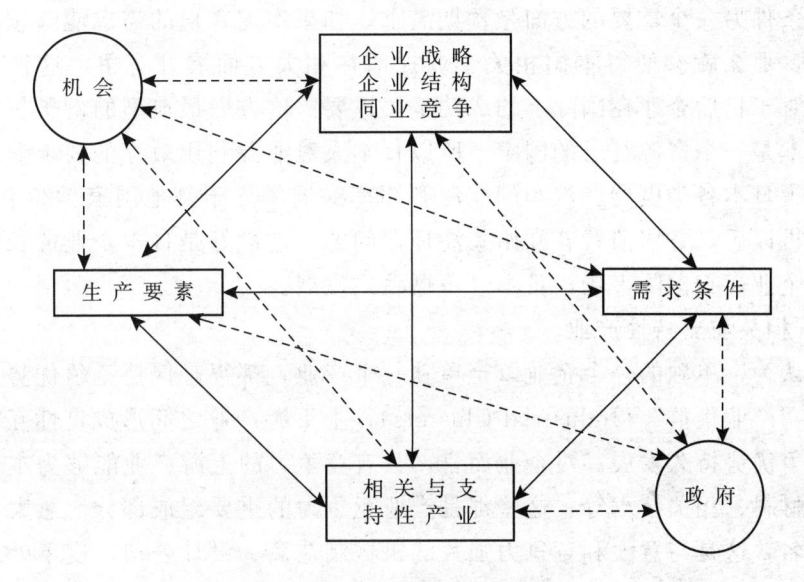

图 3—2　波特钻石模型示意图

弥补所处国家和地区初级生产要素存在的不足。但是，企业对高级生产要素的需求，则只能由当地政府和企业通过自己的努力来创造。波特还特别指出，适度的初级生产要素（例如人口、资源）不足，反而能起到刺激企业创新的作用，而这种创新是企业持久竞争优势的来源。而初级生产要素形成的竞争优势，通常会被创新流程所淘汰。环境太舒适，会使企业不思进取；但不利的生产要素太多，也会压垮企业。适度的压力会带来渐进式改善。例如，劳动力匮乏、工资过高、本地缺乏原料、气候不宜等，都曾在欧美亚各发达国家变成了创新的动力。例如，荷兰的低温和潮湿并不利于花卉种植，然而荷兰却成为主要的鲜花出口国。波特关于初级生产要素（如自然资源和廉价劳力）形成的竞争优势缺乏后继力量的观点，尤其值得发展中国家重视。

（二）需求条件

需求条件主要是指国内市场的需求。内需市场是产业发展的动力，主要包括需求结构、需求规模以及需求的成长。国内市场的需求结构往往比需求规模更加重要。需求结构是指"市场需求呈现多样细分"。根据市场细分，某个小国家或地区可以专攻市场需求的某一个环节，这样也能够创造并维持较强的竞争力。虽然需求规模对产业的壮大发挥着重要作用，但从长远来看，这种规模效应不如内行而挑剔的客户需求带来的影响大。由精致的专门需求造成的竞争压力，从外部催化而出的创新具有较强的活力。一旦产业能够满足国内内行而挑剔的客户，那么当企业面对国外或者其他不挑剔的客户时，就会比其他企业具有更大的竞争优势。例如，日本消费者对电子产品的消费非常挑剔，各大厂商为了获取更多的市场份额，努力满足消费者的需求，争相进行产业的创新和升级，从而推动日本的消费电子产品在20世纪80年代称雄国际市场。按照波特的观点，如果一个产业连国内市场都做不好，那么所谓走向世界就是天方夜谭。

需求条件另一个重要的方面是预期需求。如果本国客户的需求能领先国际客户的需求，那么就会使得本国相关企业提前在相关方面展开竞争，这种"抢先进入"优势对于日后企业在国际上的成功至关重要。这方面最典型的例子仍然是日本企业。日本是一个资源贫乏的国家，所以日本人对能源利用效率的要求非常高，这最终造就了日本各类电器、汽车的能源利用率遥遥领先于其他国家。20世纪70年代能源危机以后，各国消费者开始关注环保问题，这恰好是日本企业的长项，带来当时日本企业横扫国际市场，日本经济爆发式发展。

（三）相关与支持性产业

波特认为，单独的一个企业以至单独一个产业，都很难保持竞争优势，只有形成有效的"产业集群"（Industrial Clusters），上下游产业之间形成良性互动，才能使产业竞争优势持久发展。对企业而言，具有竞争力的上游产业能够为本企业提供先进的原材料、相关技术等，这些都是产业竞争力的重要组成部分。意大利的制鞋业全球闻名，这是与意大利竞争力强大的机械制造商、设计公司、皮革处理等相关产业分不开的。日本的数码相机产业发达，这源于日本在光学产品、复印机等行业的全球霸主地位。同样，如果下游产业在全球具有竞争力，那么就会对上游产业提出更高的要求，这在一定程度上是本产业进行创新的外部动力。相关产业会形成"提升效应"，在互通技术比重较高、而且处于产业生命周期初始阶段的情况下，"提升效应"尤为显著。

相关支持性产业的地位也可以从需求角度进行阐释。本产业的上下游产业实际上是本产业最重要的供应商和客户，具有全球竞争力的下游产业通常对原材料等方面的要求特别苛刻，企业在努力满足这些客户需求的同时，也是在创造自身的国际竞争力。在波特看来，这些相关支持性产业相互作用，以形成有效率的"产业集群"为标志。这对一个国家和地区是至关重要的。在《国家竞争优势》一书中，波特通过对10个国家的数据分析，得出的结论是，每一个国家的经济崛起，必定伴随着相关产业集群的诞生，而只靠一个企业单打独斗是不可能成功的。政府也不能根据自己的意愿凭空创造产业集群，产业集群是市场力量通过钻石模型的各因素相互作用自发形成的。政府的角色是为产业集群的发展提供良好的国内竞争环境，过度的政府干预和保护，往往会阻碍产业集群的健康发展。

（四）企业战略及其结构和同业竞争

企业战略、企业结构和同业竞争是波特开出的企业治理三角习题，指如何创立、组织和管理公司，如何应对同业竞争对手等问题。波特认为，企业的战略、组织结构和管理者对待竞争的态度，往往同国家环境相关，同产业差异相关。一个企业要想获得成功，必须善用本国的历史文化资源，形成适应本国特殊环境的企业战略和组织结构，融入当地社会，并符合所处产业的特殊情况。

影响企业战略、企业结构的因素有：各国政府设定的发展目标、企业自身目标、个人事业目标、民族荣耀与使命感所带来的诱因。各个国家不同的发展目标，对企业和员工的工作意愿影响很大，如果一个国家鼓励人们对产业的忠诚，则有利于降低产业人员流动率，增加企业的长期投资意愿。企业自身目标又与股东结构、持有人的进取心、债务人的态度、内部管理模式以及高阶资深主管的进步动机等因素有关，这些因素会影响企业对投资风险、资金利用等方面的态度。个人事业目标以及民族荣耀与使命感对企业战略和企业结构的影响非常复杂，但是只要善于引导，这些社会文化因素和心理因素就有可能成为产业竞争力的来源。

（五）机会和政府

机会和政府是波特钻石模型中的两个变量。机会是可遇不可求的，对一个产业的竞争力而言，机会可能与该国的环境无关，甚至同企业内部也没有关系，政府也难以施加影响。一般情况下，可能形成机会的情形有如下几种：基础科技的发明创新、传统技术出现断层、生产成本突然提高、全球金融市场或汇率的重大变化、全球或区域市场的需求剧增、外国政府的重大决策、爆发战争等。这些情况下，可能对一个国家的产业带来难得的机遇。例如，二战中瑞士和瑞典的中立，使它们在战争中获得了巨大的产业利益。两次石油危机，给有些国家造成巨大打击，同时给另一些国家带来了发展机遇。这些机会并不是孤立的，而是同钻石模型的其他要素联系在一起的。同样是一场越南战争，对日本和对韩国的影响之所以不同，是因为钻石体系的其他要素作用的结果。

政府是最后一个变量，波特认为，政府并不能凭空创造出有竞争力的产业，只能在钻石体系其他要素的基础上加以引导才能做到。政府的角色是为产业和企业的发展提供良好的环境，而非直接参与。对于生产要素，政府需要加大教育投资，与企业共同创造专业性强的高级生产要素。关于竞争，政府需要做的是鼓励自由竞争，严格执行反垄断法。政府对经济的另一大影响措施是政府采购，在这一点上，政府可以扮演挑剔客户的角色，这对国内企业产业升级和技术创新尤其重要。随着社会发展，政府的作用越来越重要。

波特的钻石模型，建立在对发达国家的经济学分析基础上。但是对于发展中国家和地区，尤其是经济正在起飞的国家和地区，这个模型在进行相关分析中也具有极大的借鉴和参照意义。

【例3-3】 基于波特钻石模型的福建省茶产业竞争力影响因素分析。

福建地处我国东南沿海，属亚热带气候，季风显著、四季分明、气温适中、光照较多、雨量丰沛，特别是武夷山地区拥有世界同纬度面积最大、最典型、最完整的中亚热带原生性森林生态系统。福建产茶历史悠久，茶类丰富，是著名的特种茶产区，产有乌龙茶、绿茶、红茶、白茶四大茶类及再加工类的花茶，是全国著名的产茶大省，2017年毛茶产量45.2万吨，产值235亿元，毛茶产量和产值位居全国第一。福建在不同茶产区不同茶关键技术上有所突破，如白茶压制工艺、高花果香茶与本地红茶的拼配技术、针对乌龙茶的复合加工技术等。福建人口多而耕地少，人均耕地面积仅346平方米，全省农村劳动力资源约1400多万人，占农村人口总量的51.9%。在政府的引导和市场拉动的共同合力下，象八马、日春、武夷星、华祥苑、天福茗茶等茶叶龙头企业的出现，为福建茶业的快速发展起到了良好的示范带动作用。政府通过现代茶业项目、生态茶园建设、加强质量把控等工作的开展，着力优化茶类品种结构、推动产业升级。

根据题干的描述，运用波特钻石模型对福建省茶产业竞争力影响因素进行分析。

【解答】

1. 生产要素

指产业的生产活动所需要的基本的物质条件和投入要素，在茶叶产业中，初级生产要素的数量与质量依然是竞争力塑造的基础，因为茶叶是直接向自然索取产品的产业，难以按工业生产那样无限制成批量生产。对福建省茶产业的生产要素进行分析：（1）自然资源。福建生态条件优越，十分适宜茶叶生产，特别是具有茶叶生长的最佳气候条件。同时，福建是我国产茶大省，制茶、饮茶、贩茶历史悠久，是著名的特种茶产区，除绿茶外，均是福建首创。（2）科研与人力资源。福建是栽茶、制茶技术的发源地，茶叶科技创新能力强，同时劳动力非常充裕，这对于发展茶叶生产这种传统的劳动密集型产业非常有利，可以很容易获得低成本的劳动力资源。

2. 国内需求

随着人民生活水平的提高，茶叶消费从以大宗茶为主转向以名优茶、名牌茶为主，消费者不仅注重茶叶的质量，而且注重茶叶的品牌、包装。据统计，目前我国城乡居民年消费茶叶1.3公斤，预测到2020年，人均茶叶消费量将达到1.7公斤，中国国内茶叶消费市场存在巨大的成长空间。因此按照波特理论，中国要想扩大茶叶生产企业的生产规模，提高企业的创新能力，提升中国茶产业的国际竞争力，必须扩大国内茶叶的需求水平。扩大国内需求，可以为福建省茶叶生产提供更为广阔的发展空间。

3. 相关与支持性产业

福建的茶叶生产、加工、出口企业基本处于无组织化状态，多以农户个体经营为主。各主要产茶区如安溪、武夷山等地，虽然茶产业整体规模较大，但龙头茶企却较少。农户普遍缺乏品牌意识，产品以散装或粗包装为主，大多以自家的姓氏来命名茶叶，通过亲朋好友的相互推荐来拓展自己的销路，这样的销售方式很难进行产品的推广和品牌的建立。

4. 竞争能力

商品提高其价值的手段一是依靠文化内涵，二是依靠科技含量。福建茶叶拥有一定的文化内涵，但科技含量始终处于较低水平。福建茶叶加工整体上还处于机械化阶段，连续化、自动化程度低。而国外一些产茶国如日本、印度，茶叶加工已运用微电脑技术控制茶叶加工品质，完全实现了茶叶加工全过程连续化、自动化。相比之下，福建省茶叶生产大多数还是初级产品，出口的主要是原料茶。

5. 政府及管理

政府提供的制度环境也是很重要的因素。针对发展中的问题，福建加快培育壮大龙头企业,加大品牌培育力度,着力提升安溪铁观音、武夷岩茶、福鼎白茶、政和白茶等茶叶区域公用品牌,打造一批具有全国影响的企业品牌。实施现代茶业项目,重点支持安溪、武夷山、福安等26个茶业基础条件好、产业规模大的茶叶主产区发展优质、安全、高效茶业,开展生态茶园建设、进行茶业初制加工流程清洁化改造、实施茶叶加工能力提升工程、建设现代茶庄。强化产品质量安全,建立农药监管信息平台、质量安全可追溯监管平台、推进茶叶"三品一标"认证。

四、德尔菲法

德尔菲法(Delphi)是在专家个人判断法和专家会议法的基础上发展起来的一种专家调查法,它广泛应用在规划咨询、市场预测、技术预测、方案比选、社会评价等众多领域。

1964年,美国兰德公司发表的"长远预测研究报告"首次将德尔菲法应用于技术预测,此后在世界迅速推广。德尔菲法尤其适用长期需求预测,特别是当预测时间跨度长达10~30年,以及预测缺乏历史数据时,采用德尔菲法能够取得较好的效果。

(一)德尔菲法的基本步骤

德尔菲法一般包括五个步骤:

1. 建立预测工作组

德尔菲法对于组织的要求很高。进行调查预测的第一步就是成立预测工作组,负责调查预测的组织工作。工作组的成员应能正确认识并理解德尔菲法的实质,并具备必要的专业知识和数理统计知识,熟悉计算机统计软件,能进行必要的统计和数据处理。

2. 选择专家

要在明确预测范围和种类后,依据预测问题的性质选择专家,这是德尔菲法进行预测的关键步骤。选择的专家要与市场预测的专业领域相关,知识面广泛,经验丰富,思路开阔,富于创造性和洞察力;不仅要有熟悉本行业的学术权威,还应有来自生产一线从事具体工作的专家;不仅包括本部门的专家,还要有相关行业的来自其他部门的专家。专家组构成包括技术专家、宏观经济专家、企业管理者等。一般而言,选择专家的数量为20人左右,可依据预测问题的规模和重要程度进行调整。

3. 设计调查表

调查表设计的质量直接影响预测的结果。调查表没有统一的格式,但基本要求是:所提问题应明确,回答方式应简单,便于对调查结果的汇总和整理。比较常见的调查表有:预测某事件发生时间和概率,请专家进行选择性预测,即从多种方案中择优选择;或是进行排序性预测,即对多种方案进行优先排序。

4. 组织调查实施

一般调查要经过2~3轮,第一轮讲预测主体和相应预测时间表发给专家,给专家较大的空间自由发挥。第二轮将经过统计和修正的第一轮调查结果发给专家，让专家对较为集中的预测事件评价、判断，提出进一步的意见，经预测工作组整理统计后，形成初步预测意见。如有必要可再依据第二轮的预测结果制定调查表，进行第三轮预测。

5. 汇总处理调查结果

将调查结果汇总，进行进一步的统计分析和数据处理。有关研究表明，专家应答意见的概率分布一般接近或符合正态分布，这是对专家意见进行数理统计处理的理论基础。一般计算专家估计值的平均值、中位数、众数以及平均主观概率等指标。

（二）德尔菲法的利弊

德尔菲法的匿名性、反馈性、收敛性、广泛性特点，克服了一般集合意见法和其他预测法的不足，形成了德尔菲法较为突出的优点。

1. 便于独立思考和判断。德尔菲法的应邀专家背靠背作答，相互不了解彼此的意见，因此，能克服权威效应和情感效应，使专家能够排除干扰，独立进行思考，作出预测。

2. 低成本实现集思广益。德尔菲法以信函方式征询专家意见，成本费用低；同时，又通过广泛聘请专家，能在较大的范围内，征询各个方面专家意见，达到集思广益的效果。

3. 有利于探索性解决问题。德尔菲法采用多轮征询意见，允许专家修改和完善自己的意见；并且通过专家意见反馈，让专家了解到专家集体意见的倾向以及持不同意见者的理由，这样，可使专家受到启发，便于更好地修改和完善自己的意见。

4. 应用范围广泛。德尔菲法能解决历史资料缺乏和不足的问题，也能预测有充足历史资料的事件；能进行近期现实问题的预测，也可用于远期抽象性问题的估计。

德尔菲法的众多优势，使它能在预测中得到广泛的应用，但它也存在着一些不足：

1. 缺少思想沟通交流。德尔菲法的专家是背靠背各自凭个人知识和经验作预测，受个人专业知识和占有数据资料的局限，可能存在一定的主观片面性。背靠背方式使专家没有机会讨论和相互启发，使预测难以见到思想火花。

2. 易忽视少数人的意见。德尔菲法对专家意见的整理是采用众数理论进行的，往往少数人的创意被组织者忽视，而有时候真理可能掌握在少数人手里，可能导致预测的结果偏离实际。

3. 存在组织者主观影响。德尔菲法的多轮反馈都是组织者归纳整理前轮专家意见，其意见的取舍、新资料的提供等都直接影响专家意见的修改情况和集中意见结果，因而带有明显的组织者主观意向。

（三）德尔菲法的应用范围

德尔菲法应用范围广泛，特别在下列情况下更能体现其优越性：

1. 缺乏足够的资料。在市场预测中，由于缺乏历史资料或历史资料不完备，难以采用回归分析或趋势分析时，如新产品的市场预测。

2. 长远规划或大趋势预测。长远规划和大趋势预测，因时间久远，可变因素太多，进行量化既不太可能，又缺乏实际作用，如预测2050年中国私人轿车市场需求。

3. 影响预测事件的因素太多。有些产品市场需求影响因素众多，难以筛选出少数关键变量，这些影响因素又不能不加以考虑。

4. 主观因素对预测事件的影响较大。预测事件的变化主要受政策、方针、个人意志等主观因素影响，而不是受技术、收入等客观因素影响。

【例3-4】 基于德尔菲法的某国铁合金需求量预测。

项目背景：通过对某国未来10年铁合金需求量进行预测，为钢铁工业和其他相关工业的长期规划提供依据。应用德尔菲法预测过程包括三轮，历时近一年的时间，每一轮的问题包括三个部分：钢铁工业；合金工业；关键性技术的发展趋势。要求应答者预测发展趋势曲线并说明理由，并设想今后20年钢铁工业技术发展趋势。

预测小组从工业、政府、大学、研究所和商界挑选了参与预测的专家名单，在钢铁专家的指导下选出了100人作为应答者候选人，经过征求专家个人意见，其中42人愿意参加，33人对第一轮问题做出了答复。

1. 第一轮预测

专家调查表由三部分组成。

第一部分：钢铁工业。给出了2008年到2017年某国钢铁工业发展的曲线，如钢铁的销售量、产量以及产销率等等。要求专家将曲线延伸到2028年，并回答三个问题。

（1）专家认为他的曲线延伸可靠性如何？

（2）专家在做出他的曲线延伸时，关键性技术发展的假设是什么？

（3）其他技术发展的影响？

第一部分还给出了钢铁制造过程流程图和有关技术参数，数据都是2017年的，要求专家预测2028年的相应数据。

第二部分：合金工业。像第一部分一样给出一些曲线，涉及铁合金工业的各方面，如铬消费量、钨消费量等等，以及这些材料的进出口量。

第三部分：关键性技术发展建议。给的是空白的发展表格，让专家自由填写。

经过对专家意见的处理，并对专家意见加以综合，反馈到第二轮。

2. 第二轮预测

第一部分：钢铁工业。包括36项"预测设想"和"经济或国际性的考虑"，以及第一轮第一部分的所有曲线，要求专家对这些设想进行评分。

对于所有原始趋势曲线，都给出了它的延伸部分的四分位区间。要求专家重新做出自己对这些曲线的延伸，并且说明自己的估计是可靠的或是有风险的。上一轮中应答者为曲线延伸所给出的理由经整理反馈回来，共 116 条，请应答者评分。

第二部分：合金工业。与第一部分相同。预测设想部分有 69 项有关合金生产的设想和 17 项一般考虑，请专家评分。第一轮中的曲线及其延伸的四分位区间和 128 条预测理由也给了出来，请专家评分。

第三部分：关键性技术发展与补充曲线。给出了 36 项关键性技术发展，请应答者就实现的可能性及对钢铁工业的影响进行评价。另外还给出三条新的需求趋势曲线，请应答者加以延伸和说明。

此轮为了增加有关塑料替代物的信息，增加了聚合物工业的专家。第二轮结果处理分为三个独立部分：

(1) 曲线的新的四分位区间。

(2) 设想和关键性技术发展的整理归纳。

(3) 数值性的结论，即评分的计算列表。

3. 第三轮

专家调查表仍由三部分组成。第一和第二部分是总结，不需要回答。对每一个问题都列出了从第二轮的结果计算出来的平均值和标准差。第三部分中有一些新的设想，以及前一轮中分歧较大的设想，要求应答者重新评价。第三部分，给出了第二轮中关于可能性和潜在的关键性技术发展的影响发布及有关评论。要求应答者重新表明自己的倾向和每一潜在发展的影响；给出了三条曲线以及应答者们为延伸而列出的理由，要求应答者重新作曲线延伸并且评定自己估计的可靠性；对于第一、第二部分中出现较大分歧的所有设想，要求应答者重新评价。

通过分析专家答复意见，德尔菲法预测曲线表明未来某国铁合金需求年增长率为 22%～23%，到 2028 年某国高级合金钢的需求量：铬钢 25～30 万吨，锰钢 100～125 万吨，镍 9～12 万吨。

五、城市规模等级模型

（一）位序—规模法则

在一个区域尺度内，每一个独立的城市空间均可以看作是一个镶嵌体，不同尺度的空间结构具有自相似性，在一定的无标度域中，空间单元的分布遵循分形规律。由于城镇体系的等级结构和空间结构都存在无标度性，即具有分形特征，因而可以通过哲夫定律计算区域的空间维数。对于一个分布若干城镇的特定区域，将城镇非农业人口规模从大到小排序，用人口尺度 R（R 用人口规模表示）来度量人口规模，城镇数目用 NR 表示。改变人口尺度 R，区域内的城镇数目 NR 也会改变。当 R 由大变小时，NR 不断增多。因而在某个标度范围内，NR 与 R 满足如下关系：

$$NR = CR^{-D_f}$$

对公式两边取对数，再采用一元线性回归分析便可以得到分维数 D_f。

$$\ln NR = \ln C - D_f \ln R$$

一般来说，现实中 D_f 值的大小具有明确的地理意义，直接反映了城镇体系等级规模结构。

$D_f < 1$，表示该区域的城镇体系等级规模结构比较松散，人口分布差异程度较大，首位城市的垄断性较强；

$D_f = 1$，表示该区域首位城市与最小城市的人口规模之比恰好为区域内整个城镇体系的城镇数目；

$D_f > 1$，表示该区域城镇规模分布比较集中，人口分布比较均衡，中间位序的城镇数目较多；

$D_f \to 0$，表示该区域内只有一个城市；$D_f \to \infty$，表示该区域内所有城市一样大，人口规模分布无差别。

实际上，城镇体系的发展与演化过程受到许多客观因素的影响和制约，后两种极端情况在现实世界中一般均不存在。位序—规模法则为城市体系的研究提供了理论方法，通过静态和动态的研究可以得到有关城市体系的信息。它为全面了解和把握城市体系的特点和城市体系的发展演化特征提供了一个视角，可以为正确制定区域城市体系的发展战略提供科学依据。

【例3-5】用位序—规模法则分析某省的城镇体系。

表3-7 某省人口规模前十位的城市非农业人口数

单位：人

序号	人口规模	2001年	2004年	2007年	2010年	2013年
1	A市辖区	3981023	4064281	4151674	4270109	4344357
2	B市辖区	2118087	2368974	2546056	2724846	2759842
3	C市辖区	1287136	1293065	1300374	1296831	1258408
4	D市辖区	1244114	1263739	1257631	1236835	1212510
5	E市辖区	831691	845360	842200	835041	839147
6	F市市辖区	689928	688661	691496	694886	692659
7	G市辖区	689322	714953	737551	760650	770316
8	H市辖区	602395	596941	599856	603766	606596
9	I市辖区	586880	588640	605947	607690	626565
10	J市辖区	514686	636239	682201	714930	732100

【解答】

借助Eviews统计软件，用方程：

$$\ln NR = \ln C - D_f \ln R$$

进行回归分析。双对数模型回归拟合度高，经过调整后 R^2 在0.96附近波动，该模型能够很好的解释某省10个城市人口规模同城市等级之间的关系。计算的分维数 D_f 值如下：

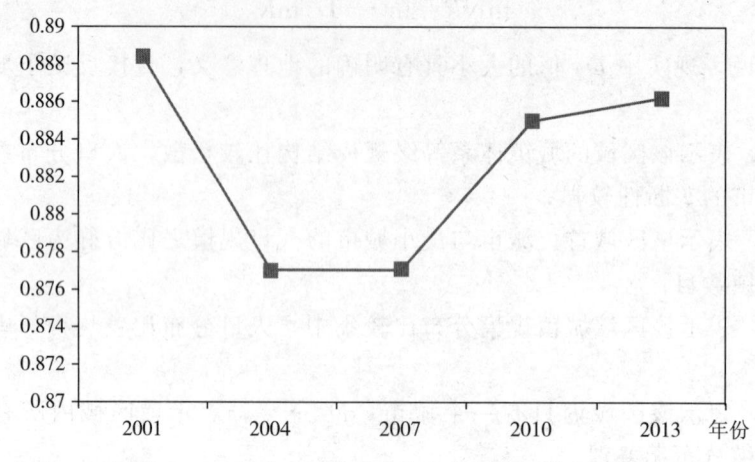

图 3-3 某省人口规模前十位的城市规模 D_f 值

2001—2013 年某省 10 个城市的 D_f 值在 0.87—0.89 之间波动，即 $D_f<1$，该区域的城镇体系等级规模结构比较松散，人口分布差异程度较大，首位城市 A 的垄断性较强，在某省的发展中起到了重要影响。总体来看，大多数城市的非农人口数量保持上升趋势，高位序城市 A 市、B 市数量在不断增加，未来在拉动该省的整体发展将发挥积极作用。

该省城市规模结构符合位序规模分布规律，但是城市体系整体不够合理。应实施首位城市带动战略，增强首位城市 A 的辐射作用，提升首位城市 A 市的中心城市地位，发挥沿海经济带的优势；加强交通运输体系建设，增强持续发展能力同时发挥政策优势；加大城市规模分布的集中程度，增强毗邻城市之间的高效联系，推进该省城市体系内多个层次城市之间的发展和建设，促进区域内的联动发展。

（二）城市首位度

城市首位度代表着最大城市对城市体系的引领作用，表明某国家或地区首位城市的集聚程度，是衡量城市规模分布状况的指标，其核心内容是研究首位城市的相对重要性。该理论是 1939 年马克·杰斐逊（M. Jefferson）提出的，用一个国家或区域内最大城市人口与第二位城市人口的比值进行表征，作为对国家城市规模分布规律的概括。他提出这一法则是基于观察到一种普遍存在的现象，即一个国家的"首位城市"总要比这个国家的第二位城市大得异乎寻常，即两城市首位度准则。

两城市指数尽管容易理解和计算方便，但不免以偏概全。为了提高首位度两城市指数的准确性，又有人提出四城市指数和十一城市指数。

两城市指数计算方法：$S_2=P_1/P_2$

四城市指数：$S_4=P_1/(P_2+P_3+P_4)$

十一城市指数：$S_{11}=2P_1/(P_2+P_3+\cdots+P_{11})$

式中：P_1、P_2、…、P_{11} 为城镇体系中按人口规模从大到小排序后，某位次城市的人口规模。

在我国，由于城市的人口统计往往不是十分准确，而且大小城市间的人均

GDP 相差较大，因此，用 GDP 比用人口首位度来衡量城市首位度更符合我国国情。具体计算公式如下：

$S_2 = P_{GDP1}/P_{GDP2}$

$S_4 = P_{GDP1}/(P_{GDP2} + P_{GDP3} + P_{GDP4})$

$S_{11} = 2P_{GDP1}/(P_{GDP2} + P_{GDP3} + \cdots + P_{GDP11})$

按照位序一规律的原理，二城市指数应该在2以上，四城市指数和十一城市指数为1左右，表明结构正常、集中适当；指数过大可能导致结构失衡和城市过度集聚，大城市病突出，首位城市压力明显；指数过小，集聚效应不明显，不能体现大城市的引领作用。

【例3－6】 计算并分析2016年全国27个省（自治区）省会的二城市首位度和四城市首位度。

表3－8　2016年全国27个省（自治区）省会城市及各省（自治区）GDP排名前四位城市

单位：亿元

序号	省会	GDP	第二大城市	GDP	第三大城市	GDP	第四大城市	GDP
1	广州	19611	深圳	19493	佛山	8630	东莞	6828
2	成都	12170	绵阳	1830	德阳	1752	宜宾	1653
3	武汉	11913	宜昌	3709	襄阳	3695	荆州	1727
4	杭州	11051	宁波	8541	温州	5045	绍兴	4710
5	南京	10503	苏州	15475	无锡	9210	南通	6768
6	长沙	9324	岳阳市	3100	常德	2956	衡阳	2853
7	郑州	7994	洛阳	3782	南阳	3119	许昌	2353
8	济南	6536	青岛	10100	烟台	7003	潍坊	5746
9	合肥	6274	芜湖	2699	安庆	1500	马鞍山	1440
10	西安	6257	榆林	2773	咸阳	2396	宝鸡	1932
11	福州	6198	泉州	6647	厦门	3984	漳州	3125
12	哈尔滨	6102	大庆	2610	齐齐哈尔	1325	绥化	1316
13	长春	5929	吉林	2531	四平	1205	辽源	767
14	石家庄	5858	唐山	6306	沧州	3633	保定	3435
15	南昌	4355	赣州	4354	九江	2096	上饶	1811
16	昆明	4300	曲靖	1775	红河	1337	玉溪	1312
17	南宁	3703	柳州	2477	桂林	2076	玉林	1554
18	呼和浩特	3174	鄂尔多斯	4417	包头	3868	通辽	1949
19	贵阳	3158	遵义	2403	毕节	1626	六盘水	1313
20	太原	2956	长治	1296	运城	1222	临汾	1205
21	兰州	2264	庆阳	597	天水	591	酒泉	578
22	银川	1617	石嘴山	513	吴忠	436	中卫市	340
23	海口	1258	儋州	478	三亚	476	澄迈	258
24	西宁	1248	海西	487	海东	423	海南	153
25	沈阳	5460	大连	6730	鞍山	2120	营口	1300
26	乌鲁木齐	2459	昌吉	1118	巴音郭楞	905	阿克苏	793
27	拉萨	425	日喀则	188	昌都	148	山南	127

【解答】 根据二城市首位度和四城市首位度的计算公式：

$$S_2 = P_{\text{GDP1}} / P_{\text{GDP2}}$$

$$S_4 = P_{\text{GDP1}} (/ P_{\text{GDP2}} + P_{\text{GDP3}} + P_{\text{GDP4}})$$

得出 27 个省（自治区）省会的二城市首位度和四城市首位度如图 3－4、图 3－5。

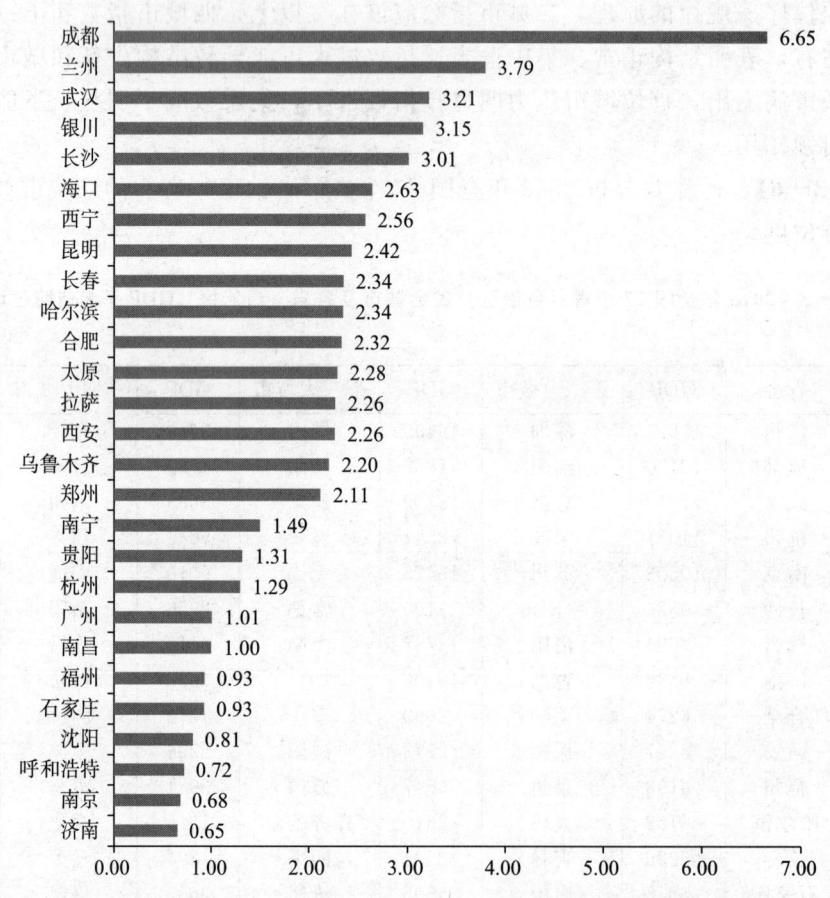

城市	二城市首位度
成都	6.65
兰州	3.79
武汉	3.21
银川	3.15
长沙	3.01
海口	2.63
西宁	2.56
昆明	2.42
长春	2.34
哈尔滨	2.34
合肥	2.32
太原	2.28
拉萨	2.26
西安	2.26
乌鲁木齐	2.20
郑州	2.11
南宁	1.49
贵阳	1.31
杭州	1.29
广州	1.01
南昌	1.00
福州	0.93
石家庄	0.93
沈阳	0.81
呼和浩特	0.72
南京	0.68
济南	0.65

图 3－4　2016 年全国 27 个省（自治区）省会城市的二城市首位度

1. 现状分析

由以上计算图表可知，二城市首位度和四城市首位度排序基本一致。以二城市首位度参考指标为 2，对 27 个省（自治区）的二城市首位度指数作分析：沿海经济发达地区的二城市首位度指数均低于参考值 2，其中山东、江苏、辽宁、浙江、福建、广东均远低于参考值 2，这些省份也均有副省级城市；另外远低于参考值 2 的还有内蒙古、河北，这两个省（自治区）有重要的资源型城市鄂尔多斯和唐山。中西部经济欠发达地区的二城市首位度指数多数高于参考值 2，如四川、甘肃、宁夏、青海等，其中四川省更是达到 6.65。

2. 结论

第一，经济发达地区的省会城市（如南京、广州、杭州等）首位度相对较小，

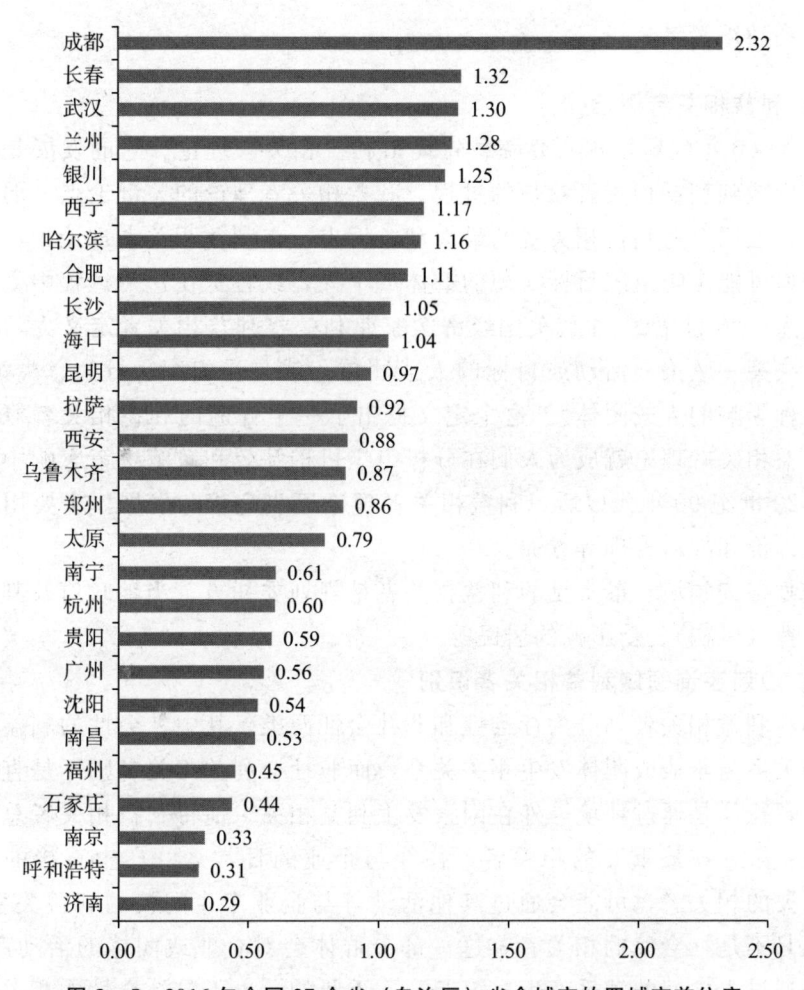

图3—5 2016年全国27个省（自治区）省会城市的四城市首位度

由于东部省份具有较强的外向型经济特征，省会城市对区域经济的引领作用相对较弱。东部省份具有较强的外向型经济特征，省会城市的引领作用较弱；中西部省（自治区）省会城市（如成都、兰州、武汉、银川等）对区域经济的引领作用较强，其城市结构排序和集中度较好地反映了区域经济分布特征。

第二，四川省会成都具有极高的城市首位度，反应了成都对区域经济具有较强的引领作用，同时也反映出该区域经济发展水平的失衡，四川省应该注重其它城市的经济发展；山东省会济南具有极低的城市首位度，应注重处理好青岛与济南的关系，青岛是沿海城市，要充分发挥青岛的沿海经济对山东经济的引领作用。

第三，副省级城市是影响省会城市首位度和经济集中度的重要因素。副省级城市对省会城市首位度指数影响明显，如广东、辽宁、福建除了省会城市广州、沈阳和福州以外，还有副省级城市深圳、大连和厦门，导致省会城市的首位度指数明显偏低，出现了副省级城市与省会城市齐头并进甚至超越发展的情况。而既是省会城市也是副省级城市的成都、武汉则城市首位度较大，经济集中度非常显著。

— 85 —

六、利益相关者分析

(一) 利益相关者概念

20世纪60年代斯坦福研究院最先提出利益相关者理论。它的发展是一个从利益相关者影响到利益相关者参与的过程。利益相关者理论的关键论点是弱化企业股东至上论,强调企业利益相关者的最大利益诉求。在利益相关者理论中,利益相关者就是任何可能影响组织目标实现的群体或个人,或者是在这一过程中受其影响的群体或个人。20世纪80年代美国经济学家弗利曼将利益相关者定义为"能影响组织行为、决策、政策、活动或目标的人或团体,或是受组织、行为、决策、政策、活动或目标影响的人或团体"。这个定义提出了一个普遍的利益相关者概念,从此以后,利益相关者理论就成为人们在分析组织机构绩效和政策决策影响中常用的一种工具。20世纪90年代以后,利益相关者理论逐步完善和发展,主要用于公司治理、绩效评价和战略管理等方面。

在规划咨询领域,最常见的利益相关者是规划委托方、当地政府及其部门、受影响的企业(机构)、受影响的居民等。

(二) 规划咨询领域利益相关者识别

威勒将利益相关者划分为社会性和非社会性两类。其中社会性的利益相关者是通过人的关系与企业或团体发生相关关系,而非社会利益相关者则不是直接通过人发生联系,往往是通过环境等外在因素发生利益相关。他将利益相关者总共划分为四个大类:第一,最重要的相关者,往往与企业的日常运营产生直接的关系;第二,次重要的相关者,可能会通过其他活动等与企业产生间接的利益关系;第三,重要的但是不是社会性的相关者,这一部分群体会对企业或团体的活动产生影响,但是不是通过人之间的关系产生;第四,不重要的,也不是社会性的相关者,他们会产生间接影响,也不通过人之间产生利益关系。

根据威勒的分类,规划咨询领域利益相关者主要涉及以下几类:

1. 规划委托方

委托方是一个关键的利益相关者。一般来说,要充分理解委托方的诉求,将咨询机构的专业知识与委托方的要求完美地融合。"规划是向权力讲真理",有时委托方的要求与客观规律并不相符,咨询机构也需要根据专业知识和经验,对委托方的要求进行一定程度的修正,当然要注意方式方法。

2. 受影响的政府

在行政层级中,从国家到省、市、县、乡镇(街道)都应该密切关注。在实际操作中,发展规划更多地把下一级政府作为利益相关方进行分析。在一些大型水利、交通的发展规划中,除对受直接影响的政府进行识别外,还需要考虑沿河、沿线政府的影响和意见。

3. 受影响的企业与居民

新农村规划、园区规划,特别是可能产生重大环境或社会影响的发展规划,还必须直接了解当地的居民及与机构的意见,在咨询过程中尤其要注重利益相关者参与。

4. 规划编制单位

政府通过招标等方式聘用的规划咨询团队,以及各级政府评审规划结果时聘用的评审专家等。规划咨询是一项综合性很强的工作,其一是技术性,工作涉及到大量的数据运算;其二是政策性,我国的规划体系主要是自上而下编制,指标控制,逐级审批,要求规划团队必须了解相关政策;其三,咨询机构是协调规划决策中多方利益的主要力量。

(三) 规划咨询领域利益相关者类型划分

利益相关者分析作为一种有效的分析工具日益受到重视,其中影响力—利益矩阵成为利益相关者分析普遍采用的方法,因其能够对利益相关者进行界定、分类,并确定有针对性的管理策略。根据影响力—利益矩阵可以将利益相关者分为4种类型:①高影响力、高利益性的利益相关者,也被称为关键利益相关者;②高影响力、低利益性的利益相关者;③低影响力、高利益性的利益相关者;④低影响力、低利益性的利益相关者。

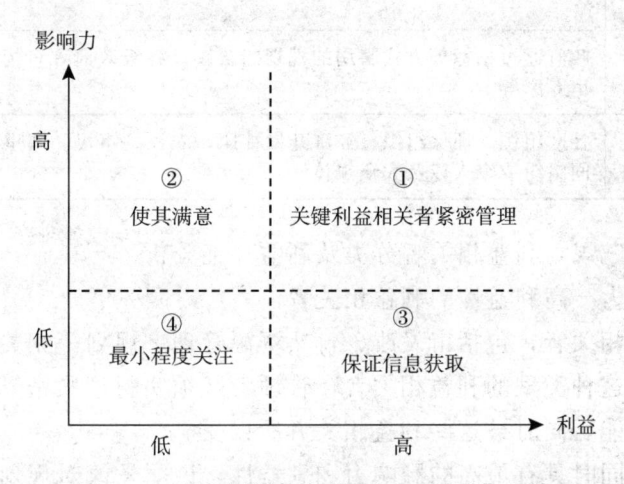

图 3-6 利益相关者的"影响力—利益"矩阵

第①种类型的利益相关者既具有很高的影响力,又与管理者所采取的战略决策具有极高的关联性,因此他们是管理者进行战略决策的主要考虑对象,必须要把他们能否接受该战略纳入考虑范畴;第②种类型的利益相关者虽然具有相当高的影响力,但由于管理者所采取的战略举措牵涉到他们的利益不多,他们基本上会采取相对顺服的姿态,但也可能因为突发事件,改变其态度而转变为第①种类型,因此管理者对他们的利益要求应予满足;第③种类型的利益相关者能够影响更为重要的利益相关者,管理者应保证其信息获得的渠道;而第④种类型,管理者只需要给予最小程度的关注。需要注意的是,利益相关者的属性是变化的,当管理制度发生变化或某些突发性事件发生时,部分利益相关者的影响力和利益属性有可能会发生显著的变化。

【例 3-7】 分析某市"十三五"规划利益相关者的利益冲突。

【解答】

1. "十三五"规划利益相关者的定义

"十三五"规划的利益相关者的利益冲突是指"十三五"规划在编制和执行过程中出现规划目标、规划内容和规划执行效果意见不统一的现象。其实质是公共政策的冲突，因此应该在公共政策的制定主体及管制对象范围内寻找其利益相关者，包括组织、个人和一般性群体。据此，将"十三五"规划冲突的利益相关者定义为"诱发冲突、对冲突作出反应以及受到冲突影响的组织、个人和群体"。

2. "十三五"规划的利益相关者识别

表 3-9 利益相关者识别表

相关群体	利益相关者
政府	市人民政府、发改、自然资源管理、规划等相关部门（包括城建、交通、农业、林业、水利、电力、扶贫等）
用地单位	主要指市场取向的参与者，包括园区、开发商以及其他从规划中获利的企业
规划咨询师与评审专家	政府通过招标等方式聘用的规划团队以及各级政府评审规划结果时聘用的评审专家等
特殊利益相关群体与个人	社区组织、环保组织、经济开发社团、农民、市民、邻里等有特殊利益的民间组织或个人以及大众媒体

3. "十三五"规划利益相关者分类及利益冲突分析

（1）高影响力-高利益性的利益相关者

即关键利益相关者，包括市发改、自然资源管理、规划等相关部门以及主管官员等主体。针对这种类型的利益相关者，管理者必须实行"紧密管理"策略，要考虑规划管理政策能否同时被这些利益相关者所接受。

首先，发改同时具有最高的影响力和利益性，说明发改对规划管理政策的接受程度是协调冲突的关键；其次，市自然资源管理、规划、交通、城建、农业、林业、水利、电力等部门的影响力分值相同、利益性分值也相同。另外，还要考虑官员对规划管理政策的接受度和执行动力。

（2）高影响力-低利益性的利益相关者

主要指市人民政府，只要其基本利益不受损害，这种利益相关者一般不会主动发挥其影响力。因此，对这种利益相关者，管理者要么通过改变管理制度增加其利益性使其转变为关键利益相关者，要么在现状管理制度框架内满足其现有利益诉求。

（3）低影响力-高利益性的利益相关者

包括园区、企业和个人，他们虽然影响力低，但利益性高，在某些时候可能会出于保护自身利益的目的而采取过激行为，因此应加强规划信息公开，保证其信息获得，使其能够通过正当途径保护自身利益。

(4) 低影响力－低利益性的利益相关者

包括规划编制单位、新闻媒体及社会公益团体及协会。目前，这种类型的利益相关者基本游离于冲突之外，管理者只需给予较低的关注。

```
    影响力
      ↑
      │   ②                    │   ①
      │   高影响力-低利益性      │   高影响力-高利益性
      │   的利益相关者          │   的利益相关者
   高 │                        │
      │   市政府                │   市发改、自然资源、规划
      │                        │   等相关部门及其主管官员
      ├────────────────────────┼────────────────────────
      │   ④                    │   ③
      │   低影响力-低利益性      │   低影响力-高利益性
      │   的利益相关者          │   的利益相关者
   低 │                        │
      │   园区或企业和个人       │   规划编制单位、新闻媒体
      │                        │   及社会公益团体及协会
      └────────────────────────┴────────────────────────→ 利益
          低                      高
```

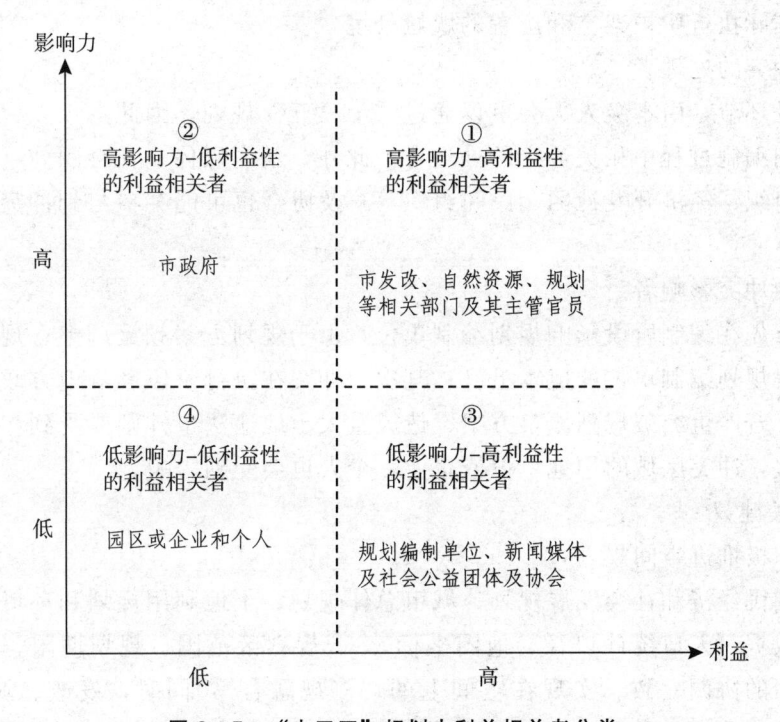

图 3－7　"十三五"规划中利益相关者分类

在现行的规划管理制度下，一般市级"十三五"规划的利益冲突包括：

(1) 冲突的诱发者

上级要求与地方政府的实际的冲突。地方规划执行中的各类冲突首先表现为难以在上级要求与地方实际之间找到一个较为合适的平衡点。无论是对上级思路要求与发展任务的主观推测、盲目跟从，还是与同级政府间就产业布局和发展口号等内容的激烈竞争、跟风攀比，都在一定程度上削弱了地方发展规划的"公信力"和最终效用。

"十三五"规划与其他规划的冲突。"十三五"规划侧重宏观经济、产业经济、社会发展和人民生活，覆盖整个行政区；城乡总体规划侧重城乡空间布局，土地利用规划侧重于确定土地利用指标；环境保护规划侧重于污染防治和生态保护等内容。但随着市场经济体制的建设，这些规划均有趋向综合发展、多要素的特征，但各部门就规划的事权范围没有一个明确的划分，使规划的内容相互交叉、事权划分不清甚至彼此冲突，进而也使这些规划互不衔接，规划审批难、项目落地难等问题。

产业导向与环境民生的冲突。地方"十三五"规划思路尚未完成革新和蜕变，规划的价值取向也远未真正回归到约束政府行为和提供公共服务的主要范畴，环境

保护、民生改善往往让路于发展经济、做大产业。

规划目标与政府任期的冲突。从具体实践来看，地方发展规划目标、发展方向和战略途径在很大程度上缺乏一贯性和严肃性，规划目标与政府任期目标脱节、冲突，使规划制订者和实施者的思路背离、责权分割，发展规划被轻易地变更和修编反映出其实际执行中被架空和虚置的尴尬处境。

(2) 冲突的处理者

在审批环节，由本级人大会审议通过"十三五"规划，因此本级人大会相关参与者是规划编制过程中相关冲突的处理者。此外，新闻媒体、社会团体（如社区组织、环保组织、经济开发社团、民间组织等）及协会也可能会参与到冲突的发现及处理过程。

(3) 受冲突影响者

冲突首先在编制阶段影响规划编制单位，由于规划方案频繁调整、规划编制周期拉长使得规划编制单位的成本上升；其次，冲突在执行阶段影响地方政府行政长官的政绩，若严重突破规划原定方案、造成重大土地违法事件则要受到相应的行政处罚；再次，冲突区域的用地单位或企业、个人也会受到影响。

4. 相关建议

(1) 积极推进空间规划

加强国民经济和社会发展规划、城市总体规划、土地利用规划和环境保护规划等在基础数据（人口统计口径、地图坐标等）、规划区范围、规划期限、土地利用分类等方面的协调一致。实现在空间上的"多规融合"，同时，发改、城乡规划、自然资源管理、环境保护、交通等相关政府部门，和社会发展规划、城市总体规划、土地利用规划和环境保护规划等政府相关部门，切实履行规划中的空间开发各自的监督、控制和引导权，以期获得有效的协作和融合。

(2) 强化与上级规划的衔接

地方规划应更多地放在国家重点发展且地方亦存在优势和空间的领域，积极做好与上级规划的衔接，争取将地方规划思路和重大建设项目纳入上级规划中并体现和转化为上级意志。

(3) 建立部门间的协商合作机制

建立与自然资源管理、城乡（规划）、交通、农林、环保等部门间的协商合作机制，通过对话和协商，解决规划编制过程中因部门利益而诱发的冲突。

(4) 完善官员考评机制

在政绩考核中增加土地违法率及环境保护等指标，并明确其在土地集约利用、耕地保护、生态环境保护等方面的责任，同时引入监督机制和公众参与机制，监督不合理行为的发生。

(5) 加强规划信息公开、提高规划透明度

通过强化网站信息公开、优化政务窗口服务、加强规划公示力度等多种手段公开规划信息，使各利益相关者获得充足的信息，使其合法权利能得到保障，避免社

会矛盾的激化和过激行为的发生。

第三节 规划咨询方法的新发展

随着对规划的认知方式、需求导向、技术变革等因素的变化，规划的过程由原来的在技术专家中封闭环路运行转变为在全社会开环运行，规划的技术路线与程序也发生了新的变化：一是管理者参与规划的制定过程；二是公众参与规划的制定；三是区域规划注重对新的理念和技术的应用，包括动态竞争理念、生态理念（如我国的资源环境承载能力评价）、信息技术的应用等。因而，规划咨询的技术方法是也在不断变革，如引入了地理信息系统（GIS）、遥感技术（RS）、机助制图技术等；同时，适应区域规划公众参与、规划由精英决策转变为公众集体决策的需要，引入了一些适应集体决策模式的方法，如情景分析法、决策支持系统法等。

一、地理信息系统分析方法

（一）地理信息系统简述

1. 地理信息系统（GIS）

GIS 是 Geographic Information System 的缩写，可将地球上的事与物用计算机表示成图，并存储、分析、转换、显示、传输等。

GIS 把地图独特的视觉效果和地理分析功能与一般数据库功能（查询、统计分析等）结合在一起，使其不同于其他信息系统。随着 GIS 应用的扩大与深入，以及空间关系的建立，空间分析、规划和决策成为 GIS 应用的发展主流，地理空间信息的显示不再局限于图，而是更加灵活、方便。现在，个人、大众、企业与事业广泛地使用 GIS 解释事件、预测结果、规划战略等。

2. GIS 的组成

GIS 由人员、数据、硬件、软件和过程五部分组成：

人员。是 GIS 最重要的部分。要求 GIS 执行的任务与程序须由开发人员确定。熟练的操作人员可以克服 GIS 软件功能的不足。再好的软件也无法弥补操作人员对 GIS 的无知所带来的负作用。

数据。可用数据的多寡与好坏决定了查询和分析结果的质量。

硬件。硬件的性能决定了软件对数据的处理速度、用起来是否方便，以及输出方式。

软件。不仅有 GIS 软件，还有各种数据库、图形、统计数字、影像处理及其它程序。

过程。GIS 必须用统一的方法生成正确、可验证的结果。

GIS 与其他信息系统不同的是，它能使用、加工和处理地理参照数据。地理参照数据描述地球表面（大气层和较浅的地表）空间要素的位置和属性。GIS 中有与空间要素几何特性有关的空间数据和提供空间要素信息的属性数据。

3. GIS 提供的服务

GIS 为客户提供的服务有数据服务和功能服务两种。数据服务通过服务接口向外提供空间数据，功能服务通过接口向外提供对空间数据的操作和处理功能，实现空间数据的增值。GIS 有如下基础功能：

(1) 发布地图。这是最基本的功能，是其他几类功能的基础，如路径分析在搜寻路径、目标服务查找 POI（Point of Interest，可译成"信息点"，每个 POI 都含有名称、类别、经纬度、附近地物等，可称为"导航地图信息"）时，都要将其显示在地图上。该功能可在地图上叠加多种要素，如路径几何图像、POI、位置等；可给图层、叠加层指定绘画样式。

(2) 地图操作。支持跨平台的浏览器；显示矢量地图数据；平滑缩放与漫游地图；动态注记，由 GIS 引擎做各种类型的地物注记，因具有人工智能，GIS 在注记时，会自动排列和避让，避免重叠和覆盖；流动路名，在漫游地图时，道路名称标记会与道路同步移动，不固定在某一地方；纵览功能，可浏览全图，显示缩略图，便于快速到达目标区域，使用户清楚地了解所到达的区域在整个地图中的位置。

(3) 地图浏览。根据当前窗口能够显示的范围，确定显示精度，以便快速浏览。当用鼠标滚轮缩放时，地图的显示能平滑过渡。浏览地图时，根据当前显示比例缩放一些标注信息，可大致判断地图的方位。

(4) 地物查询功能。

4. 空间数据

地理数据指表征地理环境要素的数量、质量、分布特征及其规律的所有数字、文字和图像等，主要有空间位置、属性特征及时域特征三部分数据。空间位置中有地理对象的绝对位置（如大地经纬度坐标）和相对位置（如空间相邻、包含等）。属性特征有时又称非空间数据，表示特定地理要素的定性或定量特征，如公路等级、宽度、起点、终点等。时域特征记录地理数据采集或地理现象发生的时刻或时段。时域特征在环境模拟分析时非常有用，正受到越来越多的重视。

在大多数情况下，若非特别说明，空间数据即指具有前两种特征的地理数据。

（二）空间数据分析

空间数据分析是依据地理对象的位置和形态对其进行分析，以便提取和传输空间信息。空间分析分数据操作、数据分析、数据统计与建模四种情况：

(1) 数据操作。主要用于 GIS，缓冲区分析、距离、路径、面积计算及空间查询。

(2) 数据分析。空间数据描述性与探索性分析技术与方法，特别是规模庞大的数据集，将其变成图或地图，挖掘数据中潜在模式、异常等，为后续分析做准备。

(3) 数据统计。用统计方法研究空间数据性质，与传统统计分析不同，

(4) 建模。利用空间数据建模，预测空间过程与结果。

空间分析是 GIS 的核心功能，凡是用 GIS 的领域都有空间分析足迹。空间分析能力是 GIS 不同于其他信息系统的主要方面，也是评价 GIS 好坏的主要指标之一。

按空间分析对象,及数据的性质,可将空间分析分为:空间图形数据的拓扑运算;非空间属性数据运算;空间和非空间数据的联合运算。

空间分析的对象来自地理空间数据库,分析的手段有各种几何的逻辑运算、数理统计分析,代数运算等。

空间分析的最终目的是解决人们遇到的有关地理空间的问题,提取和传输地理空间信息,特别是隐性信息,以辅助决策或满足其他需要。

GIS基本空间分析能力有空间查询与量算、叠加分析、缓冲区分析、网络分析等。

二、情景分析方法

情景分析方法就是对系统未来发展的可能性和导致系统从现状向未来发展的一系列事件、结果的描述和分析。方案分析法不是试图对未来的情况做一个准确的预测,而是通过一些特定的关键因素在不同的条件下的变化情况,尽可能寻找适应未来不确定环境下更好的解决方案,减少因对未来把握不确定而造成的损失。完整的情景分析和方案分析方法主要分为六个阶段:

第一阶段,问题的界定,包括对决策焦点问题的界定以及对问题发展所在文脉背景的界定。

第二阶段,现状描述与分析以及相关因素的界定,这一阶段对于未来方案的形成至关重要。因为未来决策都是基于对现状及其相互关系的准确把握,在这一阶段SWOT分析将是一个很好的方法。

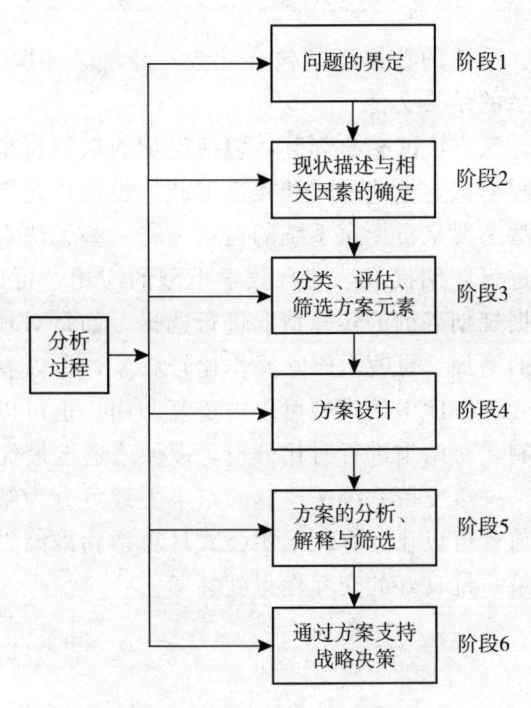

图3-8 情景分析和方案分析过程

第三阶段，方案元素的分类、评估与筛选，这些元素诸如系统动力、因果元素等，对于系统重大不确定性的甄别和分析意义重大。

第四阶段，方案设计。方案设计为了便于决策者接受，应尽量做到易懂、可行、一致、连贯。不需要反映"最可能"的未来，也无需对未来的诸多可能做无意义的"好""坏"评价。方案设计应符合逻辑与情节，最终形成完整方案。

第五阶段，方案的分析、解释与筛选。

第六阶段，通过方案支持战略决策。

其中前四个阶段是方案的建构，后两个阶段是实际应用。毫无疑问，后两部分对于整个过程的顺利进行以及分析方法的成功尤为重要。

三、决策支持系统法

决策支持系统法最早来源于计算机行业，是以计算机技术为手段，以管理科学、运筹学、控制论和行为科学为基础，通过交互作用，将数据库管理系统、分析过程和模型、地理显示、表格报表能力、专家知识（如德尔菲法）和用户界面综合起来组成集成环境，支持无专业背景的管理和决策者对非结构化问题做出决策。该系统能够为决策者提供所需的数据、信息和背景资料，帮助明确决策目标和进行问题的识别，建立或修改决策模型，提供各种备选方案，并且对各种方案进行评价和优选，通过人机交互功能进行分析、比较和判断，为正确的决策提供必要的支持。决策支持系统的主要模块分为：

（1）人机交互系统。采用菜单的形式，实现系统和用户的交互，用户根据菜单中指示调用功能模块。

（2）数据库系统。系统的数据库既包含社会、经济、环境等方面的基础数据，也包含数学模型运行后的结果文件。

（3）模型库系统。该方法的核心部分，包括定量的数学模型和定性的知识化模型。数学模型包括方程形式、算法形式和程序形式，也可以是图形、图像模型，报表模型等。知识化模型主要来自专家系统的运用，将一些无法直接用数学模型运算的信息用知识化模型进行归纳提取，结合数学模型的应用，可以避免决策的失误。所构造的模型需要根据规划咨询的实际情况进行选择，如是对现状的研判，还是对未来的预测等。模型的增加、更改、删除操作比较频繁，所以有必要建立有效的模型库管理系统来进行管理。库中的模型可以被重复调用，也可以对不同的情景进行模拟，对误差进行控制，对结果进行对比分析，以便于遴选最优方案。

（4）可视化系统。决策支持系统法运算的结果大致可分为结构化决策结果和非结构化决策化结果，前者可以在计算机上用公式计算得到准确答案，后者可利用丰富的知识库和智能决策系统良好的交互性得到答案。

第四章 资源环境承载力分析

资源环境承载力是区域空间开发的重要基础条件，是衡量区域可持续发展的重要指标。目前资源环境承载力分析评价已被广泛应用于各级主体功能区规划、国土规划、城镇体系规划等重大规划编制中，也是各级政府确定发展战略和规划目标时需要考虑的一个重要维度。资源环境承载力分析不仅已成为国家生态文明建设的一项重要基础性工作，而且也是推进我国新型城镇化建设、促进区域可持续发展的重大科学需求所在。

本章主要介绍资源环境承载力影响因素识别、评价指标、分析方法体系及常用分析方法。

第一节 资源环境承载力概述

一、资源环境承载力的内涵

早在 20 世纪初期，"承载力"的概念被引入生态学领域，相继出现了种群承载力、土地承载力、资源承载力、环境承载力和资源环境综合承载力等。随着社会经济的发展，资源耗竭和环境恶化的问题日益突出，以及人们对资源环境问题认识的逐步深入，资源环境承载力在区域规划、空间开发、生态系统服务评估、资源环境现状评价以及可持续发展研究领域受到越来越多的重视。资源环境承载力是指在维持人与自然关系协调可持续的前提下，一定区域、一定时期、一定科学技术水平条件下，资源环境的数量和质量对人类社会生存、经济发展的支撑能力。从评价主体看，资源环境承载力研究既包括单项分类分析，也包括综合集成分析。可以说，资源环境承载力作为描述发展限制的一个常用概念，不仅是区域可持续发展的内生变量，而且已成为区域人口与经济规模和发展方式与速度的刚性约束。

资源环境承载力是区域空间开发的重要基础条件，不考虑资源环境承载能力的空间开发必然破坏人与自然的和谐，影响区域的可持续发展。传统规划在指导思想上，只追求满足经济快速发展的需要，而忽视了资源保障和环境容量，使我国在经济社会发展取得巨大成就的同时，也面临增长方式粗放、资源环境压力加大、区域发展不协调等突出问题。近年来，资源环境承载力作为衡量人与自然协调发展的重要依据，正在成为区域可持续发展的重要指标。2006 年颁布的《国民经济与社会发展"十一五"规划纲要》第 20 章提出"推进形成国家主体功能区：根据资源环境承载能力、现有开发密度和发展潜力，统筹考虑未来我国人口分布、经济布局、国土利用和城镇化格局，将国土空间划分为优化开发、重点开发、限制开发和禁止开发四类主体功能区……"。2010年国务院颁布的《全国主体功能区规划》中明确指出"推进形成主体功能区，就是要根据不同区域的资源环境承载能力、现有开发强度和发展潜力，统筹谋划人口分布、经济布局、国土利用和城镇化格局"，强调"根据资源环境中的'短板'因素确定可承载的人口规模、经济规模及适宜的产业结构"。

党的十八大把生态文明建设纳入"五位一体"总体布局，提出建设美丽中国的目标，并部署生态文明体制改革、生态文明法律制度、绿色发展的目标任务。党的十八大报告指出通过推进生态文明建设增强可持续发展能力，"形成节约资源和保护环境的空间格局、产业结构、生产方式、生活方式，从源头上扭转生态环境恶化趋势，为人民创造良好生产生活环境"。2013年党的十八届三中全会审议通过了《中共中央关于全面深化改革若干重大问题的决定》，其中第十四条"加快生态文明制度建设"中特别指出了要"建立资源环境承载力监测预警机制，对水土资源、环境容量和海洋资源超载区域实行限制性措施"，强调了"资源环境承载力评价"以及"资源环境承载力监测预警"的重要作用。党的十九大报告把坚持人与自然和谐共生作为基本方略，进一步明确了建设生态文明、建设美丽中国的总体要求。生态文明建设首先要根据各地资源环境承载力确定人口规模，严格按照优化开发、重点开发、限制开发、禁止开发的主体功能定位，划定并严守生态红线，构建科学合理的城镇化推进格局、农业发展格局、生态安全格局，给自然留下更多修复空间。

二、资源环境承载力的特征

区域资源环境承载力并非简单地追求资源环境所能支撑或供养的最大人口规模，它既要求人类生产生活适宜，区域内人类物质生活水平和人居环境优质，又要维系生态环境良性循环，保持生态系统的健康稳定和生态安全，还要确保资源合理有序开发，实现各类资源的永续利用。资源环境承载力具有区域性、客观性、层次性、有限性、动态性、可控性等特征。

（一）区域性

资源环境承载力是某一区域的资源环境结构和功能的客观表征。不同区域的资源环境禀赋条件不同，承载力大小也不同。不同区域的经济社会、国家政策等因素也会对该区域的资源环境承载力产生影响和制约。因此，资源环境承载力会表现出明显的地区差异。

（二）客观性

资源环境承载力是区域在一定时期、一定状态下，资源环境系统客观存在的用以约束人类活动的自然属性，其存在与否不以人的意志为转移。对于某一区域而言，在一定限度之内的外部作用下，资源环境可通过自身内部各子系统的协调作用保持着其结构和功能的相对稳定，不会发生质的转变。资源环境承载力在资源环境系统结构、功能不发生本质变化的前提下，其质和量是客观存在的，是可以衡量和评价的。

（三）层次性

资源环境承载力是从分类到综合的资源承载力与环境承载力（容量）的统称。资源环境系统是多层次的有机系统，内含土地资源、水资源、矿产资源和环境等多个子系统，而资源环境承载力则是多个子系统承载力的综合体。作为判断人类活动与整个资源环境系统协调与否的重要衡量标准，资源环境承载力有利于人类社会从宏观层面上对自身活动进行认识，并加以指导和调节。

（四）有限性

在一定的时期及地域范围内、一定的自然条件和社会经济发展规模条件下，一定的环境系统结构和功能条件下，有限的资源环境对人类经济社会活动所能提供的容纳程度和最大支撑能力是有限度的，即承载力是有限的。所有开发活动都必须保证在有限的阈值内，否则将对资源环境造成破坏性损害。

（五）动态性

资源环境提供的是对人类活动时期的最大支撑能力，而人类对资源环境开发、利用和改造规模、强度、速度是基于某一时期的社会生产力和认识水平，这使得资源环境承载力随着科学技术水平、社会生产力发展而减小或增大。资源环境系统和经济社会系统都是开放的，在与外界进行物质和能量交换的过程中，区域内资源环境的制约性因素也发生相应变化。此外，用不同的环境目标来衡量同一区域的资源环境承载力，也会得出不同的结论。

（六）可控性

资源环境承载力在很大程度上可以由人类活动加以控制。人类在掌握资源环境演变规律和人类活动与资源环境相互作用机制的基础上，根据生产和生活的实际需要，可以对资源环境进行有目的的开发、利用和改造，寻求资源环境限制因子并降低其限制强度，从而可以使资源环境承载力向着人类预定的目标变化，以保障人类社会、经济活动的可持续发展。但是，人类活动对资源环境所施加的作用，必须有一定的限度。资源环境的可控性是有限度的可控性，这也使得分析资源环境承载力具有现实意义。

三、资源环境承载力分析的类型

根据承载主体的涵盖范围来划分，可将承载力分为两类：第一类是以某一具体的自然要素作为分析对象，又称为单要素承载力分析，如土地资源、水资源、矿产资源承载力等资源支持要素，或空气、水等环境约束要素；另一类是从区域整体的角度出发进行的综合承载力分析，如区域承载力、生态承载力等。单要素承载力是综合承载力分析的前提，综合承载力分析是对单要素承载力在区域尺度上的系统集成，因而必须是在作为其组成要素的主要资源环境承载力问题已经基本解决的基础上才能进行。

（一）土地资源承载力分析

土地资源承载力是承载力研究中较早开始且最为成熟的研究领域，目前"以多少土地、粮食，养活多少人口"仍是土地资源承载力分析的核心内容。在开放系统下，从区域资源、环境、生态与发展之间的关系出发进行实证分析成为土地资源承载力分析的重要发展方向。技术方法层面，借助3S技术等获取准确的资源空间信息并实现基础数据的空间化，提高了分析的科学性和精确程度。

（二）水资源承载力分析

水资源承载力通常是指在一定的区域范围内，在确保社会发展处于良性循环条件下，以区域可利用水量为依据，能够维持工农业生产、城市规模、生活质量、生态需求的状况下，水资源所能持续的人口数量。水资源承载力的承载主体是区域的水资源量，即可供区域开发利用的各种形式、各种质地的水资源，其承载对象是所有与水相关联的人类活动，包括工农业生产、商业娱乐和人类生活。以水资源的可持续利用为中心，探讨影响区域水资源承载力的因素及其相互关系已成为水资源承载力分析的重点问题。同时，考虑到水资源具有动态性、随机性和不确定性等特点，在水资源承载力分析方法中逐步引入系统动力学、多目标情景规划等动态分析方法。此外，水资源承载力分析还要充分考虑水资源的调入、调出以及跨区占用问题，在开放系统下对区域水资源承载力进行评价也是水资源承载力分析的重要问题。

（三）矿产资源承载力分析

矿产资源承载力是指在一个可预见的时期内，在当时的科学技术、自然环境和社会经济条件下，矿产资源的经济可采储量（或其生产能力）对社会经济发展的承载能力。矿产资源对社会经济发展的承载力也就是对社会物质生产、人口、环境的支持程度，可以从矿产资源对物质生产、人口生产和环境生产等方面建立承载力指标体系。

（四）环境承载力分析

环境承载力是指在一定时期内，在维持相对稳定的前提下，自然环境所能容纳的人口规模和经济规模的大小，一般用环境容量进行衡量。环境容量是指区域自然环境和环境要素对人为干扰或污染物容纳的承受量或负荷量。环境承载力概念由环境容量概念演化而来，通过对区域大气、水、土壤、噪声、固废和辐射等环境要素的承载力开展分析，明确环境对各种污染物的容纳能力以及人类在不损害环境的前提下能够进行的最大活动限度。

广义上，生态承载力和环境承载力在一起分析，统称生态环境承载力。由于生态环境承载力的动态性特点，生态环境承载力传统的数据获取与分析方法，通过将地面观测与遥感相结合，将生态环境承载力分析方法与GIS集成，促进生态环境承载力分析向模式化和动态化方向发展。

（五）资源环境综合承载力分析

20世纪70年代，随着世界范围内工业化和城市化进程的加速，传统的单要素资源环境承载力分析已难以解决社会发展所遇到的新问题，于是资源环境综合承载力分析逐渐成为重要方向。资源环境承载力分析从自然资源支持力、环境生产支持力和社会经济技术水平等角度，通过构建综合评价模型对区域资源环境承载力状况进行评估。此外，日益严重的生态破坏问题引起重视，出于保持生态系统完整性考虑，反映区域资源环境综合承载力的生态承载力概念逐渐兴起，分析对象主要以生态脆弱地区、城市地区以及流域等典型生态系统的承载力为主。

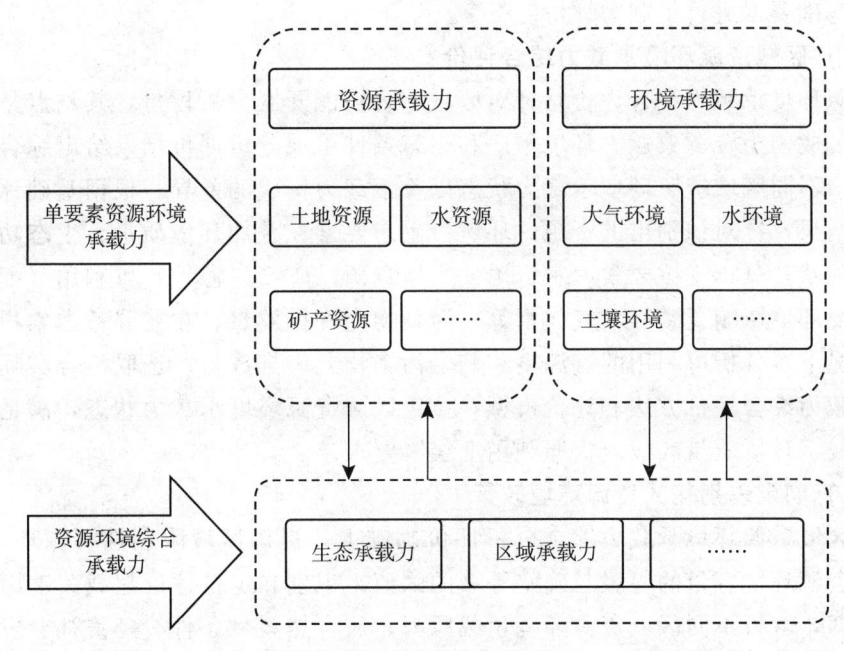

图 4-1 单要素资源环境承载力与资源环境综合承载力的关系

四、资源环境承载力分析框架

资源环境承载力分析评价的逻辑框架是：以某一区域为评价单元，通过区域资源环境要素的全面评价和符合区域功能定位的专项评价，分析区域资源禀赋、环境本底和生态条件；通过影响因素识别，选择合适的评价指标和分析评价方法，集成资源环境要素单项评价结果，得出区域资源环境承载力综合评价结论，全面反映评价单元的资源环境承载力状况。依据区域资源环境承载力分析评价结论，提出引导区域资源环境综合开发与合理布局的规划方案，制定差别化的产业发展和资源环境政策，使区域经济和社会获得稳定发展的同时，自然资源得到合理开发利用，生态环境保持良性循环，实现区域人地关系优化和可持续发展能力提升。

（一）资源环境要素基础评价

基础评价是采用统一的评价指标体系，对评价单元资源环境要素进行全面评价，对区域资源禀赋、环境本底和生态条件进行整体摸底。基础评价以土地资源、水资源评价为重点，分析区域可利用水土资源的供给能力、已开发利用强度、结构和未来开发利用潜力；以环境容量为基础，分析水、大气、土壤的环境质量状况，确定环境本底条件和剩余环境容量；分析主要生态系统的功能条件，确定生态重要性的保护区域范围和重点。

在具体工作中，针对不同的评价对象或评价单元，选取有针对性的基础要素指标进行专项评价。例如，针对《全国主体功能区规划》中的优化开发区域、重点开发区域、限制开发区和禁止开发区等评价单元，可以根据评价对象的不同，选择针对性的基础要素进行承载力评价。

（二）区域资源环境承载力综合评价

资源环境承载力综合评价是针对区域综合功能开展分析评价，其重点是采取多种方法集成国土资源禀赋、环境本底和生态条件单项分析评价结果给出综合评价结论，揭示不同区域资源环境承载力状态以及承载力构成的差异。根据基础评价和专项评价结果，针对识别出的资源、环境、生态要素，叠加环境质量、生态功能和资源利用现状，分析支撑要素（水资源、土地资源、矿产资源等）可利用（配置）上线和主要环境影响要素（大气、水等）污染物允许排放量，在充分考虑累积环境影响的情况下，分析可利用的资源量和剩余污染物允许排放量。选取符合实际的资源环境承载力综合评价方法和评价模型，核定区域资源环境承载力状态，满足"生态保护红线、环境质量底线、资源利用上线"要求。

（三）制定差别化的资源环境政策

在区域资源环境承载力综合分析评价基础上，提炼区域限制性资源环境要素，给出其资源环境容量的等级与确定等级的阈值。识别和定量评价超载关键因子及其作用程度，解析不同区域资源环境超载原因。从自然禀赋条件、经济社会发展、资源环境管理等维度分析超载成因，包括资源环境的自然本底状况，经济社会发展方式、规模、结构、速度等，以及资源环境管理与政策管理的水平、方式、范围、强度等。根据单要素和综合承载力的高低确定不同地区的重要资源环境利用配额和利用标准，从财政、投融资、产业、土地、人口、环境等方面，制定差别化的产业发展和资源环境政策。

（四）提出空间开发适宜方向和最终规划方案

根据各区域资源环境承载力的不同特点和高低，建立资源开发利用"空间准入"制度和"空间开发管制"策略，探索不同管控强度的差异化限制性措施，引导和约束区域严格按照资源环境承载力谋划发展。优先安排相关产业向高承载力区域集聚，并对该地区用地指标、基础设施投资等方面给予政策支持。低承载力区域则在土地上实行更严格的建设用地增量控制，在产业政策上引导转移占地多、能耗水耗大的产业，加快产业结构升级，逐步以高效低耗、新型产业替代传统产业。

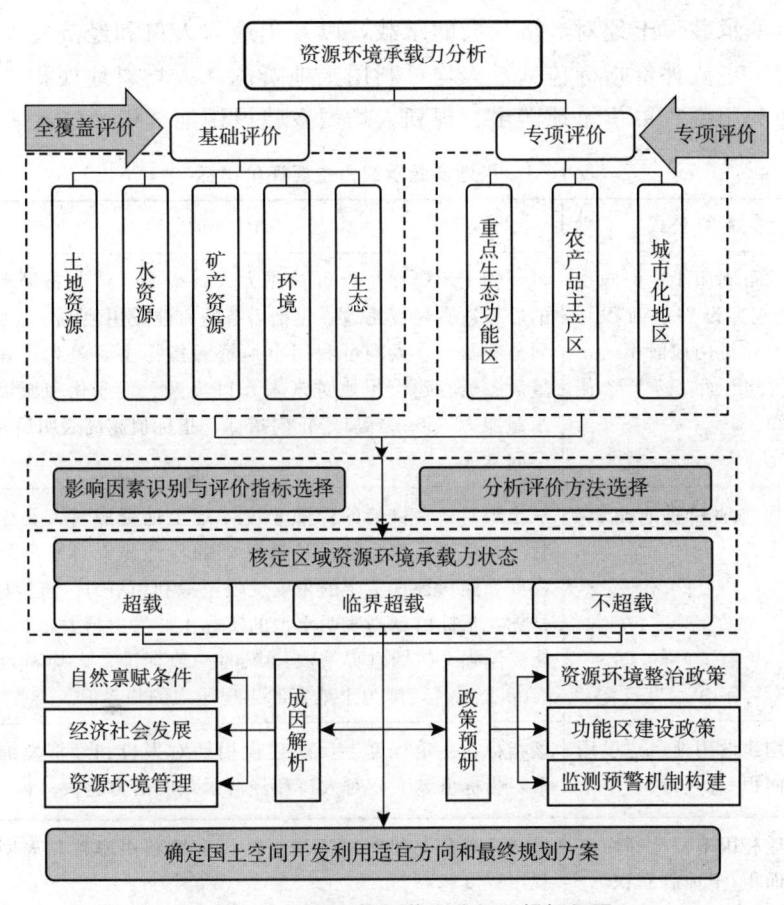

图 4—2 资源环境承载力分析逻辑框架图

第二节 资源环境承载力影响因素识别及评价指标

资源环境承载力是一个多要素集合的概念,既涉及到土地、矿产、能源等各类支撑性要素,又涉及到各类生态环境约束性要素,同时还涉及到人口和经济社会发展等给自然资源和生态环境造成压力的要素。这三类要素通过相互作用、相互约束,最终可以形成以资源为支撑,以生态环境为约束,以社会和经济的正常运行和可持续发展为目标的资源环境承载力分析体系。其中,"支撑要素"主要为各类资源的供给能力;"约束要素"为生态环境的承载能力;"压力要素"主要为经济系统和社会系统的运行和发展需求。评价指标的选择要遵循科学性、系统性、独立性、可比性、可得性的原则,根据评价单元典型特征予以构建。

一、资源承载力影响因素识别及评价指标

（一）土地资源承载力

土地资源承载力的影响因素包括主要用地类型、面积及其分布,土地资源利用上线及开发利用状况,土地资源重点管控区域等。土地资源承载力的分析需要考虑

土地对人口的承载、土地对经济社会的承载，以及土地与人口和经济发展之间的匹配协调程度。主要评价指标包括：人均可利用土地资源、人均耕地面积、人均建设用地、土地利用率、单位土地产出、规划人均城乡建设用地规模、禁建区比例等。

表4—1 土地资源承载力主要评价指标

指标	计算公式	指标解释
人均可利用土地资源	人均可利用土地资源＝（适宜建设用地面积－已有建设用地面积－基本农田面积）/常住人口	可利用土地资源是指可被作为人口聚集、产业布局和城镇发展的后备适宜建设用地，包括后备适宜建设用地的数量、质量和空间分布状况。人均可利用土地资源指标主要是为了评价不同区域后备适宜建设用地对未来人口集聚、工业化和城镇化发展的承载能力。该指标属于正向指标，指标值越高表明后备适宜发展空间越大。
人均耕地面积	人均耕地＝耕地面积/总人口	从土地对粮食供给的保障角度体现土地资源对人类生存的承载状况，反映了作为粮食种植基础的耕地与人口发展之间的协调程度，能从粮食生产的角度反映土地利用潜力。该指标属于正向指标，指标值越高表明土地的实际生产潜力越大，对人口的承载能力越强。按照世界粮农组织的一般标准，人均耕地面积小于0.08公顷者，即为土地资源出现压力的临界值。
人均建设用地	人均建设用地＝建设用地面积/总人口	该指标在一定程度上反映建设用地对人口和经济发展的保障水平，指标值越大，对人口和经济承载的潜力越大。
土地利用率	土地利用率＝已利用土地面积/土地总面积	反映土地开发利用程度的指标。土地利用率越高表明土地开发利用程度越高。
单位土地产出	单位土地产出＝GDP/土地面积	从一定程度上反映了土地资源的现实产出能力，反映了土地资源的经济承载状况。属于正向指标，指标值越高表明土地对区域的经济承载能力越强。
规划人均城乡建设用地规模	规划人均城乡建设用地规模＝规划城乡建设用地规模/规划常住人口	反映未来用于生产和生活的建设用地的实际潜力，城乡建设用地是区域人口居住和经济发展、产业发展的基础，规模越大对产业和人口的支撑能力就越大，但城乡建设用地规模不能无限制的扩张，必须按照土地利用总体规划中规定的指标规模进行建设。属于正向指标，指标值越大表明区域可进行开发建设的用地潜力越大，对人口发展和区域建设的承载力越大。
禁建区比例	禁建区比例＝禁止建设区面积/区域总面积	反映的是一个区域不允许进行建设的面积比例，区域内被禁止进行建设的面积越大，区域可作为建设开发区域的面积则越小，体现出区域的建设用地利用潜力。属于反向指标，指标值越高表明区域建设用地开发利用的潜力越小。

（二）水资源承载力

水资源承载力的主要影响因素包括水资源总量及其时空分布，水资源利用上线及开发利用状况和耗用状况（包括地表水和地下水），海水与再生水利用状况，水资源重点管控区等。主要评价指标包括：人均水资源量、单位土地水资源量、水资源开发强度、水资源可利用量、地下水开采率、人均供水量、万元GDP用水量、万元工业产值取水量、耕地灌溉率、生态用水率等，分别表示了水资源的丰沛程度和水资源对居民生活用水、工业用水、农业用水、生态用水、经济发展等方面的承载水平。

表4—2 水资源承载力主要评价指标

指标	计算公式	指标解释
人均水资源量	人均水资源量＝区域水资源总量/区域总人口	该指标是一个重要的影响水资源承载能力的数据，反映人口与水资源的关系。属于正向指标，人均水资源量越多，水资源承载能力就高，反之水资源承载能力就低。我国水资源紧张指标即人均水资源量在1700～3000立方米/年为轻度缺水，1000～1700立方米/年为中度缺水，500～1000立方米/年为重度缺水，小于500立方米/年为极度缺水。
单位土地水资源量	单位土地水资源量＝水资源总量/土地总面积	反映区域水资源的丰沛程度，体现区域面积与水资源的协调程度。属于正向指标，单位土地水资源量越大，区域的水资源越丰沛，单位土地的水资源承载能力越强。
水资源开发强度	水资源开发强度＝区域用水量/水资源可利用量	是指一个区域或流域供水量或用水量与其水资源可利用量的比值，反映区域水资源的开发利用程度和供需协调程度。属于反向指标，水资源开发强度越高，区域用水程度越高，水资源剩余利用量越小，水资源承载潜力越小。根据国际标准，当一个流域水资源开发强度超过40%时，被认为水资源严重紧张；20%～40%为中度压力，10%～20%为轻度压力，低于10%为低度压力。
水资源可利用量	水资源可利用量＝（多年平均地表水资源量－河道生态需水量－不可控制的洪水量）＋（与地表水不重复的地下水资源量－地下水系统生态需水量－无法利用的地下水量）	水资源可利用量是指在技术上可行、经济上合理的情况下，通过工程措施能进行调节利用且有一定保证率的那部分水资源量。地表水资源部分包括蓄水工程控制的水量和引水工程引用的水量；地下水资源中仅是技术上可行，而又不造成地下水位持续下降的可开采水量。二者之和，即为水资源可利用量。
地下水开采率	地下水开采率＝地下水开采量/地下水资源量	反映地下水的开采程度，间接反映区域的水资源供需关系和充沛程度。属于反向指标，地下水开采率越高，表明区域的水资源越缺乏，只能通过开采地下水解决用水需求，水资源承载力较差。

续表

指标	计算公式	指标解释
人均供水量	人均供水量＝区域总供水量/区域总人口	反映区域用水的供应能力，体现一定区域范围内的人口发展与水资源供应量之间的协调程度。属于正向指标，人均供水量越大，表明区域的水资源供给能力越强，水资源承载力越大。
万元GDP用水量	万元GDP用水量＝区域用水总量/GDP	反映区域经济发展水平与水资源消耗量之间的关系。属于反向指标，指标值越大表明水资源利用效率越低，水资源承载潜力降低。
万元工业产值取水量	万元工业产值取水量＝工业用水量/工业产值	万元工业产值需要投入的水资源量，反映在区域经济发展中工业生产对水资源的使用效率。属于反向指标，指标值越大表明工业用水的节约水平越低，对水资源的消耗量越大。
耕地灌溉率	耕地灌溉率＝有效耕地灌溉面积/耕地面积	反映水资源对农业用水的保障程度。属于正向指标，耕地灌溉率越大，表明用于农业灌溉的水资源越充足，水资源承载力越强。
生态用水率	生态用水率＝生态用水量/总用水量	该指标可以衡量水资源生态系统的稳定性，体现水资源的生态承载能力。

（三）矿产资源承载力

矿产资源承载力的主要影响因素包括矿产资源类型与储量、生产和消费总量、资源利用效率等。主要评价指标包括：单位用地矿产量、单位用地实际采矿能力、单位用地矿产从业人员数量、矿业从业人员比率、矿业工业增加值比例等。

表4—3 矿产资源承载力主要评价指标

指标	计算公式	指标解释
单位用地矿产量	单位用地矿产量＝年产矿量/采矿用地规模	反映区域的矿产能力，单位用地产矿量越大，区域矿产资源的出产能力越强，矿产资源承载能力越强。
单位用地实际采矿能力	单位用地实际采矿能力＝年实际采矿能力/采矿用地规模	反映区域实际采矿能力。不同区域的矿产、不同的企业开采实际的采矿能力有所不同。单位采矿用地的实际采矿能力越强，代表区域的实际矿产出产能力越强。
单位用地矿产从业人员数量	单位用地矿产从业人员数量＝矿业从业人员数量/采矿用地规模	反映矿业对地区的就业贡献，指标值越大，矿业在区域的发展中作用越大，矿产资源对人口就业的承载力就越强。
矿业从业人员比率	矿业从业人员比率＝矿业从业人员数量/从业人员总数	从矿业从业人员占比的角度反映矿业的地区贡献水平。指标越高表明地区对矿业的依赖度越高，矿业在就业方面对区域的承载能力越强。
矿业工业增加值比例	矿业工业增加值比例＝矿业工业增加值/地区生产总值	反映矿产在区域经济中的贡献，指标值越高，表明矿业工业增加值在区域的生产总值中所占比重越大，对当地经济发展越重要，经济承载力越强。

二、环境承载力影响因素识别及评价指标

（一）水环境承载力

水环境承载力是在一定经济社会和科学技术发展水平条件下，以生态、环境健康发展和社会经济可持续发展协调为前提，区域水环境系统能够支撑社会经济可持续发展的合理规模。主要影响因素包括水功能区划、海洋功能区划、近岸海域环境功能区划、保护目标及各功能区水质达标情况，主要水污染因子和特征污染因子、水环境控制单元主要污染物排放现状及允许排放量、环境质量改善目标要求，地表水控制断面位置及达标情况，主要水污染源分布和污染贡献率（包括工业、农业和生活污染源）等。主要评价指标包括万元工业增加值废水排放量、工业废水达标排放率、污径比、主要水污染物排放强度等。

（二）大气环境承载力

大气环境承载力是在某一时期、某一区域，环境对人类活动所排放大气污染物的最大可能负荷的支撑阈值。主要影响因素包括大气环境功能区划、保护目标及各功能区环境空气质量达标情况，主要大气污染因子和特征污染因子、大气环境控制单元主要污染物排放现状及允许排放量、环境质量改善目标要求，主要大气污染源分布和污染贡献率（包括工业、农业和生活污染源）等。主要评价指标包括空气优良率和主要大气污染物排放强度等。

（三）土壤环境承载力

土壤环境承载力是在维持土壤环境系统功能结构不发生变化的前提下，其所能承受的人类作用在规模、强度和速度上的限值。主要影响因素包括土壤主要理化特征，主要土壤污染因子和特征污染因子，土壤环境质量达标情况，土壤污染风险防控区及防控目标等。主要评价指标包括土壤环境质量达标率等。

环境承载力主要评价指标见表4－4。

表4－4　环境承载力主要评价指标

指标	计算公式	指标解释
万元工业增加值废水排放量	万元工业增加值废水排放量＝工业废水排放量/工业增加值	用于衡量生产活动对水资源的污染影响程度。该指标值越高，说明区域生产活动对水资源的污染影响越大，污染程度越高，水环境的承载力越低。
工业废水达标排放率	工业废水达标排放率＝工业废水达标排放量/工业废水排放量	指所排放的废水中行业特征污染物指标都达到国家或地方排放标准的外排工业废水量。工业废水达标排放率越高，同样排放能力的工业生产对环境造成的污染就越小，环境对生产和经济发展的承载能力就越高。
污径比	污径比＝废水达标排放量/河川径流总量	反映污水排放对水资源再生能力机制的影响，以及对水资源环境的影响程度。指标越大，表明污水排放对水资源的影响越大，污染程度越大，环境承载能力越小。

续表

指标	计算公式	指标解释
空气优良率	空气优良率＝空气质量达到良好及以上天数/全年总天数	主要反映大气环境的优良状况，是衡量大气环境承载力的重要指标。指标值越高，表明大气环境现状条件越好，大气环境承载能力越强。
主要污染物排放强度	主要污染物排放强度＝主要污染物排放量/地区生产总值	反映随经济发展造成环境污染程度的指标。主要污染物包括二氧化硫、氮氧化物、化学需氧量和氨氮。指标值越大，对环境造成的污染越严重，环境承载力越低。
土壤环境质量达标率	土壤环境质量达标率＝土壤环境质量达标数量/土壤环境质量评价数量	反映土壤环境质量好坏。指标值越大，说明土壤受污染越轻，土壤环境承载力越高。
工业固体废弃物综合利用率	工业固体废弃物综合利用率＝工业固体废弃物综合利用量/工业固体废弃物产生量	反映固体废弃物的自我消化能力。指标值越高，区域自身对废弃物的消化吸收能力越强，对环境的污染程度越小。
单位面积环保投入	单位面积环保投入＝环保投入/土地面积	反映区域对环境保护的重视程度和支持力度，对环境改善起到重要作用。区域在环保方面投入多，表明对环境的保护力度大，有助于进行生态环境的建设和提高环境承载能力。

三、生态承载力影响因素识别及评价指标

生态承载力的主要影响因素包括生态保护红线与管控要求，生态系统的类型（森林、草原、荒漠、冻原、湿地、水域、海洋、农田、城镇等）及其结构、功能和过程，植物区系与主要植被类型，珍稀、濒危、特有、狭域野生动植物的种类、分布和生境状况，主要生态问题的类型、成因、空间分布、发生特点等。主要评价指标包括植被覆盖率、森林覆盖率、自然保护区覆盖率、城市建成区绿化覆盖率、生物丰度指数、景观破碎度等。

表4－5 生态承载力主要评价指标

指标	计算公式	指标解释
植被覆盖率	植被覆盖率＝植被覆盖面积/土地面积	是指在生长区域地面内所有植被（乔、灌、草和农作物）的冠层、枝叶的垂直投影面积占统计区域面积的比例，是一个描述区域生态环境质量的重要性指标。测量方法通常有地表实测法和遥感测量法两种。
森林覆盖率	森林覆盖率＝森林面积/土地面积	反映森林资源的丰富程度和生态平衡状况。森林资源的丰富程度对区域的生态环境影响很大，对区域生态环境的调节起到重要作用。森林覆盖率越高，区域的生态平衡状况就越好。

续表

指标	计算公式	指标解释
自然保护区覆盖率	自然保护区覆盖率＝自然保护区面积/土地面积	自然保护区包括代表性的自然生态系统、水源涵养区、珍稀濒危野生动植物中的天然分布区、有特殊意义的自然历史遗迹保护区等。该指标反映区域整体的生态环境状况，自然保护区在区域中所占比例越大，表明区域的自然生态系统功能越强。
城市建成区绿化覆盖率	城市建成区绿化覆盖率＝建成区绿化覆盖面积/建成区面积	是衡量一个城市绿化水平的主要指标。建成区绿色覆盖率越高，表明城市建成区的生态环境越好，环境净化能力越强。
生物丰度指数	生物丰度指数＝归一化系数×（0.35×林地＋0.21×草地＋0.28×水域湿地＋0.11×耕地＋0.04×建筑用地＋0.01×未利用地）/区域面积	通过单位面积上不同生态系统类型在生物物种数量上的差异，间接反映被评价区域内生物多样性的丰贫程度，其状况决定着生态系统的面貌，是反映生态环境质量最本质的特征之一。
景观破碎度	景观破碎度＝景观斑块数/景观总面积	是指景观被自然因素及人为因素所切割破碎化程度，即景观生态格局由连续变化结构向斑块镶嵌体变化过程的一种度量。景观破碎化会影响到生态系统的组分、结构与生态系统功能，进而对生态系统的多样性产生影响。该指标的计算结果严重依赖于空间尺度和格网分辨率，应审慎使用。

四、资源环境承载力评价综合指标体系

资源环境承载力评价是区域上各种因素对承载能力的综合体现，因而必然表现为各单一方面的资源、环境承载力作用效果的科学叠加，反映区域内资源环境承载力的总体状况。因此，资源环境承载力在综合评价指标是由上述的资源承载力、环境承载力和生态承载力等指标体系，根据评价对象功能要求和资源环境特征，选择相关指标构成的指标体系。该指标体系能够全面满足评价对象的资源环境承载力评价要求。

在构建综合评价指标体系的时候，要注意几个原则：

一是要注重科学性和可对比性相统一的原则。资源环境承载力评价要严格按照资源环境的科学内涵，能够对资源环境的数量和质量作出合理的描述。同时，评价方法要注重与国内外和区域间的可对比性，具有纵向、横向比较和可推广与应用。

二是要注重描述性指标与评价性指标相统一原则。描述性指标即资源和环境两大系统的发展状态指标；评价性指标即评价各系统相互联系与协调程度的指标。二者的统一，将在时间上反映发展的速度和趋向，在空间上反映其整体布局和结构，在数量上反映其规模，在层次上反映功能和水平。

三是要注重最大限制性和可操作性相结合原则。资源环境承载力是多种因素综合作用的结果，指标体系作为一个有机整体，不可能把所有的因素都一一列出，客

观上对资源环境承载力所有因素全部用指标描述出来也是不可能的。所以,指标体系要反映影响资源环境承载力主导因素的全貌,用对资源环境承载力产生最大限制性的主导因素的指标体系来描述和评价资源环境承载力,才能把握资源环境承载力最本质的、最基本的特征。同时,要达到指标体系的实用性和可操作性,避免以往在研究制定指标体系要么指标体系过于庞杂、无法操作,要么把握不了主要的因素,对资源环境承载力最本质的、最基本的特征缺乏全面反映、表征、度量。因此,研究和制定指标体系要注重最大限制性和可操作性相结合,根据水桶原理发挥决定性作用的指标有限,在选取最大限制性主导因素的前提下,尽量使指标少而精,资料易取得,方法易掌握,而不必面面俱到,使最大限制性和可操作性相互统一,这样才能够有利于研究顺利进行。

第三节 资源环境承载力分析方法体系

一、资源环境承载力分析方法

资源环境承载力分析方法主要有人口论系列、生态足迹系列、初级资产账户(能值)系列等,目前已经逐渐形成一套包括定性分析到定量分析、从静态分析到动态分析、从单因素分析到综合分析的方法体系,具体分析方法有生态学分析法、系统动力学法、情景分析法、层次分析法、状态空间法、类比分析法、供需平衡分析法、能值分析法等。

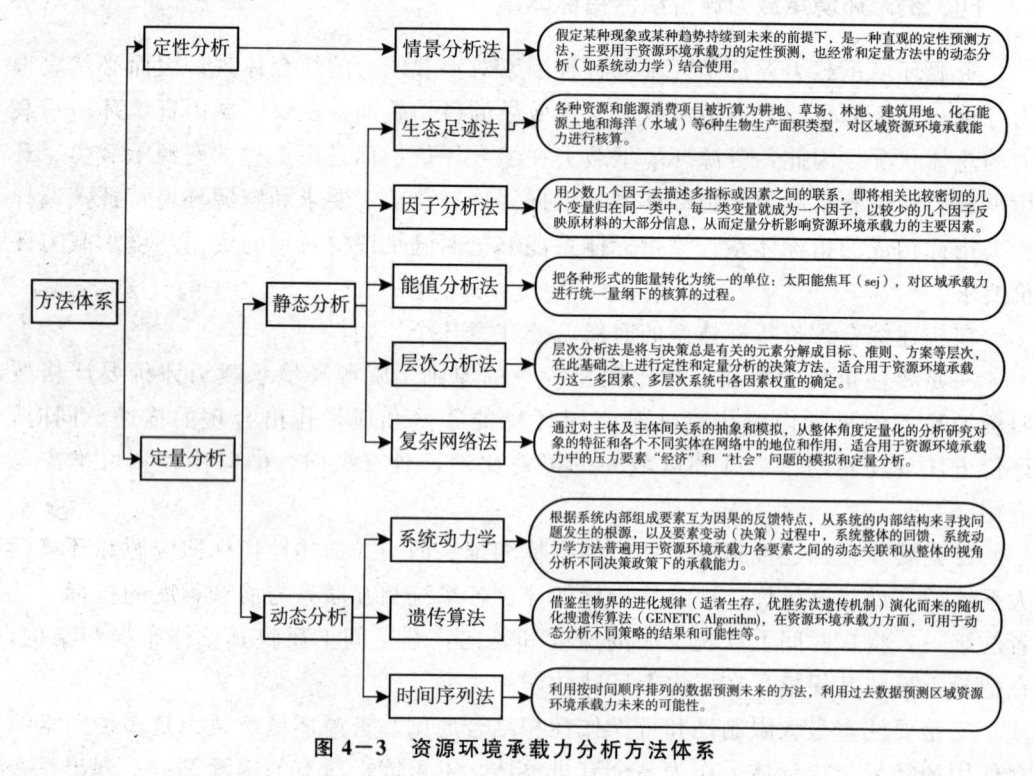

图4—3 资源环境承载力分析方法体系

（一）从定性到定量

随着资源环境承载力研究的不断深入，已从早期定性阐述承载力、生态环境、可持续发展、自然资源等概念和相互联系逐步发展成定性与定量相结合的模式，依托系统学、经济学、管理学、信息科学等理论和学科基础，采用空间成像、MATLAB、ARCGIS 等各类先进仪器设备和应用软件，借助成熟的评价方法和模型体系（如生态足迹法、能值分析法、系统动力学方法、复杂网络方法等），计算目标区域各要素承载力指标，并综合分析和预测未来发展趋势。

（二）从单一到综合

国内外学者在进行资源环境承载力研究的过程中，从开始涉及支撑要素、约束要素、压力要素的某一变量或少数变量分析，逐步开始注重要素中各变量以及要素间内在动力关系和交互作用研究，通过多指标综合要素关系模型的构建，评价和分析目标区域的资源环境承载力。

（三）从静态到动态

在资源环境承载力研究过程中，对于目标区域的资源环境承载力的评价，已逐步从早期的基于面板静态数据逐步发展成为基于时间序列、系统动力学及模拟仿真等的动态分析和预测方法，有效地提高了分析的全面性和准确性。

二、分析方法选用

不同的分析方法具有不同的适用条件、应用范围和应用价值。咨询工程师可根据不同的研究对象、研究目标确定适用的分析方法，可以选用一种也可以选用几种分析方法进行组合，不同分析尺度可选用的分析方法特点见表 4-6。

表 4-6 各尺度资源环境承载力分析特点

分析尺度	宏观尺度	中观尺度	微观尺度
分析对象	全球、国家、省域、综合经济区、一级流域等	城市群地区、二级流域、集中连片贫困地区等	市域、县域、城市单体、产业园区、矿区、乡村聚落等
可选用分析方法	系统动力学方法、层次分析法、综合指数法、状态空间法等	层次分析法、主成分分析法、系统动力学方法、生态足迹法、集对分析模型等	GIS 空间分析法、遥感分析法、系统动力学方法、主成分分析法等
典型案例	"罗马俱乐部"构建了"世界模型"，提高承载能力策略模型，主体功能区划县域国土空间开发综合评价指数等	汶川灾后恢复重建规划的资源环境承载能力综合评价、绿洲生态环境承载能力评价等	玉树、舟曲和芦山灾后重建规划的资源环境承载能力综合评价等
应用价值	预警人类面临的资源环境压力状态、转变社会发展理念与方式、制定国家国土空间开发与管制策略	认识区域的可持续发展状态和发展趋势、探讨要素约束下区域发展规模与路径、建立区域资源环境承载能力调控机制	人口居民点与产业空间布局、人口合理容量核算、灾害风险规避与防治、产业发展导向制定

第四节　资源环境承载力常用分析方法

下面介绍常见的资源环境承载力分析方法。

一、生态足迹法及应用案例

生态足迹将每个人消耗的资源折合成为全球统一的、具有生产力的地域面积，通过计算区域生态足迹总供给与总需求之间的差值——生态赤字或生态盈余，准确地反映了不同区域对于全球生态环境现状的贡献。生态足迹既能够反映出个人或地区的资源消耗强度，又能够反映出区域的资源供给能力和资源消耗总量，也揭示了人类生存持续生存的生态阈值。它通过相同的单位比较人类的需求和自然界的供给，使可持续发展的衡量真正具有区域可比性，评估的结果清楚地表明在所分析的每一个时空尺度上，人类对生物圈所施加的压力及其量级，因为生态足迹取决于人口规模、物质生活水平、技术条件和生态生产力。

（一）基本模型

1. 基本概念

生态足迹也称生态占用，任何已知人口（某个个人、一个城市或一个国家）的生态足迹是生产这些人口所消费的所有资源和吸纳这些人口所产生的所有废弃物所需要的生态生产性土地的总面积和水资源量。

2. 计算流程和计算公式

生态足迹法本质上是一种度量可持续发展程度的方法，是一组基于"生态生产性土地"面积的量化指标。生态足迹法的所有指标都是基于生态生产性土地这一概念而定义的，根据生产力大小的差异，将地球表面的生态生产性土地分为六类：化石能源地、可耕地、牧草地、森林、建设用地、海洋（水域）。

①生态足迹（EF）

$$EF = N \times ef = N \times \sum_{i=1}^{6}(\lambda_i \times A_i) = N \times \sum_{i=1}^{6}\left(\lambda_i \times \sum_{j=1}^{n} aa_j\right)$$
$$= N \times \sum_{i=1}^{6}\left[\lambda_i \times \sum_{j=1}^{n}\left(\frac{c_j}{p_j}\right)\right]$$

式中：EF 为总生态足迹（hm^2）；N 为总人口数；ef 为人均生态足迹（hm^2/人）；$i=1,2,\cdots,6$，代表6类生物生产性土地；λ_i 为第 i 类生物生产性土地的均衡因子；A_i 为人均第 i 类生物生产性土地面积（hm^2/人）；j 为消费项目类型，aa_j 为人均第 j 种消费项目折算的生物生产性土地（hm^2/人）；c_j 为第 j 种消费品的人均消费量（kg/人）；p_j 为 j 种消费品的平均生产能力（kg/hm^2）。

②生态承载力（EC）

$$EC = (1-0.12) \times N \times ec = (1-0.12) \times N \times \sum_{i=1}^{6}(a_i \times \lambda_i \times \gamma_i)$$

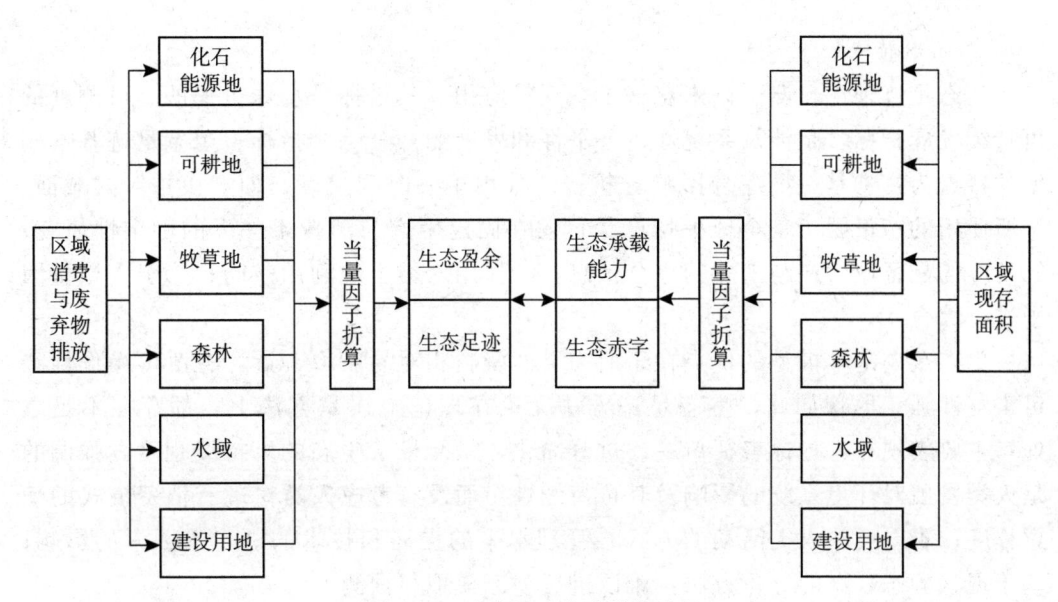

图 4—4 生态足迹方法计算流程

式中：EC 为总生态承载力供给，N 为总人口数，ec 为人均生态承载力（hm²/人），a_i 为人均第 i 类生物生产性土地面积（hm²/人），λ_i 为第 i 类生物生产性土地的均衡因子，γ_i 为产量因子。根据联合国世界环境与发展委员会在《我们共同的未来》一书中提出的，为保护生物多样性，最终生态承载力应该在均衡生态承载力的基础上扣除 12% 用以保护生物多样性。

③生态盈亏

$$ED = EC - EF$$

生态盈亏是指生态承载力与生态足迹的差值，该指数表明某区域的生态状况。正值表明生态承载力大于生态足迹，称为生态盈余。负值表明生态足迹大于生态承载力，称为生态赤字。

④均衡因子及产量因子

均衡因子：

$$\lambda_i = \frac{k_i}{k}$$

式中：λ_i 为均衡因子，k_i 为 i 类生物生产性土地的全球平均生产力（kg/hm²），K 为全球所有类别生物生产性土地的平均生产力（kg/hm²）。

产量因子：

$$\gamma_i = \frac{t_i}{T_i}$$

式中：γ_i 为产量因子，t_i 为某区域 i 类生物生产性土地的平均生产力（kg/hm²），T_i 为全球 i 类生物生产性土地的平均生产力（kg/hm²）。

3. 基本特点

生态足迹理论自诞生以来获得了广泛的应用，其指标是全球可比的、可测度的可持续发展指标，是涉及系统性、公平性和发展的一个综合指标。生态足迹基本模型的特点为：①是一种综合影响分析；②采用单一时间尺度，即"快拍"式截面；③所使用的产量因子是全球平均产量；④在固定生产与消费条件下的确定性研究；⑤反应的是区域生产与消费的综合信息；⑥使用六类土地利用空间；⑦引入当量因子进行综合。

生态足迹基本模型的优点在于所需要的资料相对易获取、计算方法可操作性和可重复性强。尽管如此，生态足迹方法无论在理论上还是方法上，都存在不足之处，主要表现在：指标表征单一、过分简化，只衡量了生态的可持续程度，强调的是人类发展对环境系统的影响及其可持续性，而没有考虑人类对现有消费模式的满意程度；难以反映人类活动的方式、管理水平的提高和技术的进步等因素的影响；基于现状静态数据的分析方法，难以进行动态模拟与预测。

（二）动态改进—时间序列足迹模型

由于生态足迹基本模型属于静态测算方法，其假定人口、技术、物质消费水平均不变，导致其结论的瞬时性，从而无法反映出未来的动态可持续性趋势。因此，在其基础上衍生出多种动态改进模型。现阶段已有大量时间序列足迹模型研究探讨产量因子和当量因子对生态足迹测算影响。

目前主要时间序列足迹模型处理产量因子和当量因子的方法包括：①采用区域真实产量，舍弃采用当量因子；②采用逐年全球产量和分段当量因子；③采用全球产量和逐年区域实际产量，不采用当量因子；④采用最大可持续产量；⑤在计算草地足迹时，采用单位草地植物生产量而非动物产量。

时间序列足迹模型能够反映区域生态服务消费水平的结构变化，真实生态空间消费及其定位，以及产量因子和当量因子对足迹测算的影响。

（三）过程改进—投入产出足迹模型

生态足迹测算要求涵盖所有进入生产和消费过程的产品所包含的生态服务，但基本模型由于缺乏结构因素，没有考虑产业间的相互依赖，直接把生态空间利用分配给最终消费，反映的仅仅是直接生态空间占有和区域综合生态影响，无法识别哪些生产和消费部门应对区域综合影响负责。为此，比克内尔（Bicknell，1998）等学者结合投入产出方法对此提出了改进，其使用投入产出分析法，通过里昂惕夫逆矩阵得到产品与其物质投入之间的转换关系，反映各部门生产的生态影响细节。其主要计算步骤可以归纳为：①计算完全需求系数矩阵；②计算最终使用包含的非能源足迹；③计算能源消费的生态足迹；④计算进口贸易和其他来源产品包含的生态空间；⑤分别按生产部门和最终使用部门汇总生产和消费生态足迹。

投入产出足迹模型的特点是：采用倍乘子计算足迹，侧重结构分析，能反映部门间的足迹流动，揭示生态影响的真实发生方位以及某一特定部门的完全生态消费状况。

（四）成分法生态足迹模型

因上述研究模型存在国家以下层次上消费数据的缺失，无法对生产进行调整得到各消费主体的数据，因而有无法反映具体消费活动影响的缺陷。为了反映生态影响的详细程度，成分法生态足迹模型以人类的衣食住行为出发点，核算人口具体消费行为的生态影响，其典型代表是西蒙斯等人（Simmons et al.，2000）提出的模型，它分两步测算生态足迹：①把研究区域的生态足迹分解成直接能源、原材料、废弃物、食物、私人交通、水和建筑用地七种成分；②采用物质流动分析（MFA）法和生命周期分析（LCA）法收集数据，研究资源在不同部门、人口与环境之间的流动，从而将消费数据转化为成分影响。

成分法生态足迹模型的特点是：关注人口的衣食住行细节行为，采用生命周期技术，适用于国家、地区、企业、家庭乃至个人生态环境影响评估。该方法对数据要求较高，当数据不确定时可能会产生较大误差，对大多数产品层次消费数据缺乏的国家实际应用有限。

（五）应用案例—某县生态足迹核算

背景：西南某市是一座重工业为主的城市，矿产资源丰富，工业体系发达，土壤肥沃，具有成熟的耕作种植体系。该市综合经济实力较强。在快速的经济社会发展过程中，人地矛盾突出，各种生态环境问题不断凸显。应用生态足迹法测算其2017年生态盈余或生态赤字的水平，评估该市可持续发展状况。

测算主要步骤如下：

（1）划分消费项目。Wackernagel 在 1997 年计算 52 个国家和地区的生态足迹时，将消费分为消费性能源和食物，后来研究时又将消费分为粮食、木材、能源和日常用品消费等。在该案例中，将所有消费项目划分为生物性资源和能源两类。

表 4—7　生态足迹核算指标表

账户	生态足迹指标	纳入账户的生物性资源和能源类型
生物资源账户	耕地	谷物、豆类、油菜籽、甘蔗、薯类、棉花、花生、芝麻、麻类、甜菜、烟草、茶叶、禽蛋、禽肉、猪肉等
	林地	木材、油桐籽、油茶籽、橡胶、苹果、柑橘、梨、葡萄、香蕉
	草地	牛肉、羊肉、蜂蜜、奶类和羊毛
	水域	水产品
	建设用地	电力
碳账户	化石燃料用地（碳足迹）	煤炭、天然气、焦炭、原油、汽油、煤油、柴油、燃料油、液化石油气

（2）计算区域内每项消费的年消费总量，计算公式为：消费＝产出＋进口－出口。本案例中，进口和出口分别指的是外部区域的输入与输出。

（3）将各项消费折算成实际生态生产性土地的面积，即实际生态足迹的每项组分。折算参考联合国粮农组织有关生物资源的世界平均产量资料。以谷物为例，全球平均产量因子为 2744kg/hm², 某区域的谷物消费量为 2744 吨, 则其对应 1000hm² 的耕地。对于化石燃料用地来说, 全球煤炭的平均能源足迹为 55GJ/hm², 某区域的能源消费为 5500GJ 时, 其对应的是 100hm² 的化石燃料用地。

(4) 均衡因子和产量因子。

本案例中均衡因子采用《中国生态足迹报告 2012》中的相关数据, 分别为: 耕地 2.39, 草地 0.51, 林地 1.25, 水域 0.41, 建设用地 2.39, 化石能源土地 1.25。

产量因子即指不同区域某类生态生产面积所代表的局地产量与世界平均产量的比率。世界平均产量可以参考联合国粮农组织的相关资料, 区域平均产量可以根据统计资料直接获得。在本案例中, 产量因子分别为: 耕地 1.66, 草地 0.19, 林地 1.1, 水域 0.2, 建设用地 2.8, 化石能源地为 0。

(5) 计算人均生态足迹和人均生态承载力。

根据生态足迹和生态承载力计算公式, 分别计算得到该区域人均生态足迹和人均生态承载力, 见表 4-8。该市 2017 年人均生态足迹需求为 0.26465hm²/人, 可利用的人均生态承载力为 0.14395hm²/人。

表 4-8 某市 2017 年生态足迹及生态承载力计算表

单位: hm²/人

土地类型	人均生态足迹			土地类型	人均生态承载力			
	人均面积	均衡因子	均衡面积		人均面积	均衡因子	产量因子	均衡面积
耕地	0.017	2.39	0.04063	耕地	0.0229	2.39	1.66	0.090853
草地	0.031	0.51	0.01581	草地	0.0137	0.51	0.19	0.001328
林地	0.108	1.25	0.13500	林地	0.0507	1.25	1.10	0.069713
水域	0.002	0.41	0.00082	水域	0.0124	0.41	0.20	0.001017
建设用地	0.001	2.39	0.00239	建设用地	0.0001	2.39	2.80	0.000669
化石燃料用地	0.056	1.25	0.07000	化石燃料用地	0	1.25	0	0
人均生态足迹			0.26465	人均生态承载力				0.163579
^			^	生物多样性保护面积				0.019630
^			^	可利用的人均生态承载力				0.143950

(6) 比较分析。

该市可利用的人均生态承载力减去人均生态足迹, 其值为 -0.1207hm²/人, 表现为生态赤字。这表明该区域的人类负荷已经超过了其生态容量, 正面临着不可持续的发展局面。从资源环境承载力的角度来看, 该区域的人类活动过于密集, 对资源环境产生了巨大压力。该区域需要在当前经济技术条件下, 按照生态系统容量空间范围, 大幅度提高资源与能源效率, 逐步建立与生态系统容量相适应的绿色发展模式。

二、层次分析法及应用案例

(一) 基本模型

层次分析法是一种层次权重决策分析方法（具体内容详见第一章），适用于资源环境承载能力分析这一多因素、多层次系统中各因素权重的确定，其具体应用步骤是：首先，找出影响区域资源环境承载能力的各资源、环境主要因素，建立目标、因素和因子层次结构，建立指标体系；其次，构造比较判断矩阵，进行层次单排序，检验判断矩阵的一致性，再进行层次总排序，确定各因子的权重；最后，对各指标打分，计算出评价值。

(二) 基于层次分析法的生态环境承载力综合评价法

对一个区域来说，可持续的生态系统承载需满足三个条件：压力作用不超过生态系统的弹性度、资源供给能力大于需求量；环境对污染物的消化容纳能力大于排放量。由于生态系统承载力包含多层含义，因而可采用分级评价方法进行评价，即首先进行区域现状调查，接着进行区域生态系统承载力状况评估，最后进行区域生态系统承载力综合分析评价，并可给出区域生态系统承载力分区图。

生态环境承载力综合评价法将评价体系分成三级，即区域生态系统潜在承载力评价、资源-环境承载力评价、承载压力度评价三级。一级评价结果主要反映生态系统的自我抵抗能力和生态系统受干扰后的自我恢复与更新能力，分值越高，表示生态系统的承载稳定性越高；二级评价结果主要反映资源与环境的承载能力，代表了现实承载力的高低，分值越大，表示现实承载力越高；三级评价结果主要反映生态系统的压力大小，分值越高，表示系统所受压力越大。根据三级计算结果，对生态承载力进行综合评价。

分级评价使得评价结果更明了、准确，更有针对性。如某区域的承载力分级为"低稳定较高承载区"时，说明该区域的现状承载力虽很高，但因该区域为不稳定区，对外界的抵抗和恢复能力较低。分级评价将同类性质的指标归类处理后，可以比较容易地对结果进行分析判断，如果将所有承载力指标汇集到一块，必然因指标太多而使结果复杂化，难以对结果给出精确判断。同时，分级可对区域的承载力有一个更深刻的了解，可更有针对性地采取相应措施与对策。

1. 评价指标体系构成

评价指标体系具体分为目标层、准则层、指标层和分指标层。

一级评价指标体系：

①目标层：生态系统弹性度

②准则层：地质地貌（S_1）、气候（S_2）、土壤（S_3）、植被（S_4）、水文（S_5）

③指标层：$S_1 = \{I_1, I_2\} = \{海拔高度, 坡度\}$

$S_2 = \{I_3, \cdots, I_6\} = \{>10℃积温, 无霜期, 降雨量, 干燥度\}$

$S_3 = \{I_7, I_8\} = \{土壤类型, 土壤质量\}$

$S_4 = \{I_9, I_{10}\} = \{植被类型, 植被覆盖度\}$

$$S_5 = \{I_{11}, I_{12}\} = \{地表水，地下水\}$$

二级评价指标体系：
①目标层：资源－环境承载力
②准则层：资源要素（S_1）、环境要素（S_2）
③指标层：$S_1 = \{I_1, \cdots, I_5\} = \{水资源，土地资源，林业资源，矿产资源，旅游资源\}$

$$S_2 = \{I_6, \cdots, I_8\} = \{水环境，大气环境，土壤环境\}$$

④分指标层：$I_1 = \{SI_1, \cdots, SI_3\} = \{水资源占有量，水资源质量，水资源利用率\}$

$I_2 = \{SI_4, SI_5\} = \{宜农（牧）地面积，土地生产率\}$

$I_3 = \{SI_6, SI_7\} = \{林业资源面积，年可利用量\}$

$I_4 = \{SI_8, \cdots, SI_{10}\} = \{矿产资源储量，矿产资源品位价值，年开采量\}$

$I_5 = \{SI_{11}, SI_{12}\} = \{旅游资源等级，旅游条件\}$

$I_6 = \{SI_{13}, \cdots, SI_{15}\} = \{二氧化硫，氮氧化物，TSP\}$

$I_7 = \{SI_{16}, \cdots, SI_{18}\} = \{COD, BOD, pH\}$

$I_8 = \{SI_{19}, SI_{20}\} = \{生活垃圾消纳能力，工业垃圾消纳能力\}$

三级评价指标体系：
①目标层：承载压力度
②准则层：资源压力度（S_1），环境压力度（S_2）
③指标层：$S_1 = \{I_1, \cdots, I_5\} = \{水资源压力度，土地资源压力度，林业资源压力度，矿产资源压力度，旅游资源压力度\}$

$S_2 = \{I_6, \cdots, I_8\} = \{水环境压力度，大气环境压力度，土壤环境压力度\}$

需说明的是，上面各级评价所给出的评价指标体系是针对普遍情况而言的，对不同评价区域，应根据具体情况有重点地选择相应指标，进行有针对性的评价。

2. 目标层计算

以生态弹性度为例，其计算公式为：

$$CSI^{eco} = \sum_{i=1}^{n} S_i^{eco} \cdot W_i^{eco}$$

式中：CSI^{eco} 为生态弹性度，S_i^{eco} 为生态系统特征要素（地形地貌、土壤、植被、气候和水文等），W_i^{eco} 为要素 i 相对应的权重值。

其中权重的确定可采用层次分析法或灰色层次分析法。资源承载指数、环境承载指数和承载压力度计算方法同上。

3. 综合评价

根据三级计算结果，对生态承载力进行综合评价。每一级的计算结果为0～100的分值，根据各级评价指标的内涵，划分各区段分值代表的评价结果，详见

表4—9。

表4—9 生态承载力分析评价表

分级	<20	21~40	41~60	61~80	>80
一级评价	弱稳定	不稳定	中等稳定	较稳定	很稳定
二级评价	弱承载	低承载	中等承载	较高承载	高承载
三级评价	弱压	低压	中压	较高压	强压

（三）应用示例—新疆某区域生态承载力评价

背景：新疆某区域地处中亚腹地，基本处于未开发状态，受人类活动的影响较小。该区域具有典型的北温带大陆性干旱气候，年>10℃积温为3300℃，年平均降雨量约为88.5mm。地势总体较平坦，地表植被不发育，仅局部有稀疏的梭梭等灌木。戈壁为区域内主要土地利用类型，占总面积的38.13%；林地及草地分布较散，以低覆盖度草地为主，占总面积的33.09%。

1. 生态弹性度评价

对照生态弹性度评价指标，新疆某地区具体指标数值见表4—10，权重采用层次分析法确定。

表4—10 生态弹性度指标体系及计算表

目标层	准则层	指标层	权重	数值	打分
生态弹性度	气候	年>10℃积温	0.03850	3300℃	30
		年平均降水量	0.01284	88.5毫米	20
		年干燥度	0.03049	23.09	10
		无霜期	0.01177	190天	40
	地物覆盖	类型	0.07894	戈壁	10
		质量	0.03049	差	10
	土壤	类型	0.05294	石膏灰棕漠土	10
		质量	0.03530	差	10
	地形地貌	海拔高度	0.13035	450—1150m	20
		地貌类型	0.13035	风蚀地貌	20
	水文	地表径流	0.37340	有	30
		地下水	0.07469	有	30
	生态弹性力指数			22.82	

通过目标层公式计算，该区域生态弹性度指数计算结果为22.82。对照表4—9一级评价体系，该区域为不稳定区域，生态系统自恢复能力极差，破坏后的生态环境需要人为的强烈干预、能量的持续输入才能得以恢复。

2. 资源承载能力评价

水是制约该区域生态系统的关键因素，由于水资源的时空分布，导致区域土地利用类型的转化，最终决定该地区的土地承载力，本次评价通过水资源承载力和土地资源承载力分析，来分析区域资源承载力状况。

(1) 水资源承载力

①分值确定

根据《中国自然资源手册（程鸿，1990）》，我国单位面积年地表径流量在 0.0002～0.0107 亿 m^3 之间，据此我们将其分成 10 个段次，然后径流量大小赋予不同的分值，见表 4—11。

表 4—11　地表径流等级划分

径流量 ($10^4 m^3/km^2$)	<0.5	0.5～1.0	1.0～2.0	2.0～3.0	3.0～4.0	4.0～5.0	5.0～6.0	6.0～7.0	7.0～8.0
分值	0～20	20～30	30～40	40～50	50～60	60～70	70～80	80～90	>90

降水分值的确定依据两个方面：一是我国全年的平均降水量水平，二是植物对水分的需求。根据统计资料表明，我国多年平均降水量高值区为 1400～2200mm，低值区为 35～100mm。大多数农作物在生长期的需水量在 500～800 之间。根据这两方面情况，确定不同降水量的分值如表 4—12。

表 4—12　降水量分级表

降水量（mm）	<100	100～200	200～400	400～600	600～800	>800
分值	0～20	20～40	40～60	60～70	70～80	>80

②权重确定

水资源承载力的大小不仅决定于水资源的绝对数量，而且还决定于水资源的功效，因此在进行水资源承载指数分析时，必须对不同水资源给予重要性或功效值，即权重，该区域几乎为区外地表径流补充，生态需水全部由降雨过程补充，降雨量的重要性大于地表径流，因此确定地表径流的权重为 0.65，降雨量的权重为 0.35。

③水资源承载力指数

该区域地表径流量为 $3.36 \times 10^4 m^3/km^2$，本次分析为其赋值为 55，区域多年平均降雨量为 88.5mm，为其赋值为 14，加权平均后，该区域水资源承载力指数为 17.4，因此评价区水资源属于弱承载水平。

(2) 土地资源承载力

土地资源承载力是指土地的生产潜力大小，因此土地质量好，承载能力就高。所以通过衡量土地质量的高低来确定土地承载力大小。将土地按其生产潜力分成不同等级，具体见表 4—13，权重通过该级土地占区域面积比例进行确定。

表 4—13　不同等级土地分级表

等级	一级	二级	三级	四级	五级	六级	七级	八级
分值	90～100	80～90	70～80	60～70	50～60	40～50	30～40	<30

表4-14 该区域土地利用类型面积统计表

土地利用类型		评价区	
一级类	二级类	面积（km²）	占比（%）
耕地	旱地	49.44	0.81
林地	有林地	20.58	0.34
	灌木林地	226.07	3.72
	疏林地	288.08	4.74
草地	高覆盖度草地	41.24	0.68
	中覆盖度草地	250.94	4.13
	低覆盖度草地	2009.99	33.09
水域	水库、坑塘	9.13	0.15
建设用地	城镇用地	4.40	0.07
	农村居民点用地	3.73	0.06
	工交建设用地	17.45	0.29
未利用土地	戈壁	2316.13	38.13
	盐碱地	18.37	0.30
	沼泽地	0.41	0.01
	裸土地	73.09	1.20
	裸岩石砾地	745.06	12.27
合计		6074.11	100.00

由土地利用现状可知，该区域几乎无法利用的戈壁及裸岩石砾地占50%以上，林地及草地等具备利用条件的土地仅占评价区的46.70%左右。区域总体土地质量等级属于六级水平，因此区域土地承载力属于中度承载水平。

对照表4-9，计算二级评价指标，区域的资源承载力指数为32.4，属于低承载水平。

3. 承载压力度评价

承载压力度评价是对生态系统现有承载状况的直接反映。气候变化及人类活动给自然生态系统带来的风险和危害日趋增大，生态系统压力分析和评价是适应和减缓人为干扰的关键和基础。

（1）水资源压力度

水资源承载指数客观反映了一个区域的水资源相对丰富程度与承载水平，但并不能反映出该区域的水资源可供给情况，因为一个区域的水资源能否满足需要除取决于水资源的拥有量外，还取决于区域对水资源的需求压力。

该区域在开发前人烟稀少，不存在工业用水问题，几个小型绿洲由于受盆地南北山地补给，居民生活用水能得以保障。区域水资源主要满足生态用水需求，依据《西北地区水资源合理配置和承载能力研究》（王浩等，2003），戈壁平均耗水深度为21mm，而该区域降雨量为88.5mm左右，以此计算，区域水资源压力度属于中压水平。

(2) 土地资源压力度

该区域为戈壁荒漠所覆盖，林地、草地等生态生产性土地占46.7%，沿冲沟分布的灌丛为少量野生生物提供食物来源，基本处于平衡状态，也不存在所谓的"过载"现象，野生生物的种群完全取决于植被第一性生产力的供给量，因此该区域土地资源压力度总体也属于中压水平。

对照表4-9，计算三级评价指标，区域的承载压力度属于中压水平。

综上所述，该区由于生态环境极其恶劣，生态弹性度较低，自恢复能力较差，属于不稳定水平；同时，水资源与土地资源承载力同属于低承载水平，但是，由于该区域人口稀少，工业落后，现状水平下，人类对其索取较少，该区水资源及土地资源压力度属于中压水平。作为典型的荒漠生态系统，区域系统过程相对稳定，波动较小。

随着该区大规模开发，水资源将成为区域开发的限制因素，所有生产及生活用水几乎全部为区外调入，区域承载压力度将会增大，因此需要采取一定的人为措施提高承载力，尽量降低压力度。

三、其他方法

资源环境承载力综合评价属于多要素、多属性的评价，在实际工作中，常用的分析评价方法还有系统动力学方法、情景分析法、TOPSIS法、模糊综合评价法、主成分分析法、能值分析法、资源与需求差量法等。

(一) 系统动力学 (Systems Dynamics, SD) 方法

系统动力学方法是一种定性与定量相结合的方法，通过建立系统动力学模型，进行系统模拟。系统动力学方法解决问题的过程实际上是寻优的过程，其最终的目的是寻求较优或次优的结构与参数，以寻求较优的系统功能，系统动力模型在土地承载能力、资源承载能力、环境承载能力和生态承载能力方面得到广泛的应用。系统动力学模型的驱动关系明晰，能有效反映人口、资源、环境和发展之间的关系，能较好地反映系统本质，适合用于分析研究信息反馈系统的结构、功能与行为之间动态的辩证统一关系，从系统整体协调的角度来对区域生态承载能力进行动态计算。然而，参变量不好掌握，及受地域性限制等原因，系统动力学模型易导致不合理的结论。其应用步骤如下：

(1) 系统流图设计

根据系统内部各因素之间的关系设计系统流图，目的是反映各因素因果关系、不同变量的性质和特点。流图中一般包含两种重要变量：状态变量和变化率。

(2) 主要状态方程描述与模型构建

根据环境承载能力及系统要素之间的反馈关系，建立描述各类变量的数学方程，通常包括状态方程、常数方程、速率方程、表函数、辅助方程等。

(3) 模型的仿真计算

将各规划方案确定的不同输入变量,通过仿真运算,得出不同规划方案下的资源环境承载力、国内生产总值、人口数、资源条件、环境质量等指标,并通过对比分析进行方案比选。

系统动力学可以从定性和定量两方面综合地研究系统整体运行状况,通过分析各要素之间的联系和反馈机制,综合协调各要素,从而为制定有利于区域可持续发展的规划方案提供指导。该方法适用于空间尺度大、系统较为复杂的区域资源与环境承载力分析评估。

(二) TOPSIS 法

TOPSIS 模型即为"逼近理想解排序方法",它是系统工程中常用的决策技术,主要用来解决有限方案多目标决策问题,是一种运用距离作为评价标准的综合评价法。通过定义目标空间中的某一测度,据此计算目标靠近/偏离正、负理想解的程度,可以评估区域资源环境承载力,且能够全面客观地反映区域资源环境承载力的动态及变化趋势。其步骤如下:

(1) 构建评价指标体系。可以从经济发展力、资源承载力、环境承载力等方面构建。

(2) 标准化评价矩阵构建。设区域资源环境承载力问题的原始评价指标矩阵为:

$$\boldsymbol{R} = \begin{bmatrix} v_{11} & v_{12} & \cdots & v_{1n} \\ v_{21} & v_{22} & \cdots & v_{2n} \\ \vdots & \vdots & & \vdots \\ v_{m1} & v_{m2} & \cdots & v_{mn} \end{bmatrix}$$

要得到标准化评价矩阵,可以采用归一化方法对原始数据进行处理,对于收益(越大越好)指标,处理方法如下:

$$r_{ij} = \frac{v_{ij} - \min(v_{ij})}{\max(v_{ij}) - \min(v_{ij})}$$

对于成本(越小越好)指标,处理方法如下:

$$r_{ij} = \frac{\max(v_{ij}) - v_{ij}}{\max(v_{ij}) - \min(v_{ij})}$$

得到标准化矩阵为:

$$\boldsymbol{R} = \begin{bmatrix} r_{11} & r_{12} & \cdots & r_{1n} \\ r_{21} & r_{22} & \cdots & r_{2n} \\ \vdots & \vdots & & \vdots \\ r_{m1} & r_{m2} & \cdots & r_{mn} \end{bmatrix}$$

式中:V 为初始评价矩阵,v_{ij} 为第 i 个指标第 j 年的初始值;R 为标准化后的评价矩阵,r_{ij} 为第 i 个指标第 j 年的标准化值;$i=1, 2, \cdots, m$,m 为评价指标数;$j=1, 2, \cdots, n$,n 为评价年份数。

(3) 评价矩阵构建。

首先采用熵权法确定权重。借助加权思想，运用熵权 w_i 构建加权规范化评价矩阵 Y。

$$Y = \begin{bmatrix} y_{11} & y_{12} & \cdots & y_{1n} \\ y_{21} & y_{22} & \cdots & y_{2n} \\ \vdots & \vdots & & \vdots \\ y_{m1} & y_{m2} & \cdots & y_{mn} \end{bmatrix} = \begin{bmatrix} r_{11} \cdot w_1 & r_{12} \cdot w_1 & \cdots & r_{1n} \cdot w_1 \\ r_{21} \cdot w_2 & r_{22} \cdot w_2 & \cdots & r_{2n} \cdot w_2 \\ \vdots & \vdots & & \vdots \\ r_{m1} \cdot w_m & r_{m2} \cdot w_2 & \cdots & r_{mn} \cdot w_m \end{bmatrix}$$

(4) 正负理想解确定。

设 Y^+ 为评价数据中第 i 个指标在 j 年内的最大值，即最偏好的方案，称为正理想解；Y^- 为评价数据中第 i 个指标在 j 年内的最小值，即最不偏好的方案，称为负理想解，其计算方法如下：

$$Y^+ = \{\max_{1 \leq i \leq m} y_{ij} | i = 1, 2, \cdots, m\} = \{y_1^+, y_2^+, \cdots, y_m^+\}$$

$$Y^- = \{\min_{1 \leq i \leq m} y_{ij} | i = 1, 2, \cdots, m\} = \{y_1^-, y_2^-, \cdots, y_m^-\}$$

(5) 距离计算。

采用欧氏距离计算公式。令 D_i^+ 为第 i 个指标与 y_i^+ 的距离，D_i^- 为第 i 个指标与 y_i^- 的距离，计算方法如下：

$$D_j^+ = \sqrt{\sum_{i=1}^m (y_i^+ - y_{ij})^2}$$

$$D_j^- = \sqrt{\sum_{i=1}^m (y_i^- - y_{ij})^2}$$

式中：y_{ij} 为第 i 个指标第 j 年加权后的规范化值，y_i^+、y_i^- 分别为第 i 个指标在 n 年取值中最偏好方案值和最不偏好方案值。

(6) 计算评价对象与理想解得贴进度。

令 T_j 为第 j 年资源环境承载力接近最优承载力的程度，一般称为贴近度，其取值范围介于 [0, 1]，T_j 越大，表明该年资源环境承载力越接近承载力最优水平。当 $T_j = 1$ 时，资源环境承载力最高；当 $T_j = 0$ 时，资源环境承载力最低。以贴近度表示资源环境承载力大小，根据每年的贴近度大小可以判断资源环境承载力的高低，确定优劣顺序，计算方法如下：

$$T_j = \frac{D_j^-}{D_j^+ + D_j^-}$$

(三) 模糊评价法

根据模糊数学理论，模糊评判可用 $A \cdot R = B$ 模式描述。其中，A 为输入，即参评因子权重集，是一个 $1 \times m$ 阶行矩阵（m 为参评因子总数）；R 为模糊变换器，即由单因子评价行矩阵组成 $m \times n$ 阶模糊关系矩阵（n 为评价级别数）；B 为输出，即为综合评判结果,称为评价矩阵,为一个 $1\times n$ 阶行矩阵。模糊评判就是对拟评判对象选定一些主要因素,先进行单因素评判,评价结果构成模糊关系矩阵 R,再考虑诸因素在总综合评判中的地位(即权重集 A),求取 R 和 A 的过程。

(1)建立评价指标集合(因素集 U)。

评价因素集 U 是综合评价指标的集合,它具有层次性,即

一级指标 $U=\{U_1,U_2,U_3,U_4,U_5,\cdots\}$

二级指标 $U_i=\{U_{i1},U_{i2},U_{i3},U_{i4},U_{i5},\cdots\}$

式中:U_{ij} 为第 i 个指标层的第 j 个指标。

(2)建立评语等级论域 V。

$$V=\{V_1,V_2,V_3,V_4,V_5,\cdots,V_p\}$$

每一个等级可对应一个模糊子集。一般地,评价等级数 p 取 [3,7] 中的整数。若 p 过大,则语言难以描述且不容易判断等级归属。若 p 过小,则不符合模糊综合评价的质量要求。p 取奇数较多,因为这样可以有一个中间等级,便于判断被评价事物的等级归属。具体等级可以依据评价内容用适当的语言描述,比如评价产品的竞争力可以取 $V=\{强,中,弱\}$。

(3)建立单因素评价。

建立模糊关系矩阵 $\widetilde{R}$。构造了等级模糊子集后,对被评价事物从每个因素 X_i 上进行量化,即确定从单因素来看被评价事物对各等级子集的隶属度 $(\widetilde{R}/X_i)$,进而得到模糊关系矩阵:

$$\widetilde{R}=\begin{pmatrix}\widetilde{R}|X_1\\ \widetilde{R}|X_2\\ \vdots\\ \widetilde{R}|X_n\end{pmatrix}=\begin{pmatrix}r_{11}&r_{12}&\cdots&r_{1p}\\ r_{21}&r_{22}&\cdots&r_{2p}\\ \vdots&\vdots&&\vdots\\ r_{x1}&r_{x2}&\cdots&r_{np}\end{pmatrix}_{n\times p}$$

矩阵 $\widetilde{R}$ 中第 i 行第 j 列元素 r_{ij} 表示被评价事物从因素 X_i 来看对 V_j 等级模糊子集的隶属度。

(4)确定评价因素的模糊权向量 $W=(w_1,w_2,\cdots,w_n)$。

模糊评价中,全向量 W 中的元素 W_i,本质上是因素 X_i 对模糊子集(被评价事物重要的因素)的隶属度,因而一般用模糊方法来确定,并且在合成之前要归一化。

利用合适的合成算子将 W 与被评事物的 $\widetilde{R}$ 合成,得到各被评事物的模糊综合评价结果向量 $\widetilde{B}$。$\widetilde{R}$ 中不同的行反映了某个被评价事物从不同的单因素来看,对各等级模糊自子集的隶属程度。用模糊权向量 $\widetilde{R}$ 将不同的行进行综合,就可得到该被评价事物从总体上来看对各等级模糊子集的隶属程度,既模糊综合评价结果向量 $\widetilde{R}$。

(5) 模糊综合评价的模型。

$$W \circ \widetilde{R} = (\omega_1, \omega_2, \cdots, \omega_n) \circ \begin{bmatrix} r_{11} & r_{12} & \cdots & r_{1p} \\ r_{21} & r_{22} & \cdots & r_{2p} \\ \vdots & \vdots & & \vdots \\ r_{x1} & r_{x2} & \cdots & r_{np} \end{bmatrix}_{n \times p} = (b_1, b_2, \cdots, b_n) \overset{\triangle}{=} \widetilde{B}$$

式中：b_j 表示被评价事物从整体上看对 v_j 等级模糊子集的隶属程度，"。"为模糊合成算子，采用 $M(\wedge, \vee)$ 算子和 $M(\cdot, \odot)$ 算子分别进行评价，再将结果进行综合分析。

(6) 对模糊评价结果向量进行分析。

每一个被评价事物的模糊综合评价结果都表现为一个模糊向量，这与其他方法中每一个被评价事物得到一个综合评价值是不同的，它包含了更丰富的信息。对不同的一维综合评价可以方便地进行比较并排序。

(四) 主成分分析法

主成分分析法是度量多变量之间相关性的一种多元统计方法。通过数理统计分析，求得各要素间线性关系的实质上有意义的表达方式，即研究用变量族的少数几个线性组合（新的变量族）来解释多维变量的协方差结构，挑选最佳变量子集，简化数据，揭示变量间关系的一种多元统计分析方法。一般通过借助正交变换，将其分量相关的原随机向量转化为其分量不相关的新随机向量，即把二元协方差矩阵转换为对角矩阵，在几何上表现为原坐标系变为新正交坐标系，然后对整个变量系统进行降维处理，以较高的精度转换为低维变量系统，同时找出信息涵盖量最大的几个主成分，进而对所需解决的问题进行综合评价。主成分分析法就可把研究的问题变得比较简单，而且这些较少的指标之间互不相关，又提供原有指标的绝大部分信息量段。主成分分析除降低多变量数据系统的维度以外，还简化了变量系统的统计数字特征。其计算步骤如下：

首先，对原始的数据进行标准化处理，即将变量减去其均值然后再除以标准差，来消除不同量纲带来的影响；

其次，求出标准化矩阵 Y 的相关矩阵 R；再次，求出矩阵 R 的特征值、特征向量；

最后，根据方差贡献累计率来确定主成分个数。其中，把特征根按照大小进行排序，第 g 个主成分的方差贡献率为 $\lambda_i / \sum_{i}^{n} \lambda_i$，方差贡献率代表因子在系统评价中的贡献情况。主成分分析法实质是选取尽可能少的 k 个主成分进行综合评价，k 值由累计方差贡献率大于或等于 85% 且特征根大于或等于 1 来决定，各指标在前 k 个主成分上的贡献矩阵归一化值即是相应指标的权重。

(五) 能值分析法

由于生态系统中各能量是有质的差别的，所以不能用一般意义上的能量观点进行承载能力测度分析。20 世纪 80 年代，奥德姆（Odum）以能值为衡量单位建立了一套分析理论，一般称为能值分析理论。能值分析是以能值为基准，把生态经济系统中不同能流（能物流、货币流、人口流和信息流等）量纲的能量转化成同一标准的能值，通过计算一系列能值综合指标，来定量分析系统的结构功能特征与生态经济效益。任何形式的能量均源于太阳能，故常以太阳能为基准衡量各种能量的能值。

布朗和尤吉阿蒂（Brown and Ulgiati，1997）首次通过能值分析理论开发出可以实际应用的承载能力评价指标——ESI（能值可持续指标），它被定义为系统能值产出率与环境负载的比值，然后根据 ESI 的大小评价系统超载状况。

能值分析方法采用能值作为统一量纲，简化了生态过程，有更大的应用空间，但该方法本身存在不足，主要是：①涉及的因子之间的关系过于简单，数目较少，难以体现复杂系统的非线性特征。②针对特定地区，依靠换算率或调节因子同度量处理不同资源、环境因子的做法，显得粗糙，因为转换率或调节因子是通过更大尺度平均计算而来的，它更适合国家或国际范围的承载力估算。③对指标临界值的选取缺乏科学的程序。

（六）资源与需求差量法

区域生态承载力体现了一定时期、一定区域的生态环境系统对区域社会经济发展和人类各种需求（生存需求、发展需求和享乐需求）在量（各种资源）与质（生态环境质量）方面的满足程度。因此，区域生态环境承载力可以从该地区现有的各种资源量（P_i）与当前发展模式下社会经济对各种资源的需求量（Q_i）之间的差量关系，如$(P_i-Q_i)/(Q_i)$，以及该地区现有的生态环境质量（$CBQ1_i$）与当前人们所需求的生态环境质量（$CNQ1_i$）之间的差量关系，如$(CBQ1_i-CNQ1_i)/(CBQ1_i)$。

第五章 市场分析

科学的投资决策必须建立在可靠的市场分析的基础上,通过对市场需求进行分析和预测,把握影响市场供需变化的各种因素及市场演化的动态、趋势,确定项目的目标市场、建设规模和产品方案;在确立了投资方向后,对扩大市场份额、提高竞争力方面进行战略抉择,进一步巩固产品的市场地位。本章主要介绍因果分析法、延伸预测法、定性预测法、竞争力分析、价值链分析、投资组合分析。

第一节 市场分析概述

一、市场需求预测

(一) 市场预测方法分类

市场预测的方法一般可以分为定性预测和定量预测两大类。

1. 定性预测

定性预测是根据掌握的信息资料,凭借专家个人和群体的经验、知识,运用一定的方法,对市场未来的趋势、规律、状态做出主观的判断和描述。定性预测方法主要包括类推预测法、专家预测法、征兆指标预测法和点面联想法等。

2. 定量预测

定量预测是依据市场的统计数据资料,选择或建立合适的数学模型,分析研究其发展变化规律并对未来作出预测。可归纳为因果性预测、延伸性预测和其他方法三大类。

(1) 因果性预测方法是通过变量之间的因果关系,分析自变量对因变量的影响程度,进而对未来进行预测的方法。一个事物的发展变化,经常与其他事物存在直接或间接的关系。如居民收入水平的增加会引起多种物品销售量的增加。这种变量间的相关关系,要通过统计分析才能找到其中的规律,并用确定的函数关系来描述。通过寻找变量之间的因果关系,从而对因变量进行预测,这是广泛采用的因果分析法,包括回归分析法、弹性系数法、消费系数法和购买力估算法,主要适用于存在关联关系的数据预测。

(2) 延伸性预测是根据市场各种变量的历史数据的变化规律,对未来进行预测的定量预测方法。主要包括移动平均、指数平滑、成长曲线分析等,适用于具有时间序列关系的数据预测。它是以时间 t 为自变量,以预测对象为因变量,根据预测对象的历史数据,找出其中的变化规律,从而建立预测模型并进行预测。

(3) 其他方法则包括投入产出分析、系统动力模型、计量经济分析、马尔科夫链等，这些预测法主要借助复杂的数学模型模拟现实经济结构，分析经济现象的各种数量关系，从而提高人们认识经济现象的深度、广度和精确度，适用于现实经济生活中的中长期市场预测。

本章在第二、三、四节分别对定性预测和定量预测的因果分析法和延伸预测法作了具体介绍。有关预测方法体系详见图5—1。

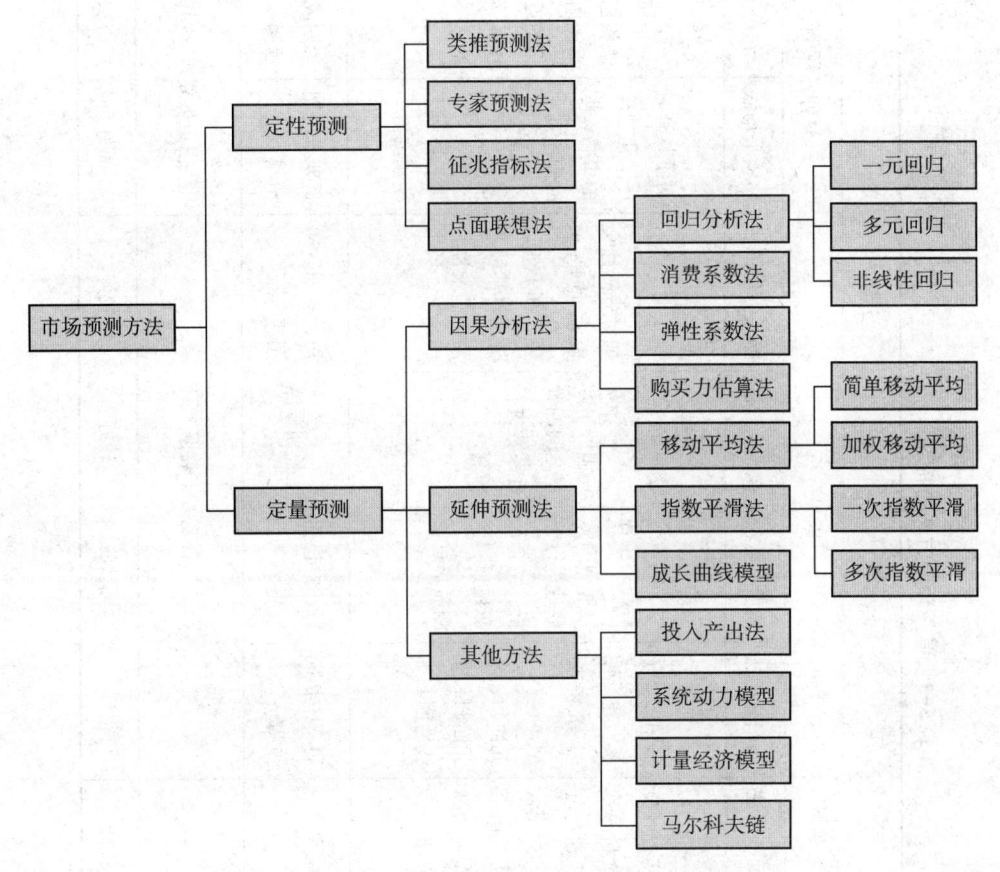

图5—1 预测方法体系

（二）市场预测方法选用

不同的市场预测方法具有不同的适用条件、应用范围和预测精度。咨询工程师可根据预测周期、产品生命周期、预测对象、数据资料、精度要求、时间与费用限制等因素选择适当的方法。也可以采用几种方式进行组合预测，相互验证或修正。在实践中，多采用定性预测与定量预测相结合的方法。常用预测方法的特点见表5—1。

二、市场战略分析

市场战略分析是对产品生命周期、市场规模、成长趋势、市场竞争格局等有关市场重大问题的战略研究。对投资项目进行市场战略选择一般由两个方面的因素决定，一是行业长期盈利能力及其影响因素决定的行业吸引力；二是决定投资项

表 5-1 常用预测方法的特点

预测方法	定性方法			定量方法						
				因果分析				延伸性预测（时间序列分析）		
	类推预测法	专家预测法	征兆预测法	点面联想法	回归分析法	消费系数法	弹性系数法	购买力估算法	移动平均法	指数平滑法	成长曲线模型
方法简介	运用相似性原理，对比类似产品发展过程，寻找变化规律，进行预测	组织有关专家，进行预测，综合专家意见，得出预测结论	根据事物之间的因果联系，分析影响事物发生变化的内在联系的因素作为征兆指标，作为征兆指标进行预测	以调查对象的资料为基础，通过分析、判断、联想等由点到面来预测的方法	运用因果关系，建立回归分析模型，包括一元回归、多元回归和非线性回归等	对产品各行业的消费数量进行分析，结合行业规划，预测需求总量	运用两个变量之间的弹性系数进行预测	通过分析社会居民总购买力和投向，导出对某种产品的需求量	对于具有时序变化规律的事物，取时间序列中连续几个数据值得平均值，作为下期预测值	与移动平均法相似，只考虑历史数据的近远期作用不同，给与不同权值	运用数学模型，拟合一条趋势线，外推未来事物的发展规律
适用范围	长期预测	长期预测	长期预测	较好	短、中长期预测	短、中长期预测	中长期预测	短、中长期预测	近期或短期预测	近期或短期预测	短、中长期预测
数据资料需求	多年历史资料	多年历史资料	多年历史资料		需要多年数据	需要多年数据	需要多年数据		数据最低要求5~10个		至少5年数据
精确度	尚好	较好	较好	较好	很好	很好	较好	较好	尚好	较好	较好

— 128 —

目，进行项目投资的企业在行业内的相对市场地位等。本章节主要通过介绍市场类型及战略需求，从竞争能力分析、价值链分析、投资组合分析三个方面阐述市场战略分析。

（一）市场战略类型

市场战略是指企业在复杂的市场环境中，为实现其经营目标，制定的一定时期内的市场营销总体规划。一般而言，企业的市场战略一般分为企业总体战略、基本竞争战略和职能战略（如图5-2所示）。

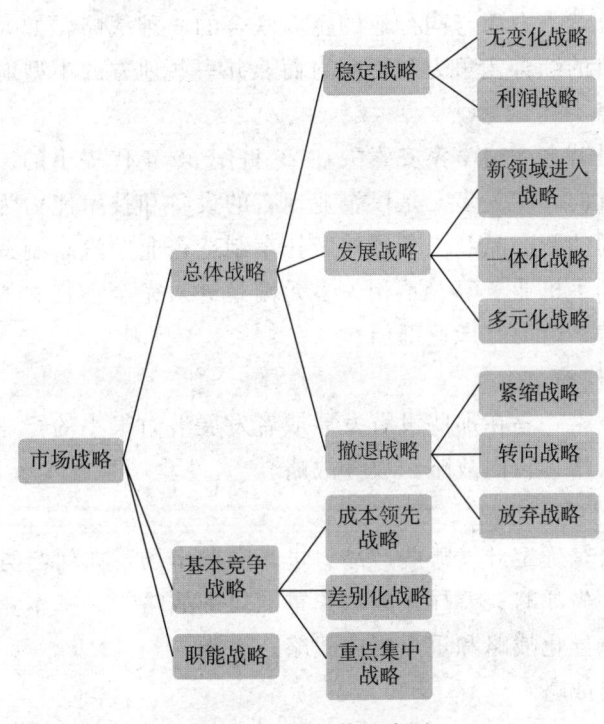

图5-2 市场战略类型

1. 总体战略

总体战略是明确企业的发展方向和目标，明确企业应该进入或退出哪些领域，选择或者放弃哪些业务。总体战略包括稳定战略、发展战略和撤退战略。

（1）稳定战略

稳定战略又称为防御性战略，是指限于经营环境和内部条件，只能基本保持在战略起点和范围的战略，包括无变化战略、利润战略等。

（2）发展战略

发展战略又称为进攻性、增长型战略，是指利用企业外部机会，挖掘企业内部优势资源，以求得企业更高层次发展的战略。发展战略是成长型企业的基本战略，根据侧重点的不同，又可进行进一步的细分：

①新领域进入战略

是指企业为了摆脱产业困境，或发现新的产业成长机会，为培育新的增长点而采取的产业拓展或者市场拓展策略，包括进入新的市场、新的行业等，如一家生产制造企业进入新能源生产企业，跨国公司进军新兴市场等。

②一体化战略

包括纵向一体化战略和横向一体化战略。纵向一体化战略又称垂直一体化战略，它是将企业生产的上下游组合起来一起发展的战略。如手机研发公司向下延伸到手机制造生产，向上延伸到手机生态环境的维护与APP的开发。纵向一体化战略按延伸方向的不同，又可进一步分为后向一体化与前向一体化战略；横向一体化战略又称水平一体化战略，是企业为了扩大生产规模，降低生产成本，巩固企业市场地位，提高综合竞争力而与同行业的企业联合的一种战略，如大型房地产企业为了增强在某一城市的综合竞争力与影响力而兼并一些地方的小型地产公司。

③多元化战略

多元化战略是著名战略学家安索夫在20世纪50年代提出的。包括相关多元和不相关多元两个方向。相关多元是以企业现有的设备和技术能力为基础，发现与现有产品或服务不同的新产品和服务，如摩托车制造企业向汽车制造行业的转变、家电制造企业拓展到手机业务等。不相关多元则是进入完全不相关的行业，如地产企业进军影视、旅游、电商等产业部门。

(3) 撤退战略

又称退却型战略，是在那些没有发展或者发展潜力很小的行业逐渐退出，具体来讲，包括紧缩战略、转向战略和放弃战略。

2. 基本竞争战略

基本竞争战略是确定开发哪些产品，进入哪些市场，如何与竞争者展开有效竞争等，包括成本领先战略、差异化战略和重点集中战略等。基本竞争战略主要包括成本领先战略、差异化战略和重点集中战略三大类。

(1) 成本领先战略

成本领先战略（Low cost strategy）是指企业通过扩大规模，加强成本控制，在研究开发、生产、销售、服务和广告等环节把成本降到最低限度，从而逐渐成为行业中的成本领先者。其核心就是在追求产量规模经济效益的基础上，降低产品的生产成本，用低于竞争对手的成本优势，赢得竞争的胜利。如小米科技公司通过网络直销的模式，降低产品的营销成本，增强产品的价格优势，迅速成为国内主要的手机制造厂商。

(2) 差异化战略

差异化战略（High differentiation strategy）是指企业向市场提供与众不同的产品或服务，以满足用户的不同需求，从而形成竞争优势的一种战略。差异化可以表现在产品设计、生产技术、产品性能、产品品牌、产品销售等方面，实行产品差异化可以培养客户的品牌忠诚度，使企业获得高于同行业的平均利润。差异化战略包括产品质量差异化战略、销售服务差异化战略、产品性能差异化战略、品牌差异化战略等。如索尼公司定位为高品质家用电器的引领者，采用差异化战略，不断推陈出新，推出高品质的影音娱乐产品，以高档次、高质量、新时尚的形象立足市场。

(3) 重点集中战略

重点集中战略（Focus strategy）是指企业把经营的重点放在一个特定的目标市场上，为特定的地区与特定的消费群体提供特殊的产品与服务。重点集中战略与其他两个基本战略有所不同，成本领先战略与差异化战略面向全行业，在整个行业范围内进行活动。而重点集中战略则是围绕一个特定的目标进行密集型的生产经营活动，要求能够比竞争对手提供更为有效的服务。企业一旦选择了目标市场，便可以通过产品差异化或者成本领先的方法，形成重点集中战略。因此，采用重点集中战略的企业，基本上就是特殊的差异化或特殊的成本领先企业。

重点集中战略也可使企业获得超过行业平均水平的收益。这种战略可以针对竞争对手最薄弱的环节采取行动，形成产品的差异化；或者在为该目标市场的专门服务中降低成本，形成成本优势；或者兼有产品差异化和低成本的优势。重点集中的企业由于其市场面狭小，可以更好的了解市场和顾客，提供更好的产品与服务。但是重点集中战略在获得市场份额的某方面具有一定的局限性，由于其市场面相对狭小，企业的整体市场份额水平相对较低。

表5-2 三种战略的特征和基本要求比较

特征和要求	成本领先战略	差异化战略	重点集中战略
产品多样化	较低	较高	特殊的多样化集中和成本领先集中
市场分割	有限的市场分割，产品面向大众市场和普通顾客	市场分割点多	一个或少数几个市场分割
所需特殊能力	制造能力与物料管理能力要求高	研发能力要求高	在集中战略下的任何种类的特异能力
优势	对供应商有较强的讨价还价的能力；同竞争对手相比，不易受较大的买者或卖者影响；可对潜在的进入者形成障碍	品牌具有忠实度，提高了买者对自己的依赖性，可以减少替代品的威胁	建立顾客忠实度，并能对顾客需求做出反映，能在其集中的市场中发挥自己的能力
劣势	技术进步使经验曲线优势丧失，并导致竞争对手的模仿；容易忽视不同顾客的需求	进入成熟期后受到模仿的威胁	技术变革和顾客需求的变化带来威胁，导致失去顾客，成本相对高
基本资源与能力要求	持续的资本投资和良好的融资能力，工艺加工技能高，生产管理严格，产品易于制造和大批量生产，低成本的分销系统	强大的营销能力，产品加工能力，创新能力，质量或技术领先的公司信誉，悠久的产业传统或独特的技能组合，强调品牌、设计、服务和质量	针对具体战略目标，由左边两个战略中的各项组合构成

续表

特征和要求	成本领先战略	差异化战略	重点集中战略
基本组织要求	结果分明的组织和责任，以满足严格的定量目标为基础的激励；严格控制成本	研发、销售部门密切配合；重视主观评价与激励；要求轻松愉快的工作氛围，以吸引高素质的创造性人才	针对具体战略目标，由左边两个战略中的各项组合构成

3. 职能战略

职能战略是研究企业的营销、财务、人力资源与生产等不同职能部门与如何组织，为企业总体战略服务的问题，包括研发战略、投资战略、营销战略、生产战略、财务战略、人力资源战略等，是实现企业目标的途径与方法。

（二）产品生命周期及战略需求

1. 产品生命期的划分

产品生命期是指一种产品从发明到推广应用、普及和衰败的过程。一个产品的生命期传统上可分为四个阶段：导入期、成长期、成熟期和衰退期。如图5-3所示，产品处于不同的生命期会影响企业的战略选择。

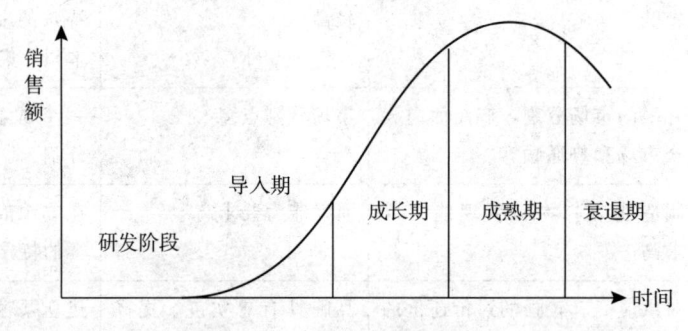

图5-3 产品生命周期示意图

产品生命期是一个很重要的概念，它和企业制定产品策略以及营销策略有着直接的联系。企业是否投资一个项目，首先应分析产品的市场发展前景，该行业是上升、稳定还是处于衰退期。产品生命周期模型提供了观察、分析行业成长性的一种方法，从而能够把握行业的战略特征。在产品生命周期的不同阶段，市场格局不同，营销策略也因此发生变化。

2. 各阶段的主要特点

判断产品处于生命周期的哪个阶段，主要的依据是产品在特性、在生产和市场表现方面的不同特点。

第一阶段是导入期。产品开始逐渐被市场认同和接受，行业开始形成并初具规模，这是产品生命期的幼年时期，在此阶段内行业企业很少、市场需求低、产品质量不稳定、批量不大、成本高、发展速度慢，对于企业来说，在该阶段需要付出极大的代价来培育市场和完善产品，随着企业和行业的发展，可能在行业中树立先入优势。

第二阶段是成长期。此阶段产品市场需求急剧膨胀，行业内的企业数量逐渐增加，行业在经济结构中的地位得到提高，产品质量提高，成本下降。对企业来说，此时是进入该行业的理想时机。

第三阶段是成熟期。此阶段产品定型，技术成熟，成本下降，利润水平高，但是随之而来的是由于需求逐渐满足，行业增长速度减慢，行业内企业之间竞争也日趋激烈。这个时期由于市场竞争激烈，企业进入门槛较高，除非有强大的资金和技术实力，否则难以取得成功。

第四阶段是衰退期。由于技术进步或是需求变化，可替代的新产品的出现，原有产品市场逐渐萎缩。同时由于技术成熟，各企业所提供的产品无差异，质量差别小，这时行业进入衰退期。行业内的一些企业开始转移生产力，并逐步退出该生产领域。此时对于企业来说，不宜进入该行业。

第二节 定性预测法

一、类推预测法

类推预测法是根据市场及其环境的相似性，从一个已知的产品或市场区域的需求和演变情况，推测其他类似产品或市场区域的需求及其变化趋势的一种判断预测方法。它是由局部、个别到特殊的分析推理方法，具有极大的灵活性和广泛性，适用于新产品、新行业和新市场的需求预测。

根据预测目标和市场范围的不同，类推预测法可以分为产品类推预测、行业类推预测和地区类推预测三种。

（一）产品类推预测法

产品类推预测法是依据产品在功能、结构、原材料、规格等方面的相似性，推测产品市场发展可能出现的某些相似性。如平板电视机的需求，可以依据彩色电视机的市场发展来推断。

（二）行业类推预测法

行业类推预测法是依据相关和相近行业的发展轨迹，推测行业的发展需求趋势。如数码相机的市场需求预测，就可以参照家用计算机和照相机的需求发展过程来推测其生命周期发展曲线。

（三）地区类推预测法

通常产品的发展和需求经历了从发达国家和地区，逐步向欠发达的国家和地区转移的过程。这在服装需求的市场变化上更为显著，一款服装的流行，通常先是在沿海，再到内地；先城市，然后再到农村。

类推结果存在非必然性，运用类推预测法需要注意类别对象之间的差异性，特别是地区类推时，要充分考虑不同地区政治、社会、文化、民族和生活方面的差异，并加以修正，才能使预测结果更接近实际。

二、专家预测法

(一)专家个人判断法

专家个人判断法,是指专家凭借个人的知识、经验、能力等,对预测目标作出未来发展趋势的判断。这种方法一般先征求专家个人的意见、看法和建议,然后对这些意见、看法和建议加以归纳、整理而得出一般结论。专家判断法的成功与否取决于专家个人所掌握的资料,以及分析、综合和逻辑推理能力。

这种方法的最大优点是能够最大限度地发挥专家的个人的创造力;同时,这种方法能够保证专家在不受外界影响,没有心理压力的条件下进行。但是,个人判断法受专家个人的知识面、知识深度、占有资料的多少、信息来源及其可靠性、对预测对象兴趣的大小乃至偏见等因素所囿,缺乏相互启发的氛围,因此难免带有一定的局限性。

(二)专家会议法

专家会议法是组织有关方面的专家,通过会议的形式,对产品的市场发展前景进行分析预测,然后再专家判断的基础上,综合专家意见,得出市场预测结论。专家会议法包括头脑风暴法、交锋式会议法、混合式会议法等三种形式。

由于个人的专业、学识、经验和能力的局限,专家个人判断法经常难免有失偏颇,特别是对新产品的需求和市场趋势的判断等。因此,对一些重大市场预测,需要召集行业相关专家,利用群体智慧,集思广益,并通过讨论、交流取得共识,为正确决策提供依据。

(三)混合式会议法

也称质疑式头脑风暴法,是对头脑风暴法的改进。它将会议分为两个阶段,第一阶段是非交锋式会议,产生各种思路和预测方案;第二阶段是交锋式会议,对上一阶段提出的各种设想进行质疑和讨论,也可提出新的设想,相互不断启发,最后取得一致的预测结论。

(四)德尔菲法

德尔菲法是在专家个人判断法和专家会议法的基础上发展起来的一种专家调查法,详细内容见第三章。

【例5—1】 计算影响液晶电视销售的5个主要因素的得分。

液晶电视生产企业为应对市场竞争,近年来一直以降低产品销售价格作为主要竞争策略。为了改善经营业绩,该企业拟调整竞争策略,并为此聘请一家咨询公司对某地区液晶电视市场进行分析。咨询公司通过对该地区液晶电视市场的分析得到下表5—3。

表5—3 液晶电视销售价格和销售量调查表

年份	液晶电视平均销售价格(元)	液晶电视销售量(万台)
2014	6120	38
2015	5780	43

续表

年份	液晶电视平均销售价格（元）	液晶电视销售量（万台）
2016	5390	47
2017	5030	53
2018	4640	57

咨询公司用德尔菲法对影响液晶电视销量的主要因素进行了市场调查，从家电协会、家电经销商和知名家电企业选择了 40 名专家实施调查。在意见征询表中，列出了质量、价格、品牌、外观、性能和售后服务等项目，要求专家从中选择 3 个影响销售的主要因素，并按其重要性排序。在第二轮征询后，按专家排序情况和评分标准（排为第一位的给 3 分，排为第二位的给 2 分，排为第三位的给 1 分）评分，排在前 5 位的为性能、品牌、价格、外观和质量 5 个因素。第三轮征询后，40 名专家对该 5 个因素的重要性进行排序的人数分布情况，见表 5－4。

表 5－4　5 个因素重要性咨询结果

排序＼因素	性能	品牌	价格	外观	质量
第一位	11	10	8	6	5
第二位	9	7	13	4	7
第三位	6	9	9	5	11

【问题】　以第三轮征询的专家意见为依据，按评分标准分别计算影响液晶电视销售的 5 个主要因素的得分（列出计算过程），并按分值排序。

【解答】

算法一：

性能：11×3＋9×2＋6×1＝57　　　品牌：10×3＋7×2＋9×1＝53

价格：8×3＋13×2＋9×1＝59　　　外观：6×3＋4×2＋5×1＝31

质量：5×3＋7×2＋11×1＝40

算法二：

性能：(11×3＋9×2＋6×1) /40＝1.43　　品牌：(10×3＋7×2＋9×1) /40＝1.33

价格：(8×3＋13×2＋9×1) /40＝1.48　　外观：(6×3＋4×2＋5×1) /40＝0.78

质量：(5×3＋7×2＋11×1) /40＝1

从计算结果可以看出，五个因素的排序依次为价格、性能、品牌、质量、外观。

三、征兆指标预测

征兆指标预测法就是根据事物的指标联系，从征兆指标判断可能引起的某种事物的出现和变化。或者更贴切地说，要求预测者能熟悉被预测事物与征兆指标之间的这种联系,并通过合理的分析和推断而正确预测事物的变化趋势。

许多市场因素都可以成为征兆指标,如商品价格是预计市场销售量的征兆指标,物价指数是市场繁荣的征兆指标等。而一个事物也有可能同时有多个征兆指标。通常可以从以下三个层次来进行分析:

1. 内在因果关系

根据事物之间的因果联系,分析影响事物发生变化的内在联系的因素指标,这些因素指标作为征兆指标往往能带来预测事件的必然性。如产品的制造成本、销售量和销售价格构成了与企业当期利润存在着内在联系的征兆指标。

2. 外在因果关系

根据事物之间的外在因果联系,分析影响事物发生变化的外在影响指标。这类指标是事物的影响因素,而非构成因素。如中国改革开放、全球经济一体化、产业分工等多种因素促成我国对外贸易额持续高速发展,外贸顺差再创新高。

3. 外在现象关系

这类现象关系是经验的总结和现象的归纳,其征兆指标也只能带来预测事件的可能性。如根据城市建设预测其富裕文明的程度,根据出口产品的多少判断一国产业的竞争力等。

征兆指标法使用简单,判断快捷,充分利用个人经验,有较高的准确度,是企业把握商机,创造效益的有用工具。

四、点面联想法

点面联想法是指以调查对象的普查资料或抽样调查资料为基础,通过分析、判断、联想等由点到面来预测的方法。这种方法适用于相似事件、接近事件和具有其他某种关系事件的定性预测,拓展了调查数据的应用范围。点面联想法对于新兴领域、历史数据缺失或不足的预测具有一定的优势。

点面联想法的实施程序如下:

1. 收集调查对象相关资料;
2. 组织相关专家对资料进行分析、判断、联想等对市场进行预测;
3. 汇总处理专家预测结果;
4. 得出预测结论。

第三节 因果分析法

一、线性回归分析

(一) 基本公式

如果预测对象与主要影响因素之间存在线性关系,将预测对象作为因变量 y,将主要影响因素作为自变量 x,即引起因变量 y 变化的变量,则它们之间的关系可以用一元线性回归模型表示为如下形式:

$$y = a + bx + e \tag{5-1}$$

其中，a 和 b 是揭示 x 和 y 之间关系的系数，a 为回归常数，b 为回归系数，e 是误差项或称回归余项。

对于每组可以观察到的变量 x、y 的数值 x_i、y_i，满足下面的关系：

$$y_i = a + bx_i + e_i \tag{5-2}$$

其中，e_i 是残差项，是用 $a + bx_i$ 去估计因变量 y_i 的值而产生的误差。

在实际预测中，e_i 是无法预测的，回归预测是借助 $a + bx_i$ 得到预测对象的估计值 y_i。通过确定 a 和 b，从而揭示变量 y 与 x 之间的关系，式（5-1）可以表示为：

$$y = a + bx \tag{5-3}$$

式（5-3）是式（5-1）的拟合曲线。可以利用普通最小乘法原理（OLS）求出回归系数。最小二乘法基本原则是对于确定的方程，使观察值对估算值偏差的平方和最小。由此求得的回归系数为：

$$b = \frac{\sum x_i y_i - \bar{x} \sum y_i}{\sum x_i^2 - \bar{x} \sum x_i} \tag{5-4}$$

$$a = \bar{y} - b\bar{x} \tag{5-5}$$

其中，x_i、y_i 分别是自变量 x 和因变量 y 的观察值，$\bar{x}$、$\bar{y}$ 分别为 x 和 y 的平均值。

$$\bar{x} = \frac{\sum x_i}{n} \tag{5-6}$$

$$\bar{y} = \frac{\sum y_i}{n} \tag{5-7}$$

其中，n 为样本数量。

对于每一个自变量 x 的数值，都有拟合值：

$$y'_i = a + bx_i \tag{5-8}$$

y'_i 与实际观察值的差，便是残差项：

$$e_i = y_i - y'_i \tag{5-9}$$

（二）一元线性回归预测流程

一元线性回归的预测程序如图 5-4 所示。

（三）回归检验

在利用回归模型进行预测时，需要对回归系数、回归方程进行检验，以判定预测模型的合理性和适用性。检验方法有方差分析、相关检验、t 检验等。对于一元线性回归，这些检验效果是相同的。在一般情况下，选择其中一项检验即可。

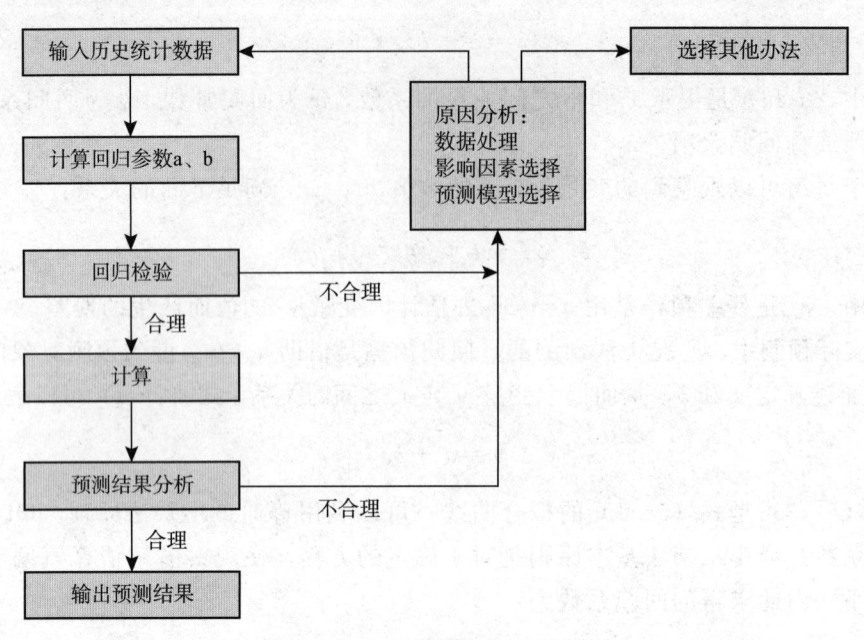

图 5-4　一元线性回归预测流程

1. 方差分析

通过推导，可以得出：

$$\sum (y_i - \bar{y})^2 = \sum (y'_i - \bar{y})^2 + \sum (y_i - y'_i)^2 \tag{5-10}$$

其中，$\sum (y_i - \bar{y})^2 = TSS$，称为偏差平方和，反映了 n 个 y 值的分散程度，又称总变差；$\sum (y'_i - \bar{y})^2 = RSS$，称为回归平方和，反映了 x 对 y 线性影响的大小，又称可解释变差；$\sum (y_i - y'_i)^2 = ESS$，称为残差平方和，根据回归模型的假设条件，$ESS$ 是由残差项 e 造成的，它反映了除 x 对 y 的线性影响之外的一切使 y 变化的因素，其中包括 x 对 y 的非线性影响及观察误差。因为它无法用 x 来解释，故又称未解释变差。

所以

$$TSS = RSS + ESS \tag{5-11}$$

其实际意义是总变差等于可解释变差与未解释变差之和。

在进行检验时，通常先进行方差分析，一方可以检验在计算上有无错误；另一方面，也可以提供其他检验所需要的基本数据。

定义可决系数 R^2：

$$R^2 = RSS/ESS \tag{5-12}$$

R^2 的大小表明了 y 的变化中可以用 x 来解释的百分比，因此，R^2 是评价两个变量之间线性关系强弱的一个指标。可以导出：

$$R^2 = \frac{\sum (y'_i - \bar{y})^2}{\sum (y_i - \bar{y})^2} = 1 - \frac{\sum (y_i - y'_i)^2}{\sum (y_i - \bar{y})^2} \tag{5-13}$$

2. 相关系数检验

相关系数是描述两个变量之间的线性相关关系的密切程度的数量指标,用 R 表示。

$$R = \frac{\sum_{i=1}^{n}(x_i - \bar{x})(y_i - \bar{y})}{\sqrt{\sum_{i=1}^{n}(x_i - \bar{x})^2 \cdot \sum_{i=1}^{n}(y_i - \bar{y})^2}} \tag{5-14}$$

R 在 -1 和 1 之间,当 $R=1$ 时,变量 x 和 y 完全正相关;当 $R=-1$ 时,为完全负相关;当 $0<R<1$ 时,当 $-1<R<0$ 时,为负相关;当 $R=0$ 时,变量 x 和 y 没有线性关系。所以 R 的绝对值越接近 1,表明其线性关系越好;反之,R 的绝对值越接近 0,表明其线性关系越不好。只有当 R 的绝对值达到一定程度时,才能采用线性回归模型进行预测。在计算出 R 值后,可以查相关系数检验表。在自由度 $(n-2)$ 和显著性水平 α(一般取 $\alpha=0.05$)下,若 R 大于临界值,则变量 x 和 y 之间的线性关系成立;否则,两个变量不存在线性关系。

3. t 检验

即回归系数的显著性检验,以判定预测模型变量 x 和 y 之间线性假设是否合理。因为要使用参数 t,故称为 t 检验。回归常数 a 是否为 0 的意义不大,通常只检验参数。

$$t_b = \frac{b}{S_b} = b\sqrt{\frac{\sum (x_i - \bar{x})^2}{\sum (y_i - y'_i)^2/(n-2)}} \tag{5-15}$$

其中,S_b 是参数 b 的标准差,$S_b = S_y / \sqrt{\sum (x_i - \bar{x})^2}$,$n$ 为样本个数。S_y 为回归标准差,

$$S_y^2 = \sum (y_i - y'_i)^2/(n-2) \tag{5-16}$$

也可以表达为:

$$t_b = \frac{b\sqrt{\sum (x_i - \bar{x})^2}}{S_y} \tag{5-17}$$

t_b 服从 t 分布,可以通过 t 分布表查得显著性水平为 α,自由度为 $n-2$ 的数值 $t(\alpha/2, n-2)$。与之比较,若 t_b 的绝对值大于 t,表明回归系数显著性不为 0,参数的 t 检验通过,说明变量 x 和 y 之间线性假设合理。若 t_b 的绝对值小于或等于 t,表明回归系数为 0 的可能性较大,参数的 t 检验未通过,回归系数不显著,说明变量 x 和 y 之间线性假设不合理。

（四）点预测与区间预测

点预测是在给定了自变量的未来值 x_0 后，利用回归模型式（5-18）求出因变量的回归估计值 y'_0，也称为点估计。

$$y'_0 = a + bx_0 \quad (5-18)$$

通常点估计的实际意义并不大，由于现实情况的变化和各种环境因素的影响，预测的实际值总会与预测值产生或大或小的偏移，如果仅根据一点的回归就做出预测结论，这几乎是荒谬的。因此预测不仅要得出点预测值，还要得出可能偏离的范围。于是，以一定的概率 $1-\alpha$ 预测的 y 在 y'_0 附近变动的范围，称为区间预测。

数理统计分析表明，对于预测值 y'_0 而言，在小样本统计下（样本数据组 n 小于 30 时），置信水平为 $100(1-\alpha)\%$ 的预测区间为：

$$y'_0 \pm t(\alpha/2, n-2)S_0 \quad (5-19)$$

其中，$t(\alpha/2, n-2)$ 可以查 t 检验表得出。通常取显著性水平 $\alpha = 0.05$。

$$S_0 = S_y\sqrt{1 + \frac{1}{n} + \frac{(x_0 - \bar{x})^2}{\sum(x_i - \bar{x})^2}} \quad (5-20)$$

此外，根据概率论中的 3σ 原则，可以采取简便的预测区间近似解法，当样本 n 很大时，在置信度为 68.2%，95.4%，99.7% 的条件下，预测区间分别为：$(y'_0 - S_y, y'_0 + S_y)$，$(y'_0 - 2S_y, y'_0 + 2S_y)$，$(y'_0 - 3S_y, y'_0 + 3S_y)$。

【例 5-2】 2020 年某地区镀锌钢板需求量预测。2015 年某地区镀锌钢板消费量为 22.12 万吨，其主要应用于家电业、轻工业和汽车工业等行业，2006—2015 年当地镀锌钢板消费量及同期第二产业产值如表 5-5 所示。按照该地区"十三五"规划，"十三五"期间地方第二产业增长速度预计为 7%。请用一元线性回归方法预测 2020 年当地镀锌钢板的需求量。

表 5-5 2006—2015 年某地镀锌钢板消费量与第二产业产值

年份	镀锌钢板消费量（万吨）	第二产业产值（千亿元）
2006	7.50	1.681
2007	8.50	1.886
2008	11.00	1.931
2009	13.45	2.028
2010	15.32	2.274
2011	16.22	2.435
2012	17.13	2.523
2013	19.00	2.599
2014	21.01	2.614
2015	22.12	2.835

【解答】

(1) 建立回归模型。经过分析，发现该地区镀锌钢板消费量与第二产业产值之间存在线性关系，将镀锌钢板设为因变量 y，以第二产业产值为自变量 x，建立一元回归模型

$$y = a + bx$$

(2) 计算参数。采用最小二乘法，计算出相关参数：

各年第二产业产值 x 的平均值 $\bar{x} = \dfrac{\sum_{i=1}^{10} x_i}{n} = 2.28$（千亿元）

各年镀锌钢板消费量的平均值 $\bar{y} = \dfrac{\sum_{i=1}^{10} y_i}{n} = 15.13$（万吨）

$$\sum x_i y_i = 361.72$$

$$\sum x_i^2 = 53.32$$

$$b = \frac{\sum x_i y_i - \bar{x} \sum y_i}{\sum x_i^2 - \bar{x} \sum x_i} = 12.87$$

$$a = \bar{y} - b\bar{x} = -14.23$$

(3) 相关检验

$$R = \frac{\sum_{i=1}^{n}(x_i - \bar{x})(y_i - \bar{y})}{\sqrt{\sum_{i=1}^{n}(x_i - \bar{x})^2 \cdot \sum_{i=1}^{n}(y_i - \bar{y})^2}} = 0.978$$

在 $\alpha = 0.05$ 时，自由度 $= n - 2 = 10 - 2 = 8$，查相关系数表，得 $R_{0.05} = 0.632$。因为 $R = 0.978 > 0.632 = R_{0.05}$。

故在 $\alpha = 0.05$ 的显著性检验水平上，检验通过，说明第二产业产值与镀锌钢板需求量线性关系合理。相关计算表见表 5-6。

表 5-6 相关计算表

年份	第二产业产值（千亿元）x_i	实际消费量（万吨）y_i	$x_i - \bar{x}$	$y_i - \bar{y}$	$(x_i - \bar{x})(y_i - \bar{y})$	$(x_i - \bar{x})^2$	$(x_i - \bar{y})^2$
2006	1.681	7.50	−0.60	−7.63	4.57	0.36	58.14
2007	1.886	8.50	−0.39	−6.63	2.61	0.16	43.89
2008	1.931	11.00	−0.35	−4.13	1.44	0.12	17.02
2009	2.028	13.45	−0.25	−1.68	0.42	0.06	2.81
2010	2.274	15.32	−0.01	0.20	0.00	0.00	0.04
2011	2.435	16.22	0.15	1.10	0.17	0.02	1.20
2012	2.523	17.13	0.24	2.01	0.49	0.06	4.02

续表

年份	第二产业产值（千亿元）x_i	实际消费量（万吨）y_i	$x_i-\bar{x}$	$y_i-\bar{y}$	$(x_i-\bar{x})(y_i-\bar{y})$	$(x_i-\bar{x})^2$	$(x_i-\bar{y})^2$
2013	2.599	19.00	0.32	3.88	1.23	0.10	15.02
2014	2.614	21.01	0.33	5.89	1.96	0.11	34.63
2015	2.835	22.12	0.55	7.00	3.88	0.31	48.93
合计	22.806	151.25			16.78	1.30	225.69
平均值	2.281	15.13					

注：本表尾数误差系计算机自动圆整所致，因而手算结果与机算会有误差。

(4) t 检验

$$t_b = \frac{b}{S_b} = b\sqrt{\frac{\sum(x_i-\bar{x})^2}{\sum(y_i-y'_i)^2/(n-2)}} = 13.309$$

在 $\alpha=0.05$ 时，自由度 $=n-2=10-2=8$，查 t 检验表，得 $t(\alpha/2, 8) = t(0.025, 8) = 2.306$。

因为 $t_b = 13.309 > 2.306 = t(0.025, 8)$

故 $\alpha=0.05$ 在的显著性检验水平上，t 检验通过，说明第二产业产值与镀锌钢板需求量线性关系明显。

(5) 需求预测。根据当地经济发展规划，2016—2020 年当地第二产业年增长速度为 7%，则 2020 年地区第二产业产值将达到：

$$x_{(2020)} = (1+r)^5 \times x_{2015} = (1+7\%)^5 \times 2.835 = 3.976（千亿元）$$

于是，2020 年当地镀锌钢板需求点预测为：

$$y_{(2020)} = a+bx_{(2020)} = -14.23+12.869 \times 3.976 = 36.94（万吨）$$

区间预测：

$$S_0 = S_y\sqrt{1+\frac{1}{n}+\frac{(x_0-\bar{x})^2}{\sum(x_i-\bar{x})^2}} = 2.007$$

于是，在 $\alpha=0.05$ 的显著性检验水平上，2020 年镀锌钢板需求量的置信区间为：

$$y'_0 \pm t(\alpha/2, n-2)S_0 = 36.94 \pm t(0.025, 8)S_0 = 36.94 \pm 2.306 \times 2.007 = 36.94 \pm 4.63$$

即有 95% 的可能性在 (32.31, 41.57) 的区间内。

二、弹性系数法

弹性系数亦称弹性，弹性是一个相对量，它衡量某一变量的改变所引起的另一变量的相对变化。弹性总是针对两个变量而言的。例如，需求的价格弹性系数所考察的两个变量是某一特定商品的价格和需求量，而能源弹性则是考察经济总量指标与能源消费量之间的关系。

一般来说，两个变量之间的关系越密切，相应的弹性值就越大；两个变量越是不相关，相应的弹性值就越小。

而弹性分析方法处理经济问题的优点是简单易行，计算方便，计算成本低，需要的数据少，应用灵活广泛。但也存在某些缺点：一是其分析带有一定的局限性和片面性，计算弹性或作分析时，只能考虑两个变量之间的关系，而忽略了其他相关变量所产生的影响；二是弹性分析的结果在许多情况下显得比较粗糙，弹性系数可能随着时间的推移而变化，以历史数据推算出的弹性系数预测未来可能不准确，许多时候要分析弹性系数的变动趋势，对弹性系数进行修正。

（一）收入弹性

收入弹性就是商品价格保持不变时，该商品购买量变化率与消费者收入的变化率之比。因此可以把收入弹性表示为：

$$收入弹性＝购买量变化率／收入变化率 \qquad (5-21)$$

设 Q_1，Q_2，…，Q_n 为时期 1，2，…，n 的商品购买量；I_1，I_2，…，I_n 为时期 1，2，…，n 的收入水平；$\triangle Q$ 与 $\triangle I$ 分别为相应的变化量；则可按以下公式计算收入弹性 ε_1：

$$\varepsilon_1 = (\triangle Q/Q)/(\triangle I/I) \qquad (5-22)$$

在计算收入弹性时，应根据所研究的问题来决定采用什么收入变量，收入水平的衡量可以用国民收入，也可用人均收入或其他收入变量。一般来说，收入弹性为正数，即收入增加，购买量上升；收入减少，购买量下降。

【例 5-3】 某地区电冰箱消费需求预测。某地区 2013－2017 年电冰箱销售量和人均年收入见表 5-7，预计到 2022 年人均年收入较 2017 年增加 80%，人口增长控制在 0.3%，请用收入弹性法预测 2022 年电视机的需求量。

表 5-7 某地区 2013－2017 年电冰箱消费量和人均年收入

年份	人均收入（元/年）	人口（万人）	电冰箱销售量（万台）
2013	32600	725	6.12
2014	33580	729	6.23
2015	35860	734	6.38
2016	37650	738	6.54
2017	39120	742	6.71

【解答】

（1）计算电冰箱收入弹性系数见表 5-8。

表 5-8 某地区 2013—2017 年电冰箱消费收入弹性系数表

年份	较上年收入增长（%）	每万人电冰箱消费（台/万人）	每万人电冰箱消费增长（%）	收入弹性系数
2013		84.41		
2014	3.01	85.46	1.24	0.41
2015	6.79	86.92	1.71	0.25
2016	4.99	88.62	1.96	0.39
2017	3.90	90.43	2.04	0.52

从表 5-8 可以看出，2013—2017 年电冰箱消费收入弹性系数为 0.25～0.41，平均为 0.393。因此，取 2022 年的弹性系数为 0.393。

(2) 计算 2022 年该地区电冰箱的需求量增长率。以 2017 年为基数，2022 年人均年收入增长 80%；则每万人人均电冰箱消费增长为：

收入增长比例×收入弹性系数＝80%×0.393＝31.4%

(3) 计算 2022 年每万人电冰箱需求量。

2022 年每万人电冰箱需求量＝90.43×(1+31.4%)＝118.83（台）

(4) 计算 2022 年当地人口数量。

2022 年当地人口数量＝742×(1+0.3%)＝744（万人）

(5) 计算 2022 年电冰箱需求量。

2022 年当地电冰箱需求量＝744×118.83÷10000＝8.84（万台）

（二）价格弹性

价格弹性就是商品需求的价格弹性。某个商品需求的价格弹性是指当收入水平保持不变时，该商品购买量变化率与价格变化率之比。因此可以把价格弹性表示为：

$$价格弹性＝购买量变化率/价格变化率 \quad (5-23)$$

沿用收入弹性的符号，如果再设 P_1，P_2，…，P_n 为时期 1，2，…，n 的商品价格；$\triangle Q$ 与 $\triangle P$ 分别为相应的变化量；就可以得出价格弹性 ε_P 的计算公式：

$$\varepsilon_P=(\triangle Q/Q)/(\triangle P/P) \quad (5-24)$$

一般来说，价格弹性均为负数。这反映了价格的变动方向与需求量变动方向相反。价格上升，需求量就会下降；价格下降，需求量就会上升。

【例 5-4】某地区某品牌电冰箱消费需求预测。2010—2017 年某地区某品牌汽车消费量和平均销售价如表 5-9 所示，如果 2018 年该品牌汽车价格下降到 300150 元/辆，请用价格弹性系数法预测 2018 年该品牌汽车需求量。

表 5—9 某地区 2010—2017 年某品牌汽车消费量与价格

年份	汽车价格（元/辆）	汽车消费量（万辆）
2010	326000	12
2011	323860	13
2012	320120	16
2013	318400	19
2014	316690	21
2015	312480	23
2016	309320	27
2017	304150	29

【解答】

(1) 计算各年的汽车价格弹性系数，见表 5—10。

表 5—10 某地区 2010—2017 年某品牌汽车价格弹性系数

年份	汽车价格（元/台）	价格较上年增长（%）	汽车消费量（万台）	汽车消费较上年增长（%）	价格弹性系数
2010	326000		12		
2011	323860	−0.66	13	8.33	−12.62
2012	320120	−1.15	16	23.08	−20.07
2013	318400	−0.54	19	18.75	−34.72
2014	316690	−0.54	21	10.53	−19.50
2015	312480	−1.33	23	9.52	−7.16
2016	309320	−1.01	27	17.39	−17.22
2017	304150	−1.67	29	7.41	−4.44

从表 5—10 可以看出，2010—2017 年该地区汽车的价格弹性在 −4.44～−34.72 之间，取 2010—2017 年价格弹性系数的平均值 −16.53，作为 2018 年的价格弹性，即价格每降低 10%，需求量增长 165.3%。

(2) 计算 2010 年该地区的该品牌汽车需求增长率。

如果 2018 年价格降低到 300150 元/辆，较 2017 年价格降低了 1.32%，该品牌汽车需求量增长率为：

汽车价格下降率×价格弹性系数＝1.32%×16.53＝21.82%

(3) 计算 2018 年该品牌汽车需求量。

2018 年该品牌汽车需求量＝2017 年汽车销售量×（1＋汽车需求增长率）

$$= 29 \times (1+21.82\%) = 35 \text{（万辆）}$$

（三）能源需求弹性

能源需求弹性可以反映许多经济指标与能源需求之间的关系。能源消费可以分解为电力、煤炭、石油、天然气等消费，反映国民经济的重要指标包括社会总产值、国内生产总值、工农业总产值、国民收入、主要产品产量等，可按这些指标计算不同的能源弹性。

能源的国内生产总值弹性，是指能源变化率与国内生产总值变化率之比。因此可以把能源的国内生产总值弹性表示为：

能源的国内生产总值弹性＝能源消费量变化率／国内生产总值变化率　　（5－25）

如果设 $E_1, E_2, \cdots, E_n$ 为时期 $1, 2, \cdots, n$ 的能源消费量；$GDP_1, GDP_2, \cdots, GDP_n$ 分别为时期 $1, 2, \cdots, n$ 的国内生产总值；$\triangle E$ 与 $\triangle GDP$ 分别为相应的变化量；则能源的国内生产总值弹性的计算公式为：

$$\varepsilon_e = (\triangle E/E)/(\triangle GDP/GDP) \quad (5-26)$$

【例 5－5】 某企业 2020 年新鲜水需求预测。某企业 2017 年产值达到 20 亿元，当年新鲜水消耗量为 4500 吨。经分析，预计未来三年该企业将保持 10% 的速度增长，同期的新鲜水需求弹性系数为 0.46，请用弹性系数法预测 2020 年该市的新鲜水需求量。

【解答】

按照公式：$\varepsilon_e = (\triangle E/E)/(\triangle GDP/GDP)$，2018－2020 年新鲜水弹性系数为 0.46，则

2018－2020 年新鲜水需求增长速度＝0.46×10%＝4.6%

2020 年该市的新鲜水需求量＝$4500 \times (1+4.6\%)^3 = 5150$（吨）

三、消费系数法

消费系数是指某种产品在各个行业（或部门、地区、人口、群体、特定的用途等）的单位消费量。消费系数法是对某种产品在各个行业的消费数量进行分析，在了解各个行业规划产量的基础上，汇总各个行业的需求量，从而得出该产品的总需求量。

以部门或行业消费为例，预测的具体程序是：

分析产品 x 的所有消费部门或行业，包括现存的和潜在的市场。有时产品的消费部门众多，则需要筛选出主要的消费部门。

分析产品 x 在各部门或行业的消费量 x_i 与各行业产品产量 y_i，确定在各部门或行业的消费系数。

某部门的消费系数 e_i ＝某部门产品消费量 x_i／该部门产品的产量 y_i　　（5－27）

确定各部门或行业的规划产量,预测各部门或行业的消费需求量。

$$部门需求量 x'_i = 部门规划生产规模量 y'_i \times 该部门消费系数 e_i \quad (5-28)$$

汇总各部门的消费需求量。

$$产品总需求量 x' = \sum 各部门需求量 x'_i \quad (5-29)$$

【例 5-6】 某地区车用汽油市场预测。2015 年某地区各类汽车消耗车用汽油 208.76 万吨。其具体消耗见表 5-11,预计 2020 年当地各类车保有量分别是:私人轿车 25 万辆,出租车 6 万辆,商务用车 8 万辆,其他车辆 3 万辆。假定各类车辆年消耗汽油不变,请用消费系数法预测 2020 年车用汽油需求量。

表 5-11　2015 年某地区车用汽油消费量

项目	私人轿车	出租车	商务用车	其他车辆	合计
车辆保有量（万辆）	17.40	8.52	5.99	6.30	38.21
年消耗汽油（万吨）	55.62	66.33	51.68	35.13	208.76

【解答】

(1) 首先计算各类车年汽油消耗量。

$$每辆私人轿车年汽油消耗量 = \frac{2015 年私人轿车年汽油消耗量}{私人轿车保有量} = \frac{55.62}{17.40}$$
$$= 3.20 \, [吨/（辆 \cdot 车）]$$

类似,

$$每辆出租车年汽油消耗量 = 7.79 \, [吨/（辆 \cdot 车）]$$

$$每辆商务用车年汽油消耗量 = 8.63 \, [吨/（辆 \cdot 车）]$$

$$每辆其他车年汽车消耗量 = 5.58 \, [吨/（辆 \cdot 车）]$$

(2) 计算各类车 2020 年年汽油消耗量。

$$2020 年私人轿车年汽油消耗量 = 2020 年私人轿车保有量 \times 私人轿车年汽油消耗量$$
$$= 25 \times 3.20 = 79.91 \,（万吨）$$

类似,　　　$$2020 年出租车年汽油消耗量 = 46.71 \,（万吨）$$

$$2020 年商务用车年汽油消耗量 = 69.02 \,（万吨）$$

$$2020 年其他车年汽油消耗量 = 16.73 \,（万吨）$$

(3) 汇总各类车辆汽油需求量,于是,2020 年车用汽油需求量为 212.38 万吨。

四、购买力估算法

购买力估算法是通过分析社会居民总购买力,分析购买力投向、导出对某种产品的需求量。常用于预测对消费品的需求。

1. 预测居民的预期购买力：

居民的预期购买力＝居民的预期货币收入－税收支付－
存款净增额－其他非商品支出 　　　　　(5－30)

2. 分析预测居民对某类商品的购买支出在总商品支出中所占的比例。

3. 分析预测居民对某种商品的购买力支出在某类商品支出中所占的比例，即预测期对某种商品的需求量应为：

预测期某种商品的需求量＝预期居民商品购买力×（用于购买某类商品的支出/
购买商品总支出）×（用于购买某种商品的支出/
购买某类商品的支出） 　　　(5－31)

【例5－7】 预测某地区今后三年的洗衣机的需求潜在量。据预测，某地区居民消费品购买力在今后三年每年递增7%，洗衣机在消费中的比重每年递增10%。目前，该地区居民消费购买力为200亿元，洗衣机在消费品中的比重为2‰，洗衣机价格为2000元/台，预计在今后三年内变动不大，试预测该地区今后四年洗衣机的需求潜在量。

【解答】

第一年洗衣机的需求潜在量为：

$$200 \times 10^8 \times (1+7\%) \times 2‰ \times (1+10\%) \div 2000 = 23540 (台)$$

第二年洗衣机的需求潜在量为：

$$200 \times 10^8 \times (1+7\%)^2 \times 2‰ \times (1+10\%)^2 \div 2000 = 27707 (台)$$

第三年洗衣机的需求潜在量为：

$$200 \times 10^8 \times (1+7\%)^3 \times 2‰ \times (1+10\%)^3 \div 2000 = 32611 (台)$$

第四年洗衣机的需求潜在量为：

$$200 \times 10^8 \times (1+7\%)^4 \times 2‰ \times (1+10\%)^4 \div 2000 = 38383 (台)$$

第四节 延伸预测法

一、简单移动平均法

移动平均法分为简单移动平均法和加权移动平均法。简单移动平均法是以过去某一时期的数据平均值作为将来某时期预测值的一种方法。该方法对过去若干历史数据求算数平均数，并把该数据作为以后时期的预测值。而加权移动平均法是在简单移动平均法的基础上，给不同时期的变量值赋予不同的权重来计算预测值。

(一) 简单移动平均公式

简单移动平均可以表达为：

$$F_{t+1} = \frac{1}{n} \sum_{i=t-n+1}^{t} x_i \tag{5-32}$$

其中，F_{t+1} 是 $t+1$ 时的预测数，n 是在计算移动平均值时所使用的历史数据的数目，即移动时段的长度。

为了进行预测，需要对每一个 t 计算出相应的 F_{t+1}，所有计算得出的数据形成一个新的数据序列。经过两到三次同样的处理，历史数据序列的变化模式将会被揭示出来。这个变化趋势较原始数据变化幅度小，因此，移动平均法从方法论上分类属于平滑技术。

(二) n 的选择

采用移动平均法进行预测，用来求平均数的时期数 n 的选择非常重要。这也是移动平均的难点。事实上，不同 n 的选择对所计算的平均数影响较大。N 值越小，表明对近期观测值预测的作用越重视，预测值对数据变化的反应速度也越快，但预测的修匀程度较低，估计值的精度也可能降低；反之，n 值越大，预测值的修匀程度越高，但对数据变化的反应程度较慢。因此，n 值的选择无法二者兼顾，应视具体情况而定。

不存在一个确定的时期 n 值的规则。n 一般在 3～200 之间，视序列长度和预测目标情况而定。一般水平型数据，n 的取值较为随意；一般情况下，如果考虑到历史序列的基本发展趋势变化不大，则 n 应取大一点；对于具有趋势性或阶跃型特点的数据，为提高预测值对数据变化的反应速度，减少预测误差，n 值取较小一些；如果预测目标的趋势正在不断发生变化，则 n 应选小一点，以使移动平均值更能反映目前的发展变化趋势。

(三) 简单移动平均法的应用范围

简单移动平均法只适用于短期预测，在大多数情况下只用于以月度或周为单位的近期预测。简单移动平均法的另外一个主要用途是对原始数据进行预处理，以消除数据中的额异常因素或除去数据中的周期变动成分。

简单移动平均法的主要优点是简单易行、容易掌握。其缺点是：只是在处理水平型历史数据时才有效，每计算一次移动平均需要最近的 n 个观测值。而在现实经济生活中，历史数据的类型远比水平型复杂，这就大大限制了简单移动平均法的应用范围。

【例 5-8】 某企业品牌手机销售量预测。某企业 2017 年 1～12 月品牌手机销售量如表 5-12 所示，请用简单移动平均法预测下一年第一季度该企业的品牌手机销售量（$n=3$）。

表 5－12 移动平均法计算表

序号	月份	实际销售量 x_t（万台）	3个月移动平均预测
1	1	29	—
2	2	37	—
3	3	51	—
4	4	56	39
5	5	62	48
6	6	72	56
7	7	66	63
8	8	59	67
9	9	52	66
10	10	47	59
11	11	41	53
12	12	49	47

【解答】

采用3个月移动平均法，下一年1月品牌手机销售量预测：

$$Q_1 = \frac{X_{10}+X_{11}+X_{12}}{3} = \frac{59+53+47}{3} = 53（万台）$$

2月品牌手机销售量预测：

$$Q_2 = \frac{X_{11}+X_{12}+Q_1}{3} = \frac{53+47+53}{3} = 51（万台）$$

3月品牌手机销售量预测：

$$Q_3 = \frac{X_{12}+Q_1+Q_2}{3} = \frac{47+53+51}{3} = 50（万台）$$

则下一年第一季度品牌手机销售量预测为：

$$Q = Q_1+Q_2+Q_3 = 53+51+50 = 154（万台）$$

为了使预测更符合当前的发展趋势，可以采用加权移动平均法。即将不同时期的序列给予不同的权重。如对预测的前一期、前二期和前三期分别赋予3、2、1的权重，则：

下一年1月品牌手机销售量预测：

$$Q_1 = \frac{X_{10}+2X_{11}+3X_{12}}{6} = \frac{59+2\times53+3\times47}{6} = 51（万台）$$

2月品牌手机销售量预测：

$$Q_2 = \frac{X_{11} + 2X_{12} + 3Q_1}{6} = \frac{53 + 2 \times 47 + 3 \times 51}{6} = 50 \text{（万台）}$$

3月品牌手机销售量预测：

$$Q_3 = \frac{X_{12} + 2Q_1 + 3Q_2}{6} = \frac{47 + 2 \times 51 + 3 \times 50}{6} = 50 \text{（万台）}$$

则下一年第一季度品牌手机销售量预测为：

$$Q = Q_1 + Q_2 + Q_3 = 51 + 50 + 50 = 151 \text{（万台）}$$

二、指数平滑法

指数平滑法又称指数加权平均法，实际是加权移动平均法的一种变化，它是选取各时期权重数值为递减指数数列的均值方法。指数平滑法解决了移动平均法需要 n 个观测值和不考虑 $t-n$ 前时期数据的缺点，通过某种平均方式，消除历史统计序列中的随机波动，找出其中主要的发展趋势。

（一）指数平滑法公式

根据平滑次数的不同，指数平滑有一次指数平滑、二次指数平滑、三次指数平滑和高次指数平滑。

对时间序列 $x_1, x_2, x_3, \cdots, x_t$，一次平滑指数公式为：

$$F_t = \alpha x_t + (1-\alpha) F_{t-1} \tag{5-33}$$

其中，α 是平滑系数，$0 < \alpha < 0$；x_t 是历史数据序列 x 在 t 时的观测值；F_t 和 F_{t-1} 是 t 时和 $t-1$ 时的平滑值。

一次指数平滑法（Single Exponential Smoothing）又称简单指数平滑，是一种较为灵活的时间序列预测方法，这种方法在计算预测值时对于历史数据的观测值给予不同的权重。这种方法与简单移动平均法相似，都能够提供简单适时的预测。两者之间的区别在于简单指数平滑法对先前预测结果的误差进行了修正。

一次指数平滑法适用于市场观测呈水平波动，无明显上升或下降趋势情况下的预测，它以本期指数平滑值作为下期的预测值，预测模型为：

$$x'_{t+1} = F_t \tag{5-34}$$

亦即：

$$x'_{t+1} = ax_t + (1-a) x'_t \tag{5-35}$$

（二）平滑系数 α

平滑系数 α 实际上是前一预测值（或观测值）和当前预测值（或观测值）之间的权重。当 α 接近于 1 时，新的预测值对前一个预测值的误差进行了较大的修正；当 $\alpha=1$ 时，$F_{t+1}=x_t$，即 t 期平滑值就等于 t 期预测值；而当 α 接近于 0 时，新预测值只包含较小的误差修正因素；当 $\alpha=0$ 时，$F_{t+1}=F_t$，即本期预测值就等于上期预测值。研究表明，大的 α 值导致较小的平滑效果，而较小的 α 值会产生客观的平滑效果。因此，在简单指数平滑方法的应用过程中，α 值对预测结果所产生的影响不亚于简单移动平均法中 n 的影响。

一般情况下，观测值呈较稳定的水平发展，α 值取 0.1～0.3 之间；观测值波动较大时，α 值取 0.3～0.5 之间；观测值波动很大时，α 值取 0.5～0.8 之间。

（三）初始值 F_0 的确定

从指数平滑法的计算公式可以看出，指数平滑法是一个迭代计算过程，用该法进行预测，首先必须确定初始值 F_0，实质上它应该是序列起点 $t=0$ 以前所有历史数据的加权平均值。由于经过多期平滑，特别是观测期较长时，F_0 的影响作用就相当小，故在预测实践中，一般采用这样的方法处理：当时间序列期数在 20 个以上时，初始值对预测结果的影响很小，可用第一期的观测值代替，即 $F_0 = x_1$；当时间序列期数在 20 个以下时，初始值对预测结果有一定的影响，可取前 3～5 个观测值的平均值代替，如：$F_0 = (x_1 + x_2 + x_3)/3$。

（四）指数平滑法的程序

指数平滑法的程序如图 5-5 所示。

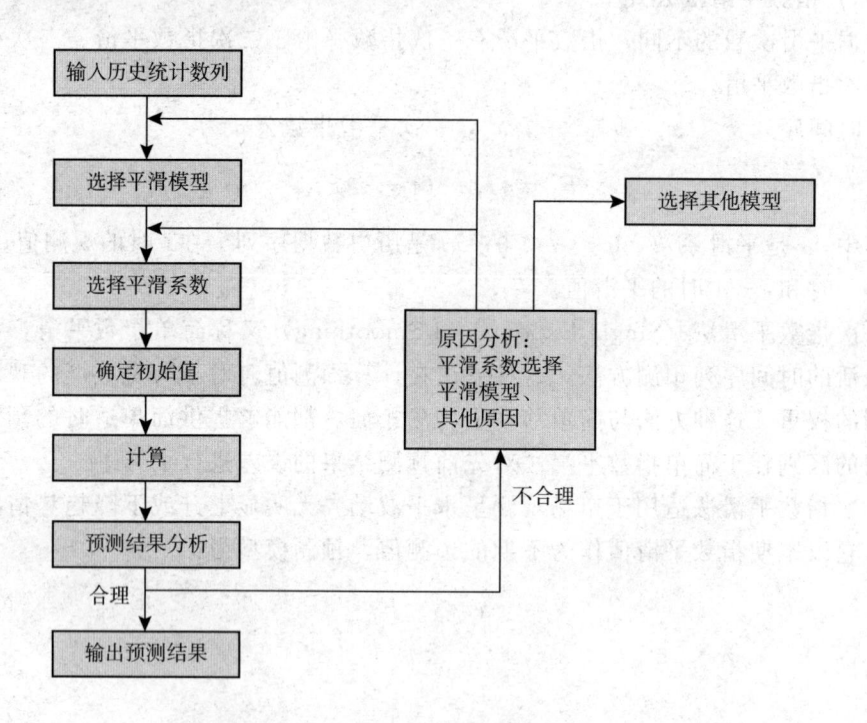

图 5-5 指数平滑法工作流程图

【例 5-9】 某电子企业电力消耗量预测。1～12 月，某电子企业电力消耗量见表 5-13。请用一次平滑指数法预测明年 1 月的电力需求量（取 0.5）。

表 5-13 某企业电力消费表

月份	t	月消耗量 x_t（万千瓦时）	月份	t	月消耗量 x_t（万千瓦时）
1	1	37.97	7	7	72.54
2	2	53.33	8	8	78.88
3	3	59.56	9	9	75.47
4	4	58.77	10	10	79.63
5	5	61.41	11	11	89.99
6	6	61.39	12	12	89.78

【解答】

首先，计算初始平滑值：

$$F_0 = (x_1 + x_2 + x_3)/3 = (37.97 + 53.33 + 59.56)/3 = 50.29（万千瓦时）$$

按照指数平滑法的计算公式，得出：

$$F_1 = \alpha x_1 + (1-\alpha) F_0 = 0.5 \times 37.97 + (1-0.5) \times 50.29 = 44.13（万千瓦时）$$

$$F_2 = \alpha x_2 + (1-\alpha) F_1 = 0.5 \times 53.33 + (1-0.5) \times 44.13 = 48.73（万千瓦时）$$

$$F_3 = \alpha x_3 + (1-\alpha) F_2 = 0.5 \times 59.56 + (1-0.5) \times 48.73 = 54.15（万千瓦时）$$

$$\cdots$$

$$F_{12} = 86.60（万千瓦时）$$

于是，明年1月该企业电力需求量 $x'_{13} = F_{12} = 86.60$ 万千瓦时，见表 5-14。

表 5-14 指数平滑表

月份	时序 t	月消费量 X_t（万千瓦时）	一次指数平滑值 F_t（万千瓦时）	预测值（万千瓦时）
	0		50.29	
1	1	37.97	44.13	50.29
2	2	53.33	48.73	44.13
3	3	59.56	54.15	48.73
4	4	58.77	56.46	54.15
5	5	61.41	58.94	56.46
6	6	61.39	60.16	58.94
7	7	72.54	66.35	60.16
8	8	78.88	72.62	66.35
9	9	75.47	74.05	72.62
10	10	79.63	76.84	74.05
11	11	89.99	83.42	76.84
12	12	89.78	86.60	83.42
明年1月	13			86.60

第五节 竞争能力分析

一、行业竞争结构分析

行业竞争结构是指行业内企业的数量和规模的分布。一般按市场集中程度、进入和退出障碍、产品差异和信息完全程度等方面体现的不同特征分为完全竞争、寡头垄断、双头垄断、完全垄断四种类型。四种竞争结构的特征见表5-15。

表5-15 四种竞争结构的特征

特征＼类型	完全竞争	寡头垄断	双头垄断	完全垄断
市场集中度	大量公司	一些公司	两家公司	一家公司
进入和退出障碍	无障碍	明显障碍		严重障碍
产品差异	同质产品	有潜在的产品差异可能		
信息	完全信息流	信息不能完全获得		

（一）五因素分析模型

20世纪80年代，哈佛大学教授迈克尔·波特在其名著《竞争策略》中，提出了一种结构化的竞争能力分析法。波特认为一个行业中的竞争存在五种基本的竞争力量，即潜在的进入者、替代品的威胁、客户讨价还价的能力、供应商讨价还价的能力以及现有竞争对手之间的抗衡。供应商和购买者之间讨价还价可视为来自"纵向"的竞争，其他三种力量视为"横向"的竞争（图5-6）。

1. 行业新进入者的威胁

指行业新进入者对行业已有企业的威胁，行业新进入者可能会挤占一部分现有企业的市场份额，减少原有的市场集中度；或是带来了行业原有资源供应的竞争，引起行业生产成本的上升，导致现有企业利润下降。威胁的大小取决于行业的进入障碍和可能遭遇的现有企业的反击策略。

2. 供应商讨价还价的能力

指供应商通过提高投入要素价格与降低单位价值质量的能力来影响行业中现有企业的盈利能力与产品竞争力。影响企业与供应商之间关系及其竞争优势的因素，包括供应商的数量、品牌、产品特色和价格，企业在供应商的战略地位，供应商之间的关系，从供应商中间转移的成本，购买者采购的部件或原材料产品占其成本的比例，各买方之间是否有联合等。

3. 替代品的威胁

替代品是指能够满足客户需求的其他产品或服务，新技术或社会需求的变化往往导致新产品的出现，替代原有的产品，缩短了原有产品的生命周期，也影响了原有产品的定价与盈利水平。替代品的威胁主要包括三个方面：替代品在价格上的竞

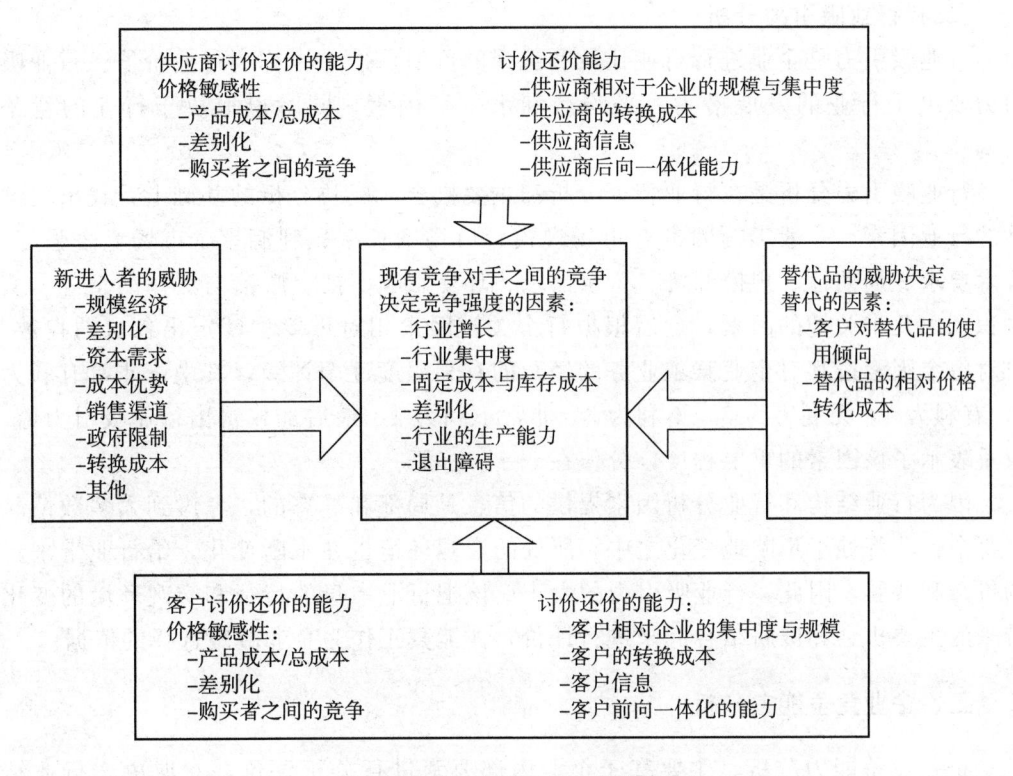

```
┌─────────────────────────────────────────────────────────┐
│ 供应商讨价还价的能力        讨价还价能力                │
│ 价格敏感性                  -供应商相对于企业的规模与集中度│
│   -产品成本/总成本          -供应商的转换成本            │
│   -差别化                   -供应商信息                  │
│   -购买者之间的竞争         -供应商后向一体化能力        │
└─────────────────────────────────────────────────────────┘
                              ↓
┌──────────────┐    ┌──────────────────┐    ┌──────────────┐
│新进入者的威胁│    │现有竞争对手之间的竞争│   │替代品的威胁决定│
│ -规模经济    │    │决定竞争强度的因素：│    │替代的因素：    │
│ -差别化      │    │  -行业增长       │    │ -客户对替代品的使│
│ -资本需求    │ →  │  -行业集中度     │ ←  │  用倾向        │
│ -成本优势    │    │  -固定成本与库存成本│  │ -替代品的相对价格│
│ -销售渠道    │    │  -差别化         │    │ -转化成本      │
│ -政府限制    │    │  -行业的生产能力 │    │               │
│ -转换成本    │    │  -退出障碍       │    │               │
│ -其他        │    │                  │    │               │
└──────────────┘    └──────────────────┘    └──────────────┘
                              ↑
┌─────────────────────────────────────────────────────────┐
│ 客户讨价还价的能力          讨价还价的能力：              │
│ 价格敏感性                  -客户相对企业的集中度与规模  │
│   -产品成本/总成本          -客户的转换成本              │
│   -差别化                   -客户信息                    │
│   -购买者之间的竞争         -客户前向一体化的能力        │
└─────────────────────────────────────────────────────────┘
```

图 5-6 波特五因素模型

争力、替代品质量和性能的满意度、客户转向替代品的难易程度。替代品对企业不仅有威胁，也可以带来新机会。如果企业技术创新能力强，能够率先推出性价比高的新产品，就可以在竞争中保持领先优势。

4. 现有企业的竞争

这是五因素中最重要的竞争力量。包括行业内竞争者的数量、均衡程度、增长速度、固定成本比例、产品或服务的差异化程度、退出壁垒等，现有企业的竞争决定了一个行业内的竞争激烈程度。同时，还要考虑竞争者目前的战略及未来可能的变化、竞争者对风险的态度、竞争者的核心竞争力等方面。

5. 客户讨价还价的能力

客户要求企业降低价格，提供更高质量的产品和服务。并使行业内的企业相互独立，从而导致行业盈利水平的降低。客户讨价还价的能力取决于客户的集中程度、产品市场的集中程度、客户自身垂直整合能力、客户对产品的了解、市场供求情况等因素。

从战略形成的角度看，五种竞争力量共同决定行业的竞争力和获利能力。对同一行业或不同行业的不同时期，各种力量的作用是不同的。显然，最危险的环境是进入壁垒低、存在替代产品、由供应商或者客户控制、行业内竞争激烈的市场环境。行业的领先企业可以通过战略调整来改变行业的竞争格局，谋求相对优势地位，从而获得更高的盈利。

（二）行业吸引力分析

行业吸引力是企业进行行业比较和选择的价值标准，也称为行业价值。行业吸引力取决于行业的发展潜力、平均盈利水平等因素，同时也取决于行业的竞争结构。

行业吸引力分析是在行业特征分析和主要机会、威胁分析的基础上，找出关键性的行业因素。一般影响因素有市场规模、市场增长率、利润率、市场竞争强度、技术要求、周期性、规模经济、资金需求、环境影响、社会政治与法律因素等。从中识别出几个关键的因素，然后根据每个关键因素相对重要程度定出各自的权数，再对每个因素按其对企业某项业务的经营的有利程度逐个评级，其中：非常有利为5，有利为4，无利害为3，不利为2，非常不利为1，最后加权得出行业吸引力值。权重表示了该因素的重要程度，分值在0～1之间。

因为行业结构和行业分析因素提供的信息是局部和静态的，考虑到大多数情况下每个行业都处于不断地变化之中，所处的宏观环境也在不断变化，给行业带来新的机会和威胁，因此，行业吸引力的大小应该把行业本身的特征和宏观环境的变化带来的主要机会和威胁结合起来进行评价，才能真正作为企业战略选择的依据。

二、企业竞争能力分析

企业竞争能力分析，主要基于企业内部要素进行分析评价，它取决于行业结构和企业相对市场竞争地位。企业竞争地位可以通过一些信号反映出来，涉及因素包括行业竞争能分析与竞争对手分析两个层面，前者揭示了行业中各企业关键的成功要素和区别行业成功者的重要因素，后者提供了判断竞争企业强势和能力的信息。

企业竞争能力分析工具主要包括竞争态势矩阵和企业核心竞争力分析等。

（一）竞争态势矩阵

竞争态势矩阵（Competition Position Matrix，CPM），是通过行业内关键战略因素的评价比较，分析企业的主要竞争对手及相对于企业的战略地位、所面临的机会与风险大小，为企业制定战略提供竞争优势的分析工具。分析步骤如下：

1. 首先确定行业中的关键战略因素。如市场份额、生产规模、设备能力、研发水平、财务状况、管理能力、成本水平等，这些是行业的关键成功要素和竞争优势的决定因素。不同行业的关键成功因素可能完全不同，比如对华为、联想、中兴等科技密集型行业，申请一定数量的专利证书是其保持核心竞争力的关键战略，而对于传统的钢铁、石化、发电等资源密集型企业，获得一定数量的资源则是其保持核心竞争力的关键。

2. 根据每个因素在该行业中成功经营的重要程度，确定每个因素的权重，从0（最不重要）到1（最重要），权重和为1。同一因素在不同行业的权重可能是不同的，反映了该指标对不同行业竞争成功的重要性不同。

3. 筛选出主要竞争对手，按每个指标对企业进行划分。对该行业中各竞争者在每个要素上的能力相对强弱进行评价，评价分数为 1（最弱），2（较弱），3（相同），4（较强），5（最强），在特定指标上得分最高的企业就拥有在那个指标上的竞争优势，其得分与其竞争对手得分的差值反映了其优势的大小。

4. 将各要素的评价值与相应的权重相乘，得出加权评分值。

5. 汇总得到企业的总加权分，通过比较确定处于竞争能力最强和最弱地位的公司，以及被评价公司之间竞争优势的差异。

（二）核心竞争能力分析

1. 基本概念

核心竞争能力是一家企业在竞争中拥有的比其他企业更具优势的关键资源或活动，它具有竞争对手难以模仿、不可移植，不随员工离开而流失的特点，它对公司的竞争力、市场地位和盈利能力起着至关重要的作用。在实践中，不同企业所表现出来的核心竞争力是多种多样的：如独特的企业文化，生产高质量产品的技能，创建和操作一个能够快速而准确的客户订单系统的技能，生产高质量产品的技能，良好的售后服务能力等。

核心竞争能力对战略制定的重要意义在于：它能够给公司带来具有宝贵竞争价值的能力，具有成为公司战略基石的潜力，为公司带来竞争优势。

2. 成功关键因素分析

竞争成功关键因素是指影响企业在市场上盈利能力的主要因素，是企业在特定市场盈利能力的主要因素，是企业在特定市场上必须拥有的技能、条件或资产。他们可能是产品价格优势、产品性能优势，或是一种资本结构和消费组合，也可以是企业纵向一体化的行业结构。如产品性能、竞争力、能力、市场表现等。

处于不同行业的企业，其竞争成功关键要素可能存在较大差异，即使在同一行业，在不同的发展时期，其成功的关键要素也会发生变化（表5-16）。

表5-16 不同行业的竞争成功关键要素

行业	竞争关键成功要素
技术类	科研专家、科技创新能力、产品创新能力、在既定技术上的应用能力、网络营销能力等
制造类	生产成本低、生产能力利用率高、劳工技能高、产品设计能力强等
资源加工类	自然资源的控制能力、财务融资能力、成本控制能力
日用消费品制造	品质管理、品牌建设、成本控制、销售网络等
分销类	强大的批发网/特约经销商网络、公司控制的零售点、拥有自己的分销渠道和网点、低销售成本、快速配送等
服务类	有利的公司形象/声誉、总成本很低、便利的设施选址、礼貌的员工、融资能力

企业竞争成功关键因素分析主要用来解决如下一些问题：顾客选择产品的因素、企业竞争成功具备的资源和能力、企业获得持续竞争优势的因素。成功企业一般在行业主要成功关键因素上都会保持竞争力，同时至少要在一项因素上超群。

【例5-10】 房地产企业A在某城市主要经营高端住宅项目，该城市高端住宅市场竞争激烈，A地产企业与主要的竞争对手B、C的竞争态势矩阵如表5-17所示。

表5-17　A、B、C公司的竞争态势矩阵

序号	关键竞争因素	权重	得分 A公司	得分 B公司	得分 C公司
1	项目规模	0.20	5	4	4
2	建造能力	0.15	3	5	3
3	产品质量	0.20	5	4	5
4	成本优势	0.15	5	1	4
5	配套能力	0.20	5	4	3
6	区位优势	0.10	1	4	3

【问题】

为了进一步拓展业务范围，A公司欲进入该城市的中端住宅市场，为此委托了一家咨询公司，咨询公司认为，目前该城市中端住宅市场已经成熟，市场条件完善，正是进入该市场的最佳时机。

（1）与B、C公司相比，A公司的竞争优势体现在哪里？

（2）根据咨询公司提出的意见，试判断该城市的中端住宅市场处于产品的哪个生命周期？

（3）A公司是否应该接受咨询公司的建议，并说明理由。

【解答】

（1）该城市高端住宅市场的竞争态势矩阵如表5-18所示：

表5-18　高端住宅市场的竞争态势矩阵

序号	关键竞争因素	权重	A公司 得分	A公司 加权值	B公司 得分	B公司 加权值	C公司 得分	C公司 加权值
1	项目规模	0.20	5	1.00	4	0.80	4	0.80
2	建造能力	0.15	3	0.45	5	0.75	3	0.45
3	产品质量	0.20	5	1.00	4	0.80	5	1.00
4	成本优势	0.15	5	0.75	1	0.15	4	0.60
5	配套能力	0.20	5	1.00	4	0.80	3	0.60
6	区位优势	0.10	1	0.10	4	0.40	3	0.30
		1.00		4.30		3.70		3.75

从计算结果来看，A公司的加权强势得分为4.3分，B公司的加权强势得分为3.7分，C公司的加权强势得分为3.75分，因此可以看出，A公司的竞争实力要明显强于B、C公司。

（2）该城市的中端住宅市场处于产品生命期的成熟期。

（3）A公司不应接受咨询公司的建议。因为进入某产品市场最佳时期是成长

期。在成熟期，市场竞争激烈，企业进入的门槛很高。A公司的资金和技术实力较为薄弱，不适合在成熟期进入中端住宅市场。

第六节 价值链分析

一、基本原理

价值链由美国哈佛大学教授迈克尔·波特于1958年首先提出，他认为"每个企业都是在设计、生产、销售、交货和维护其产品的一整套流程中进行各种活动的集合体"。所有活动都是通过价值链来表示。企业的价值创造是通过所有的价值活动构成的。这些创造价值的经营活动，就是价值链上的"战略环节"，企业只有在其价值链上特定环节拥有竞争优势才能保持其长期竞争优势。

运用价值链分析法开展企业竞争优势研究就是将竞争优势研究有针对性地渗透到价值链的各个环节，分析各环节的运作情况，而后确定企业在哪些特定环节具有竞争优势，抓住关键环节进行竞争优势研究，辅助企业的战略管理。

二、分析步骤

价值链分析法即要求对企业每项价值活动进行分析，以发现企业存在的优势和劣势。同时，分析各项活动的内部联系，这些联系以整体活动最优化和协同的方式给企业带来优势。具体步骤如下：

1. 识别企业价值活动

企业的经营活动可分为基本活动和辅助活动两大类（如图5-7）。

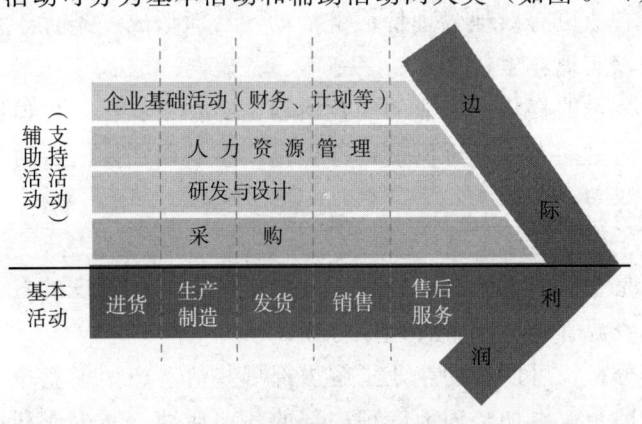

图5-7 价值链结构模型

基本活动是指在物质形态上制造产品、销售和发送至客户手中以及在售后服务中所包含的各种活动，它直接创造价值并将价值传递给客户。其中：①原材料进货，是指与接收、存储、分配原材料相关联的各种活动；②生产，是指将各种投入转化为最终产品的各种活动；③销售，是指吸引客户购买其产品或服务并为其提供方便的各种活动；④发货，是指将产品发送给购买者的相关联的各种活动；⑤售后服务，是指向客户提供的提高或维持产品价值的活动。

辅助活动是为基本活动提供支撑条件，提高基本活动绩效水平并相互支持的活动，它不直接创造价值。其中：①采购，是指购买企业价值链所需的各种投入的活动；②研究与开发，是指由致力于改进产品或改进工艺的一系列活动组成，目的是提高产品价值及生产效率；③人力资源管理，是指与员工招聘、培训、考核以及工资福利待遇有关的活动；④企业基础活动，指一般管理、计划、财务、法律事务、质量管理、公共事务等活动，支持整个价值链。

虽然企业的价值活动有基本活动和辅助活动之分，但它们并不是相互独立的，而是相互影响、相互联系的有机统一体。同时，它们之间的联系也体现和决定了来自各环节的竞争优势之间的联系。在识别各价值活动时，应对各活动之间的相互联系进行分析，考察每种活动对其他活动的影响。

2. 确定活动的价值

企业作为一个整体，其竞争优势可能来源于研发、设计、采购、生产、人力资源管理、营销、服务等活动过程，也可能来自于价值链活动中某两个或几个活动之间的联系，或者某个活动的细分活动。但在企业的众多价值活动中，只有某些特定的活动或活动之间的联系创造了企业价值，具有竞争优势。在活动被分解和识别后，对每一活动进行评价，找出从事该项活动所消耗的成本以及产生的价值，并分析投入与产出是否相称，从而确定企业价值链上每个活动的价值。

3. 改进价值链活动

根据企业价值链上每个活动的价值，对本企业的活动进行重新配置和改善，比如放弃不必要或价值不大的活动、合并同性质的活动、调整活动的先后顺序等，通过比同行业其他企业更有效地管理价值链活动，从而形成一条优于竞争对手的理想价值链，公司可以实现竞争优势。

随着内外部环境的变化，企业的经营活动也会发生变化，价值链也会随之发生改变。因此，应适时动态地对价值链进行调整，重新识别价值活动及相互联系。

三、价值链分析应用

价值链分析是企业的重要战略管理工具，应用于企业管理的各个环节，较多地用在战略管理、资源管理、成本管理等方面。

通过价值链分析，可以帮助企业了解内部哪些活动产生了竞争优势，找出管理的重点，从而帮助企业更加合理地管理内部的各项活动，减少或利用外部资源来管理非价值性活动。价值链分析同时提供了对复杂内外部环节的考察，利用它评估竞争优势，评价企业在行业中的地位及其相对优势。

【例5—11】 制造企业价值链分析（如图5—8）。

【解答】

1. 基本活动

（1）原料供应。这是生产制造前的准备工作，按照生产计划安排，将相应的原

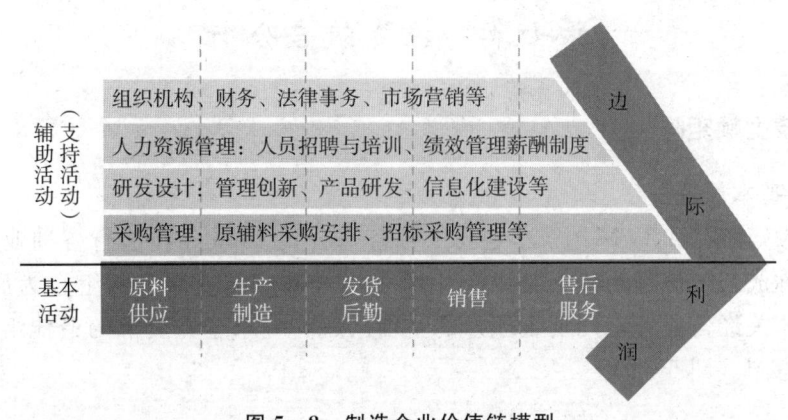

图 5-8 制造企业价值链模型

辅材料准备妥当。原辅材料需要满足生产产品的规格、型号、质量等。

（2）生产制造。这是制造类企业的核心，在规定时间内保证产品的质量和数量，同时要将生产成本控制在合理的范围内。

（3）发货运输。发货运输是将产品运往各销售网点重要环节。运输网络应选择合理的运输方式，规划运输路径，综合利用自有运输和第三方运输班网络，最大限度地降低货物运输成本。

（4）销售。企业将产品出售给顾客的过程，其中，为顾客细致周到的详解产品、产品的价格、售中服务等都是影响顾客购买产品的主要因素，因此要建立一套完整的销售制度是制造企业的不可或缺的。

（5）售后服务。售后服务是企业销售后续的服务，是提高顾客忠诚度的一种重要手段。衡量售后服务是否有效，主要包括以下几个方面：客户满意度，对客户满意度进行追踪调查和评估，是持续改善服务的关键；构建售后服务系统，建立客户资料库，不定期进行意见反馈，为客户提供个性化服务；接受并妥善解决各种售后服务意见和建议等。

2. 辅助活动

（1）基础活动。包括综合计划、财务管理、法律事务、市场营销、企业文化等。制造企业应该以制造出满足顾客需求的产品为目的，为顾客提供优质的服务，制造企业的产品是竞争的关键，而产品的"质量至上"是制造类企业的核心，因此，企业围绕产品建立完善的质量管理体系、高效的市场营销网络等。

（2）人力资源管理。企业的人力资源管理包括人力资源计划、岗位人员配置、人员招聘和培训、绩效考核、薪酬制度等。

（3）研发管理。企业的研发管理主要包括企业内部的研发制度、新产品研发计划、以及信息化建设等。

（4）采购管理。主要包括原辅材料的采购计划安排、企业设备设施的招标采购管理、物流仓储管理等。

第七节　投资组合分析

一、波士顿矩阵

(一) 基本原理

波士顿矩阵（BCG Matrix）是波士顿咨询公司1960年在进行咨询业务时提出来的，也称成长－份额矩阵，是以企业经营的全部产品或服务的组合为研究对象，分析企业相关经营业务之间现金流量的平衡问题，寻求企业资源的最佳组合。波士顿矩阵示意图（图5－9）。

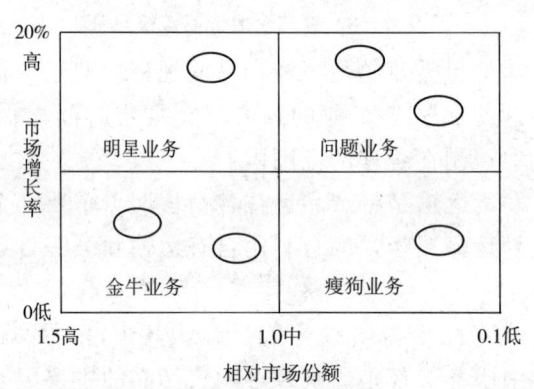

图5－9　波士顿矩阵

上图中，横坐标表示企业相对市场份额，是指企业的某项产品或服务的市场份额与最大竞争对手市场份额的比率，以1.0位接线划分为高低两个区域。纵坐标表示企业所在行业的增长率，表示该行业过去2年和今后2年的平均市场销售增长速度，通常以10%的增长速度为限划分为两个区域。

这样。波士顿矩阵将企业的业务划分为"明星"业务、"金牛"业务、"问题"业务和"瘦狗"业务四种类型。

(二) 波士顿矩阵的应用

1. 不同业务对应的战略应用

波士顿矩阵将企业的不同业务组合到一个矩阵中，可以简单地分析企业在不同业务中的地位，从而针对不同业务制定有效策略，集中企业资源，提高企业在有限领域的竞争能力。四种业务类型的特点和战略应用见表5－19。

表5－19　波士顿矩阵四种业务类型

业务类型	特点	战略应用	具体措施
"明星"业务	产品的市场占有率和行业增长率都较高，这类产品或服务既有发展潜力，企业又具有竞争力，是高速增长市场中的领先者，行业处于生命周期中的成长期，影视企业重点发展的业务或产品	通用发展策略	追加投资，扩大业务

续表

业务类型	特点	战略应用	具体措施
"金牛"业务	产品的相对市场份额较高,但行业增长率较低,行业可能处于周明周期中的成熟期,企业生产规模较大,能够带来大量稳定的现金收益。企业通常以"金牛"业务支持"明星"业务、"问题"业务或"瘦狗"业务	通用稳定战略,能够为企业挣得大量的现金	企业的策略是维持其稳定生产,不再追加投资,以便尽可能地收回资金,获取利润
"问题"业务	行业增长率较高,需要企业投入大量的资金予以支持,但是企业产品的相对市场份额不高,不能给企业带来较高的资金回报,这类产品会业务有发展潜力	特别适合发展策略,可发展成为"明星"业务;也适用稳定战略和撤退战略	要深入分析企业是否具有发展潜力和竞争力优势,决定是否追加投资,扩大企业生产规模
"瘦狗"业务	产品相对市场份额较低,瘦狗行业增长率也较低,可能处于成熟期或者衰退期,市场竞争激烈,企业获利能力差,不能成为利润源泉	使用撤退战略,稳定战略	如果业务能够经营并维持,则应缩小经营范围;如果企业亏损严重难以为继,则应采取措施,进行业务整合或者退出业务

2. 战略组合应用

波士顿矩阵将企业的不同业务组合到一个矩阵中,可以简单的分析企业在不同业务中的地位,从而针对企业的不同业务制定有效策略,集中企业资源,提高企业在有限领域的竞争力。企业可以采取三种不同的策略:

发展策略:目的是扩大产品的相对市场份额,甚至不惜放弃近期利润。这一策略特别适用于"问题"业务,如果他们要成为"明星"业务,其市场份额必然有较大的增长。发展策略也适用于"明星"业务。

稳定策略:目的是为了保持产品的相对市场份额,增加短期现金投入。这一策略适合"金牛"业务,因为这类产品吗为企业挣得大量的现金。稳定策略也适用于"问题"业务和"瘦狗"业务。

撤退策略:目的在于出售或者清理某些业务,以便把资源转移到更有潜力的领域。它适用于"问题"业务和"瘦狗"业务,这些业务常常是亏损的。

应用波士顿矩阵,产品组合的发展战略应采取正确的战略协调,避免失败。如图5—10所示。

【例5—12】 波士顿矩阵。

某生产制造型企业甲,现生产A、B、C三种产品,这些产品的数据如表5—20所示,在A、B、C三种产品的销售市场上,甲单位面临的主要竞争对手分别是乙、丙两家单位。

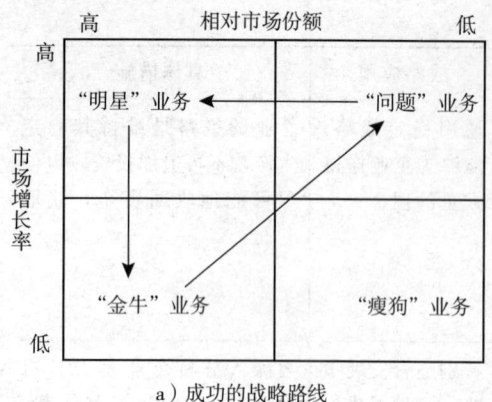

```
高         相对市场份额      低              高         相对市场份额      低
高  ┌─────────────┬─────────────┐     高  ┌─────────────┬─────────────┐
    │"明星"业务 ← "问题"业务   │          │"明星"业务  → "问题"业务   │
市   │      ↓          ↗       │     市   │                  ↓       │
场   ├─────────────┼─────────────┤     场   ├─────────────┼─────────────┤
增   │"金牛"业务    "瘦狗"业务 │     增   │"金牛"业务  → "瘦狗"业务 │
长                                        长
率  └─────────────┴─────────────┘     率  └─────────────┴─────────────┘
低                                        低
        a) 成功的战略路线                        b) 失败的战略路线
```

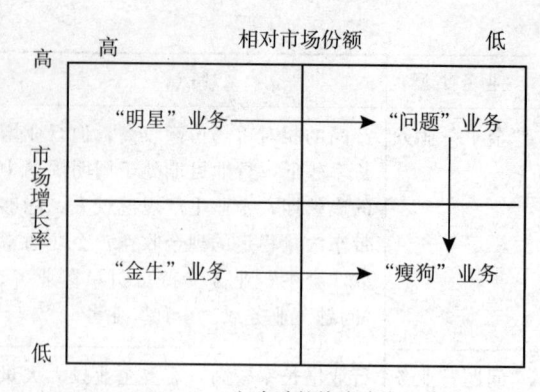

图 5-10 波士顿矩阵的应用

表 5-20 2015 年市场销售数据

统计对象＼产品	A	B	C
甲公司销售额	2600	8800	14500
最大竞争对手销售额	4200	22000	11000
全国市场销售总额	32000	84000	64000
近年全国市场增长率	13%	6%	1%

【问题】

(1) 用波士顿矩阵分析甲公司的 A、B、C 三类产品分别属于何种业务？

(2) 甲公司对 A、C 两类产品应分别采取什么策略？为什么？

(3) 在波士顿矩阵中标示出甲公司 A、C 两类产品的发展策略路线方向？

【解答】

(1) 首先计算 A、B、C 三种产品的相对市场份额，如表 5-21 所示。

表 5-21 A、B、C 三种产品的相对市场份额

统计对象＼产品	A	B	C
甲公司销售额	2600	8800	14500
最大竞争对手销售额	4200	22000	11000
相对市场份额	0.62	0.4	1.31
近年全国市场增长率	13%	6%	1%

其波士顿矩阵如图 5-11。

从波士顿矩阵可以看出，A 属于"问题"业务，B 属于"瘦狗"业务，C 属于"金牛"业务。

(2) 业务 A 处于第一象限，是"问题"业务，对业务 A 的策略是进一步深入分析企业是否具有发展潜力和竞争力优势，从而决定是否追加投资，扩大市场份

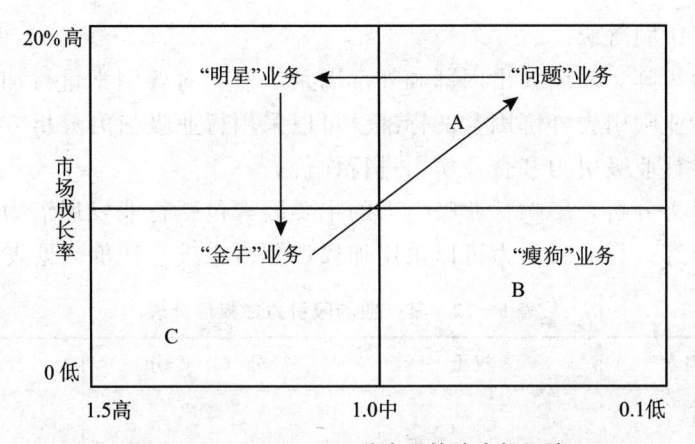

图 5-11　A、B、C 三种产品的波士顿矩阵

额。因为该业务特点是市场增长率较高,需要企业投入大量资金予以支持,但企业该业务的市场占有率不高,不能给企业带来较高的资金回报。业务 C 是"金牛"业务,对业务 C 采取的策略是维持稳定生产,不再追加投资,尽可能回收资金,获取利润。因为其特点是市场占有率较高,但行业成长率较低,行业可能处于生命周期中的成熟期。企业生产规模较大,能带来大量稳定的现金收益。

(3) 甲公司 A、C 两类产品的发展策略路线如图 5-12 所示。

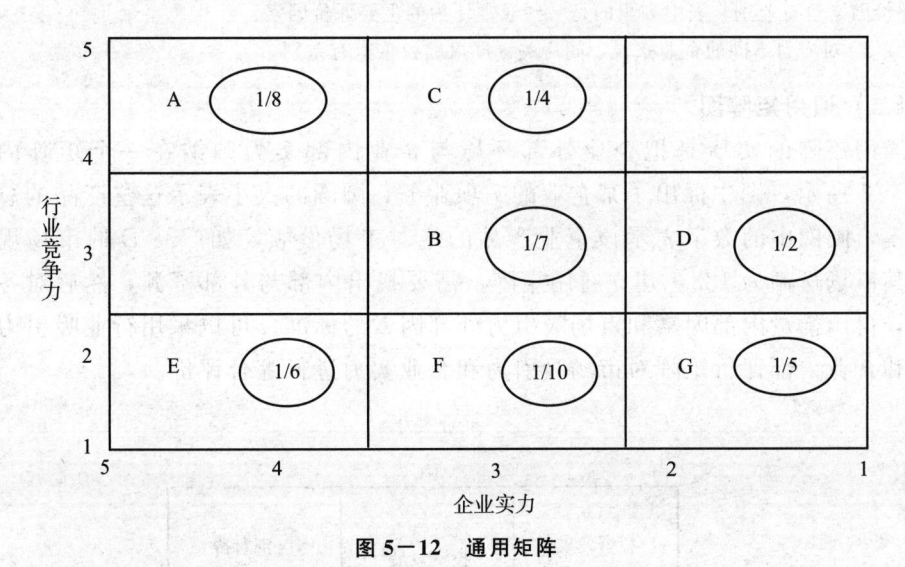

图 5-12　通用矩阵

二、通用矩阵

(一) 基本概念

通用矩阵是美国通用电气公司和麦肯锡咨询公司在进行工程咨询时为克服波士顿矩阵的局限性而提出来的改良分析矩阵,也成为 GE/麦肯锡矩阵或者行业吸引力—企业实力矩阵。该矩阵在理论上与波士顿矩阵类似,但它考虑了更多的因素,对不同的业务进行比较。通用矩阵的纵坐标用行业吸引力代替了行业成长速度,横坐标用企业实力代替了相对市场份额。同时,通用矩阵针对波士顿矩阵坐标尺度过粗

— 165 —

的缺陷增加了中间等级。

建立通用矩阵，需要找出内部和外部因素，然后对各因素进行加权，得出衡量内部因素和行业吸引力外部因素的标准。可以采用行业吸引力分析方法和企业内部评价矩阵，对行业吸引力和企业实力进行评价。

行业吸引力分析，影响行业吸引力的主要因素包括行业发展潜力、盈利水平和行业竞争结构等，行业吸引力可以采用加权评分表来进行评价（见表5－22）。

表5－22　某行业的吸引力加权评分表

主要评价因素	权重	得分（1－5分）	加权值
市场规模	0.10	4	0.40
市场增长率	0.32	5	1.60
行业盈利水平	0.15	5	0.75
行业竞争强度	0.12	3	0.36
技术要求	0.11	4	0.44
合计	1.00		3.45

注：1. 影响行业吸引力的因素较多，不同行业的评价因素有所差别，且实力不同的企业，所选择的评价因素也有差别，表中列出的是一些通常认为的主要评价因素。

2. 对实力不同的企业来说，同一关键严肃的权重也有差别。

（二）通用矩阵图

通用矩阵的实质是把企业外部环境与企业内部实力归纳在一个矩阵内，如图5－12所示，图中标出了某企业的7项业务，圆圈的大小表示这些产品的总体市场规模，圆圈中的数字表示该企业产品的绝对市场份额，如产品D的市场规模中等，其市场份额为1/2。建立通用矩阵，需要找出内部与外部资源，然后对各因素加权，得出衡量内部因素和市场吸引力外部因素的标准。可以采用行业吸引力分析方法和企业内部评价矩阵对市场吸引力和企业实力进行综合评价。

企业实力

	强	中	弱
大	投资发展	选择重点投资发展	区别对待
中	选择重点投资发展	区别对待	利用/退出
小	区别对待	利用/退出	退出

行业吸引力

图5－13　企业战略选择与通用矩阵

(三) 通用矩阵的应用

根据业务单元在市场上实力与所在地的市场吸引力，通用矩阵可以用来对这些业务单元进行评估，评价一个业务单元组合的强弱，并以之为基础进行战略规划。通用矩阵可以划分为3个部分，9个方格。右下角的3个格子的产品吸引力相对较低，企业因此采用利用或退出的战略，迅速获利，收回投资，放弃该业务。右上角到左下角对角线的三个格子的产品吸引力中等，企业可采取区别对待战略，适当盈利策略。左上角的三个格子的产品最具发展前途，企业应采取积极的投资发展战略、选择重点投资发展战略，扩大生产，增加盈利能力（如图5-13）。

通用矩阵对于不同行业，往往可以根据行业特点来选取不同的影响因素，同时对各因素按重要性不同赋予不同的权重，而且对两个坐标强、中、弱，大、中、小的档次界限规定也不尽相同，但基本的思路与做法是一致的。通用矩阵在战略选择实践中得到较为广泛的应用，其内容也得到不断的丰富和发展。

第六章 现金流量分析

资金时间价值概念及其等值换算方法，已被广泛应用于项目评价乃至社会经济的多个领域。根据资金时间价值原理，形成了以现金流量分析为主的项目经济评价方法，包括财务分析和经济分析。资金时间价值原理和等值换算方法被广泛用于方案经济比选中。

本章主要介绍资金时间价值的概念、等值换算方法、现金流量分析指标和计算方法。

第一节 资金时间价值与等值换算

一、现金流量与现金流量图

(一) 现金流量的概念

任何一项投资活动都离不开资金活动，而在这个资金活动中必然要涉及到现金流量的问题。现金流量是一个综合概念，从内容上看它包括现金流入、现金流出和净现金流量3个部分；从形式上看它包括各种形式的资金交易，如货币资金的交易和非货币（货物、有价证券等）的交易。

在投资建设中，一切投资项目都可以抽象为现金流量系统。从项目系统角度看，凡是在某一时点上流入项目的货币称为现金流入量（或正现金流量），记为CI_t，现金流入是在项目的整个计算期内流入项目系统的资金，如营业收入、捐赠收入、补贴收入、期末资产回收收入和回收的流动资金等；而流出项目的货币称为现金流出量（或负现金流量），记为CO_t，现金流出是在项目的整个计算期内流出项目系统的资金，如企业投入的项目建设投资、流动资金、上缴的税金及附加、借款本金和利息的偿还、上缴的罚款、购买原材料等的支出、支付工人的工资等都属于现金流出；同一时点上的现金流入量与现金流出量之差（或其代数和）称为净现金流量，记为NCF_t（或CI_t-CO_t），当现金流入大于现金流出时，净现金流量为正，反之为负。

现金流入量、现金流出量及净现金流量统称为现金流或现金流量。综合起来，现金流量的构成如图6-1所示。

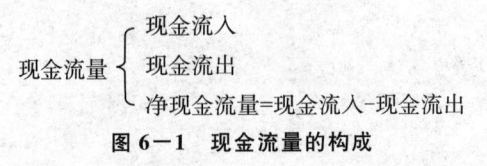

现金流量 { 现金流入；现金流出；净现金流量=现金流入-现金流出 }

图6-1 现金流量的构成

（二）现金流量图

进行项目经济评价时，经常需要借助于现金流量图来分析各种现金流量的流向（支出或收入）、数额和发生时间。所谓现金流量图，就是一种反映经济系统资金运动状态的图式，如图 6-2 所示。

图 6-2 现金流量图

1. 以横轴为时间轴，向右延伸表示时间的延续，轴上每一刻度表示一个时间单位，可取年、半年、季或月等；零表示时间序列的起点。整个横轴又可看成是所考察的"系统"。

2. 相对于时间坐标的垂直箭线代表不同时点的现金流量情况，在横轴上方的箭线表示现金流入，即收益；在横轴下方的箭线表示现金流出，即费用。

3. 在现金流量图中，箭线长短要能适当体现各时点现金流量数值的差异，并在各箭线上方（或下方）注明其现金流量的数值。

4. 箭线与时间轴的交点即为现金流量发生的时点。

由此可见，现金流量图有三要素：现金流量的大小（资金数额）、方向（资金流入或流出）和作用点（资金发生的时间点）。

二、资金时间价值与资金等值

（一）资金的时间价值

任何项目的建设与运行，都有一个时间上的延续过程。对于投资者来说，资金的投入与收益的获取往往构成一个时间上有先有后的现金流量序列。要客观地评价项目的经济效果，不仅要考虑现金流出与现金流入的数额，还必须考虑每笔现金流量发生的时间。

在不同的时间付出或得到同样数额的资金在价值上是不等的。也就是说，资金的价值会随时间发生变化。今天可以用来投资的一笔资金，即使不考虑通货膨胀因素，也比将来可获得的同样数额的资金更有价值。因为当前可用的资金能够立即用来投资并带来收益，而将来才可取得的资金则无法用于当前的投资，也无法获取相应的收益。不同时间发生的等额资金在价值上的差别称为资金的时间价值。

对于资金的时间价值，可以从两个方面理解。

首先，资金随着时间的推移，其价值会增加，这种现象叫资金增值。资金是属于商品经济范畴的概念，在商品经济条件下，资金是不断运动着的。资金的运动伴随着生产与交换的进行，生产与交换活动会给投资者带来利润，表现为资金的增值。从投资者的角度来看，资金的增值特性使资金具有时间价值。

其次，资金一旦用于投资，就不能用于现期消费。牺牲现期消费是为了能在将来得到更多的消费，个人储蓄的动机和国家积累的目的都是如此。从消费者的角度来看，资金的时间价值体现为对放弃现期消费的损失所应作出的必要补偿。

在经济分析中，对资金时间价值的计算方法与银行利息的计算方法基本相同。实际上，银行利息也是一种资金时间价值的表现方式。

（二）利息和利率

利息是占用资金所付出的代价或借出资金所获的报酬，它是资金时间价值的表现形式之一。通常用利息额作为衡量资金时间价值的绝对尺度，用利息率作为衡量资金时间价值的相对尺度。利息率简称为利率。

利率是国家宏观经济管理的重要杠杆之一，利率的高低由以下因素决定：

（1）利率的高低首先取决于社会平均利润率的高低，并随之变动。在通常情况下，社会平均利润率是利率的上限。因为如果利率高于利润率，借款人无利可图就不会发生借贷。

（2）社会平均利润率不变的情况下，利率高低取决于金融市场上借贷资本的供求情况。借贷资本供过于求，利率便下降；反之，利率便上升。

（3）借出资本要承担一定的风险，风险越大，利率越高；风险越小，利率越低。

（4）通货膨胀对利率的波动有直接的影响，通货膨胀会导致资金贬值，可能会使利息无形中成为负值。

（5）借出资本的时间长短也是影响因素之一。贷款期限长，不可预见的因素多，风险大，利率就高；反之利率就低。

$$\text{利息} = \text{目前应收（应付）总金额} - \text{原来贷（借）款总金额} \quad (6-1)$$

$$\text{利率} = \frac{\text{每单位时间增加的利息}}{\text{原金额（又称为本金）}} \quad (6-2)$$

用以表示利率的时间单位称为利息周期（计息期），当包括一个以上的计息周期时，则要考虑"单利"与"复利"的问题。

1. 单利计算

单利是指在计算利息时，仅用最初本金来加以计算，而不计入在先前利息周期中所累积增加的利息，即通常所说的"利不生利"的计息方法。其计算式如下：

$$I_t = P \times i \quad (6-3)$$

式中：I_t 为利息，P 为本金，i 为利率。

设 I_n 代表 n 个计息期所付或所收的单利总利息，则有下式：

$$I_n = \sum_{t=1}^{n} I_t = \sum_{t=1}^{n} P \times i = P \times i \times n \quad (6-4)$$

在以单利计息的情况下，总利息与本金、利率以及计息周期数成正比。而 n 期末单利本利和（简称本利和）F 等于本金加上利息，即：

$$F=P+I_n=P(1+ni) \qquad (6-5)$$

2. 复利计算

某一计息周期的利息是由本金加上先前计息周期所累积利息总额之和来计算的，该利息称为复利，即通常所说的"利生利""利滚利"。其计算式如下：

$$I_t=i\times F_{t-1} \qquad (6-6)$$

式中：I_t 为利息，i 为利率，F_{t-1} 为本金与先前计息周期所累积利息总额。

而第 t 年末复利本利和（简称复本利和）的表达式如下：

$$F_t=F_{t-1}\times(1+i)=P(1+i)^t \qquad (6-7)$$

复利计息比较符合资金在社会再生产过程中运动的实际状况。因此，在现实中得到广泛的应用。在投资分析中，一般采用复利计算。

3. 名义利率与有效利率

在复利计算中，计算利率的周期通常以年为单位，它可以与计息周期相同，也可以与计息周期不同。当计息周期小于一年时，如按半年一次、每季一次、每月一次或每日一次计算利息时，则一年内的复利计算次数分别为 2、4、12 或 365 等，这种情况下就出现了名义利率和有效利率的差别。

名义利率 r 是指计息周期利率 i 乘以一年内的计息周期数 m 所得的年利率。即：

$$r=i\times m \qquad (6-8)$$

若计息周期月利率为 1%，则年名义利率为 12%。很显然，计算名义利率时忽略了前面各期利息再生的因素，这与单利的计算相同。通常所说的年利率都是名义利率。

（1）计息周期利率的计算

计息周期利率 i 的计算式由式（6-8）可得：

$$i=r/m \qquad (6-9)$$

（2）年有效利率的计算

若用计息周期利率来计算年有效利率，并将年内的利息再生因素考虑进去，这时所得的年利率称为年有效利率（又称年实际利率）。根据利率的概念即可推导出年有效利率 i_eff 的计算式。

$$i_\text{eff}=(1+r/m)^m-1 \qquad (6-10)$$

由此可见，年有效利率和名义利率的关系实质上与复利和单利的关系一样。

【例 6-1】 现已知某贷款的年名义利率为 $r=8\%$，则年、半年、季、月、日的年有效利率各是多少？

【解答】 年、半年、季、月、日的年有效利率如表6－1所示。

表6－1 名义利率和年有效利率比较表

名义利率 r	计息期	年计息周期数 m	计息周期利率 $i=r/m$	年有效利率 i_{eff}
8%	年	1	8%	8.00%
	半年	2	4%	8.16%
	季	4	2%	8.24%
	月	12	0.667%	8.30%
	日	365	0.0219%	8.32%

由式（6－10）和表6－1可以看出，（1）每年计息周期次数 m 越多，i_{eff} 与 r 相差越大；（2）名义利率为8%，按季度结息时，按季度利率2%计息与按年利率8.24%计息两者是等价的。所以，在项目经济评价中，如果各方案的计息期不同，就不能简单的使用名义利率来评价，而必须换算成有效利率进行比较，否则会得出错误的结论。

（三）资金等值的概念

在资金时间价值的计算中，等值是一个十分重要的概念。资金等值是指在考虑时间因素的情况下，不同时点发生的绝对值不等的资金可能具有相等的价值。例如现在的100元与一年后的106元，数量上并不相等，但如果将这笔资金存入银行，年利率6%，则两者是等值的。因为现在存入的100元，一年后的本金和利息之和为

$$100 \times (1+6\%) = 106（元）$$

下面以不同的还本付息方案的例子来进一步说明等值的概念。

【例6－2】 某人现在借款1000元，在五年内以年利率6%还清全部本金和利息，则有如表6－2中的四种偿付方案。

表6－2 四种偿付方案

金额单位：元

偿还方案	年数(1)	年初所欠金额(2)	年利息额(3)=(2)×6%	年终所欠金额(4)=(2)+(3)	偿还本金(5)	年终付款总额(6)=(3)+(5)
1	1	1000	60	1060	0	60
	2	1000	60	1060	0	60
	3	1000	60	1060	0	60
	4	1000	60	1060	0	60
	5	1000	60	1060	1000	1060
	Σ		300		1000	1300

续表

偿还方案	年数(1)	年初所欠金额(2)	年利息额(3)=(2)×6%	年终所欠金额(4)=(2)+(3)	偿还本金(5)	年终付款总额(6)=(3)+(5)
2	1	1000	60	1060	0	0
	2	1060	63.6	1123.6	0	0
	3	1123.6	67.4	1191.0	0	0
	4	1191.0	71.5	1262.5	0	0
	5	1262.5	75.7	1338.2	1000	1338.2
	Σ		338.3		1000	1338.2
3	1	1000	60	1060	200	260
	2	800	48	848	200	248
	3	600	36	636	200	236
	4	400	24	424	200	224
	5	200	12	212	200	212
	Σ		180		1000	1180
4	1	1000	60	1060	177.4	237.4
	2	822.6	49.4	872	188.0	237.4
	3	634.6	38.1	672.7	199.3	237.4
	4	435.3	26.1	461.4	211.3	237.4
	5	224.0	13.4	237.4	224.0	237.4
	Σ		187		1000	1187

第1方案：在五年中每年年底仅偿付利息60元，最后第五年末在付息同时将本金一并归还。

第2方案：在五年中对本金、利息均不作任何偿还，只在最后一年年末将本利一次付清。此方法为期末一次还本付息。

第3方案：将所借本金作分期均匀摊还，每年年末偿还本金200元，同时偿还到期利息。由于所欠本金逐年递减，故利息也随之递减，至第五年末全部还清。此方法也称为等额本金偿还。

第4方案：也将本金作分期摊还，每年偿的本金额不等，但每年偿还的本金加利息总额却相等，即所谓等额分付。此方法也称为等额本息偿还。

从上面的例子可以看出，如果年利率为6%不变，上述四种不同偿还方案还款总额是不同的，但与原来的1000元本金是等值的。从贷款人角度来看，今后以四种方案中任何一种都可以抵偿现在所贷出的1000元，因此现在愿意提供1000元贷款。从借款人角度来看，如果同意今后以四种方案中任何一种来偿付借款，则今天就可以得到这1000元的使用权。

利用等值的概念，可以把在一个时点发生的资金金额换算成另一时点的等值金额，这一过程叫资金等值计算。把将来某一时点的资金金额换算成"现在"时点的等值金额称为"折现或贴现"。将来时点上的资金折现后的资金金额称为"现值"。与现值等价的将来某时点的资金金额称为"终值"或"将来值"。需要说明的是，"现值"并非专指一笔资金现在的价值，它是一个相对的概念。一般地说，将$t+k$时点上发生的资金折现到t时点，所得的等值金额就是第$t+k$个时点上资金金额在t时点的现值。

进行资金等值计算时，通常采用折现率来反映资金时间价值。在【例6-1】中，采用银行利率作为折现率。

三、常用的资金等值换算公式

在项目经济评价中，为了正确地计算和评价投资项目的经济效益，必须计算项目的整个寿命期内各个时期发生的现金流量的真实价值。但由于资金存在时间价值，在项目的整个寿命期内，各个时期发生的现金流量是不能直接相加的。为了计算项目各个时期的真实价值，必须要将各个时间点上发生的不同的现金流量转换成某个时间点的等值资金，然后再进行计算和分析，这样一个资金转换的过程就是资金的等值计算。

（一）有关资金等值计算中的几个基本概念

为了方便计算，首先明确几个资金等值的概念。

1. 现值，也称折现值，是指把未来现金流量折算为基础时点的价值，通常用P表示。在项目经济评价计算中，一般都约定P发生在起始时点的初期，如投资发生在第0年（即第1年年初）。在资金的等值计算中，求现值的情况是最常见的。将一个时点上的资金"从后往前"折算到某个时点上就是求现值，求现值的过程也叫做折现。在项目经济评价中，折现计算是基础，许多计算都是在折现计算的基础上衍生的。

2. 终值，也称将来值，是指现在现金流量折算为未来某一时点的价值，通常用F表示。在资金的等值计算中，将一个序列时间点上的资金"从前往后"折算到某一时点上的过程就叫求终值。求资金的终值也就是求资金的本利和。在项目经济评价计算中，我们一般约定F发生在期末。如第1年末、第2年末等。

3. 年值，它表示发生在每年的等额现金流量，即在某个特定时间序列内，每隔相同时间收入或支出的等额资金，通常用A表示。在项目经济评价计算中，如无特别说明，一般约定A发生在期末，如第1年末、第2年末等。

4. 等值。没有特定的符号表示，因为等值相对于现值、终值和年值来说是一个抽象的概念，它只是资金的一种转换计算过程。等值既可以是现值、终值，也可以是年值。因为实际上，现值和终值也是一个相对概念。如某项目第5年的值相对于前面 1~4 年的值来说，它是终值，而相对于 5 年以后的值来说，它又是现值。等值是指在考虑资金的时间价值的情况下，不同时点上发生的绝对值不等的资金具有相同的价值。资金的等值计算非常重要，资金的时间价值计算核心就是进行资金的等值计算。

（二）资金等值计算的基本公式

每个投资项目的现金流量的发生是不尽相同的，有的项目一次投资，多次收益；有的项目多次投资，多次收益；有的项目多次投资，一次收益；也有的项目一次投资，一次收益。因此，为了解决以上各种问题的投资项目经济分析计算，推导几种统一的计算公式。

1. 一次支付型

一次支付型又称整付，是指项目在整个寿命期内，其现金流量无论是流入还是流出都只发生一次。一般有两种情况：一种是发生在期初，一种是发生在期末，如图 6-3 所示。

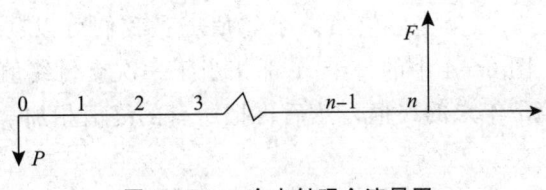

图 6-3 一次支付现金流量图

如果考虑资金的时间价值，若图 6-3 中的初始流出现金 P 刚好能被最终的收入补偿，那么就说 P 与 F 等值。一次支付型的计算公式有以下两个。

（1）现值变换为终值（已知 P 求 F）

现值变换为终值即一次支付终值。也就是说，在项目的初期投入资金 P，n 个计息周期，在计息周期利率为 i 的情况下，需要多少资金来弥补初期投入资金 P 呢？这个问题与复利本利和计算相同。因此，一次支付终值公式为：

$$F=P(1+i)^n \qquad (6-11)$$

把系数 $(1+i)^n$ 称为一次支付终值系数，用符号 $(F/P,i,n)$ 表示。即：

$$F=P(F/P,i,n) \qquad (6-12)$$

（2）终值变换为现值（已知 F 求 P）

终值变换为现值即一次支付现值。也就是说，项目在计息周期内利率为 i 的情况下，一次支付现值是一次支付终值公式的逆运算。

$$P=\frac{F}{(1+i)^n} \qquad (6-13)$$

系数 $1/(1+i)^n$ 称为一次支付现值系数，用符号 $(P/F,i,n)$ 表示，即：

$$P=F(P/F,i,n) \qquad (6-14)$$

2. 多次支付型

多次支付是指现金流量发生在多个时点上,而不是像前面两种支付那样只集中发生在期初或期末。多次支付分多次等额支付型和多次不等额支付型。等额支付是指现金流量在各个时点等额、连续发生。多次等额支付型有以下4个计算公式。

(1) 年值变换为终值(已知A求F)

年值变换为终值是指现金流量等额、连续发生在各个时点上,在考虑资金时间价值情况下,各个时点的等额资金全部折算到期末,需要多少资金来与之等值。也就是说求等额支付的终值。等额支付的现金流量图如图6—4所示。

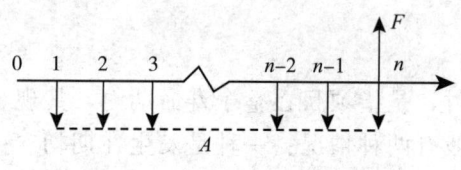

图6—4 等额支付现金流量图

图6—4中,若已知等额支付值A,求终值F,我们可以利用一次支付终值的计算公式来求F值。图6—4中的每个A都相当于一次支付终值中的一个P,这样就把每个A折算成第n年末的终值,然后再把所有的终值相加,即可得等额支付的终值。即有:

$$F = A + A(1+i) + A(1+i)^2 + \cdots + A(1+i)^{n-2} + A(1+i)^{n-1} \quad (6-15)$$

可以利用等比数列求和的方法对上式求和,也可以利用代数方法求和。如利用代数方法求和,用$(1+i)$去同时乘以上式的两端,上式变成:

$$F(1+i) = A(1+i) + A(1+i)^2 + A(1+i)^3 + \cdots + A(1+i)^{n-1} + A(1+i)^n$$
$$(6-16)$$

然后将两式相减,得:

$$F(1+i) - F = A(1+i)^n - A \quad (6-17)$$

上式变形得:

$$F = A \frac{(1+i)^n - 1}{i} \quad (6-18)$$

注意:该公式是对应A在第1个计息期末开始发生而推导出来的。

式中的系数$\frac{(1+i)^n - 1}{i}$称为等额支付终值系数,用符号$(F/A, i, n)$表示。

(2) 终值变换为年值(已知F求A)

终值变换为年值即等额支付偿债基金,是指期末一次性支付一笔终值,用每个时点上等额、连续发生的现金流量来偿还,需要多少资金才能偿还F。或者说已知终值F,求与之等值的年值A,这是等额支付终值公式的逆运算。由(6—18)式可以直接导出:

$$A = F \frac{i}{(1+i)^n - 1} \qquad (6-19)$$

式中的系数 $\frac{i}{(1+i)^n - 1}$ 称为等额支付偿债基金系数,用符号 $(A/F, i, n)$ 表示。

(3) 年值变换为现值(已知 A 求 P)

年值变换为现值即等额支付现值,是指现金流量等额、连续发生在每个时点上,相当于期初一次性发生的现金流量是多少。等额支付现值的现金流量图如图6-5所示。

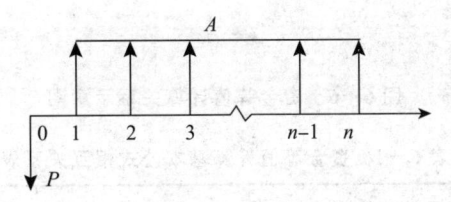

图6-5 等额支付现值的现金流量图

图6-5中,若已知等额年值 A,求现值 P。图中的每个 A 相对于 P 来说都是一个未来值。计算时可以每个 A 先折算到期初的现值,然后再求和。但这样算较麻烦,我们可以利用前面已经推导出的两个终值公式来直接计算,令两式相等可以得出:

$$P = A \frac{(1+i)^n - 1}{i(1+i)^n} \qquad (6-20)$$

式中的系数 $\frac{(1+i)^n - 1}{i(1+i)^n}$ 称为等额支付现值系数,用符号 $(P/A, i, n)$ 表示。

(4) 现值变换为年值(已知 P 求 A)

现值变换为年值即等额支付资本回收,是指期初一次性发生1笔资金,用每个计息期等额、连续发生的年值来回收,所需要的等额年值是多少。这就相当于等额支付现值公式中,已知现值 P 求等额年值 A。即:

$$A = P \frac{i(1+i)^n}{(1+i)^n - 1} \qquad (6-21)$$

式中的系数 $\frac{i(1+i)^n}{(1+i)^n - 1}$ 称为等额支付现值系数,用符号 $(A/P, i, n)$ 表示。

3. 资金等值计算基本公式相互关系及计算注意事项

(1) 资金等值计算基本公式相互关系

根据上述资金等值计算基本公式可知,资金等值计算基本公式相互关系见图6-6和表6-3。

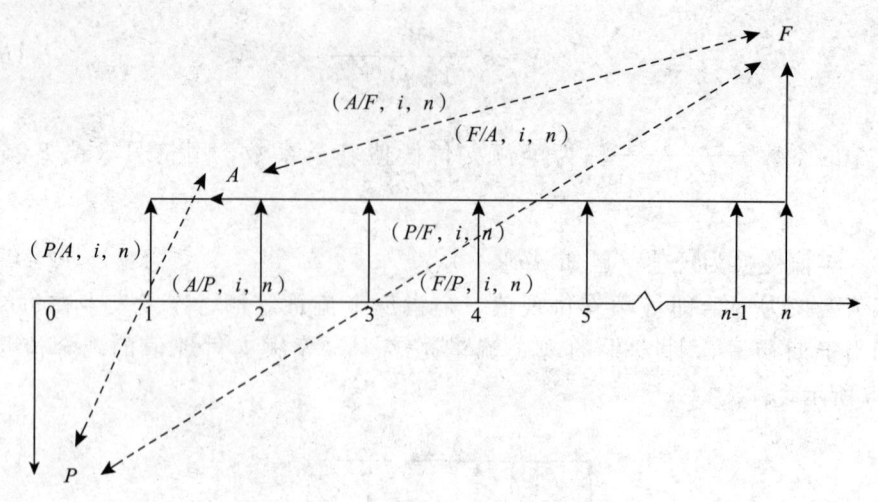

图 6-6 资金等值计算关系示意图

表 6-3 资金等值计算基本公式相互关系表

公式名称		已知	求解	系数符号	公式	现金流量图
整付	一次支付终值	P	F	(F/P, i, n)	$F=P(1+i)^n$	
	一次支付现值	F	P	(P/F, i, n)	$P=F\dfrac{1}{(1+i)}$	
等额分付	等额支付终值	A	F	(F/A, i, n)	$F=A\dfrac{(1+i)^n-1}{i}$	
	偿债基金	F	A	(A/F, i, n)	$A=F\dfrac{i}{(1+i)^n-1}$	
等额分付	资金回收	P	A	(A/P, i, n)	$A=P\dfrac{i(1+i)^n}{(1+i)^n-1}$	
	年金现值	A	P	(P/A, i, n)	$P=A\dfrac{(1+i)^n-1}{i(1+i)^n}$	

(2) 计算注意事项

1) 计算期数为时点或时标，本期末即等于下期初。0 点就是第一期初，1 点为第一期末和第二期初，以此类推。

2) 各期的等额支付 A，均发生在各期期末。

3) 当问题包括 A 与 F 时，系列的最后一个 A 与 F 同时发生。不能把 A 定在每期期初，因为公式是以 A 发生在期末建立的。

4) 当问题包括 P 与 A 时，系列的第一个 A 与 P 隔一期。P 发生在系列 A 的前一期期末，即第一个 A 发生期的当期期初。

第二节 现金流量分析指标及应用

现金流量分析是对项目筹资、建设、运行到关闭终止的全寿命周期内，现金流出和流入的全部资金活动的分析。进行现金流量分析的第一步是按照建设和生产的规划进度与资金规划，计算出整个项目寿命期内各年的净现金流量，并按年排列现金流量计算表。第二步是把各年现金流量依次累计起来，绘制出累计现金流量图。累计现金流量图可直观、综合地表达投资项目的经济可行性。现金流量分析是进行投资决策的基础，是项目经济评价重要工具。

一、现金流量分析的原则

采用现金流量分析有利于合理地考虑时间价值因素，使得投资决策更符合客观实际情况。识别并估计现金流量应遵循以下基本原则：

（一）计算口径的一致原则

为了正确评价项目的获利能力，必须遵循项目的现金流入和现金流出的计算口径一致原则。比如，如果在投资估算中包括了某项工程，那么因建设了该工程而使企业增加的效益就应该考虑，否则就会低估了项目的效益；反之，如果考虑了该工程对项目效益的贡献，但投资却未计算进去，那么项目的效益就会被高估。只有将流入和产出的估算限定在同一范围内，计算的净效益才是投入的真实回报。

（二）费用效益识别的有无对比原则

有无对比是项目评价通用的费用与效益识别的基本原则。所谓"有"是指实施项目后的将来状况，"无"是指不实施项目时的将来状况。在识别项目的现金流量时，须注意只有"有无对比"的差额部分才是由于项目的建设增加的效益和费用，即现金流量的增量。因为即使不实施该项目，也不一定维持现状不变。例如农业灌溉项目，若没有该项目，将来的农产品产量也会由于气候、施肥、种子、耕作技术的变化而变化；再如计算交通运输项目效益的基础——车流量，在无该项目时，也会由于经济社会的变化而改变。采用有无对比的方法，就是为了识别那些真正应该算做项目效益的部分，即增量效益，排除那些由于其他原因产生的效益；同时也要找出与增量效益相对应的增量费用，只有这样才能真正体现项目投资的净效益。

（三）基础数据确定的稳妥原则

不论是财务分析还是经济分析的结果准确性取决于基础数据的可靠性。由于项目处于投资决策阶段，决策分析中所需要的大量基础数据都来自预测和估计，难免有不确定性。为了使分析结果能提供较为可靠的信息，避免人为的乐观估计所带来的风险，更好地满足投资决策需要，在现金流量基础数据的确定和选取中遵循稳妥原则是十分必要的。

在投资项目的财务分析或经济分析时，还应关注以下情况，比如要注意折旧的影响，折旧不是企业的现金流出，但不同的折旧方法将影响企业税前利润的计算，从而影响企业的所得税支出,影响税后现金流量;还要注意分摊费用的计算,分摊到项目上的费用如果与项目的采用与否无关,则这些分摊费用不应计为这一项目的现金流出;也要考虑通货膨胀的影响,通货膨胀的存在使按不同方法计算存货价格对企业利润产生影响,这将影响投资项目的实际现金流量等等。这些具体情况,详见后续章节内容。

二、现金流量分析指标计算

运用现金流量分析评价投资项目时,要通过计算和判断分析指标。由于投资项目自身的复杂性,任何一种具体的评价方法都可能只是反映了客观事物的某一侧面或某些侧面,却忽视了另外的侧面,故凭单一指标难以达到对项目进行全面分析的目的。项目的目标不相同,也应采用不同的指标予以反映。

(一)现金流量分析指标分类

1. 根据是否考虑资金时间价值进行折现运算,可将指标分为两类:静态指标和动态指标。静态分析指标的最大特点是不考虑时间因素,计算简便。所以在对项目(方案)进行粗略评价,或对短期投资方案进行评价,或对逐年收益大致相等的项目(方案)进行评价时,静态分析指标还是可采用的。动态分析指标强调利用复利方法计算资金时间价值,它将不同时间内资金的流入和流出,换算成同一时点的价值,从而为不同项目(方案)的经济比较提供了可比基础,并能反映项目(方案)在未来时期的发展变化情况。

2. 根据国家发改委、原建设部发布的《建设项目经济评价方法与参数》(第三版)(以下简称《方法与参数》(第三版)),项目经济评价分为财务分析和经济分析,其对应的指标分为财务分析指标和经济分析指标。另外,根据评价指标的经济性质可以将上述评价指标分为三类:①时间性指标;②价值性指标;③比率性指标。详细分类结果见表6-4。

表6-4 项目经济评价常用指标分类表

划分标准		常用指标分类
是否考虑资金时间价值	静态评价指标	静态投资回收期等
	动态评价指标	净现值、内部收益率、动态投资回收期等
项目评价层次	财务分析指标	财务净现值、财务内部收益率、投资回收期等
	经济分析指标	经济净现值、经济内部收益率等
指标的经济性质	时间性指标	投资回收期
	价值性指标	净现值、净年值
	比率性指标	内部收益率、净现值率、效益费用比等

项目评价主要解决两类问题:第一,评价项目是否可以满足一定的检验标准,即要解决项目的"筛选问题";第二,比较某一项目的不同方案优劣或确定不同项目的优先次序,即要解决"优序"问题。第一类问题可称为建设项目的"绝对效

果"评价；第二类问题可称为"相对效果"评价。绝对效果评价不涉及比较，只研究项目各自的取舍问题，因而只需要研究单个项目能否通过预定的标准即可。

（二）时间性指标计算

1. 静态投资回收期（P_t）

投资回收期（也称投资返本年限）是指从项目的投建之日起，用项目每年的净收益来回收期初的全部投资所需要的时间（常用年表示）。它是反映项目财务上投资回收能力的重要指标，投资回收期不大于行业基准投资回收期或设定的基准投资回收期（P_c）时，可以认为项目在财务上是可以接受的。

（1）含义

静态投资回收期是在不考虑资金时间价值条件下以净收益抵偿投资所需要的时间，通常以年为单位，从建设开始年初算起，其表达式为：

$$\sum_{t=0}^{P_t}(CI-CO)_t=0 \qquad (6-22)$$

式中　P_t——静态投资回收期；

　　　CI——现金流入量；

　　　CO——现金流出量；

　　　$(CI-CO)_t$——第 t 年现金流量。

（2）计算

投资回收期可借助财务现金流量表净现金流量数据计算，计算公式如下：

$$P_t = 累计净现金流量开始出现正值的年份数 - 1 + \frac{上一年累计净现金流量的绝对值}{当年净现金流量}$$

$$(6-23)$$

（3）判据

项目投资回收期短，表明投资回收快，抗风险能力强。投资回收期（P_t）可与行业基准投资回收期（P_c）比较：

若 $P_t \leqslant P_c$，可以考虑接受该项目；若 $P_t > P_c$，可以考虑拒绝接受该项目。

基准投资回收期应有部门或行业标准，企业也可以有自己的标准。

（4）优点与不足

静态投资回收期的最大优点是经济意义明确、直观、计算简单，便于投资者衡量建设项目承担风险的能力，同时在一定程度上反映了投资效果的优劣。因此，得到一定的应用。

静态投资回收期指标的不足主要有两点：一是投资回收期只考虑投资回收之前的效果，舍弃了回收期以后的收入与支出数据，不能全面反映项目在寿命期内的真实效益，难免有片面性；二是没有考虑资金时间价值，无法用以正确地辨识项目的优劣。

由于静态投资回收期的局限性和不考虑资金时间价值，有可能导致评价判断错误。因此，静态投资回收期不是全面衡量建设项目的理想指标，它只能用于粗略评价或者作为辅助指标和其他指标结合起来使用。

【例 6－3】 某项目投资现金流量表的数据如表 6－5 所示，计算该项目的静态投资回收期，并据此判断项目是否可行（行业基准投资回收期 $P_c=5$ 年）。

表 6－5 某项目投资现金流量表

单位：万元

计算期	1	2	3	4	5	6	7	8
1. 现金流入	—	—	600	1000	1000	1000	1000	1200
2. 现金流出	600	900	300	500	500	500	500	500
3. 净现金流量	－600	－900	300	500	500	500	500	700
4. 累计净现金流量	－600	－1500	－1200	－700	－200	300	800	1500

【解答】 根据式（6－23），可得：

$$P_t = (6-1) + \frac{|-200|}{500} = 5.4 \text{（年）}$$

因为该项目 $P_t > P_c$，所以项目不可行。

2. 动态投资回收期（P'_t）

（1）含义

为了克服静态投资回收期未考虑资金时间价值的缺点，可采用其改进指标——动态投资回收期。动态投资回收期是指在考虑资金时间价值的情况下，用项目每年的净收益回收全部投资所需要的时间。动态投资回收期一般从建设开始年算起，其表达式为：

$$\sum_{t=0}^{P'_t} (CI-CO)_t (1+i_c)^{-t} = 0 \qquad (6-24)$$

式中 P'_t——动态投资回收期；

i_c——折现率；其他符号与静态投资回收期表达式中符号的含义相同。

（2）计算

动态投资回收期可根据财务现金流量表净现金流量折现值和累计净现金流量折现值计算求得，计算公式如下：

$$P'_t = \text{累计净现金流量折现值开始出现正值的年份数} - 1 + \frac{\text{上年累计净现金流量折现值的绝对值}}{\text{当年净现金流量折现值}} \qquad (6-25)$$

（3）判据

动态投资回收期的评价准则是：$P'_t \leqslant P'_c$ 时（P'_c 表示基准动态投资回收期），考虑接受项目，条件是折现率取 i_c（行业基准收益率）。当多个方案进行比较，在每个方案自身满足 $P'_t \leqslant P'_c$ 时，投资回收期越短的方案越好。

(4) 优点与不足

动态投资回收期考虑了资金时间价值,优于静态投资回收期,但计算相对复杂。为减少指标数量,简化计算,《方法与参数》(第三版)未要求计算动态投资回收期指标。咨询人员可根据项目特点决定取舍。

【例 6-4】 某工程项目的现金流量如表 6-6 所示,计算该项目的动态投资回收期($i_c=10\%$),并据此判断项目是否可行(基准动态投资回收期 $P'_c=6.5$ 年)。

表 6-6 某项目(方案)投资现金流量表

单位:万元

年数	0	1	2	3	4	5	6	7	8	9
净现金流量	-100	-150	30	80	80	80	80	80	80	80
累计净现金流量	-100	-250	-220	-140	-60	20	100	180	260	340
折现率 $i_c=10\%$	1.000	0.909	0.826	0.751	0.683	0.621	0.564	0.513	0.467	0.424
净现金流量现值	-100.00	-136.35	24.78	60.08	54.64	49.68	45.12	41.04	37.36	33.92
累计净现金流量现值	-100.00	-236.35	-211.57	-151.49	-96.85	-47.17	-2.05	38.99	76.35	110.27

注:表中年数列 0 表示建设起点(第 1 年初)。

【解答】

根据式(6-25)和表 6-6 中的相关数据计算动态投资回收期:

$$P'_t = 7 - 1 + 2.05/41.04 = 6.05 \text{(年)}$$

因为该项目 $P'_t \leqslant P'_c$,所以项目可行。

(三)价值性指标计算

1. 净现值(NPV)

(1) 含义

净现值(Net Present Value,NPV)是将项目整个计算期内各年的净现金流量,按某个给定的折现率,折算到计算期期初(零点,也即第 1 年初)的现值代数和。

(2) 计算

净现值指标是对投资项目进行动态经济评价的最常用的指标,计算公式为:

$$NPV(i) = \sum_{t=0}^{n}(CI-CO)_t(1+i)^{-t} \qquad (6-26)$$

式中 n——计算期期数;

i——设定折现率。

净现金流量 NCF_t(第 t 年的净现金流量,Net Cash Flow),即 $(CI-CO)_t$ 的

预测（实质上是 CI 与 CO 的预测）：由于净现值指标考虑了项目（方案）在计算期内各年的净现金流量，因而 NCF_t 预测的准确性至关重要，直接影响项目净现值的大小与正负。

净现值可直接采用公式（6—26）计算，也可通过构造的现金流量表计算，列表计算清楚明了，便于检查，并可一举算出投资回收期和其他比率性指标。

（3）判据。

利用净现值判断项目时，对单一项目而言，若 $NPV \geqslant 0$，则该项目在经济上可以接受；反之，若 $NPV < 0$，则经济上可以拒绝该项目。

当给定的折现率 $i = i_c$（i_c 为设定的基准收益率），若 $NPV(i_c) = 0$，表示项目达到了基准收益率标准，而不是表示该项目盈亏平衡；若 $NPV(i_c) > 0$，则意味着该项目可以获得比基准收益率更高的收益；而 $NPV(i_c) < 0$，仅表示项目不能达到基准收益率水平，不能确定项目是否会亏损。

（4）优点与不足

净现值是反映项目投资盈利能力的一个重要的动态评价指标，它广泛应用于项目经济评价中。其优点在于它不仅考虑了资金的时间价值，对项目进行动态分析，而且考察了项目在整个寿命期内的经济状况，并且直接以货币额表示项目投资的收益性大小，克服了投资回收期的缺点，在理论上比投资回收期更完善，在实践中被广泛采用。但是，利用净现值指标进行投资方案的经济效果分析，也存在两个缺点。

①折现率和各年的收益都是通过事先确定。由于项目的资金来源渠道很多，各种资金来源渠道其资金成本不同，折现率和资金成本难以准确确定。

②在方案的比较上，当采用不同方案的投资额不同时，由于比较的基数不同，单纯看净现值的绝对大小，不能直接反映资金的利用效率。

净现值用于财务分析时，将其结果称为财务净现值，记为 $FNPV$；当净现值用于经济分析时，将其结果称为经济净现值，记为 $ENPV$。

【例 6—5】 某项目的投资、成本及收入如表 6—7 所示，求该项目的净现值（基准收益率为 12%）。

表 6—7 某项目的投资、成本及收入表

单位：万元

年数	现金流出				现金流入	净现金流量
	建设投资	流动资金	经营成本	现金流出累计	收入	
1	200	—	—	200		−200
2	200	—	—	200		−200
3	100	—	—	100		−100
4	100	—	—	100		−100
5	50	300	—	350		−350
6	—	—	50	50	400	350

续表

年数	现金流出 建设投资	流动资金	经营成本	现金流出累计	现金流入 收入	净现金流量
7	—	—	100	100	600	500
8	—	—	100	100	600	500
9	—	—	100	100	600	500
10	—	—	100	100	600	500
总计	650	300	450	1400	2800	1400

【解答】

采用列表法计算：

取表6－7最后一栏"净现金流量"用12%的基准收益率进行折现，然后累加求和即可求出净现值。求解过程见表6－8。表6－8最后一栏最后一个数即为NPV的值，求出的该投资项目净现值为275.7万元。

表6－8 列表法求解 NPV 值

单位：万元

年数	净现金流量 (1)	12%的现值系数 (2)	现值 (3)＝(2)×(1)	现值和 (4)＝∑(3)
1	－200	0.893	－178.60	－178.60
2	－200	0.797	－159.40	－338.00
3	－100	0.712	－71.20	－409.20
4	－100	0.636	－63.60	－472.80
5	－350	0.567	－198.45	－671.25
6	350	0.507	177.45	－493.80
7	500	0.452	226.00	－267.80
8	500	0.404	202.00	－65.80
9	500	0.361	180.50	114.70
10	500	0.322	161.00	275.70

若利用公式计算，则有：

$$NPV(12\%) = -200 \times \frac{(1+12\%)^2-1}{12\% \times (1+12\%)^2} - 100 \times \frac{(1+12\%)^2-1}{12\% \times (1+12\%)^2} \times (1+12\%)^{-2}$$

$$-350 \times (1+12\%)^{-5} + 350 \times (1+12\%)^{-6} + 500 \times \frac{(1+12\%)^4-1}{12\% \times (1+12\%)^4}$$

$$\times (1+12\%)^{-6} = 275.7 \text{（万元）}$$

2. 净年值（NAV）

（1）含义

净年值也称净年金（记作NAV），它是把项目寿命期内的净现金流量按设定的折现率折算成与其等值的各年年末的等额净现金流量值。

(2) 计算

求一个项目的净年值,可以先求该项目的净现值,然后乘以资金回收系数进行等值变换求解,其表达式为:

$$NAV(i) = NPV(i)(A/P, i, n) \qquad (6-27)$$

式中 $NAV(i)$ ——净年值;

$(A/P, i, n)$ ——等额支付资本回收系数。

(3) 判据

对单一项目而言,当 $NAV \geq 0$ 时,项目可行;当 $NAV < 0$ 时,项目不可行。可见,用净现值 NPV 和净年值 NAV 对一个项目进行评价,结论是一致的,因为:$NPV \geq 0$ 时,$NAV \geq 0$;当 $NPV < 0$ 时,$NAV < 0$。就一般项目的评价而言,要计算 NAV,一般先要计算 NPV。因此,在项目经济评价中,很少采用净年值指标。

(4) 优点

从统计学观点来看,净现值是总量指标,而净年值是平均指标。总量指标是反映现象在一定的时间、地点、条件下所达到的规模和水平的统计指标。但总量指标只能说明总体的规模,可比较性较差。平均指标是将总体内各单位在某一数量标志值上的具体差异抽象掉,以一个平均水平作为总体的代表值,因而具有较好的可比性。此外,使用净年值指标来评价不同方案时,可以不必考虑统一的计算时间。因此,对寿命不相同的多个互斥方案进行选优时,净年值比净现值有独到的简便之处,可以直接据此进行比较。

(四) 比率性指标计算

1. 内部收益率 (IRR)

(1) 含义

内部收益率 (Internal Rate of Return,IRR) 是指使项目净现值为零时的折现率。如图 6-7 所示,内部收益率 IRR 就是 NPV 曲线与横坐标交点处对应的折现率。它是一个同净现值一样被广泛使用的项目经济评价指标,记作 IRR。

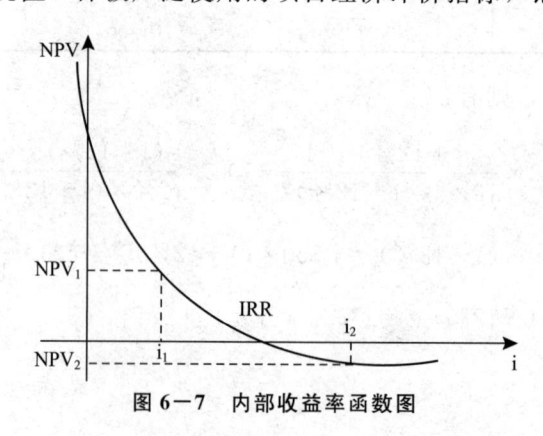

图 6-7 内部收益率函数图

(2) 计算

内部收益率可以通过 NPV 的表达式来求解。即满足下式的折现率为内部收益率，其表达式为：

$$\sum_{t=0}^{n}(CI-CO)_t(1+IRR)^{-t}=0 \quad (6-28)$$

式中　IRR——内部收益率；其他符号与 NPV 公式中相同。

若某项目在 1 年初（零点）投资 I_p，以后每年末获得相等的净收益 R，则内部收益率可由以下两式表示：

$$(P/A,\ IRR,\ n)=\frac{I_P}{R} \quad (6-29)$$

或

$$(A/P,\ IRR,\ n)=\frac{R}{I_P} \quad (6-30)$$

【例 6-6】　某投资项目的现金流量如下表所示，其内部收益率 $IRR=20\%$。

表 6-9　某投资项目的现金流量

第 t 期末	0	1	2	3	4	5	6
现金流量 A_t（万元）	-1000	300	300	300	300	300	307

由于已提走的现金是不能再生息的，因此设 F_t 为第 t 期末尚未回收的投资余额，F_0 即是项目计算期初的投资额 A_0。显然，只要在本周期内取得复利利息 $i\times F_{t-1}$，则第 t 期末的未回收投资余额为：

$$F_t=F_{t-1}(1+i)+A_t \quad (6-31)$$

将 $i=IRR=20\%$ 带入式（6-20），计算出表 6-10 所示的项目的未收回投资在计算期内的恢复过程。与表 6-10 相应的现金流量图如图 6-8 所示。

表 6-10　未收回投资在计算期内的恢复过程表

单位：万元

第 t 期末	0	1	2	3	4	5	6
现金流量 A_t	-1000	300	300	300	300	300	307
第 t 期初未回收投资 F_{t-1}		-1000	-900	-780	-636	-463.20	-255.840
第 t 期末的利息 $i\times F_{t-1}$		-200	-180	-156	-127.2	-92.64	-51.168
第 t 期末未回收投资 F_t	-1000	-900	-780	-636	-463.2	-255.84	0

由此可见，项目的内部收益率是指项目到计算期末正好将未收回的资金全部收回来的折现率，是项目对贷款利率的最大承担能力。

在项目计算期内，由于项目始终处于"偿付"未被收回的投资的状况，内部收益率指标正是项目占用的尚未回收资金的获利能力。它能反映项目自身的盈利能力，其值越高，项目的经济性越好。因此，在项目评价中，内部收益率是考察项目

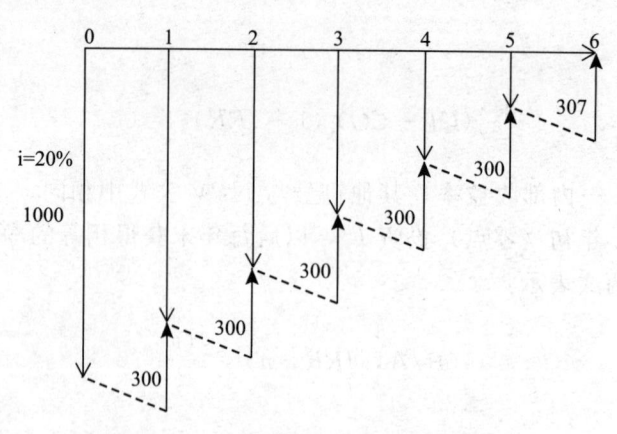

图 6-8 未收回投资现金流量示意图

盈利能力的主要动态评价指标。由于内部收益率不是初始投资在整个计算期内的盈利率，因而它不仅受到初始投资规模的影响，而且受到项目计算期内各年现金流量大小的影响。

求解内部收益率是解以折现率为未知数的多项高次方程。当各年的净现金流量不等，且计算期较长时，求解内部收益率是相当繁琐的。一般来说，求解 IRR，有人工试算法和利用计算机软件函数求解两种方法。下面介绍内部收益率的人工试算法。

如图 6-7 所示，采用人工试算法求解内部收益率，首先选择折现率 i_1，将其代入净现值公式，如果此时算出的净现值为正，则选择一个高于 i_1 的折现率 i_2，将其代入净现值公式，如果此时净现值仍为正，则增加 i_2 的值后再重新计算净现值，直到净现值为负为止（如果首先选择的折现率计算的净现值为负，则需要降低折现率使净现值为正为止）。根据内部收益率含义可知，此时内部收益率 IRR 必在 i_1 和 i_2 之间。

通常当试算的折现率 i 使 NPV 在零值左右摆动且先后两次试算的 i 值之差足够小时，可用线性插值法近似求出 IRR≈i。插值公式为：

$$IRR = i_1 + (i_2 - i_1) \frac{NPV_1}{NPV_1 + |NPV_2|} \quad (6-32)$$

式中 IRR——内部收益率；
i_1——较低的试算折现率，使净现值为正值，但其接近于零；
i_2——较高的试算折现率，使净现值为负值，但其接近于零；
NPV_1——与 i_1 对应的净现值（正）；
NPV_2——与 i_2 对应的净现值（负）。

为了保证 IRR 的精度，i_1 与 i_2 之间的差距一般以不超过 2% 为宜，最大不超过 5%。

采用线性内插法计算 IRR 只适用于具有常规现金流量的投资项目。而对于具有非常规现金流量的项目，由于其内部收益率的存在可能不是唯一的，因此线性的内插法就不适用。

(3) 判据

应用 IRR 对单独一个项目进行经济评价的判别准则是：若 $IRR \geqslant i_c$（或 i_s），则认为项目在经济上是可以接受的；若 $IRR < i_c$（或 i_s），则项目在经济上应予以拒绝。

内部收益率指标的经济含义是项目对占用资金的恢复能力。也可以说内部收益率是指项目对初始投资的偿还能力或项目对贷款利率的最大承受能力。由于内部收益率不是用来计算初始投资收益的，所以不能用内部收益率指标作为排列多个独立项目优劣顺序的依据。

(4) 优点与不足

1) 内部收益率指标的优点

① 与净现值指标一样，内部收益率指标考虑了资金的时间价值，用于对项目进行动态分析，并考察了项目在整个寿命期内的全部情况。

② 内部收益率是内生决定的，即由项目的现金流量特征决定的，不是事先外生给定的。这与净现值、净年值、净现值率等指标需要事先设定基准折现率才能进行计算比较起来，操作困难小。因此，在进行财务分析时往往把内部收益率作为最主要的指标。

2) 内部收益率指标的不足

① 内部收益率指标计算繁琐，非常规项目有多解现象，分析、检验和判别比较复杂。

② 内部收益率适用于独立方案的经济可行性判断，但不能直接用于互斥方案之间的比选。

③ 内部收益率不适用于只有现金流入或现金流出的项目。对于非投资情况，即先取得收益，然后用收益偿付有关费用（如设备租赁）的情况。虽然可以运用 IRR 指标，但其判别准则与投资情况相反，即只有 $IRR \leqslant i_c$ 的方案（或项目）才可接受。

(5) IRR 与 NPV 评价指标的比较

对于单一独立项目的评价，应用 IRR 评价与应用 NPV 评价的结论是一致的。NPV 指标计算简便，显示出了项目现金流量的时间分配，但得不出投资过程收益程度大小，且受外部参数（i_c）的影响。IRR 指标计算较为麻烦，但能反映投资过程的收益程度，而 IRR 的大小不受外部参数影响，完全取决于投资过程现金流量。

内部收益率被普遍认为是项目投资的盈利率，反映了投资的使用效率，概念清晰明确。比起净现值来，各行各业的实际经济工作者更喜欢采用内部收益率。

内部收益率用于独立项目财务分析时，将其结果称为财务内部收益率，记为 FIRR；当内部收益率用于独立项目经济分析时，将其结果称为经济内部收益率，记为 EIRR。

【例 6—7】 已知某方案第 1 年初和第 1 年末分别投资 1000 万元、800 万元，第

二、三、四年末均获净收益500万元，第五年末净收益为1200万元，试计算方案的内部收益率（结果取两位小数）。

【解答】

先取 $i_1=12\%$，则有：

$$NPV_1=-1000-800\times(1+12\%)^{-1}+500\times\frac{(1+12\%)^3-1}{12\%\times(1+12\%)^3}$$
$$\times(1+12\%)^{-1}+1200\times(1+12\%)^{-5}=38.5（万元）$$

由于 $NPV_1>0$，故提高折现率，令 $i_2=14\%$，有

$$NPV_1=-1000-800\times(1+14\%)^{-1}+500\times\frac{(1+14\%)^3-1}{12\%\times(1+14\%)^3}$$
$$\times(1+14\%)^{-1}+1200\times(1+14\%)^{-5}=-60.3（万元）$$

应用线性插值公式，有：

$$IRR=i_1+(i_2-i_1)\frac{NPV_1}{NPV_1+|NPV_2|}$$
$$=12\%+(14\%-12\%)\times\frac{38.5}{38.5+|-60.3|}=12.78\%$$

2. 净现值率（NPVR）

(1) 含义

净现值率（Net Present Value Rate，NPVR）是按设定折现率求得的项目计算期的净现值与其全部投资现值的比率，其经济含义是单位投资现值所能带来的净现值，是一个考察项目单位投资盈利能力的指标。净现值率的最大化，将使有限投资取得最大的净贡献。由于净现值不直接考虑项目投资额的大小，故为了考察投资的利用效率，采用净现值率作为净现值的辅助评价指标。

当对比的两个方案投资额不同时，如果仅以各方案的净现值率大小来选择方案，可能导致不正确的结论，因为净现值率大小只是表明单位投资盈利水平，不能反映总体投资规模的盈利能力。

(2) 计算

净现值率的计算式为：

$$NPVR=\frac{NPV}{I_p}=\frac{\sum_{t=0}^{n}(CI-CO)_t(1+i)^{-t}}{\sum_{t=0}^{n}I_t(1+i)^{-t}} \quad (6-33)$$

$$I_p=\sum_{t=0}^{n}I_t(P/F,i,n) \quad (6-34)$$

式中 I_p——项目投资现值；

I_t——第 t 年投资额；

n——计算期年数；

$(P/F, i, n)$——现值系数。

(3) 判据

应用净现值率评价项目或方案时，对于独立方案评价，应使 $NPVR \geq 0$，项目才可以接受，若 $NPVR < 0$，方案不可行，应予拒绝。对于多方案评价，凡 $NPVR < 0$ 的方案先行淘汰，在余下的方案中，应将净现值率与投资额、净现值结合起来选择方案，而且在评价时应注意计算投资现值与净现值的折现率应一致。

【例 6-8】 已知某项目有两种投资建设方案，A 方案的净现值 $NPV_A = 43.72$ 万元，投资现值 $I_{PA} = 310.98$ 万元；B 方案的净现值 $NPV_B = 56.83$ 万元，投资现值 $I_{PB} = 650.28$ 万元。分别用净现值和净现值率指标对两种投资建设方案做出比较。

【解答】 A 方案的净现值率计算：

$$NPVR_A = \frac{NPV_A}{I_{PA}} = \frac{43.72}{310.98} = 0.14$$

B 方案的净现值率计算：

$$NPVR_B = \frac{NPV_B}{I_{PB}} = \frac{56.83}{650.28} = 0.09$$

计算结果表明，如果根据净现值的大小来选择项目的投资建设方案，由于 $NPV_A = 43.72$ 万元小于 $NPV_B = 56.83$ 万元，应该选择 B 方案；如果根据净现值率的大小来选择，由于 $NPVR_A = 0.14$ 大于 $NPVR_B = 0.09$，应该选择 A 方案。

三、现金流量分析指标应用

经济评价指标的应用，一是用于单一项目（方案）投资经济效益的大小与好坏的衡量，以决定方案的取舍；二是用于多个项目（方案）的经济性优劣的比较，以决定项目（方案）的选取。

项目（方案）经济评价指标的选择，应根据项目（方案）具体情况、评价的主要目标、指标的用途和决策者最关心的因素等问题来进行。由于项目（方案）投资的经济效益是一个综合概念，必须从不同的角度去衡量才能清晰、全面。总之，在项目（方案）经济效果评价时，应根据评价深度要求、可获得资料的多少以及评价方案本身所处的条件，选用多个不同的评价指标，这些指标有主有次，从不同侧面反映评价方案的经济效果。

四、基准收益率的测算和选取

（一）基准收益率的概念

基准收益率（Benchmark Yield）也称基准折现率，是企业或行业投资者可接受的项目（方案）最低标准的收益水平。其在本质上体现了投资决策者对项目（方案）资金时间价值的判断和对项目（方案）风险程度的估计，是投资资金应当获得的最低盈利率水平，它是评价和判断项目（方案）在财务或经济上是否可行和项目（方案）比选的主要依据。因此基准收益率确定得合理与否，对项目（方案）经济效果的评价结论有直接的影响，定得过高或过低都可能导致投资决策的失误。基准收益率是一个重要的经济参数，而且根据不同角度编制的现金流量表，计算所需的基准收益率应有所不同。

（二）基准收益率的测定

1. 在政府投资项目以及按政府要求进行财务评价的建设项目中采用的行业财务基准收益率，应根据政府的政策导向进行确定。

2. 在企业各类项目（方案）的经济效果评价中参考选用的行业财务基准收益率，应在分析一定时期内国家和行业发展战略、发展规划、产业政策、资源供给、市场需求、资金时间价值、项目（方案）目标等情况的基础上，结合行业特点、行业资本构成情况等因素综合测定。

3. 在中国境外投资的项目（方案）财务基准收益率的测定，应充分考虑各种风险因素，包括政治风险、劳工风险、金融管制、资源环境、文化冲突等。

4. 投资者自行测定项目（方案）的最低可接受财务收益率，除了应考虑上述第 2 条中所涉及的因素外，还应根据自身的发展战略和经营策略、项目（方案）的特点与风险、资金成本、机会成本等因素综合测定。

（1）资金成本是为取得资金使用权所支付的费用，项目（方案）实施后所获利润额必须能够补偿资金成本，然后才能有利可图，因此基准收益率最低限度不应小于资金成本。

【例 6—9】 某项目建设投资 1000 万元，资金来源为自有资金 300 万元，投资者设定年最低期望盈利率为 12%；银行贷款 700 万元，贷款年利率为 8%。计算该项目的资金成本率。

【解答】 自有资金年资金成本为 $300 \times 12\% = 36$（万元）；银行贷款年资金成本为 $700 \times 8\% = 56$（万元）；项目合计年资金成本为 $36 + 56 = 92$（万元）。项目的资金成本率为 $92/1000 \times 100\% = 9.2\%$。

由上例可知，资金成本率是项目自有资金最低期望盈利和借贷资金利息的成本率，值为 9.2%。由此可见：基准收益率＞资金成本率＞借贷利率。

（2）投资的机会成本是指投资者把有限的资金用于其他投资项目所创造的收益。当投资者面临多方案择一决策时，被舍弃的选项中的最高价值者是本次决策的机会成本。投资者总是希望得到最佳的投资机会，从而使有限的资金取得最佳经济效益。机会成本的表现形式是多种多样的，货币形式表现的机会成本，如销售收入、利润等；由于利率大小决定货币的价格，采用不同的利率（折现率）也表示货币的机会成本。机会成本是在项目（方案）外部形成的，它不可能反映在该项目（方案）财务上，必须通过项目咨询决策人员的分析比较，才能确定项目（方案）的机会成本。机会成本虽不是实际支出，但在项目决策分析时，应作为一个因素加以认真考虑，有助于选择最优方案。

显然，基准收益率应不低于单位资金成本或单位投资的机会成本，这样才能使资金得到最有效的利用。这一要求可表达为：

$$i_c \geqslant i_1 = \max\{单位资金成本，单位投资机会成本\} \quad (6-35)$$

如项目（方案）完全由企业自有资金投资时，可参考的行业平均收益水平，可以理解为一种资金的机会成本；假如项目（方案）投资资金来源于自有资金和贷款时，最低收益率不应低于行业平均收益水平（或新筹集权益投资的资金成本）与贷款利率的加权平均值。如果有好几种贷款时，贷款利率应为加权平均贷款利率。

（3）投资风险。在整个项目（方案）计算期内，存在着发生不利于项目（方案）的环境变化的可能性，这种变化难以预料，即投资者要冒着一定的风险作决策。为此，投资者自然就要求获得较高的利润，否则他是不愿去冒风险的。所以在确定基准收益率时，仅考虑资金成本、机会成本因素是不够的，还应考虑风险因素，通常以一个适当的风险贴补率 i_2 来提高 i_c 值。就是说，以一个较高的收益水平补偿投资者所承担的风险，风险越大，贴补率越高。假如投资者对一笔能得到 5% 利润率的无风险投资感到满意的话，那么当风险度为 0.4 时，投资者就会要求有 7% 的利润率，其中 2% 是用于补偿该风险；而当风险度为 1.0 时，投资者会要求利润达到 10%，其中 5% 为风险补贴。其差额的大小取决于项目风险的大小和投资者的要求。为了限制对风险大、盈利低的项目（方案）进行投资，可以采取提高基准收益率的办法来进行项目（方案）经济效果评价。

一般说来，从客观上看，资金密集型的项目（方案），其风险高于劳动密集型的；资产专用性强的风险高于资产通用性强的；以降低生产成本为目的的风险低于以扩大产量、扩大市场份额为目的的。从主观上看，资金雄厚的投资主体的风险低于资金拮据者。

（4）通货膨胀。所谓通货膨胀是指由于货币的发行量超过商品流通所需要的货币量而引起的货币贬值和物价上涨的现象。在通货膨胀影响下，各种材料、设备、房屋、土地的价格以及人工费都会上升。为反映和评价出拟实施项目（方案）在未来的真实经济效果，在确定基准收益率时，应考虑这种影响，结合投入产出价格的选用决定对通货膨胀因素的处理。

通货膨胀以通货膨胀率来表示，通货膨胀率主要表现为物价指数的变化，即通货膨胀率约等于物价指数变化率，通货膨胀的影响具有复利性质。一般每年的通货膨胀率是不同的，但为了便于研究，常取一段时间的平均通货膨胀率，即在所研究的时期内，通货膨胀率可以视为固定的。

综合以上分析，基准收益率可确定如下：

若项目（方案）现金流量是按当年价格预测估算的，则应以年通货膨胀率 i_3 修正 i_c 值。即：

$$i_c = (1+i_1)(1+i_2)(1+i_3) - 1 \approx i_1 + i_2 + i_3 \quad (6-36)$$

若项目（方案）的现金流量是按基年不变价格预测估算的，预测结果已排除通货膨胀因素的影响，就不再重复考虑通货膨胀的影响去修正 i_c 值。即：

$$i_c = (1+i_1)(1+i_2) - 1 \approx i_1 + i_2 \qquad (6-37)$$

总之，合理确定基准收益率，对于投资决策极为重要。确定基准收益率的基础是资金成本和机会成本，而投资风险和通货膨胀则是必须考虑的影响因素。

第七章 工程项目投资估算

投资估算是在对项目的建设规模、产品方案、技术方案、设备方案、选址方案和工程建设方案及项目进度计划等进行研究并基本确定的基础上，对建设项目总投资数额及分年资金需要量进行的估算。投资估算是项目咨询工作的重要组成部分，是投资决策的重要依据之一。本章主要介绍建设投资简单估算法、建设投资分类估算法、建设期利息估算、流动资金估算、项目总投资与分年投资计划。

第一节 建设投资简单估算法

建设投资的简单估算法有单位生产能力估算法、生产能力指数法、比例估算法、系数估算法、估算指标法等，其中估算指标法依据指标制定依据的范围和粗略程度又分为多种。

单位生产能力估算方法最为粗略，一般仅用于规划、投资机会研究阶段。生产能力指数法相比单位生产能力估算法准确度提高，在不同阶段都有一定应用，但范围受限。初步可行性研究阶段主要采用估算指标法，也可根据具体条件选择其他估算方法。实践中根据所掌握的信息资料和工作深度，可将上述几种方法结合使用。

一、单位生产能力估算法

该方法根据已建成的、性质类似的建设项目的单位生产能力投资（如元/吨、元/千瓦）乘以拟建项目的生产能力来估算拟建项目的投资额，其计算公式为：

$$Y_2 = \frac{Y_1}{X_1} \times X_2 \times CF \qquad (7-1)$$

式中 Y_2——拟建项目的投资额；

Y_1——已建类似项目的投资额；

X_1——已建类似项目的生产能力；

X_2——拟建项目的生产能力；

CF——不同时期、不同地点的定额、单价、费用变更等的综合调整系数。

该方法将项目的建设投资与其生产能力的关系视为简单的线性关系，估算简便迅速，但精确度较差。使用这种方法要求拟建项目与所选取的已建项目相类似，仅存在规模大小和时间上的差异。单位生产能力估算法一般仅用于投资机会研究阶段。

【例 7-1】 已知 2013 年建设污水处理能力 15 万立方米/日的某污水处理厂的建设投资为 33000 万元，2018 年拟建污水处理能力 20 万立方米/日的污水处理厂一座，工程条件与 2013 年已建项目类似，调整系数 CF 为 1.25，试估算该项目的建设投资。

【解答】 根据公式（7-1），该项目的建设投资为：

$$Y_2 = \frac{Y_1}{X_1} \times X_2 \times CF = \frac{33000}{15} \times 20 \times 1.25 = 55000 \text{（万元）}$$

二、生产能力指数法

该方法根据已建成的、性质类似的建设项目的生产能力和投资额与拟建项目的生产能力来估算拟建项目投资额，其计算公式为：

$$Y_2 = Y_1 \times \left(\frac{X_2}{X_1}\right)^n \times CF \tag{7-2}$$

式中　n——生产能力指数；
　　　其他符号含义同前。

公式（7-2）表明，建设项目的投资额与生产能力呈非线性关系。运用该方法估算项目投资的重要条件是要有合理的生产能力指数。不同性质的建设项目，n 的取值是不同的。在正常情况下，$0 \leqslant n \leqslant 1$。若已建类似项目的规模和拟建项目的规模相差不大，$X_2$ 与 X_1 的比值在 0.5~2 之间，则指数 n 的取值近似为 1；若 X_2 与 X_1 的比值在 2~50 之间，且拟建项目规模的扩大仅靠增大设备规模来达到时，则 n 取值约在 0.6~0.7 之间；若靠增加相同规格设备的数量来达到时，则 n 取值为 0.8~0.9 之间。

采用生产能力指数法，计算简单、速度快；但要求类似项目的资料可靠，条件基本相同，否则误差就会增大。对于建设内容复杂的项目，可行性研究中有时也用生产能力指数法进行分项装置（或生产线）的工程费用估算。

【例 7-2】 已知年产 20 万吨的某工业产品项目的工艺生产装置为 30000 万元，现拟建年产 60 万吨的同种产品项目，工程条件与上述项目类似，生产能力指数 n 为 0.7，调整系数 CF 为 1.1，试估算该项目的建设投资。

【解答】 根据公式（7-2），该项目的建设投资为：

$$Y_2 = Y_1 \times \left(\frac{X_2}{X_1}\right)^n \times CF = 30000 \times \left(\frac{60}{20}\right)^{0.7} \times 1.1 = 71203 \text{（万元）}$$

三、比例估算法

比例估算法可分为两种：

（一）以拟建项目的设备购置费为基数进行估算

该方法以拟建项目的设备购置费为基数，根据已建成的同类项目的建筑工程费和安装工程费占设备购置费的百分比,求出相应的建筑工程费和安装工程费,再加上拟建项目的其他费用(包括工程建设其他费用和预备费等),其总和即为拟建项目的建设投资。计算公式为:

$$C = E(1 + f_1 P_1 + f_2 P_2) + I \qquad (7-3)$$

式中　C——拟建项目的建设投资;
　　　E——拟建项目根据当时当地价格计算的设备购置费;
　　　P_1、P_2——已建项目中建筑工程费和安装工程费占设备购置费的百分比;
　　　f_1、f_2——由于时间、地点等因素引起的定额、价格、费用标准等综合调整系数;
　　　I——拟建项目的其他有关费用。

【**例 7-3**】　某拟建项目设备购置费为 15000 万元,根据已建同类项目统计资料,建筑工程费占设备购置费的 23%,安装工程费占设备购置费的 9%,该拟建项目的其他有关费用估计为 2600 万元,调整系数 f_1、f_2 均为 1.1,试估算该项目的建设投资。

【**解答**】　根据公式(7-3),该项目的建设投资为:

$$\begin{aligned}C &= E(1 + f_1 P_1 + f_2 P_2) + I \\ &= 15000 \times [1 + (23\% + 9\%) \times 1.1] + 2600 = 22880 \text{(万元)}\end{aligned}$$

(二) 以拟建项目的工艺设备投资为基数进行估算

该方法以拟建项目的工艺设备投资为基数,根据同类型的已建项目的有关统计资料,各专业工程(总图、土建、暖通、给排水、管道、电气、电信及自控等)占工艺设备投资(包括运杂费和安装费)的百分比,求出拟建项目各专业工程的投资,然后把各部分投资(包括工艺设备投资)相加求和,再加上拟建项目的其他有关费用,即为拟建项目的建设投资。计算公式为:

$$C = E(1 + f_1 P'_1 + f_2 P'_2 + f_3 P'_3 + \cdots) + I \qquad (7-4)$$

式中　E——拟建项目根据当时当地价格计算的工艺设备投资;
　　　P'_1、P'_2、P'_3——已建项目各专业工程费用占工艺设备投资的百分比;
　　　其他符号含义同前。

四、系数估算法

(一) 朗格系数法

该方法以设备购置费为基础,乘以适当系数来推算项目的建设投资。计算公式为:

$$C = E(1 + \sum K_i) K_c \qquad (7-5)$$

式中　C——建设投资;

E——设备购置费；

K_i——管线、仪表、建筑物等项费用的估算系数；

K_c——管理费、合同费、应急费等间接费在内的总估算系数。

建设投资与设备购置费之比为朗格系数 K_L。即：

$$K_L = (1+\sum K_i) K_c \tag{7-6}$$

运用朗格系数法估算投资，方法比较简单，但由于没有考虑项目（或装置）规模大小、设备材质的影响以及不同地区自然、地理条件差异的影响，所以估算的准确度不高。

（二）设备及厂房系数法

该方法在拟建项目工艺设备投资和厂房土建投资估算的基础上，其他专业工程的投资参照类似项目的统计资料。与设备关系较大的按设备投资系数计算，与厂房土建关系较大的则按厂房土建投资系数计算，两类投资加起来，再加上拟建项目的其他有关费用，即为拟建项目的建设投资。

【例7-4】某项目工艺设备及其安装费用估计为2600万元，厂房土建费用估计为4200万元，参照类似项目的统计资料，其他各专业工程投资系数如下，其他有关费用为2400万元，试估算该项目的建设投资。

表7-1 专业工程投资系数

专业工程	系数	专业工程	系数
工艺设备	1.00	厂房土建（含设备基础）	1.00
起重设备	0.09	给排水工程	0.04
加热炉及烟道	0.12	采暖通风	0.03
气化冷却	0.01	工业管道	0.01
余热锅炉	0.04	电器照明	0.01
供电及转动	0.18		
自动化仪表	0.02		
系数合计	1.46	系数合计	1.09

【解答】

根据上述方法，则该项目的建设投资为：

$$2600 \times 1.46 + 4200 \times 1.09 + 2400 = 10774（万元）$$

五、估算指标法

估算指标法俗称扩大指标法。估算指标是一种比概算指标更为扩大的单项工程指标或单位工程指标，以单项工程或单位工程为对象，综合了项目建设中的各类成本和费用，具有较强的综合性和概括性。

单项工程指标一般以单项工程生产能力单位投资表示，如工业窑炉砌筑以"元

/立方米"表示；变配电站以"元/千伏安"表示；锅炉房以"元/蒸汽吨"表示。

单位工程指标一般以如下方式表示：房屋区别不同结构形式以"元/平方米"表示；道路区别不同结构层、面层以"元/平方米"表示；管道区别不同材质、管径以"元/米"表示。

估算指标在使用过程中应根据不同地区、不同时期的实际情况进行适当调整，因为地区、时期不同，设备、材料及人工的价格均有差异。

估算指标法的精确度相对比概算指标低，主要适用于初步可行性研究阶段。项目可行性研究阶段也可采用，主要是针对建筑安装工程费以及公用和辅助工程等配套工程。

实际上单位生产能力估算法也可算是一种最为粗略的扩大指标法，一般只适用于机会研究阶段。

第二节 建设投资分类估算法

项目可行性研究阶段，要求的投资估算精度较高，需通过工程量的计算，采用相对准确的分类估算法进行估算。

建设投资分类估算法是对构成建设投资的各类投资，即工程费用（含建筑工程费、设备购置费和安装工程费）、工程建设其他费用和预备费（含基本预备费和涨价预备费）分类进行估算。

一、估算步骤

1. 分别估算建筑工程费、设备购置费和安装工程费。
2. 汇总建筑工程费、设备购置费和安装工程费，得出分项的工程费用，然后加总得出项目建设所需的工程费用。
3. 在工程费用的基础上估算工程建设其他费用。
4. 以工程费用和工程建设其他费用为基础，估算基本预备费。
5. 在确定工程费用分年投资计划的基础上，估算涨价预备费。
6. 加总求得建设投资。

二、工程费用估算

（一）建筑工程费估算

1. 估算内容

建筑工程费是指为建造永久性建筑物和构筑物所需要的费用，主要包括以下几部分内容：

（1）各类房屋建筑工程和列入房屋建筑工程预算的供水、供暖、卫生、通风、煤气等设备费用及其装设、油饰工程的费用，列入建筑工程的各种管道、电力、电信和电缆导线敷设工程的费用。

(2) 设备基础、支柱、工作台、烟囱、水塔、水池、灰塔等建筑工程以及各种窑炉的砌筑工程和金属结构工程的费用。

(3) 建设场地的大型土石方工程、施工临时设施和完工后的场地清理等费用。

(4) 矿井开凿、井巷延伸、露天矿剥离，石油、天然气钻井，修建铁路、公路、桥梁、水库、堤坝、灌渠及防洪等工程的费用。

2. 估算方法

建筑工程费的估算方法有单位建筑工程投资估算法、单位实物工程量投资估算法和概算指标投资估算法。前两种方法比较简单，后一种方法要以较为详细的工程资料为基础，工作量较大，实际工作中可根据具体条件和要求选用。

(1) 单位建筑工程投资估算法

单位建筑工程投资估算法，是以单位建筑工程量投资乘以建筑工程总量来估算建筑工程费的方法。一般工业与民用建筑以单位建筑面积（平方米）投资，工业窑炉砌筑以单位容积（立方米）投资，水库以水坝单位长度（米）投资，铁路路基以单位长度（公里）投资，矿山掘进以单位长度（米）投资，乘以相应的建筑工程总量计算建筑工程费。

(2) 单位实物工程量投资估算法

单位实物工程量投资估算法，是以单位实物工程量投资乘以实物工程量总量来估算建筑工程费的方法。土石方工程按每立方米投资，矿井巷道衬砌工程按每延长米投资，路面铺设工程按每平方米投资，乘以相应的实物工程量总量计算建筑工程费。

(3) 概算指标投资估算法

在估算建筑工程费时，对于没有前两种估算指标，或者建筑工程费占建设投资比例较大的项目，可采用概算指标估算法。建筑工程概算指标通常是以整个建筑物为对象，以建筑面积、体积等为计量单位来确定人工、材料和机械台班的消耗量标准和造价指标。建筑工程概算指标分别有一般土建工程概算指标、给排水工程概算指标、采暖工程概算指标、通信工程概算指标、电气照明工程概算指标等。采用概算指标投资估算法需要较为详细的工程资料、建筑材料价格和工程费用指标，工作量较大。具体方法参照专门机构发布的概算编制办法。

估算建筑工程费应编制建筑工程费估算表。

【例 7-5】 某生物制药项目的建筑工程费估算见表 7-2。

表 7-2 某生物制药项目建筑工程费估算表

序号	建、构筑物名称	单位	工程量	单价（元）	费用合计（万元）
1	生产车间	m²	7712	1800	1388.2
2	培育室	m²	144	1000	14.4
3	原料、成品库	m²	5783	1000	578.3
4	综合动力站	m²	1134	1200	136.1

续表

序号	建、构筑物名称	单位	工程量	单价（元）	费用合计（万元）
5	地下水池	m³	1300	750	97.5
6	门卫室	m²	74	1000	7.4
7	厂区围墙和大门	m	750	200	15.0
8	厂区道路	m²	9800	120	117.6
9	厂区绿化	m²	6743	50	33.7
10	综合楼	m²	3402	1200	408.2
11	食堂等生活设施	m²	1157	1000	115.7
12	车库	m²	230	1000	23.0
合计					2935.1

（二）设备购置费估算

设备购置费指需要安装和不需要安装的全部设备、仪器、仪表等和必要的备品备件和工器具、生产家具购置费用，其中包括一次装入的填充物料、催化剂及化学药品等的购置费。设备购置费可按国内设备购置费、进口设备购置费、备品备件和工器具及生产家具购置费分类估算。

1. 国内设备购置费估算

国内设备购置费是指为建设项目购置或自制的达到固定资产标准的各种国产设备的购置费用。它由设备原价和设备运杂费构成。

（1）国产标准设备原价

国产标准设备是指按照主管部门颁布的标准图纸和技术要求，由国内设备生产厂批量生产的、符合国家质量检测标准的设备。国产标准设备原价一般指的是设备制造厂的交货价，即出厂价。设备的出厂价分两种情况，一是带有备件的出厂价，二是不带备件的出厂价。在计算设备原价时，一般应按带有备件的出厂价计算。如只有不带备件的出厂价，应按有关规定另加备品备件费用。如设备由设备成套公司供应，还应考虑设备成套费用。国产标准设备原价可通过查询相关价格目录或向设备生产厂家询价得到。

（2）国产非标准设备原价

国产非标准设备是指国家尚无定型标准，设备生产厂不可能采用批量生产，只能根据具体的设计图纸按订单制造的设备。非标准设备原价有多种不同的计算方法，无论采用哪种方法都应使非标准设备计价接近实际出厂价，并且计算方法要简便。

实践中也可以采用有关单位公布的参考价格，根据设备类型、材质、规格等要求选用。

（3）设备运杂费

设备运杂费通常由运输费、装卸费、运输包装费、供销手续费和仓库保管费等各项费用构成。一般按设备原价乘以设备运杂费费率计算。设备运杂费费率按部门、行业或省、市的规定执行。

估算国内设备购置费应编制国内设备购置费估算表。

【例7-6】 某生物制药项目的国内设备购置费估算见表7-3。

表7-3 某生物制药项目国内设备购置费估算表

单位：万元

序号	设备名称	型号规格	单位	数量	出厂价	运杂费	总价
1	工艺设备		台套	124	1618.2	129.5	1747.7
	其中：						
	二级种子罐	$10m^3$	台	6	120.0		
	发酵罐	$80m^3$	台	3	270.0		
	喷雾干燥系统		套	2	180.0		
	包装机		套	6	240.0		
2	通风设备		台	20	6.0	0.5	6.5
3	自控设备		套	1	300.0	24.0	324.0
4	培育室设备		套	1	40.0	3.2	43.2
5	化验检测仪器		台套	44	97.6	7.8	105.4
6	机电仪修设备		套	3	60.0	4.8	64.8
7	综合动力设备		台套	15	395.0	31.6	426.6
	其中：						
	空压系统	$110m^3/min$，1MPa	套	2	120.0		
	制冷系统	30万千卡	套	2	140.0		
8	消防设备		套	1	24.0	1.9	25.9
9	污水处理设备		套	1	30.0	2.4	32.4
10	通信设备				5.0		5.0
11	生产运输车辆		台	6	67.0	5.4	72.4
12	台式计算机		台	30	24.0		24.0
13	工器具及生产家具				5.3	0.4	5.7
	合计				2672.1	211.5	2883.6

2. 进口设备购置费估算

进口设备购置费由进口设备货价、进口从属费用及国内运杂费组成。

(1) 进口设备的货价

进口设备货价按其包含的费用内容不同，可分为离岸价（FOB）与到岸价

(CIF) 等，通常多指离岸价。离岸价 (FOB) 是货物成本价，指出口货物运抵达出口国口岸（船上）交货的价格；到岸价 (CIF) 是指货物成本＋国外运费＋国外运输保险费的价格，从包含的费用内容看，是进口货物抵达进口国口岸的价格，即包括进口货物的离岸价、国外运费和国外运输保险费[①]。进口设备货价可依据向有关生产厂商的询价、生产厂商的报价以及订货合同价等研究确定。

(2) 进口从属费用

进口从属费用包括国外运费、国外运输保险费、进口关税、进口环节消费税、进口环节增值税、外贸手续费和银行财务费等。

1) 国外运费。即从装运港（站）到达我国抵达港（站）的运费。计算公式为：

$$国外运费＝进口设备离岸价×国外运费费率 \quad (7-7)$$

或

$$国外运费＝单位运价×运量 \quad (7-8)$$

国外运费费率或单位运价参照有关部门或进出口公司的规定执行。

2) 国外运输保险费。是被保险人根据与保险人（保险公司）订立的保险契约，为获得保险人对货物在运输过程中发生的损失给予经济补偿而支付的费用。计算公式为：

$$国外运输保险费＝（进口设备离岸价＋国外运费）×国外运输保险费费率$$
$$(7-9)$$

国外运输保险费费率按照有关保险公司的规定执行。

进口设备按到岸价计价时，不必计算国外运费和国外运输保险费。

3) 进口关税。进口关税的计算公式为：

$$进口关税＝进口设备到岸价×人民币外汇牌价×进口关税税率 \quad (7-10)$$

进口关税税率按照我国海关总署发布的《中华人民共和国海关进出口税则》及相关规定执行。

4) 进口环节消费税。进口适用消费税的设备（如汽车），应按规定计算进口环节消费税。

按照相关规定，进口的应税消费品实行从价定率办法计算应纳消费税税额的，按照组成计税价格计算纳税。进口环节消费税计算公式为：

$$消费税＝组成计税价格×消费税税率 \quad (7-11)$$
$$组成计税价格＝（关税完税价格＋关税）÷（1-消费税税率） \quad (7-12)$$

进口货物以海关审定的成交价格为基础的到岸价格作为关税完税价格。到岸价

---

① 此处到岸价、离岸价不是标准的贸易术语，只是侧重对其所包含的费用内容予以描述，以便计算相关投资费用。

格（CIF）包括货价、货物运抵我国关境内输入地点起卸前的包装费、运费、保险费和其他劳务费等费用。

可行性研究阶段拟建项目尚未与外商正式签订引进商务合同，进口货物以估算的到岸价格（CIF，以人民币表示）暂作为关税完税价格。因此：

$$进口环节消费税=\frac{进口设备到岸价\times人民币外汇牌价+进口关税}{1-消费税税率}\times消费税税率 \quad (7-13)$$

消费税税率按《中华人民共和国消费税暂行条例》及相关规定执行。

5) 进口环节增值税。进口环节增值税的计算公式为：

$$增值税=组成计税价格\times增值税税率 \quad (7-14)$$

$$组成计税价格=关税完税价格+关税+消费税 \quad (7-15)$$

可行性研究阶段拟建项目尚未与外商正式签订引进商务合同，进口货物以估算的到岸价格（CIF）暂作为关税完税价格。因此：

$$进口环节增值税=（进口设备到岸价\times人民币外汇牌价+进口关税+消费税）\times增值税税率 \quad (7-16)$$

增值税税率按《中华人民共和国增值税暂行条例》及相关规定执行。

6) 外贸手续费。按国家有关主管部门制定的进口代理手续费收取办法计算。计算公式为：

$$外贸手续费=进口设备到岸价\times人民币外汇牌价\times外贸手续费费率 \quad (7-17)$$

外贸手续费费率按合同成交额的一定比例收取，成交额度小，费率较高；成交额度大，费率较低，各外贸公司收费也各不相同。在可行性研究阶段可参照部门、行业的估算规定选取。

7) 银行财务费。按进口设备货价计取，计算公式为：

$$银行财务费=进口设备货价\times人民币外汇牌价\times银行财务费费率 \quad (7-18)$$

银行财务费费率应根据银行要求采用。可行性研究阶段一般视货价为离岸价（FOB），银行财务费费率可参照部门、行业的估算规定选取。

(3) 国内运杂费

国内运杂费通常由运输费、运输保险费、装卸费、包装费和仓库保管费等费用构成。计算公式为：

$$国内运杂费=进口设备离岸价\times人民币外汇牌价\times国内运杂费费率 \quad (7-19)$$

国内运杂费费率按部门、行业或省、市的规定执行。

估算进口设备购置费应编制进口设备购置费估算表，表格格式见表7-4。

表7－4 进口设备购置费估算表

单位：万元、万美元

序号	设备名称	台(套)数	离岸价	国外运费	国外运输保险费	到岸价	进口关税	消费税	增值税	外贸手续费	银行财务费	国内运杂费	设备购置费总价
合计													

注：项目决策分析与评价阶段，根据投资估算的深度要求，也允许仅列出主要设备表，难以按单台（套）计算进口设备从属费用和国内运杂费的，可以按进口设备总价估算。

【例7－7】 某公司拟从国外进口一套机电设备，重量1500吨，离岸价为400万美元。其他有关费用参数为：国外海运费率为4%；海上运输保险费费率为0.1%；银行财务费费率为0.15%；外贸手续费费率为1%；关税税率为10%；进口环节增值税税率为16%；人民币外汇牌价为1美元＝6.5元人民币，设备的国内运杂费费率为2.1%。试对该套设备购置费进行估算（留两位小数）。

【解答】 根据上述各项费用的计算公式，则有：

进口设备离岸价＝400×6.5＝2600（万元）

国外运费＝400×6.5×4%＝104（万元）

国外运输保险费＝（2600＋104）×0.1%＝2.70（万元）

进口关税＝（2600＋104＋2.70）×10%＝270.67（万元）

进口环节增值税＝（2600＋104＋2.70＋270.67）×16%＝476.38（万元）

外贸手续费＝（2600＋104＋2.70）×1%＝27.07（万元）

银行财务费＝2600×0.15%＝3.9（万元）

国内运杂费＝2600×2.1%＝54.6（万元）

设备购置费＝2600＋104＋2.70＋270.67＋476.38＋27.07＋3.9＋54.6
＝3539.32（万元）

3. 工器具及生产家具购置费估算

工器具及生产家具购置费是指按照有关规定，为保证新建或扩建项目初期正常生产必须购置的第一套工卡模具、器具及生产家具的购置费用。一般以国内设备原价和进口设备离岸价为计算基数，按照部门或行业规定的工器具及生产家具费费率计算。

4. 备品备件购置费估算

在大多数情况下，设备购置费采用带备件的原价估算，不必另行估算备品备件费用；在无法采用带备件的原价、需要另行估算备品备件购置费时，应按设备原价及有关专业概算指标（费率）估算。

（三）安装工程费估算

1. 估算内容

安装工程费一般包括：

（1）生产、动力、起重、运输、传动和医疗、实验等各种需要安装的机电设备、专用设备、仪器仪表等设备的安装费。

（2）工艺、供热、供电、给排水、通风空调、净化及除尘、自控、电讯等管道、管线、电缆等的材料费和安装费。

（3）设备和管道的保温、绝缘、防腐，设备内部的填充物等的材料费和安装费。

2. 估算方法

投资估算中安装工程费通常是根据行业或专门机构发布的安装工程定额、取费标准进行估算。具体计算可按安装费费率、每吨设备安装费指标或每单位安装实物工程量费用指标进行估算。计算公式为：

$$安装工程费 = 设备原价 \times 安装费费率 \qquad (7-20)$$

或

$$安装工程费 = 设备吨位 \times 每吨设备安装费指标 \qquad (7-21)$$

或

$$安装工程费 = 安装工程实物量 \times 每单位安装实物工程量费用指标 \qquad (7-22)$$

附属管道量大的项目，还应单独估算并列出管道费用。

在投资项目可行性研究阶段，安装费用也可以按单项工程分别估算。

估算安装工程费应编制安装工程费估算表。

【例7-8】某生物制药项目的安装工程费估算见表7-5。

表7-5 某生物制药项目安装工程费估算表

单位：万元

序号	安装工程名称	设备原价	设备安装费率（占设备原价百分比）（%）	管道、材料费	安装工程费
1	设备				
1.1	工艺设备	1618.2	8		129.5
1.2	通风设备	6.0	10		0.6
1.3	自控设备	300.0	7		21.0
1.4	培育室设备	40.0	3		1.2
1.5	化验检测仪器	97.6	1		1.0

续表

序号	安装工程名称	设备原价	设备安装费率（占设备原价百分比）（%）	管道、材料费	安装工程费
1.6	机修、电修设备	40.0	5		2.0
1.7	仪修设备	20.0	2		0.4
1.8	综合动力设备	395.0	10		39.5
1.9	消防设备	24.0	12		2.9
1.10	污水处理设备	30.0	12		3.6
	设备小计				201.7
2	管线工程				
2.1	供水管道			21.0	21.0
2.2	排水管道			30.0	30.0
2.3	变配电线路			4.8	4.8
2.4	通讯线路			10.0	10.0
2.5	厂区动力照明			30.0	30.0
	管线工程小计				95.8
	合计				297.5

在按照上述内容与方法分别估算建筑工程费、设备购置费和安装工程费的基础上，汇总形成建设项目的工程费用。

【例7－9】 按【例7－5】、【例7－6】和【例7－8】给出的条件，求某生物制药项目的工程费用。

【解答】

某生物制药项目的工程费用＝建筑工程费＋设备购置费＋安装工程费
　　　　　　　　　　　＝2935.1＋2883.6＋297.5
　　　　　　　　　　　＝6116.2（万元）

三、工程建设其他费用估算

工程建设其他费用是指建设投资中除建筑工程费、设备购置费、安装工程费以外的，为保证工程建设顺利完成和交付使用后能够正常发挥效用而发生的各项费用。

(一) 工程建设其他费用包含的费用项目

1. 建设用地费用

建设项目要取得其所需土地的使用权，必须支付土地征收及迁移补偿费或土地使用权出让（转让）金或租用土地使用权的费用。

（1）征地补偿费

建设项目通过划拨方式取得土地使用权的，依照《中华人民共和国土地管理法》等法规所应支付的费用，其内容包括：

1) 土地补偿费。

2) 安置补助费。

3) 地上附着物和青苗补偿费。

4) 征地动迁费。包括征收土地上房屋及附属构筑物、城市公共设施等拆除、迁建补偿费、搬迁运输费，企业单位因搬迁造成的减产、停产损失补贴费、拆迁管理费等。

5) 其他税费。包括按规定一次性缴纳的耕地占用税、分年缴纳的城镇土地使用税在建设期支付的部分、征地管理费，征收城市郊区菜地按规定应缴纳的新菜地开发建设基金，以及土地复耕费等。

项目投资估算中对以上各项费用应按照国家和地方相关规定标准计算。

(2) 土地使用权出让（转让）金

土地使用权出让（转让）金是指通过土地使用权出让（转让）方式，使建设项目取得有限期的土地使用权，依照《中华人民共和国城镇国有土地使用权出让和转让暂行条例》的规定，支付的土地使用权出让（转让）金。

(3) 在建设期采用租用的方式获得土地使用权所发生的租地费用，以及建设期临时用地补偿费。

【例 7-10】 某建设项目，需要征用耕地 100 亩，该耕地被征用前三年平均每亩年产值分别为 2000 元、1900 元和 1800 元，土地补偿费标准为前三年平均年产值的 10 倍；被征用单位人均占有耕地 1 亩，每个需要安置的农业人口的安置补助费标准为该耕地被征用前三年平均年产值的 6 倍；地上附着物共有树木 3000 棵，补偿标准为 40 元/棵，青苗补偿标准为 200 元/亩，请估算土地费用，暂不考虑征地动迁费和其他税费。

【解答】

$$土地补偿费 = \frac{2000+1900+1800}{3} \times 100 \times 10 = 190（万元）$$

$$人均安置补助费 = \frac{2000+1900+1800}{3} \times 1 \times 6 = 1.14（万元）$$

$$需要安置的农业人口数 = \frac{100}{1} = 100（人）$$

$$安置补助费 = 1.14 \times 100 = 114（万元）$$

$$地上附着物补偿费 = 3000 \times 40 = 12（万元）$$

$$青苗补偿费 = 200 \times 100 = 2（万元）$$

$$使用该土地的费用 = 190 + 114 + 12 + 2 = 318（万元）$$

2. 建设管理费

建设管理费指项目建设单位从项目筹建之日起至办理竣工财务决算之日止发生

的管理性质的支出。包括：不在原单位发工资的工作人员工资及相关费用、办公费、办公场地租用费、差旅交通费、劳动保护费、工具用具使用费、固定资产使用费、招募生产工人费、技术图书资料费（含软件）、业务招待费、施工现场津贴、竣工验收费和其他管理性质开支。

建设管理费以项目总投资（不含项目建设管理费）扣除土地征用、迁移补偿等为取得或租用土地使用权而发生的费用为基数乘以相应分档费率计算。建设管理费费率按照建设项目的不同性质、不同规模确定。具体费率按照部门或行业的规定执行。

工程代建是受建设单位委托的工程建设技术服务，属于建设管理范畴。实行代建制管理的项目，一般不得同时列支代建管理费和建设管理费，确需同时发生的，两项费用之和不得高于本规定的建设管理费限额。

3. *前期工作咨询费*

前期工作咨询费是指工程咨询机构接受委托，提供建设项目专题研究、编制和评估项目建议书或者可行性研究报告，以及其它与建设项目前期工作有关的咨询等服务收取的费用。前期工作咨询费参照国家有关规定作为政府指导价，实行市场调节价。

4. *研究试验费*

研究试验费是指为建设项目提供或验证设计数据、资料等进行必要的研究试验以及按照设计规定在建设过程中必须进行试验、验证所需的费用。研究试验费应按照研究试验内容和要求进行估算。

5. *工程勘察设计费*

工程勘察设计费包括工程勘察收费和工程设计收费。工程勘察收费，指工程勘察机构接受委托，提供收集已有资料、现场踏勘、制定勘察纲要，进行测绘、勘探、取样、试验、测试、检测、监测等勘察作业，以及编制工程勘察文件和岩土工程设计文件等服务收取的费用；工程设计收费，指工程设计机构接受委托，提供编制建设项目初步设计文件、施工图设计文件、非标准设备设计文件、施工图预算文件、竣工图文件等服务收取的费用。工程勘察设计费以有关勘察设计收费的相关规定作为政府指导价，实行市场调节价。

6. *招标代理费*

招标代理费是指招标代理机构接受委托，提供代理工程、货物、服务招标，编制招标文件、审查投标人资格，组织投标人踏勘现场并答疑，组织开标、评标、定标，以及提供招标前期咨询、协调合同的签订等服务收取的费用。招标代理费以有关招标代理咨询收费的相关规定作为政府指导价，实行市场调节价。

7. *工程监理费*

工程监理费是指工程监理机构接受委托，提供建设工程施工阶段的质量、进度、费用控制管理和安全生产监督管理、合同、信息等方面协调管理等服务收取的费用。工程建设监理费以国家有关规定确定的费用标准为指导性价格，实行市场调节价，具体收费标准应根据委托监理业务的范围、深度和工程的性质、规模、难易程度以及工作条件等情况确定。

8. 环境影响评价费

环境影响评价费是指按照《中华人民共和国环境影响评价法》等相关规定为评价建设项目对环境可能产生影响所需的费用。包括编制和评估环境影响报告书（含大纲）、环境影响报告表等所需的费用。环境影响评价费以有关环境影响咨询收费的相关规定作为政府指导价，实行市场调节价。

9. 场地准备及临时设施费

场地准备及临时设施费是指建设场地准备费和建设单位临时设施费。建设场地准备费是指建设项目为达到工程开工条件所发生的场地平整和对建设场地余留的有碍施工建设的设施进行拆除清理的费用。建设单位临时设施费是指为满足施工建设需要而供到场地界区的、未列入工程费用的临时水、电、气、道路、通信等费用和建设单位的临时建构筑物搭设、维修、拆除或者建设期间租赁费用，以及施工期间专用公路养护费、维修费。新建项目的场地准备和临时设施费应根据实际工程量估算，或按工程费用的比例计算。改扩建项目一般只计拆除清理费。具体费率按照部门或行业的规定执行。

10. 引进技术和设备其他费用

引进技术和设备其他费用是指引进技术和设备发生的未计入设备购置费的费用，内容包括：

（1）引进设备材料国内检验费。以进口设备材料离岸价为基数乘以费率计取。

（2）引进项目图纸资料翻译复制费、备品备件测绘费。引进项目图纸资料翻译复制费根据引进项目的具体情况估算或者按引进设备离岸价的比例估算。备品备件测绘费按项目具体情况估算。

（3）出国人员费用。包括买方人员出国设计联络、出国考察、联合设计、监造、培训等所发生的旅费、生活费等。出国人员费用依据合同或协议规定的出国人次、期限以及相应的费用标准计算。其中生活费按照财政部、外交部规定的现行标准计算，旅费按中国民航公布的现行标准计算。

（4）来华人员费用。包括卖方来华工程技术人员的现场办公费用、往返现场交通费用、接待费用等。来华人员费用依据引进合同或协议有关条款及来华技术人员派遣计划进行计算。来华人员接待费用可按每人次费用指标计算。具体费用指标按照部门或行业的规定执行。

（5）银行担保及承诺费。是指引进技术和设备项目由国内外金融机构进行担保所发生的费用，以及支付贷款机构的承诺费用。银行担保及承诺费应按担保或承诺协议计取。投资估算时可按担保金额或承诺金额为基数乘以费率计算。已计入其他融资费用的不应重复计算。

11. 工程保险费

工程保险费是指建设项目在建设期间根据需要对建筑工程、安装工程、机器设备和人身安全进行投保而发生的保险费用。包括建筑安装工程一切险、引进设备财产保险和人身意外伤害险等。建设项目可根据工程特点选择投保险种，编制投资估算时可按工程费用的比例估算。工程保险费费率按照保险公司的规定或按部门、行业规定执行。建筑安装工程费中已计入的工程保险费，不再重复计取。

12. 市政公用设施建设及绿化补偿费

市政公用设施建设及绿化补偿费是指使用市政公用设施的建设项目，按照项目所在省、自治区、直辖市人民政府有关规定，建设或者缴纳市政公用设施建设配套费用以及绿化工程补偿费用。市政公用设施建设及绿化补偿费按项目所在地人民政府规定标准估算。

13. 超限设备运输特殊措施费

超限设备运输特殊措施费是指超限设备在运输过程中需进行的路面拓宽、桥梁加固、铁路设施、码头等改造时所发生的特殊措施费。超限设备的标准遵从行业规定。

14. 特殊设备安全监督检查费

特殊设备安全监督检查费是指在现场组装和安装的锅炉及压力容器、压力管道、消防设备、电梯等特殊设备和设施，由安全监察部门按照有关安全监察条例和实施细则以及设计技术要求进行安全检验，应由项目向安全监察部门缴纳的费用。该费用可按受检设备和设施的现场安装费的一定比例估算。安全监察部门有规定的，从其规定。

15. 联合试运转费

联合试运转费是指新建项目或新增加生产能力的工程，在交付生产前按照批准的设计文件所规定的工程质量标准和技术要求，进行整个生产线或装置的负荷联合试运转或局部联动试车所发生的费用净支出（试运转支出大于收入的差额部分费用）。联合试运转费一般根据不同性质的项目，按需要试运转车间的工艺设备购置费的百分比估算。具体费率按照部门或行业的规定执行。

16. 安全生产费用

安全生产费用是指建筑施工企业按照国家有关规定和建筑施工安全标准，购置施工安全防护用具、落实安全施工措施、改善安全生产条件、加强安全生产管理等所需的费用。按照有关规定，在我国境内从事矿山开采、建筑施工、危险品生产及道路交通运输的企业以及其他经济组织应提取安全生产费用。其提取基数和提取方式随行业不同。按照相关规定，建筑施工企业以建筑安装工程费用为基数提取，并计入工程造价。规定的提取比例随工程类别不同而有所不同。建筑安装工程费用中已计入安全生产费用的，不再重复计取。

17. 专利及专有技术使用费

费用内容包括：国外设计及技术资料费、引进有效专利、专有技术使用费和技术保密费；国内有效专利、专有技术使用费；商标使用费、特许经营权费等。专利及专有技术使用费应按专利使用许可协议和专有技术使用合同确定的数额估算。专有技术的界定应以省、部级鉴定批准为依据。建设投资中只估算需在建设期支付的专利及专有技术使用费。

18. 生产准备费

是指建设项目为保证竣工交付使用、正常生产运营进行必要的生产准备所发生的费用。包括生产人员培训费、提前进厂参加施工、设备安装、调试以及熟悉工艺流程及设备性能等人员的工资、工资性补贴、职工福利费、差旅交通费、劳动保护费、学习资料费等费用。生产准备费一般根据需要培训和提前进厂人员的人数及培训时间按生产准备费指标计算。新建项目以可行性研究报告定员人数为计算基数，改扩建项目以新增定员为计算基数。具体费用指标按照部门或行业的规定执行。

19. 办公及生活家具购置费

办公及生活家具购置费是指为保证新建、改建、扩建项目初期正常生产、使用和管理所必须购置的办公和生活家具、用具的费用。该项费用一般按照项目定员人数乘以费用指标估算。具体费用指标按照部门或行业的规定执行。

工程建设其他费用的具体科目及取费标准应根据各级政府物价部门有关规定并结合项目的具体情况确定。上述各项费用并不是每个项目必定发生的，应根据项目具体情况进行估算。有些行业可能会发生一些特殊的费用，此处不一一列举。

工程建设其他费用按各项费用的费率或者取费标准估算后，应编制工程建设其他费用估算表。

【例 7－11】 某生物制药项目的工程建设其他费用估算见表 7－6。

表 7－6　某生物制药项目工程建设其他费用估算表

单位：万元

序号	费用名称	计算依据	费率或标准	总价
1	土地使用权费	35000 平方米	每平方米 176 元	616.0
2	建设管理费	工程费用	4.8%	293.6
3	前期工作费	工程费用	1.0%	61.2
4	勘察设计费	工程费用	3.0%	183.5
5	工程保险费	工程费用	0.3%	18.3
6	联合试运转费	工程费用	0.5%	30.6
7	专利费	专利转让协议		240.0
8	人员培训费	项目定员 180 人	每人 2000 元	36.0
9	人员提前进厂费	项目定员 180 人	每人 5000 元	90.0
10	办公及生活家具购置费	项目定员 180 人	每人 1000 元	18.0
	合计			1587.2

（二）工程建设其他费用形成的资产

投资估算中也可按照项目竣工后上述工程建设其他费用形成的资产种类，划分为固定资产其他费用、无形资产费用和其他资产费用。

1. 固定资产其他费用

固定资产其他费用是指将在项目竣工时与工程费用一道形成固定资产原值的费用。在投资构成中，固定资产其他费用与工程费用合称为固定资产费用。固定资产其他费用主要包括征地补偿和租地费，建设管理费，可行性研究费，勘察设计费，研究试验费，环境影响评价费，安全、职业卫生健康评价费，场地准备及临时设施费，引进技术和设备其他费用，工程保险费，市政公用设施建设及绿化补偿费，特殊设备安全监督检验费，超限设备运输特殊措施费，联合试运转费和安全生产费用等。

2. 无形资产费用

无形资产费用是指按规定应在项目竣工时形成无形资产原值的费用。按照《企业会计准则》规定的无形资产范围，工程建设其他费用中的专利及专有技术使用费、土地使用权出让（转让）金应计入无形资产费用，但房地产企业开发商品房时，相关的土地使用权账面价值应对计入所建造房屋建筑物成本。

3. 其他资产费用

其他资产费用是指按规定应在项目竣工时形成其他资产原值的费用。按照有关规定，形成其他资产原值的费用主要有生产准备费、办公及生活家具购置费等开办费性质的费用。有的行业还包括某些特殊的费用。另外，某些行业还规定将出国人员费用、来华人员费用和图纸资料翻译复制费列入其他资产费用。

四、预备费估算

（一）基本预备费估算

基本预备费是指在项目实施中可能发生、但在项目决策阶段难以预料的支出，需要事先预留的费用，又称工程建设不可预见费。一般由下列三项内容构成：

1. 在批准的设计范围内，技术设计、施工图设计及施工过程中所增加的工程费用；经批准的设计变更、工程变更、材料代用、局部地基处理等增加的费用。
2. 一般自然灾害造成的损失和预防自然灾害所采取的措施费用。
3. 竣工验收时为鉴定工程质量对隐蔽工程进行必要的挖掘和修复费用。

基本预备费以工程费用和工程建设其他费用之和为基数，按部门或行业主管部门规定的基本预备费费率估算。计算公式为：

基本预备费＝（工程费用＋工程建设其他费用）×基本预备费费率　　（7－23）

【例 7－12】 按照【例 7－9】和【例 7－11】给出的条件，估算某生物制药项目的基本预备费。

【解答】

参照有关行业规定，基本预备费费率取 10%。

该项目基本预备费＝（6116.2＋1587.2）×10%＝770.3（万元）

（二）涨价预备费估算

涨价预备费是对建设工期较长的项目，由于在建设期内可能发生材料、设备、人工、机械台班等价格上涨引起投资增加而需要事先预留的费用，亦称价格变动不可预见费。涨价预备费以分年的工程费用为计算基数，计算公式为：

$$PC = \sum_{t=1}^{n} I_t [(1+f)^t - 1] \qquad (7-24)$$

式中　PC——涨价预备费；
　　　I_t——第 t 年的工程费用；
　　　f——建设期价格上涨指数；
　　　n——建设期；
　　　t——年份。

目前涨价预备费有不同的计算方式，式（7-24）所示的计费基数是最小的，计算出的涨价预备费数额最低。国内外也有将工程费用和工程建设其他费用合计作为计费基数的，甚至有将基本预备费也纳入计费基数的情况，按后者计算的涨价预备费数额最高。

根据政府相关部门规定，目前我国投资项目的建设期价格上涨指数按零计取。

【例 7-13】　某生物制药项目的工程费用为 6116.2 万元，项目建设期为 2 年，按项目进度计划，工程费用使用比例第 1 年为 40%，第 2 年为 60%；建设期价格上涨指数参照有关行业规定取 4%，试估算该项目的涨价预备费。

【解答】

第 1 年工程费用 = 6116.2 × 40% = 2446.5（万元）

第 1 年涨价预备费 = 2446.5 × [(1+4%) - 1] = 97.9（万元）

第 2 年工程费用 = 6116.2 × 60% = 3669.7（万元）

第 2 年涨价预备费 = 3669.7 × [(1+4%)² - 1] = 299.4（万元）

该项目涨价预备费 = 97.9 + 299.4 = 397.3（万元）

五、建设投资中的增值税、进项税额

我国于 2009 年开始实施增值税转型改革，由生产型增值税转变为消费型增值税，允许从销项税额中抵扣部分固定资产增值税，同时该可抵扣固定资产进项税额不得计入固定资产原值。

从 2016 年 5 月 1 日起，全面推行营业税改征增值税试点。根据《国务院关于废止〈中华人民共和国营业税暂行条例〉和修改〈中华人民共和国增值税暂行条例〉的决定》（国务院令第 691 号）、《财政部、税务总局关于调整增值税税率的通知》（财税〔2018〕32 号）和《关于全面推开营业税改征增值税试点的通知》（财税〔2016〕36 号）等规定，工程项目投资构成中的建筑安装工程费、设备购置费、工程建设其他费用中所含增值税进项税额，应根据国家增值税相关规定实施抵扣。

但是，为了满足筹资的需要，必须足额估算建设投资，为此建设投资估算应按含增值税进项税额的价格进行。同时要将可抵扣固定资产进项税额单独列示，以便财务分析中正确计算各类资产原值和应纳增值税。

六、建设投资汇总及建设投资合理性分析

（一）汇总编制建设投资估算表

在完成了建设投资各组成部分的分类估算后，应汇总编制建设投资估算表。

【例7-14】 某生物制药项目的建设投资估算表（见表7-7）。

表7-7 某生物制药项目建设投资估算表

单位：万元

序号	工程或费用名称	建筑工程费	设备购置费	安装工程费	其他费用	合计	其中：外汇	投资比例（%）
1	工程费用	2935.1	2883.6	297.5		6116.2		68.9
1.1	主体工程	1402.6	2121.4	152.3		3676.3		41.5
1.1.1	生产车间	1388.2	2078.2	151.1		3617.5		
	厂房建筑	1388.2				1388.2		
	工艺设备		1747.7	129.5		1877.2		
	通风设备		6.5	0.6		7.1		
	自控设备		324.0	21.0		345.0		
1.1.2	培育室	14.4	43.2	1.2		58.8		
1.2	辅助工程	578.3	170.2	3.4		751.9		8.5
1.2.1	原料、成品库	578.3				578.3		
1.2.2	化验检测仪器		105.4	1.0		106.4		
1.2.3	维修设备		64.8	2.4		67.2		
1.3	公用工程	233.6	489.9	111.8		835.3		9.4
1.3.1	综合动力站	136.1	426.6	44.3		607.0		
1.3.2	消防设施	22.5	25.9	2.9		51.3		
1.3.3	循环水池	15.0				15.0		
1.3.4	污水处理设施	60.0	32.4	3.6		96.0		
1.3.5	供水管道			21.0		21.0		
1.3.6	排水管道			30.0		30.0		
1.3.7	通讯		5.0	10.0		15.0		
1.4	总图运输工程	173.7	72.4	30.0		276.1		3.1
1.4.1	门卫室	7.4				7.4		
1.4.2	厂区围墙和大门	15.0				15.0		

续表

序号	工程或费用名称	建筑工程费	设备购置费	安装工程费	其他费用	合计	其中：外汇	投资比例（%）
1.4.3	厂区道路	117.6				117.6		
1.4.4	厂区动力照明			30.0		30.0		
1.4.5	厂区绿化	33.7				33.7		
1.4.6	生产运输车辆		72.4			72.4		
1.5	服务性工程项目	546.9	24.0			570.9		6.4
1.5.1	综合楼	408.2	24.0			432.2		
1.5.2	食堂等生活设施	115.7				115.7		
1.5.3	车库	23.0				23.0		
1.6	工器具及生产家具		5.7			5.7		
2	工程建设其他费用				1587.2			17.9
2.1	土地使用权费				616.0			
2.2	建设管理费				293.6			
2.3	前期工作费				61.2			
2.4	勘察设计费				183.5			
2.5	工程保险费				18.3			
2.6	联合试运转费				30.6			
2.7	专利费				240.0			
2.8	人员培训费				36.0			
2.9	人员提前进厂费				90.0			
2.10	办公及生活家具购置费				18.0			
3	预备费				1167.6			13.2
3.1	基本预备费				770.3			
3.2	涨价预备费				397.3			
4	建设投资	2935.1	2883.6	297.5	2754.8	8871.0		100.0
	其中：可抵扣固定资产进项税额	382.84	397.74	34.23	49.22	864.02		
	投资比例（%）	33.1	32.5	3.3	31.1	100.0		

（二）建设投资及其构成的合理性分析

1. 建设投资的合理性分析

建设投资的合理性分析，主要从两个方面进行分析：

（1）单位投资的产出水平。分析单位投资所产生的生产能力、产出量，并与同行业其他类似项目进行比较。

（2）单位产出的投资水平。分析项目建设所形成的单位生产能力（或使用效益）需要多少投资（如形成日处理1万吨污水生产能力需要多少投资），并与其他同类项目进行对比，分析项目的投资支出是否合理。

2. 建设投资构成的合理性分析

建设投资各项投资构成的合理性，应根据不同行业、不同类型项目的具体情况，参照已有统计资料数据进行分析。分析时，应结合各类建筑工程、设备购置、安装工程的实物量，分析其货币量的合理性，并将项目的建筑工程费、安装工程费、设备购置费占建设投资的比例以及主要工程和费用占建设投资的比例与同行业其他类似项目进行比较。

第三节　建设期利息估算

建设期利息是债务资金在建设期内发生并应计入固定资产原值的利息，包括借款（或债券）利息及手续费、承诺费、发行费、管理费等融资费用。

一、建设期利息估算的前提条件

进行建设期利息估算必须先完成以下各项工作：

1. 建设投资估算及其分年投资计划；
2. 确定项目资本金（注册资本）数额及其分年投入计划；
3. 确定项目债务资金的筹措方式（银行贷款或企业债券）及债务资金成本率（银行贷款利率或企业债券利率及发行手续费率等）。

二、建设期利息的估算方法

估算建设期利息应按有效利率计息。

项目在建设期内如能用非债务资金按期支付利息，应按单利计息；在建设期内如不支付利息，或用贷款支付利息应按复利计息。

项目评价中对借款额在建设期各年年内按月、按季均衡发生的项目，为了简化计算，通常假设借款发生当年均在年中使用，按半年计息，其后年份按全年计息。

对借款额在建设期各年年初发生的项目，则应按全年计息。

建设期利息的计算要根据借款在建设期各年年初发生或者在各年年内均衡发生，采用不同的计算公式。

1. 借款额在建设期各年年初发生，建设期利息的计算公式为

$$Q = \sum_{t=1}^{n} [(P_{t-1} + A_t) \times i] \quad (7-25)$$

式中　Q——建设期利息；

　　　P_{t-1}——按单利计息，为建设期第 $t-1$ 年末借款累计；按复利计息，为建设期第 $t-1$ 年末借款本息累计；

A_t——建设期第 t 年借款额；

i——借款年利率；

t——年份。

2. 借款额在建设期各年年内均衡发生，建设期利息的计算公式为

$$Q = \sum_{t=1}^{n}\left[\left(P_{t-1} + \frac{A_t}{2}\right) \times i\right] \qquad (7-26)$$

【例 7-15】 某新建项目，建设期为 3 年，第 1 年年初借款 600 万元，第 2 年年初借款 1000 万元，第 3 年年初借款 800 万元，借款年利率为 6%，每年计息 1 次，建设期内不支付利息。试计算该项目的建设期利息。

【解答】

第 1 年借款利息：

$$Q_1 = (P_{1-1} + A_1) \times i = 600 \times 6\% = 36 \text{（万元）}$$

第 2 年借款利息：

$$Q_2 = (P_{2-1} + A_2) \times i = (636 + 1000) \times 6\% = 98.16 \text{（万元）}$$

第 3 年借款利息：

$$Q_3 = (P_{3-1} + A_3) \times i = (636 + 1098.16 + 800) \times 6\% = 152.05 \text{（万元）}$$

该项目的建设期利息为：

$$Q = Q_1 + Q_2 + Q_3 = 36 + 98.16 + 152.05 = 286.21 \text{（万元）}$$

【例 7-16】 某新建项目，建设期为 3 年，第 1 年借款 600 万元，第 2 年借款 1000 万元，第 3 年借款 800 万元，各年借款均在年内均衡发生，借款年利率为 6%，每年计息 1 次，建设期内用自有资金按期支付利息。试计算该项目的建设期利息。

【解答】

第 1 年借款利息：

$$Q_1 = \left(P_{1-1} + \frac{A_1}{2}\right) \times i = \frac{600}{2} \times 6\% = 18 \text{（万元）}$$

第 2 年借款利息：

$$Q_2 = \left(P_{2-1} + \frac{A_2}{2}\right) \times i = \left(600 + \frac{1000}{2}\right) \times 6\% = 66 \text{（万元）}$$

第 3 年借款利息：

$$Q_3 = \left(P_{3-1} + \frac{A_3}{2}\right) \times i = \left(600 + 1000 + \frac{800}{2}\right) \times 6\% = 120 \text{（万元）}$$

该项目的建设期利息为：

$$Q=Q_1+Q_2+Q_3+Q_4=18+66+120=204 \text{（万元）}$$

【例 7-17】 某生物制药项目的建设期利息估算。

【解答】

(1) 该项目分年投资计划、资本金分年投入计划及各年需借款数额见表 7-8。

(2) 该项目建设投资借款在各年年内均衡发生，并用项目资本金按期支付建设期利息，年利率为 6%，每年计息一次，经计算，建设期利息为 300.3 万元。

表 7-8 分年的资金投入计划

单位：万元

序号	工程或费用名称	计算期 第 1 年	计算期 第 2 年	合计
1	建设投资	3907.4	4963.6	8871.0
1.1	工程费用	2446.5	3669.7	6116.2
1.2	工程建设其他费用	1016.7	570.5	1587.2
1.3	基本预备费	346.3	424.0	770.3
1.4	涨价预备费	97.9	299.4	397.3
2	用于建设投资的项目资本金	1563.0	1985.4	3548.4
3	建设投资借款	2344.4	2978.2	5322.6

$$Q_1=\left(P_{1-1}+\frac{A_1}{2}\right)\times i=\frac{2344.4}{2}\times 6\%=70.3 \text{（万元）}$$

$$Q_2=\left(P_{2-1}+\frac{A_2}{2}\right)\times i=\left(2344.4+\frac{2978.2}{2}\right)\times 6\%=230 \text{（万元）}$$

$$Q=Q_1+Q_2=70.3+230=300.3 \text{（万元）}$$

在项目决策分析与评价阶段，一般采用借款额在各年年内均衡发生的建设期利息计算公式估算建设期利息；根据项目实际情况，也可采用借款额在各年年初发生的建设期利息计算公式估算建设期利息。

有多种借款资金来源，每笔借款的年利率各不相同的项目，既可分别计算每笔借款的利息，也可先计算出各笔借款加权平均的年利率，并以此年利率计算全部借款的利息。

第四节 流动资金估算

流动资金是指项目运营期内长期占用并周转使用的营运资金，不包括运营中临时性需要的资金。

项目运营需要流动资产投资，但项目评价中需要估算并预先筹措的是从流动资产中扣除流动负债（即短期信用融资，包括应付账款和预收账款）后的流动资金。

对有预收账款的某些项目，还应同时考虑预收账款对需要预先筹措的流动资金的抵减作用。

流动资金估算可按行业要求或前期研究的不同阶段选用扩大指标估算法估算或分项详细估算法估算。

详细法估算流动资金，通常估算的基础主要是营业收入和经营成本。因此，详细法估算流动资金估算应在营业收入和经营成本估算之后进行。

一、扩大指标估算法

扩大指标估算法简便易行，但准确度不如分项详细估算法，在项目初步可行性研究阶段可采用扩大指标估算法。某些流动资金需要量小的行业项目或非制造业项目在可行性研究阶段也可采用扩大指标估算法。

扩大指标估算法是参照同类企业流动资金占营业收入的比例（营业收入资金率）、或流动资金占经营成本的比例（经营成本资金率）、或单位产量占用流动资金的数额来估算流动资金。计算公式分别为：

$$流动资金 = 年营业收入额 \times 营业收入资金率 \quad (7-27)$$

或

$$流动资金 = 年经营成本 \times 经营成本资金率 \quad (7-28)$$

或

$$流动资金 = 年产量 \times 单位产量占用流动资金额 \quad (7-29)$$

二、分项详细估算法

分项详细估算法虽然工作量较大，但是准确度较高，一般项目在可行性研究阶段应采用分项详细估算法。

分项详细估算法是对流动资产和流动负债主要构成要素，即存货、现金、应收账款、预付账款、应付账款、预收账款等项内容分项进行估算，最后得出项目所需的流动资金数额。计算公式为：

$$流动资金 = 流动资产 - 流动负债 \quad (7-30)$$
$$流动资产 = 应收账款 + 预付账款 + 存货 + 现金 \quad (7-31)$$
$$流动负债 = 应付账款 + 预收账款 \quad (7-32)$$
$$流动资金本年增加额 = 本年流动资金 - 上年流动资金 \quad (7-33)$$

流动资金估算的具体步骤是首先确定各分项的最低周转天数，计算出各分项的年周转次数，然后再分项估算占用资金额。

（一）各项流动资产和流动负债最低周转天数的确定

采用分项详细估算法估算流动资金，其准确度取决于各项流动资产和流动负债的最低周转天数取值的合理性。在确定最低周转天数时要根据项目的实际情况，并考虑一定的保险系数。如：存货中的外购原材料、燃料的最低周转天数应根据不同来源，考虑运输方式和运输距离等因素分别确定。在产品的最低周转天数应根据产品生产的实际情况确定。

（二）年周转次数计算

$$年周转次数 = \frac{360 \text{天}}{最低周转天数} \quad (7-34)$$

各类流动资产和流动负债的最低周转天数参照同类企业的平均周转天数并结合项目特点确定，或按部门（行业）规定执行。

（三）流动资产估算

流动资产是指可以在1年或者超过1年的一个营业周期内变现或耗用的资产，主要包括货币资金、短期投资、应收及预付款项、存货等。为简化计算，项目评价中仅考虑存货、应收账款和现金三项，可能发生预付账款的某些项目，还可包括预付账款。

1. 存货估算

存货是指企业在日常生产经营过程中持有以备出售，或者仍然处在生产过程，或者在生产或提供劳务过程中将消耗的材料或物料等，包括各类材料、商品、在产品、半成品、产成品等。为简化计算，项目评价中仅考虑外购原材料、外购燃料、在产品和产成品，对外购原材料和外购燃料通常需要分品种分项进行计算。计算公式为：

$$存货 = 外购原材料 + 外购燃料 + 其他材料 + 在产品 + 产成品 \quad (7-35)$$

$$外购原材料 = \frac{年外购原材料费用}{外购原材料年周转次数} \quad (7-36)$$

$$外购燃料 = \frac{年外购燃料费用}{外购燃料年周转次数} \quad (7-37)$$

$$其他材料 = \frac{年外购其他材料费用}{外购其他材料年周转次数} \quad (7-38)$$

$$在产品 = \frac{年外购原材料、燃料、动力费 + 年工资及福利费 + 年修理费 + 年其他制造费用}{在产品年周转次数} \quad (7-39)$$

$$产成品 = \frac{年经营成本 - 年其他营业费用}{产成品年周转次数} \quad (7-40)$$

2. 应收账款估算

项目评价中，应收账款的计算公式为：

$$应收账款 = \frac{年经营成本}{应收账款年周转次数} \quad (7-41)$$

应收账款的计算也可用营业收入替代经营成本。考虑到实际占用企业流动资金的主要是经营成本范畴的费用,因此选择经营成本有其合理性。

3. 现金估算

项目评价中的现金是指货币资金,即为维持日常生产运营所必须预留的货币资金,包括库存现金和银行存款。项目评价中,现金的计算公式为:

$$现金 = \frac{年工资及福利费 + 年其他费用}{现金年周转次数} \quad (7-42)$$

$$其他费用 = 制造费用 + 管理费用 + 营业费用 - (以上三项费用中所含的工资及福利费、折旧费、摊销费、修理费) \quad (7-43)$$

或

$$其他费用 = 其他制造费用 + 其他营业费用 + 其他管理费用 + 技术转让费 + 研究与开发费 + 土地使用税 \quad (7-44)$$

4. 预付账款估算

预付账款是指企业为购买各类原材料、燃料或服务所预先支付的款项。项目评价中,预付账款的计算公式为:

$$预付账款 = \frac{预付的各类原材料、燃料或服务年费用}{预付账款年周转次数} \quad (7-45)$$

(四) 流动负债估算

流动负债是指将在 1 年(含 1 年)或者超过 1 年的一个营业周期内偿还的债务,包括短期借款、应付账款、预收账款、应付工资、应付福利费、应交税金、应付股利、预提费用等。为简化计算,项目评价中仅考虑应付账款,将发生预收账款的某些项目,还可包括预收账款。

1. 应付账款估算

应付账款是因购买材料、商品或接受劳务等而发生的债务,是买卖双方在购销活动中由于取得物资与支付货款在时间上不一致而产生的负债。项目评价中,应付账款的计算公式为:

$$应付账款 = \frac{年外购原材料、燃料、动力费用和其他材料费用}{应付账款年周转次数} \quad (7-46)$$

2. 预收账款估算

预收账款是买卖双方协议商定,由购买方预先支付一部分货款给销售方,从而形成销售方的负债。项目评价中,预收账款的计算公式为:

$$预收账款 = \frac{预收的营业收入年金额}{预收账款年周转次数} \quad (7-47)$$

估算流动资金应编制流动资金估算表。

三、流动资金估算应注意的问题

1. 投入物和产出物采用不含增值税销项税额和进项税额的价格时,流动资金估算中应注意将销项税额和进项税额分别包含在相应的收入和成本支出中。

2. 技术改造项目采用有无对比法进行财务分析或经济分析时,其增量流动资金可能出现负值的情况。当增量流动资金出现负值时,对不同方案之间的效益比选应体现出流动资金的变化,以客观公正反映各方案的相对效益,而对选定的上报方案而言,其增量流动资金只能取零。

3. 项目投产初期所需流动资金在实际工作中应在项目投产前筹措。为简化计算,项目评价中流动资金可从投产第一年开始安排,运营负荷增长,流动资金也随之增加,但采用分项详细估算法估算流动资金时,运营期各年的流动资金数额应按照上述计算公式分别进行估算,不能简单地按100%运营负荷下的流动资金乘以投产期运营负荷估算。

【例7-18】某生物制药项目的流动资金估算。该项目依据市场开拓计划,确定计算期3年(即投产第1年)生产负荷为30%,计算期第4年生产负荷60%,计算期第5年期起生产负荷为100%。该项目经营成本数据见表7-9。根据该项目生产、销售的实际情况确定其各项流动资产和流动负债的最低周转天数为:应收账款、应付账款均为45天;存货中各项原料平均为45天,在产品为4天,产成品为120天;现金为30天;该项目不需外购燃料,一般也不发生预付账款和预收账款。

表7-9 某生物制药项目的经营成本数据

单位:万元

序号	收入或成本项目	第3年	第4年	第5~12年
1	经营成本(含进项税额)	5646.5	9089.7	13680.5
1.1	外购原材料(含进项税额)	2044.6	4089.2	6815.3
1.2	外购动力(含进项税额)	404.0	808.1	1346.8
1.3	工资及福利费	442.5	442.5	442.5
1.4	修理费	436.4	436.4	436.4
1.5	技术开发费	464.1	928.2	1547.0
1.6	其他制造费用	218.2	218.2	218.2
1.7	其他管理费用	1106.3	1106.3	1106.3
1.8	其他营业费用	530.4	1060.8	1768.0

【解答】根据上述条件估算的该项目流动资金数额见表7-10。

表 7-10　某生物制药项目流动资金估算表

单位：万元

序号	项目	最低周转天数	周转次数	运营期 3	运营期 4	运营期 5~12
1	流动资产			2936.3	4703.3	7059.2
1.1	应收账款	45	8	705.8	1136.2	1710.1
1.2	存货			2000.4	3254.1	4925.6
1.2.1	原材料	45	8	255.6	511.2	851.9
1.2.2	在产品	4	90	39.4	66.6	102.9
1.2.3	产成品	120	3	1705.4	2676.3	3970.8
1.3	现金	30	12	230.1	313.0	423.5
2	流动负债			306.1	612.2	1020.3
2.1	应付账款	45	8	306.1	612.2	1020.3
3	流动资金（1-2）			2630.2	4091.1	6038.9
4	流动资金本年增加额			2630.2	1460.9	1947.8
5	用于流动资金的项目资本金			789.1	1227.3	1811.7
6	流动资金借款			1841.1	2863.8	4227.2

第五节　项目总投资与分年投资计划

一、项目总投资估算表的编制

按投资估算内容和估算方法估算上述各项投资并进行汇总，编制项目总投资估算表，如表 7-11 所示。

表 7-11　项目总投资估算表

单位：万元

序号	费用名称	投资额 合计	其中：外币	估算说明
1	建设投资			
1.1	工程费用			
1.1.1	建筑工程费			
1.1.2	设备购置费			
1.1.3	安装工程费			
1.2	工程建设其他费用			
1.3	预备费			
1.3.1	基本预备费			
1.3.2	涨价预备费			
2	建设期利息			
3	流动资金			
	项目总投资（1+2+3）			

二、分年投资计划表的编制

估算出项目建设投资、建设期利息和流动资金后，应根据项目计划进度的安排，编制分年投资计划表，如表7－12所示。该表中的分年建设投资可以作为安排融资计划，估算建设期利息的基础。由此估算的建设期利息列入该表。流动资金本来就是分年估算的，可由流动资金估算表转入。分年投资计划表是编制项目资金筹措计划表的基础。

表7－12 分年投资计划表

单位：万元

序号	项目	人民币			外币		
		第1年	第2年	……	第1年	第2年	……
1	建设投资						
2	建设期利息						
3	流动资金						
	项目总投资（1+2+3）						

实际工作中往往将项目总投资估算表、分年投资计划表和资金筹措表合而为一，编制"项目总投资使用计划与资金筹措表"，表格格式见表7－13。

表7－13 项目总投资使用计划与资金筹措表

序号	项目	合计	计算期			
			第1年	第2年	第3年	……
1	项目总投资					
1.1	建设投资					
1.2	建设期利息					
1.3	流动资金					
2	资金筹措					
2.1	项目资本金					
2.1.1	用于建设投资					
2.1.2	用于支付建设期利息					
2.1.3	用于流动资金					
2.2	银行借款					
2.2.1	用于建设投资					
2.2.2	用于流动资金					

第八章 融资方案分析

融资方案分析是在已确定建设方案并完成投资估算的基础上，结合项目实施组织和建设进度计划，进行融资结构、融资成本和融资风险分析，优化融资方案，并作为融资后财务分析的基础。本章主要介绍资金成本分析、资金结构优化比选、资产证券化方案分析、并购融资及债务重组等内容。

第一节 资金成本分析

一、资金成本的构成

资金成本是财务管理中一个十分重要的概念，企业在筹资、投资、利润分配时都必须考虑资金成本。

(一) 资金成本的概念

在市场经济条件下，企业筹集和使用资金都是要付出代价的，如银行借款、发行债券要向债权人付利息；吸收投资、发行股票要向投资者分配利润、股利。资金成本是指项目使用资金所付出的代价，由资金占用费和资金筹集费两部分组成，即：

$$资金成本 = 资金占用费 + 资金筹集费 \qquad (8-1)$$

资金占用费是指使用资金过程中发生的向资金提供者支付的代价，包括支付资金提供者的无风险报酬和风险报酬两部分，如借款利息、债券利息、优先股股息、普通股红利及权益收益等。

资金筹集费是指资金筹集过程中所发生的各种费用，包括：律师费、资信评估费、公证费、证券印刷费、发行手续费、担保费、承诺费、银团贷款管理费等。

资金占用费与占用资金的数量、时间直接有关，可看作变动费用；而资金筹集费通常在筹集资金时一次性发生，与使用资金的时间无关，可看作固定费用。

资金成本的产生是由于资金所有权与资金使用权分离的结果。资金作为一种特殊的商品，也有其使用价值，即能保证生产经营活动顺利进行，能与其他生产要素相结合而使自己增值。企业筹集资金以后，暂时地取得了这些资金的使用价值，就要为资金所有者暂时丧失其使用价值而付出代价，因而要承担资金成本。

资金成本通常以资金成本率来表示。资金成本率是指能使筹得的资金同筹资期间及使用期间发生的各种费用（包括向资金提供者支付的各种代价）等值时的收益率或折现率。不同来源资金的资金成本率的计算方法不尽相同，但理论上均可用下列公式表示：

$$\sum_{t=0}^{n} \frac{F_t - C_t}{(1+i)^t} = 0 \qquad (8-2)$$

式中　F_t——各年实际筹措资金流入额；
　　　C_t——各年实际资金筹集费和对资金提供者的各种付款，包括借款、债券等本金的偿还；
　　　i——资金成本率；
　　　n——资金占用期限。

（二）资金成本的作用

1. 资金成本是选择筹资方式、拟定筹资方案的重要依据

企业可以通过吸收投资、发行股票、内部积累、银行借款、发行债券、融资租赁等方式筹集资金。但不同的筹资方式，其资金成本是不同的；不同的资金结构，其加权平均资金成本也是不同的。虽然负债资金的成本较低，权益资金的成本较高，但负债资金的财务风险较大，过多的负债资金不仅使权益资金的成本上升，而且使负债资金本身的成本也上升，从而使加权平均资金成本上升。因而在筹资方案的决策中，不仅要考虑个别资金成本，还要考虑筹资的组合。当然，资金成本并不是选择筹资方式所要考虑的唯一因素，各种筹资方式使用期的长短、取得的难易、偿还的条件、限制的条款等也应加以考虑。

2. 资金成本是评价投资项目可行性的主要经济标准

资金成本是企业筹集和使用资金所付出的各种费用。从企业追求的目标之一是盈利这一点来看，只有投资报酬率大于资金成本的投资项目才是可行的。如果投资项目预期的投资报酬率达不到资金成本，那么企业将不能支付利息或者是投资者不能获得期望的最低投资报酬率。因此，资金成本率是企业用以判断投资项目是否采用的"取舍率"。

3. 资金成本是评价企业经营成果的依据

资金成本对于资金使用者来说是一种付出的代价，但对投资者来说，资金成本是投资者的报酬。投资者将资金让渡给企业，是期望从企业所获收益中分享一部分。如果企业不能通过生产经营产生收益，从而不能满足投资者的报酬需要，那么投资者将不会把资金再投资于企业，从而使企业的生产经营活动难以正常进行。因此，资金成本在一定程度上成为衡量企业经营业绩好坏的重要依据。只有在企业实际投资报酬率大于资金成本时，投资者的报酬期望才能得到满足，企业的经营活动才能长久顺利进行下去，否则，企业的经营必须重新调整。

二、权益资金成本分析

权益资金成本是指企业所有者投入的资本金，对于股份制企业而言，即为股东的股本资金。股本资金又分优先股和普通股。两种股本资金的资金成本是不同的。

（一）优先股资金成本

优先股的成本包括支付给优先股股东的股息及发行费用。优先股通常有固定的股息，优先股股息用税后净利润支付，这一点与贷款、债券利息等的支付不同。此外，股票一般是不还本的，故可将它视为永续年金。优先股资金成本的计算公式为：

设优先股的发行价格为 P，发行费用为 F，公司每年支付的优先股股利为 D_P，则优先股的资金成本：

$$K_P = \frac{D_P}{P-F} \quad (8-3)$$

这一公式可由上述理论上的通用公式（8-2）推导得出，在这里资金占用期限 n 为 ∞。

【例 8-1】 某优先股面值 100 元，发行价格 98 元，发行成本 3%，每年付息一次，固定股息率 5%。计算该优先股资金成本。

【解答】 该优先股的资金成本为：

$$资金成本 = 5/(98-3) = 5.26\%$$

该项优先股的资金成本约为 5.26%。

（二）普通股资金成本

普通股资金成本可以按照股东要求的投资收益率确定。如果股东要求项目评价人员提出建议，普通股资金成本可采用资本资产定价模型法、税前债务成本加风险溢价法和股利增长模型法等方法进行估算，也可参照既有法人的净资产收益率。

1. 采用资本资产定价模型法

按照"资本资产定价模型法"，普通股资金成本的计算公式为：

$$K_s = R_f + \beta(R_m - R_f) \quad (8-4)$$

式中　K_s——普通股资金成本；
　　　R_f——社会无风险投资收益率；
　　　β——项目的投资风险系数；
　　　R_m——市场投资组合预期收益率。

用"资本资产定价模型"估算的资金成本包含了对项目整体风险的考虑。我国的国债利率相对固定，所以一般把国债利率作为无风险投资收益率。β 是一个反映本项目投资收益率相对行业平均投资收益率变化响应能力参数，β 的取值范围：

$\beta < 1$，表示项目风险小于平均风险。
$\beta = 1$，表示项目风险等于平均风险。
$\beta > 1$，表示项目风险大于平均风险。

【例 8-2】 设社会无风险投资收益率为 3%（长期国债利率），市场投资组合预期收益率为 12%，某项目的投资风险系数为 1.2，采用资本资产定价模型计算普通股资金成本。

【解答】 普通股资金成本为：

$$K_s = R_f + \beta(R_m - R_f) = 3\% + 1.2 \times (12\% - 3\%) = 13.8\%$$

2. 采用税前债务成本加风险溢价法

根据"投资风险越大，要求的报酬率越高"的原理，投资者的投资风险大于提供债务融资的债权人，因而会在债权人要求的收益率上再要求一定的风险溢价。据此，普通股资金成本的计算公式为：

$$K_s = K_b + RP_c \tag{8-5}$$

式中 K_s——普通股资金成本；

K_b——税前债务资金成本；

RP_c——投资者比债权人承担更大风险所要求的风险溢价。

风险溢价是凭借经验估计的。一般认为，某企业普通股风险溢价对其自己发行的债券来讲，大约在3%~5%之间，当市场利率达到历史性高点时，风险溢价较低，在3%左右；当市场利率处于历史性低点时，风险溢价较高，在5%左右；通常情况下，一般采用4%的平均风险溢价（特殊情况除外）。

3. 采用股利增长模型法

股利增长模型法是依照股票投资的收益率不断提高的思路来计算普通股资金成本的方法。一般假定收益以固定的增长率递增，其普通股资金成本的计算公式为：

$$K_s = \frac{D_1}{P_0} + G \tag{8-6}$$

式中 K_s——普通股资金成本；

D_1——预期年股利额；

P_0——普通股市价；

G——股利期望增长率。

【例8-3】 某上市公司普通股目前市价为16元，预期年末每股发放股利0.8元，股利年增长率为6%，计算该普通股资金成本。

【解答】 该普通股资金成本为：

$$K_s = \frac{D_1}{P_0} + G = \frac{0.8}{16} + 6\% = 5\% + 6\% = 11\%$$

三、债务资金成本分析

（一）所得税前的债务资金成本分析

1. 借款资金成本计算

向银行及其他各类金融机构以借贷方式筹措资金时，应分析各种可能的借款利率水平、利率计算方式（固定利率或者浮动利率）、计息（单利、复利）和付息方式,以及偿还期和宽限期,计算借款资金成本,并进行不同方案比选。借款资金成本的计算举例如下。

【例8-4】 期初向银行借款100万元,年利率为6%,按年付息,期限3年,到期一次还清借款,资金筹集费为借款额的5%。计算该借款资金成本。

【解答】 根据公式(8-2)计算:

$$100-100\times 5\%-100\times 6\%/(1+i)^1-100\times 6\%/(1+i)^2-100\times 6\%/(1+i)^3-100/(1+i)^3=0$$

用试算法计算:$i=7.94\%$

该借款资金的资金成本为7.94%。

2. 债券资金成本计算

债券的发行价格有三种:溢价发行,即以高于债券票面金额的价格发行;折价发行,即以低于债券票面金额的价格发行;等价发行,即按债券票面金额的价格发行。调整发行价格可以平衡票面利率与购买债券收益之间的差距。债券资金成本的计算与借款资金成本的计算类似。

【例8-5】 面值100元债券,发行价格100元,票面年利率4%,3年期,到期一次还本付息,发行费0.5%,在债券发行时支付,兑付手续费0.5%。计算债券资金成本。

【解答】 根据公式(8-2)计算:

$$100-100\times 0.5\%-100\times (1+3\times 4\%)/(1+i)^3-100\times 0.5\%/(1+i)^3=0$$

用试算法计算:$i=4.18\%$

该债券的资金成本为4.18%。

3. 融资租赁资金成本计算

采取融资租赁方式所支付的租赁费一般包括类似于借贷融资的资金占用费和对本金的分期偿还额。其资金成本的计算举例如下。

【例8-6】 融资租赁公司提供的设备融资额为100万元,年租赁费费率为15%,按年支付,租赁期限10年,到期设备归承租方,忽略设备余值的影响,资金筹集费为融资额的5%。计算融资租赁资金成本。

【解答】 根据公式(8-2)计算:

$$100-100\times 5\%-100\times 15\%\times \left[\frac{(1+i)^{10}-1}{i(1+i)^{10}}\right]=0$$

用试算法计算:$i=9.30\%$

该融资租赁的资金成本为9.30%。

(二)所得税后的债务资金成本

借贷、债券等的筹资费用和利息支出均在缴纳所得税前支付,对于股权投资方,可以取得所得税抵减的好处。

1. 此类融资所得税后资金成本的常用简化计算公式为

所得税后资金成本＝所得税前资金成本×（1－所得税税率）　　（8－7）

【例 8－7】 采用【例 8－4】的数据，计算所得税后资金成本。

【解答】 如所得税税率 25％，则税后资金成本为：7.94％×（1－25％）＝5.96％

2. 考虑利息和本金的不同抵税作用后的税后资金成本计算

对资金提供者的各种付款不是都能取得所得税抵减的好处，如利息在税前支付，具有抵税作用，而借款本金偿还要在所得税后支付。考虑利息和本金的不同抵税作用后，其税后资金成本的计算见【例 8－8】。

【例 8－8】 采用【例 8－4】数据，只考虑利息的抵税作用，计算税后借款资金成本。

【解答】 根据公式（8－2）计算：

$100-100\times 5\%-100\times 6\%\times (1-25\%)/(1+i)^1-100\times 6\%\times (1-25\%)/(1+i)^2-100\times 6\%\times (1-25\%)/(1+i)^3-100/(1+i)^3=0$

用试算法计算：$i=6.38\%$。

该借款资金的税后资金成本为 6.38％。

3. 考虑免征所得税年份的影响后的税后资金成本计算

在计算所得税后债务资金成本时，还应注意在项目建设期和项目运营期内的免征所得税年份，利息支付并不具有抵税作用。因此，含筹资费用的所得税后债务资金成本可按下式采用试算法计算：

$$P_0(1-F)=\sum_{i=1}^{n}\frac{P_i+I_i\times(1-T)}{(1+K_d)^i} \qquad (8-8)$$

式中　K_d——含筹资费用的税后债务资金成本；

P_0——债券发行额或长期借款金额，即债务的现值；

F——债务资金筹资费用率；

P_i——约定的第 i 期末偿还的债务本金；

I_i——约定的第 i 期末支付的债务利息；

T——所得税率；

n——债务期限，通常以年表示。

式（8－8）中，等号左边是债务人的实际现金流入；等号右边为债务引起的未来现金流出的现值总额。该公式中忽略未计债券兑付手续费。

使用该公式时应根据项目具体情况确定债务期限内各年的利息是否应乘以 (1－T)，如前所述，在项目的建设期内不应乘以 (1－T)，在项目运营期内的免征所得税年份也不应乘以 (1－T)。

【例 8－9】 某废旧资源利用项目，建设期 1 年，投产当年即可盈利，按有关规定可免征所得税 1 年，投产第 2 年起，所得税率为 25%。该项目在建设期期初向银行借款 1000 万元，筹资费用率 0.5%，年利率 6%，按年付息，期限 3 年，到期一次还清借款，计算该借款的所得税后资金成本。

【解答】 根据公式（8-8）计算：

$$1000\times(1-0.5\%)=\frac{1000\times6\%}{(1+K_d)}+\frac{1000\times6\%}{(1+K_d)^2}+\frac{1000+1000\times6\%\times(1-25\%)}{(1+K_d)^3}$$

按 5% 折现率计算 1 年期、2 年期、3 年期现值系数分别代入上式得：

$1000\times6\%\times0.9524+1000\times6\%\times0.9070+1045\times0.8638-1000\times(1-0.5\%)$
$=19.24$（万元）

19.24 万元大于零，需提高折现率再试。

按 6% 折现率计算 1 年期、2 年期、3 年期现值系数分别代入上式得：

$1000\times6\%\times0.9434+1000\times6\%\times0.8900+1045\times0.8396-1000\times(1-0.5\%)$
$=-7.61$（万元）

$$5\%+\frac{19.24}{19.24+7.61}\times(6\%-5\%)=5.72\%$$

该借款的所得税后资金成本为 5.72%。

（三）扣除通货膨胀影响的资金成本

借贷资金利息等通常包含通货膨胀因素的影响，这种影响既来自于近期实际通货膨胀，也来自于未来预期通货膨胀。扣除通货膨胀影响的资金成本可按下式计算。

$$扣除通货膨胀影响的资金成本=\frac{1+未扣除通货膨胀影响的资金成本}{1+通货膨胀率}-1$$

(8-9)

【例 8-10】 续例【8-4】和例【8-8】，如果通货膨胀率为 -1%（即存在通货紧缩），试计算扣除通货膨胀后的资金成本。

【解答】

税前：$(1+7.94\%)/(1-1\%)-1=9.03\%$

税后：$(1+6.38\%)/(1-1\%)-1=7.45\%$

注：在计算扣除通货膨胀影响的资金成本时，应当先计算扣除所得税的影响，然后扣除通货膨胀的影响，次序不能颠倒，否则会得到错误结果。这是因为所得税也受到通货膨胀的影响。按上例，如果先扣除通货膨胀影响，税前资金成本为 9.03%，再扣除所得税抵减，税后扣除通货膨胀后的资金成本为：

$9.03\%\times(1-25\%)=6.77\%$（与 7.45% 相比产生了显著的偏差）

四、加权平均资金成本

项目融资方案的总体资金成本可以用加权平均资金成本来表示，将融资方案中各种融资的资金成本以该融资额占总融资额的比例为权数加权平均，得到该融资方案的加权平均资金成本。即

$$I = \sum_{t=1}^{n} i_t \times f_t \tag{8-10}$$

式中　I——加权平均资金成本；

　　　i_t——第 t 种融资的资金成本；

　　　f_t——第 t 种融资的融资金额占融资方案总融资金额的比例，有 $\sum f_t = 1$；

　　　n——各种融资类型的数目。

【例 8-11】 加权平均资金成本的计算。

【解答】 见表 8-1。

表 8-1　加权平均资金成本计算表

单位：亿元

资金来源	融资金额	f_t	i_t	$f_t \times i_t$
长期借款	30	0.3	7.00%	2.10%
短期借款	10	0.1	5.00%	0.50%
优先股	10	0.1	12.00%	1.20%
普通股	50	0.5	16.00%	8.00%
合计	100	1		11.80%
加权平均资金成本			11.80%	

注：表中长期借款和短期借款的资金成本均为税后资金成本。

加权平均资金成本可以作为选择项目融资方案的重要条件之一。在计算加权平均资金成本时应注意需要先把不同来源和筹集方式的资金成本统一为税前或税后再进行计算。

第二节　资金结构优化比选

所谓资金结构优化，就是通过合理地选择资金来源及数量而达到增加收益和弱化风险的目的。实质是选择最佳资金结构，在这种资金结构下财务杠杆的有利效应和不利效应在一定条件下取得合理平衡。

一般地说，适当增加某种资金成本较低的资金来源比重，经加权平均后，综合资金成本会降低。但是，即使不考虑资金筹措的种种条件限制，当该种来源资金的比重增加到一定程度，可能会使全部资金的综合资金成本反而上升。最佳融资结构应在适度的财务风险条件下，预期的加权平均资金成本率最低，同时收益及项目价

值最大。确定项目的最佳融资结构,可以采用比较资金成本法和每股利润分析法。

一、比较资金成本法

(一) 比较资金成本法概念

比较资金成本法是指在适度财务风险的条件下,测算可供选择的不同资金结构或融资组合方案的加权平均资金成本率,并以此为标准相互比较确定最佳资金结构的方法。

运用比较资金成本法必须具备两个前提条件:一是能够通过债务筹资;二是具备偿还能力。

其程序包括:

1. 拟定几个筹资方案;
2. 确定各方案的资金结构;
3. 计算各方案的加权资金成本;
4. 通过比较,选择加权平均资金成本最低的结构为最优资金结构。

(二) 比较资金成本法的两种方法

项目的融资可分为创立初始融资和发展过程中追加融资两种情况。与此相应地,项目资金结构决策可分为初始融资的资金结构决策和追加融资的资金结构决策。下面分别说明比较资金成本法在这两种情况下的运用。

1. 初始融资的资金结构决策

项目公司对拟订的项目融资总额,可以采用多种融资方式和融资渠道来筹集,每种融资方式的融资额亦可有不同安排,因而形成多个资金结构或融资方案。在各融资方案面临相同的环境和风险情况下,利用比较资金成本法,可以通过加权平均融资成本率的测算和比较来作出选择。

例如,某公司创建时,拟筹资 5000 万元,现有如下两个筹资分案可供选择:

表 8-2 某公司筹资方案

筹资方式	资本成本(%)	方案(万元) A	方案(万元) B
长期借款	10	1000	1500
股票(优先股)	12	4000	3500
合计		5000	5000

根据上述资料,分别计算 A、B 筹资方案的综合资本成本率,并比较其大小,从而确定最佳资本结构方案。

显然,B 方案的综合资金成本率小于 A 方案,在其他条件相同的情况下,B 方案为最佳筹资方案,其所形成的资金结构也是最佳资金结构。

2. 追加融资的资金结构决策

项目有时会因故需要追加筹措新资,即追加融资。因追加融资以及融资环境的变化，项目原有的最佳资金结构需要进行调整，在不断变化中寻求新的最佳资金结构，实现资金结构的最优化。

项目追加融资可有多个融资方案可供选择。按照最佳资金结构的要求，在适度财务风险的前提下，选择追加融资方案可用两种方法：一种方法是直接测算各备选追加融资方案的边际资金成本率，从中比较选择最佳融资组合方案；另一种方法是分别将各备选追加融资方案与原有的最佳资金结构汇总，测算比较各个追加融资方案下汇总资金结构的加权资金成本率，从中比较选择最佳融资方案。

二、息税前利润——每股利润分析法

将企业的盈利能力与负债对股东财富的影响结合起来，去分析资金结构与每股利润之间的关系，进而确定合理的资金结构的方法，叫息税前利润—每股利润分析法（EBIT－EPS 分析法），也称每股利润无差别点法。

息税前利润——每股利润分析法是利用息税前利润和每股利润之间的关系来确定最优资金结构的方法，也即利用每股利润无差别点来进行资金结构决策的方法。所谓每股利润无差别点是指两种或两种以上融资方案下普通股每股利润相等时的息税前利润点，亦称息税前利润平衡点或融资无差别点。根据每股利润无差别点，分析判断在什么情况下可利用什么方式融资，以安排及调整资金结构，这种方法确定的最佳资金结构亦即每股利润最大的资金结构。

每股利润无差别点的计算公式如下：

$$\frac{(EBIT-I_1)(1-T)-D_{P_1}}{N_1}=\frac{(EBIT-I_2)(1-T)-D_{P_2}}{N_2} \quad (8-11)$$

式中 $EBIT$——息税前利润平衡点，即每股利润无差别点；

I_1，I_2——两种增资方式下的长期债务年利息；

D_{P_1}，D_{P_2}——两种增资方式下的优先股年股利；

N_1，N_2——两种增资方式下的普通股股数；

T——所得税税率。

分析者可以在依据上式计算出不同融资方案间的无差别点之后，通过比较相同息税前利润情况下的每股利润值大小，分析各种每股利润值与临界点之间的距离及其发生的可能性，来选择最佳的融资方案。当息税前利润大于每股利润无差别点时，增加长期债务的方案要比增发普通股的方案有利；而息税前利润小于每股利润无差别点时，增加长期债务则不利。

所以，这种分析方法的实质是寻找不同融资方案之间的每股利润无差别点，找出对股东最为有利的最佳资金结构。

这种方法既适用于既有法人项目融资决策，也适用于新设法人项目融资决策。对于既有法人项目融资，应结合公司整体的收益状况和资金结构，分析何种融资方案能够使每股利润最大；对于新设法人项目而言，可直接分析不同融资方案对每股利润的影响，从而选择适合的资金结构。

【例 8－12】 某公司拥有长期资金 17000 万元，其资金结构为：长期债务 2000 万元，普通股 15000 万元。现准备追加融资 3000 万元，有三种融资方案可供选择：增发普通股、增加长期债务、发行优先股。企业适用所得税税率为 25%。公司目前和追加融资后的资金结构如表 8－3，分析哪种融资方案更优。

表 8－3　某公司目前和追加融资后的资金结构资料表

资本种类	当前资本结构 金额（万元）	当前资本结构 比例（%）	增发普通股 金额（万元）	增发普通股 比例（%）	增加长期债务 金额（万元）	增加长期债务 比例（%）	发行优先股 金额（万元）	发行优先股 比例（%）
长期债务	2000	0.12	2000	0.10	5000	0.25	2000	0.10
普通股	15000	0.88	18000	0.90	15000	0.75	15000	0.75
优先股							3000	0.15
资金总额	17000	1.00	20000	1.00	20000	1.00	20000	1.00
年债务利息额	180		180		450		180	
年优先股股利额							300	
普通股股数（万股）	2000		2400		2000		2000	

【解答】

1. 增加普通股与增加长期债务两种增资方式下的每股利润无差别点为：

$$(EBIT-180)(1-25\%)/2400 = (EBIT-450)(1-25\%)/2000$$

$$EBIT = 1800（万元）$$

因此，当息税前利润大于 1800 万元时，采用增加长期债务的方式融资更优，反之，则采用增加普通股的方式融资更优。

2. 增发普通股与发行优先股两种增资方式下的每股利润无差别点为：

$$(EBIT-180)(1-25\%)/2400 = [(EBIT-180)(1-25\%)-300]/2000$$

$$EBIT = 2580（万元）$$

因此，当息税前利润大于 2580 万元时，采用增加优先股的方式融资更优，反之，则采用增加普通股的方式融资更优。

第三节　资产证券化方案分析

一、资产证券化概念和特点

（一）资产证券化概念

资产证券化是指将缺乏流动性但能够依据已有信用记录可预期其能产生稳定现

金流的资产,通过对资产中风险与收益要素进行分离与重组,使得在市场上不流通的存量资产或可预见的未来收入在经过中介机构(一般是证券公司)一定的构造和转变后,再打包分销成为在资本市场上可销售和流通的金融产品,流通的资产支持证券通过投资者的认购来最终实现资产融资的过程。最初的资产证券化发行的证券有两种形式:抵押贷款证券(Mortgage-backed Securities,简称 MBS)和资产支持证券(Asset-backed Securities,简称 ABS),前者多见于消费贷款,是一种常见的资产证券化也是最易操作的一种;而后者,资产证券化 ABS 是随着 MBS 领域的证券化金融技术发展起来之后,将其应用到其他更广阔的资产领域并加以完善而形成的资产证券化类别。

进行资产转化的企业或公司即原始权益人(即要求将目标基础资产进行证券化的所有人),在资产证券化中被称为资产证券化发起人,发起人把由其持有的各种流动性较差的金融资产,如住房抵押贷款、基础设施收费权等,通过分类、整理以及目的匹配式的结构化安排,整合为一批批的资产组合(基础资产池),出售给特殊目的实体(Special Purpose Vehicle,简称 SPV),再由 SPV 以这批金融资产向潜在投资者做担保或质押,以公募或私募的形式发行资产支持证券,以收回购买基础资产支付的资本金,受托人管理的基础资产所收益的现金流用于支付投资者回报,而发起人则可以得到进一步发展自身业务的资金。

最初的资产证券化多限于信贷资产,比如美国的住房抵押贷款、购车贷款和信用卡贷款等,但精明的金融机构是不会将这一能产生持续现金流、有效放大资产效益的融资工具就局限于这一领域的,之后的资产证券化的发展随着其应用的日益广泛、技术的不断提高和经验的逐步积累也确实证明了这一点——证券化的资产品种开始从信贷资产扩展到实物资产,种类日益扩大。对于金融机构来说,基本上只要有稳定的现金流并且有足够的可控性,就可以将它证券化并推向市场,资产证券化的广度和深度都急剧扩大了。因此,从可证券化资产的范围上来讲,狭义的资产证券化的定义也需要扩展。资产证券化更新的定义是对于被证券化的缺乏流动性但能够产生可预见的稳定现金流的各种资产,通过将资产中风险要素与收益要素进行隔离并进行结构性重组,进而将其转换成为能在金融市场上出售和流通的证券的过程。可见,资产证券化不仅仅是金融机构进行信贷资产流动性与风险管理的工具,也为广大非金融性工商企业进行融资提供了一条更贴合其现实状况的有效途径。

(二) 资产证券化的特点

1. 资产证券化是资产支持融资

在银行贷款、发行证券等传统融资方式中,融资者是以其整体信用作为偿付基础。而资产支持证券的偿付来源主要是基础资产所产生的现金流,与发起人的整体信用无关。

当构造一个资产证券化交易时,由于资产的原始权益人(发起人)将资产转移给 SPV 实现真实出售,所以基础资产与发起人之间实现了破产隔离,融资仅以基础资产为支持,而与发起人的其他资产负债无关。投资者在投资时,也不需要对发起人的整体信用水平进行判断,只要判断基础资产的质量就可以了。

2. 资产证券化是结构融资

资产证券化作为一种结构性融资方式,主要体现在如下几个方面:

(1) 成立资产证券化的专门机构 SPV

SPV 是以资产证券化为目的而特别组建的独立法律主体,其负债主要是发行的资产支持债券,资产则是向发起人购买的基础资产。SPV 是一个法律上的实体,可以采取信托、公司或者有限合伙等形式。

(2) "真实出售"的资产转移

基础资产从发起人转移给 SPV 是结构性重组中非常重要的一个环节。资产转移的一个关键问题是,这种转移必须是真实出售。其目的是为了实现基础资产与发起人之间的破产隔离,即发起人的其他债权人在发起人破产时对基础资产没有追索权。

(3) 对基础资产的现金流进行重组

基础资产的现金流重组,可以分为转手型重组和支付型重组两种,两者的区别在于支付型重组对基础资产产生的现金流进行重新安排和分配以设计出风险、收益和期限等不同的证券;转手型重组则没有进行这种处理。

3. 资产证券化是表外融资

在资产证券化融资过程中,资产转移而取得的现金收入,列入资产负债表的左边——"资产"栏目中。而由于真实出售的资产转移实现了破产隔离,相应地,基础资产从发起人的资产负债表的左边——"资产"栏目中剔除。这既不同于向银行贷款、发行债券等债权性融资,相应增加资产负债表的右上角——"负债"栏目;也不同于通过发行股票等股权性融资,相应增加资产负债表的右下角——"所有者权益"栏目。

由此可见,资产证券化是表外融资方式,且不会增加融资人资产负债的规模。

(三) 资产证券化的作用

一是有效的风险隔离利于各方利益保护。

资产证券化利用信托制度,进行资产重组、风险隔离和信用增级等结构安排,可以同时实现对现金流和资产双重控制目的,达到基础资产所有权和信用与主体资产所有权和信用的隔离。

二是多样化的基础资产降低综合融资成本。

资产证券化的基础资产范围,不仅可以包括信用风险相对较小、拥有优质资产的融资主体,还可以包括众多的信用评级较低、基础资产结构复杂的中小企业、地方融资平台。融通各类型基础资产于一体,将有利于降低综合融资成本。

三是多层次的融资对象促进信贷资产流动。

资产证券化促进了不同业态、市场之间的竞合协作,包括银行、证券、信托、基金、期货等在内的机构都可以通过资产证券化受益。资产证券化使得流动性差的信贷资产变成了具有高流动性的现金,提高了资本的使用效率,成为解决流动性不足的重要渠道。

四是流动性的盘活有助于发起人进行资产负债管理。

证券化的融资可以在期限、利率和币种等多方面帮助发起人实现负债与资产的相应匹配,对缓解银行资产负债表压力也会起到积极的作用。

二、资产证券化模式设计

(一) 资产证券化的交易结构

企业资产证券化运作中所涉及的主要参与者包括发起人、特殊目的实体(SPV)、服务人、受托人、承销商(金融中介机构,比如投资银行)、信用评级机构、信用增级机构和投资者等。不同参与主体在资产证券化中的地位和作用都不同。

1. 发起人

发起人是资产证券化的起点,是基础资产的原始权益人,也是基础资产的卖方。发起人的作用首先是发起基础资产,这是资产证券化的基础和来源;其次,在于组建资产池,然后将其转移给SPV。因此,发起人可以从两个层面上来理解,一是可以理解为基础资产的发起人,二是可以理解为证券化交易的发起人。这里的发起人是从第一个层面上来定义的。

一般情况下,基础资产的发起人会自己发起证券化交易,那么这两个层面上的发起人是重合的,但是有时候资产的发起人会将资产出售给专门从事资产证券化的载体,这时两个层面上的发起人就是分离的。因此,澄清发起人的含义还是有必要的。

2. 特别目的实体

特别目的实体SPV是介于发起人和投资者之间的中介机构,是资产支持证券的真正发行人。

3. 服务人

服务人对资产项目及其所产生的现金流进行监督和保管,并负责收取这些资产到期的本金和利息,将其交付给受托人;对过期欠账服务机构进行催收,确保资金及时、足额到位;定期向受托管理人和投资者提供有关特定资产组合的财务报告,服务人通常由发起人担任,通过上述服务收费,以及通过在定期汇出款项前用所收款项进行短期投资而获益。

4. 受托人

受托人负责托管资产组合以及与之相关的一切权利,代表投资者行使职能。其职能包括把服务商存入SPV账户中的现金流转付给投资者,对没有立即转付的款项进行再投资,监督证券化中交易各方的行为,定期审查有关资产组合情况的信息,确认服务商提供的各种报告的真实性,并向投资者披露公布违约事宜,并采取保护投资者利益的法律行为。当服务商不能履行其职责时,代替服务商履行其职责。

5. 承销商

承销商为证券的发行进行促销，以帮助证券成功发行，通常由投资银行等金融中介机构进行承销。此外，在证券设计阶段，作为承销商的投资银行一般还扮演融资顾问的角色，运用其经验和技能形成一个既能在最大限度上保护发起人的利益又能为投资者接受的融资方案。

6. 信用增级机构

信用增级可以通过内部增级和外部增级两种方式，与这两种方式相对应，信用增级机构分别是发起人和独立的第三方。第三方信用增级机构包括政府机构、保险公司、金融担保公司、金融机构、大型企业的财务公司等。

7. 信用评级机构

在世界上规模最大、最具权威性、最具影响力的三大信用评级机构为标准普尔、穆迪公司和惠誉公司。有相当部分的资产证券化操作会同时选用两家评级机构来对其证券进行评级，以增强投资者的信心。

8. 投资者

投资者是 SPV 发行资产支持证券的购买者与持有人，一般分为公众投资者和机构投资者。投资者不是对发起人的资产直接投资，而是对发行的证券所代表的基础资产所产生的权益（即预期现金流）进行投资。

（二）资产证券化的基本流程

概括地讲，一次完整的证券化融资的基本流程是发起人将证券化资产出售给一家特殊目的实体（SPV），或者由 SPV 主动购买可证券化的资产，然后将这些资产汇集成资产池，再以该资产池所产生的现金流为支持，在金融市场上发行有价证券融资，最后用资产池产生的持续现金流来清偿所发行的有价证券。

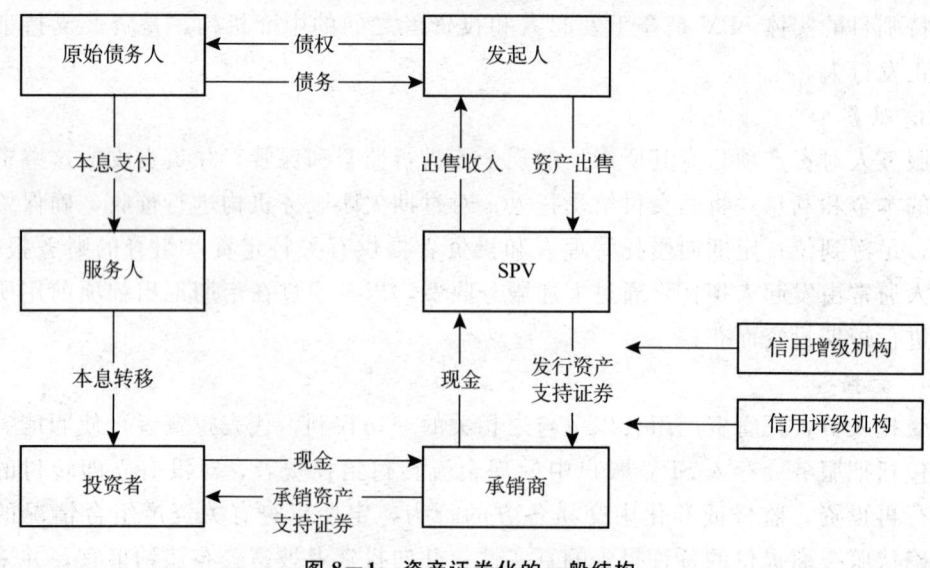

图 8-1 资产证券化的一般结构

一个完整的资产证券化交易需要经历以下 9 个步骤：确定证券化资产并组建资产池、设立特殊目的实体（SPV）、资产的完全转移、信用增级、信用评级、证券打包发售、向发起人支付对价、管理资产池、清偿证券。

1. 确定证券化资产并组建资产池

资产证券化的发起人（即资产的原始权益人）在分析自身融资需求的基础上，通过发起程序确定用来进行证券化的资产。尽管证券化是以资产所产生的现金流为基础，但并不是所有能产生现金流的资产都可以证券化。根据资产证券化融资的经验，比较容易实现证券化的资产通常具备的特征包括：

①有预期稳定的现金流，基础资产具有明确界定的支付模式，能在未来产生可预见的稳定的现金流，否则资产支持证券的按期支付将受到影响；

②具有相对稳定的现金流历史记录的数据，可以基于统计性规定预测未来资产现金流及风险，以便于合理评级和定价；

③企业持有该资产一定时间，有良好的运营效果和信用记录（如低违约率、低损失率），以便于评级机构掌握企业的信息；

④基础资产具有高标准化、高质量的合同条款契约，易于把握还款条件与期限，使证券化资产集合可以有效地组合、打包、分级、定价并预测现金流；

⑤基础资产的风险要在结构、组合上有效分散，以保证未来现金流的稳定；

⑥基础资产要有一定的经济规模，以摊薄证券化时较高的初期成本；

⑦本息偿还分摊于整个资产存续期间，所有基础资产的到期日结构相似，有利于实现合理的期限和收益分配。

根据上述特征在实践中基础资产的筛选通常会分为 6 类，质量由高到低为：

第一类：水电气资产，包括电厂及电网、自来水厂、污水处理厂、燃气公司等。

第二类：路桥收费和公共基础设施，包括高速公路、铁路机场、港口、大型公交公司等。

第三类：市政工程特别是正在回款期的 BT 项目。主要指由开发商垫资建设市政项目，建成后移交至政府，政府分期回款给开发商，开发商以对政府的应收回款做基础资产。

第四类：商业物业的租赁，但没有或很少有合同的酒店和高档公寓除外。

第五类：企业大型设备租赁、具有大额应收账款的企业、金融资产租赁等。

第六类：信贷资产和信托受益权。

对于那些现金流不稳定、同质性低、信用质量较差且很难获得相关统计数据的资产则不宜被直接证券化。

2. 设立特殊目的实体（SPV）

特殊目的实体是专门为资产证券化设立的一个特殊法律实体，它是资产证券化运作的核心主体。组建 SPV 的目的是为了最大限度地降低发行人的破产风险对证券化的影响，即实现被证券化资产与原始权益人（发起人）其他资产之间的"风险隔离"。

SPV被称为没有破产风险的实体，对这一点可以从两个方面理解：一是指SPV本身的不易破产性；二是指将证券化资产从原始权益人那里完全转让（理想的状态是"真实出售"）给SPV，从而实现破产隔离。

SPV既可以是由证券发起人设立的一个附属性产品（或专项管理计划），也可以是一个长期存在的专门进行资产证券化的机构。设立的形式可以是信托、公司、有限合伙或者其他独立法人主体。具体如何组建SPV要考虑一个国家或地区的法律制度和现实需求。从已有的证券化实践来看，为了逃避法律制度的制约，有很多SPV是在有"避税天堂"之称的百慕大群岛、英属维尔京群岛等地注册。

3. 资产的完全转让

证券化资产从原始权益人向SPV的完全转让是证券化运作流程中非常重要的一环，这个环节会涉及很多法律、税收和会计处理问题，其中一个关键问题是这种转让是"真实出售"，其目的是为了实现证券化资产与原始权益人之间的"破产隔离"——原始权益的其他债权人在其破产时对已证券化资产将失去追索权。

以真实出售的方式转让证券化资产要求做到以下两个方面：一方面证券化资产必须完全转移到SPV手中，这既保证了原始权益的债权人对已经转移的证券化资产没有追索权，也保证了SPV的债权人（即投资者）对原始权益人的其他资产没有追索权；另一方面，由于资产控制权已经由原始权益人转移到了SPV，因此，应当将这些资产从原始权益人的资产负债表上剔除，使资产证券化成为一种完全的表外融资方式。

4. 信用增级

为吸引投资者并降低融资成本，必须对资产证券化产品进行信用增级，以提高发行证券的信用级别。信用增级可以使证券在信用质量、偿付的时间性与确定性方面更好地满足投资者的需要，同时满足发行人在会计、监管和融资目标等方面的需求，信用增级可以分为内部增级和外部增级两类，具体手段有很多种，如内部信用增级的方式有划分优先/次级结构、建立利差账户、开立信用证、进行超额抵押等。外部信用增级主要通过金融担保来实现。

5. 信用评级

在资产证券化交易中，信用评级机构通常要进行两次评级，即初评与发行评级。初评的目的是确定为了达到所需要的信用级别必须进行的信用增级水平，在按评级机构的要求进行完信用增级之后，评级机构将进行正式的发行评级，并向投资者公布最终评级结果。信用评级机构通过审查各种合同和文件的合法性及有效性，给出评级结果。信用等级越高，表明证券的风险越低，从而可使发行证券筹集资金的成本越低。

6. 证券打包发售

信用评级完成并公布结果后，SPV将经过信用评级的证券交给证券承销商去包装承销，可以采取公开发售或私募的方式来进行。由于这些证券一般都具有高收益、低风险的特征，所以主要由机构投资者（如保险公司、养老基金和其他银行机构）来购买。

7. 向发起人支付对价

SPV从证券承销商那里获得发行现金收入，然后按事先约定的价格向发起人支付购买证券化资产的价款，此时要优先向其聘请的各专业机构支付相关费用。

8. 管理资产池

SPV要聘请专门的服务人来对基础资产池进行管理。但通常服务人会由发起人担任，这种安排有很重要的实践意义。因为发起人已经比较熟悉基础资产的情况，并与每个债务人建立了联系。而且，发起人一般都有管理基础资产的专门技术和充足人力。当然，服务人也可以是独立于发起人的第三方。这时，发起人必须把与基础资产相关的全部文件移交给新服务人，以便新的服务人掌握资产池的全部资料。

9. 清偿证券

按照证券发行时说明书的约定，在证券偿付日，SPV将委托受托人按时、足额地向投资者偿付本息。利息通常是定期支付的，而本金的偿还日期及顺序就要视基础资产和所发行证券的偿还安排机制的不同而有所区别了，当证券全部被偿付完毕后，如果资产池产生的现金流还有剩余，那么这些剩余的现金流将被返还给交易发起人，资产证券化交易的全部过程也随即结束。

由上可见，整个资产证券化的运作流程都是围绕着SPV这个核心来展开的。SPV进行证券化运作的目标是在风险最小化、利润最大化的约束下，使基础资产所产生的现金流与投资者的需求最恰当地匹配起来。

在上述过程中，最重要的有三个方面的问题：

（1）必须由一定的资产支撑来发行证券，且其未来的收入流可预期。

（2）即资产的所有者必须将资产出售给SPV，通过建立一种风险隔离机制，在该资产与发行人之间筑起一道防火墙，即使其破产，也不影响支持债券的资产，即实现破产隔离。

（3）必须建立一种风险隔离机制，将该资产与SPV的资产隔离开来，以避免该资产受到SPV破产的威胁。

后两个方面的问题正是资产证券化的关键之所在。其目的在于减少资产的风险，提高该资产支撑证券的信用等级，减低融资成本，同时有力地保护投资者的利益。

三、资产证券化定价模型及其应用

（一）影响定价的因素

在资产证券化过程中，资产证券化产品的定价在发行和流通过程中不可或缺。对于资产证券化的发行，定价关系到产品能否发行成功；而在流通过程，定价可以说是对交易的繁荣，流动性的提高起至关重要的作用。

对于资产证券化产品的定价有多方面的影响和制约因素，有现实的具体的因素，甚至有心理的意识的。就资产证券化的实质而言，它是不同时期的现金流折现，是以可预见的现金流为基础的固定收益产品。其定价的实质是如何确定未来可预期现金流的折现值。从可度量角度，资产证券化产品定价的影响因素有：

1. 利率——定价的关键变量、最根本的因素

利率是引起所有固定收益证券价格变动的主要因素，资产证券化产品中包含的期权性质决定其是接受利率政策调整影响最快也是最直接的市场。利率的变化不仅直接影响资产证券化产品价格的变动，还影响到资产证券化价格形成的两个最根本的因素——现金流和折现率。

2. 波动率——决定内嵌期权的价值

利率波动率是指由于利率变动引起资产证券化产品价格的变动，即价格变化的百分比。资产证券化产品由于具有某种提前偿付的特权，相当于嵌入了一个期权，波动率影响着期权价值。对于期权而言，不论利率上升或下降，只要波动率增加都将导致期权价格的增加，进而影响含内嵌期权的资产证券化产品的价值。相反，利率波动率下降将降低资产证券化产品内嵌期权的价格。

3. 提前偿付——对现金流的改变

提前偿付是指借款者有权在到期日之前随时全部或部分偿还借款余额，它是资产证券化特有的特征。提前偿付影响着资产证券产品的可预期的现金流的变化，使现金流具有很大的不确定性，并使债券的存续期缩短，直接影响着资产证券化产品的价格确定。提前偿付是一种嵌入式的期权，提前偿付给资产证券化产品的定价带来两个方面的风险：再投资风险和债券价格升值潜力相对减少的风险。

4. 期限结构模型——对利率的描述

资产证券化产品是内含期权、利率浮动且未来现金流不确定的债券产品。资产证券化产品的定价和利率变量息息相关。为了准确描述定价过程中利率变量的性质，必须建立利率期限结构动态模型。

5. 流动性——流动性溢价及流动性风险

债券的流动性是指证券以市场价值变现的容易程度。通常，债券的预期流动性越高，投资者要求的收益率就越低，反之，若证券流动性低，则投资者就会要求较高的收益率，因为投资者将不得不以低于真实价值的价格出售债券，即所谓的流动性风险。

6. 信用增级——定价基础提升及信用利差

资产证券化信用增级是指在资产证券化过程中，通过内部的结构设计或外部的信用担保等形式，提升公开发行资产证券化产品信用等级的金融技术处理，是资产证券化的核心技术之一，对产品的定价是不可忽视的影响因素。

（二）资产证券化定价模型

在定价过程中一个很重要的关注点是现金流的现值。分析这个问题的起点是资产池的现金流，然后选择一个折现率将其折现。非常重要的一点就是确定折现率。而投资者

的提前偿付行为和再融资均受利率变化影响。定价的基本思路如图8—2所示。

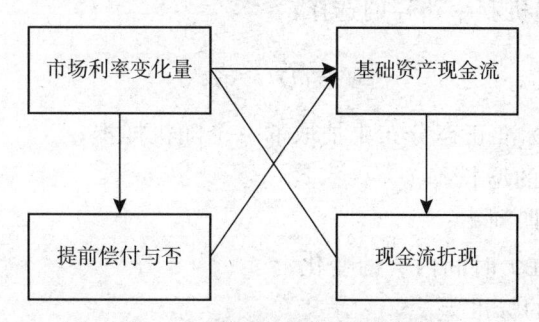

图8—2 资产证券化定价思路

1. 静态现金流折现模型

静态现金流折现模型通常不考虑利率变化,而直接假定提前偿付与抵押资产账龄存在函数关系,从而估算出提前偿付额。它通常假设提前偿付率与抵押资产的账龄成正比,超出某个抵押资产账龄后,提前偿付率将保持不变。

其定价模型为:

$$P = \sum_{t=1}^{n} \frac{CF_t}{(1+y)^t} \tag{8-12}$$

式中 P——证券价格;

CF_t——第 t 期现金流;

n——到期所经历的期数;

y——为投资者期盼的收益率。

内部收益率是此模型的关键影响点,此模型终究是要找到在此内部收益率下使现金流折现后的值等于证券的现价。

【例8—13】 某公司有两项资产欲打包进行资产证券化出售,各资产预期现金流如下表,投资收益率 $y=8\%$,求证券价格应定为多少?

表8—4 某公司资产证券化资金池

单位:万元

年数	1	2	3	4	5
资产1	100	300	400	400	200
资产2	150	270	500	500	300

【解答】 根据公式(8—12)计算:

$$P = \frac{100+150}{1+8\%} + \frac{300+270}{(1+8\%)^2} + \frac{400+500}{(1+8\%)^3} + \frac{400+500}{(1+8\%)^4} + \frac{200+300}{(1+8\%)^5}$$

$$= 2436(万元)$$

2. 蒙特卡洛模拟模型

蒙特卡罗模拟模型产生随机利率路径,以此模拟出数量巨大的远期利率来计算未来现金流并将其折现，从而得到证券的定价。

下面给出一种随机利率路径的选择：

$$\Delta\gamma = m\gamma t + \sigma\gamma\varepsilon\sqrt{t} \tag{8-13}$$

式中 ε——从标准正态分布中抽取的一个随机样本；
m——γ 的增长率；
γ——短期利率；
$\Delta\gamma$——在 t 时间内 γ 的变化；
σ——γ 的标准差。

在模拟时，将证券的期限分为 N 个长度为 t 的小段；每次运算时都要从标准正态分布中选取 N 个样本。将其代入上式，就可得到 $t, 2t, 3t, \cdots, Nt$ 时刻的 $\Delta\gamma$ 值，这样就提供了一个路径，通过前面的计算就可得到证券的价格。

【例 8—14】 假设某资产进行证券化出售，资产预期现金流如下，假设第一年投资收益率为 $y=9\%$，求证券价格应定为多少？

表 8—5 某资产未来现金流及年利率

年数	1	2	3	4	5
资产（万元）	200	400	300	300	400
利率（%）	γ_1	γ_2	γ_3	γ_4	γ_5

取 $\gamma_1 = 9\%$，ε 服从标准正态分布 $N(0,1)$，根据式（8—13），依次模拟得到 $\Delta\gamma_{12} = 0.25\%$，$\Delta\gamma_{23} = -0.1\%$，$\Delta\gamma_{34} = 0.2\%$，$\Delta\gamma_{45} = -0.45\%$，从而计算可得 $\gamma_2 = 9.25\%$，$\gamma_3 = 9.15\%$，$\gamma_4 = 9.35\%$，$\gamma_5 = 8.9\%$。

再根据式（8—12）可得：

$$P = \frac{200}{1+9\%} + \frac{400}{(1+9.25\%)^2} + \frac{300}{(1+9.15\%)^3} + \frac{300}{(1+9.35\%)^4} + \frac{400}{(1+8.9\%)^5}$$
$$= 1220 \text{（万元）}$$

运用计算机软件 Matlab 可以大量重复上述操作，求其平均值可得到最终的证券价格 P。

3. 期权调整利差法

期权调整利差是相对无风险利率的价差，通常以基点（BP）的方式进行量度。一般以国债即期利率曲线为基础，并考虑利率的影响，期权调整后的，折现现金流即为含权债券的理论价格，使该价格等于市场价格的利差就是期权调整利差。计算方法如下。

第一步：从当天不含权债券的市场价格中确定当日的基准利率期限结构，找出作为 OAS 比较的基准利率—即期利率曲线。

从理论上讲，即期利率曲线应由不同期限的一连串零息券利率所组成，由于市场零息券期限不全、数量有限，所以通常是运用现有债券，采用线性插值法、票息剥离法（bootstrap）或其他方法得到该曲线。

第二步：运用适当的随机过程描述利率路径动态变化并构建利率二叉树。

一般认为利率的对数服从正态分布（即 $\rho=0.5$），且其方差（波动率，用 σ 表示）不随时间变化。通过采用合适的模拟方法生成未来利率变化的各种可能路径并使之与即期利率期限结构相一致。

第三步：由于债券中内含期权的特性，沿着每一个利率变化路径计算不同环境下的未来现金流，此方法与美式期权模拟相似，于现金流发生时判断是否行使期权，以此决定现金流。

假设中途赎回价格为 M 元，则期权执行公式如下：

$$N_n(i) = \begin{cases} M, & N_n(i) \geqslant M \\ N_n(i), & N_n(i) < M \end{cases} \tag{8-14}$$

第四步：在基础利率上加上一定利差（OAS），再以此修正后的利率作为折现率折现，以此为零时刻价值。

第五步：将零时刻各利率路径得到的折现值加权，即可得到含权债券的理论价值。

第六步：重复第 4、5 步使得理论价值与市场实际价格相等，此时的利差即为期权调整利差（OAS），提前偿付期权的货币价值就是理论价值与实际价格之间的差额。OAS 由下式得出：

$$P = \frac{1}{M} \sum_{m=1}^{M} \sum_{t=1}^{T} \frac{cf_m(t)}{\prod_{i=1}^{t}(1+r_m(i)+OAS)} \tag{8-15}$$

式中 P——市场价格；

M——利率变动的利率路径总数；

$cf_m(t)$——在第 m 条路径下 t 期的现金流；

$r_m(t)$——在第 m 个条路径下 t 期的国库券利率。

计算出来的债券的 OAS 与投资者得到的利差可能非常不同，后者取决于真实发生了哪条利率路径。OAS 取所有路径的算术平均值，而投资者得到的利差很有可能是负数。所以 OAS 不能作为既定结果，应该看成所有可能性的大概估算。具体逻辑图可参考图 8-3。

4. 资产证券化定价模型的应用

【例 8-15】 LQ 公司发行债权类资产证券化产品，主要以 JW 公路 BT 回购款为基础资产，成立日期为 20××年 6 月 22 日，发行总额为 4.25 亿元，分为优先级和次级两个档次，其中优先级受益凭证发行额为 4.1 亿元，评级为 AAA 级；次级受益凭证发行额为 0.15 亿元，不作评级。

以 20××年 6 月 22 日银行间国债交易数据为基准，运用票息剥离法和线性插值法生成国债即期利率曲线。其中 1 年期即期利率水平为 2.0329%、2 年期即期利

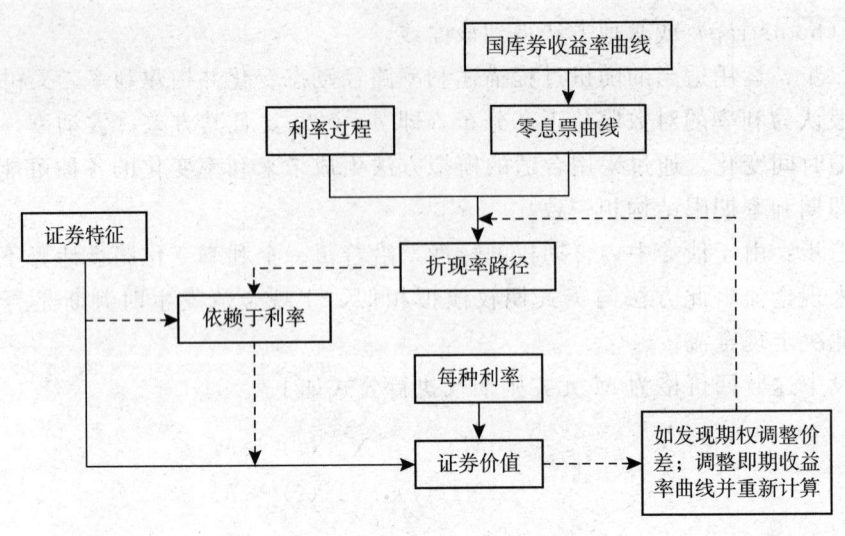

率水平为 2.3050%、3 年期即期利率水平为 2.5291%、4 年期即期利率水平为 2.6726%、5 年期即期利率水平为 2.7621% 及 10 年期即期利率水平为 3.2705%。

表 8-6　20××年 6 月 22 日国债利率表

年限	即期利率	100 元面值的定价
0	1.5960	100.0000
1	2.0329	98.0076
2	2.3050	95.5446
3	2.5291	92.7809
4	2.6726	89.9874

将利率波动率暂定为 $\sigma=10\%$。构建利率二叉树如图 8-4 所示。

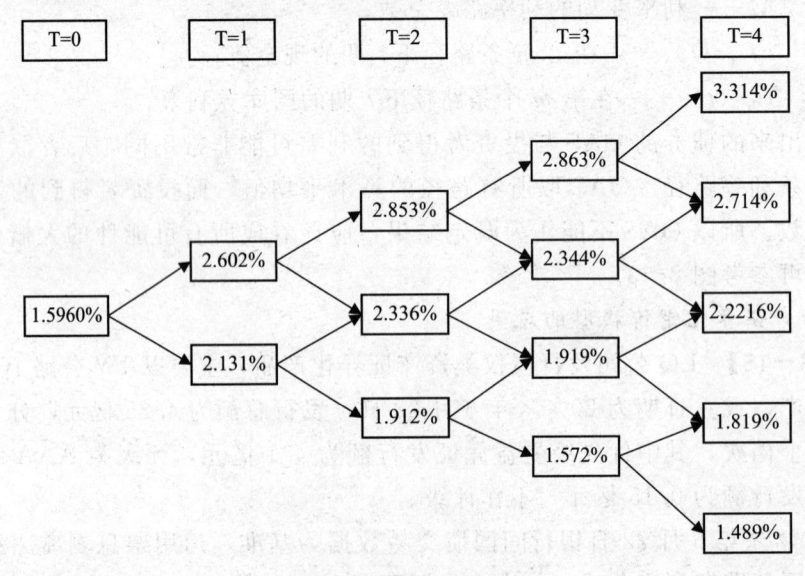

图 8-4　利率二叉树

该专项计划优先级的受益凭证面值是 100 元，利率是固定利率 4%。每期进行还本付息，共分四年共计四次偿还完毕。此计算假定资产池中各资产的到期日均为本证券化证券的最后还款期内，且假定该资产池的资产平均每天归还相同数额的本金，且暂不考虑提前偿付情况（政府回购多为准时还款或部分延迟，未出现提前偿付）。现金流如下表所示。

表 8-7　公路设施资产现金流分布状况表

单位：元

项目名称	公路设施资产现金注入金额			
	第一年	第二年	第三年	第四年
合计（本息）	162065494	146685323	113211661	53518201
每期费用（0.5%）	810327	733427	566058	267591
计入优先级	161255167	145951896	112645603	6547334
计入次级档	—	—	—	46703276
偿还本金	37.6278	34.0569	26.2851	2.0303
还利息	1.5051	1.3623	1.0514	0.0812
本息和	39.1329	35.4191	27.3365	2.1115

则根据公式（8-15），本案例路径共 16 条，最后求出各现金流在各利率下得到的平均价格，如下表所示。

表 8-8　各利率路径下的现值及平均值

单位：元

路径	现值	路径	现值
路径 1	101.6163	路径 9	102.5710
路径 2	101.6273	路径 10	102.6907
路径 3	101.7706	路径 11	102.9565
路径 4	102.0902	路径 12	102.2261
路径 5	102.5618	路径 13	102.5204
路径 6	101.7798	路径 14	102.9642
路径 7	102.0994	路径 15	103.0633
路径 8	102.2185	路径 16	103.0697
		平均值	102.3641

最终得出证券价格 $P=102.36$ 元。

此时可以看出证券价格 $P=102.36>100$ 元票面价格。

在此基础上，不断调整利差，使其平均价格等于 100 元。最后通过计算得出 $OAS=23$ 个基点（BP），此时 $P=100$ 元。

四、PPP项目资产证券化

(一) PPP项目资产证券化的现实意义

为拓宽PPP项目融资渠道，引导PPP项目资产证券化的良性发展，国务院及相关部门出台的政策文件中都对PPP项目资产证券化持一定的鼓励态度。实际上，在基础设施和公共服务领域开展PPP项目资产证券化，对于盘活存量PPP项目资产、吸引更多社会资本参与提供公共服务、提升项目稳定运营能力具有较强的现实意义。

1. 盘活存量PPP项目资产

PPP项目中很大比重属于交通、保障房建设、片区开发等基础设施建设领域，建设期资金需求巨大，且项目资产往往具有较强的专用性，流动性相对较差。如果对PPP项目进行资产证券化，可以选择现金流稳定、风险分配合理、运作模式成熟的PPP项目，以项目经营权、收益权为基础，变成可投资的金融产品，通过上市交易和流通，盘活存量PPP项目资产，增强资金的流动性和安全性。

2. 吸引更多社会资本参与提供公共服务

通过PPP项目资产证券化，有利于建立社会资金在实现合理利润后的良性退出机制，这一创新性的PPP项目融资模式将能够提高社会资本的积极性，吸引更多的社会资金投入公共服务领域。

3. 提升项目稳定运营能力

PPP项目开展资产证券化，借助其风险隔离功能，即通过以真实出售（指资产证券化的发起人（Transferor）向发行人（Special Purpose Vehicle）转移基础资产或与资产证券化有关的权益和风险）的途径转移资产和设立破产隔离的SPV的方式来分离能够产生现金流的基础资产与发起人的财务风险，在发行人和投资者之间构筑一道坚实的"防火墙"，以确保项目财务的独立和稳定，夯实项目稳定运营的基础。

(二) PPP项目资产证券化的主要模式

PPP项目资产证券化的基础资产主要包括收益权资产、债权资产和股权资产三种类型，其中收益权资产是PPP项目资产证券化最主要的基础资产类型。从我国推广运用PPP模式的实践情况来看，以收益权为基础开展PPP项目资产证券化也相对成熟。以收益权为基础资产的三种模式为：资产支持专项计划、资产支持票据、资产支持计划。

1. 以收益权作为基础资产的三种类型

以收益权为基础开展PPP项目资产证券化，首先要厘清收益权资产在PPP项目中的不同类型。PPP项目收费模式一般可分为使用者付费、政府付费和可行性缺口补助三种，而收益权资产也相应可分为使用者付费模式下的收费收益权、政府付费模式下的财政补贴、可行性缺口补助模式下的收费收益权和财政补贴。

(1) 使用者付费

使用者付费模式下的基础资产是项目公司在特许经营权范围内直接向最终使用者供给相关服务和基础设施而享有的收益权。这类支付模式通常用于财务情况较好、可经营性较高及直接面向使用者提供基础设施和公共服务的项目。此模式下的PPP项目往往具有需求量可预测性强，现金流稳定且持续的特点。但特许经营权对被授予方的资金实力、管理经验和技术等要求较高，因此在使用者付费模式下转让给SPV的基础资产一般是特许经营权产生的未来现金流入，而不是特许经营权的直接转让。这种模式的PPP项目主要包括市政供热和供水、道路（铁路、公路、地铁等）收费权、机场收费权等等。

（2）政府付费

政府付费模式下的基础资产是PPP项目公司提供基础设施和服务而享有的财政补贴的权利。这种模式下项目公司获得的财政补贴和提供的基础设施和服务数量、质量和效率相挂钩，如垃圾处理、污水处理和市政道路等项目。但这种模式下财政补贴应遵循财政承受能力的相关要求，即不能超过一般公共预算支出的10%。因此，以财政补贴为基础资产的PPP项目资产证券化要重点考虑政府财政支付能力、预算程序等影响。

（3）可行性缺口补助

可行性缺口补助是指在使用者付费无法满足社会资本或项目公司的成本回收和合理回报时，由政府以财政补贴、股本投入、优惠贷款和其他优惠政策的形式，给予社会资本或项目公司的经济补助。这种模式通常运用于可经营性系数相对较低、财务效益相对较差、直接向最终用户提供服务但仅凭收费收入无法覆盖投资和运营回报的项目，例如科教文卫和保障房建设等领域。可行性缺口补助模式下的基础资产是收益权和财政补贴，因此兼具上述两种模式的特点。

2. PPP项目资产证券化的三种模式

（1）资产支持专项计划

资产支持专项计划是指将特定的基础资产或资产组合通过结构化方式进行信用增级，以资产基础所产生的现金流为支持，发行资产证券化产品的业务活动。由证监会负责监管资产支持专项计划业务，但在具体实施中不要求对具体产品进行审核，产品一般在上交所、深交所或机构间私募产品报价与服务系统挂牌审核，并由基金业协会负责事后备案管理。PPP项目如果以收益权为基础资产开展资产支持专项计划，其运作流程归纳为：

1）由券商或基金子公司等作为管理人设立资产支持专项计划，并作为销售机构向投资者发行资产支持证券募集资金；

2）管理人以募集资金向PPP项目公司购买基础资产（收益权资产），PPP项目公司负责收益权资产的后续管理；

3）基础资产产生的现金流将定期归集到PPP项目公司开立的资金归集账户，并定期划转到专项计划账户；

4）托管人按照管理人的划款指令进行本息分配，向投资者兑付产品本息。

(2) 资产支持票据

资产支持票据是指非金融企业在银行间债券市场发行的,由基础资产所产生的现金流提供支持的,约定在一定时间内还本付息的债务融资工具。PPP 项目中其操作流程是:

1) PPP 项目公司向投资者发行资产支持票据;

2) PPP 项目公司将其基础资产产生的现金流定期归集到资金监管账户,PPP 项目公司对基础资产产生的现金流与资产支持票据应付本息差额部分承担补足义务;

3) 监管银行将本期应付票据本息划转至上海清算所账户;

4) 上海清算所将本息及时分配给资产支持票据持有人。

(3) 资产支持计划

资产支持计划是将基础资产托付给保险资产管理公司等专业管理机构,以基础资产所产生的现金流为支持,由受托机构作为发行人设立支持计划,合格投资者购买产品而获得再融资资金的业务活动。PPP 项目以收益权为基础资产开展资产支持计划,其运作流程为:

1) 保险资产管理公司等专业管理机构设立资产支持计划;

2) PPP 项目公司依照约定将基础资产移交给资产支持计划;

3) 保险资产管理公司面向保险机构等合格投资者发行受益凭证,受益凭证可按规定在保险资产登记交易平台发行、登记和转让;

4) 由托管人保管资产支持计划资产并负责资产支持计划项下资金拨付;

5) 托管人根据保险资产管理公司的指令,及时向受益凭证持有人分配本金和收益。

第四节 并购融资及债务重组

企业并购是企业兼并或收购业务的总称,是企业寻求发展或扩张的一种重要途径。并购融资是指企业为了实现并购目的而进行的获取所需资金的活动。从技术层面来看,并购融资是通过利用各种金融工具,以最低的成本和在可承受的风险内为并购业务筹集所需资金。并购融资是企业并购业务的核心内容之一,并购融资的显著特点是融资金额巨大,对并购企业后续经营的资本结构及公司治理有重大影响,同时并购融资方式的选择对并购绩效(即收购公司的市场绩效和股东价值)有显著的影响。因此,结合并购公司的战略需求和自身融资能力,选择合理的并购融资方式,对降低并购融资成本和风险、实现并购目标有着重要的意义。

一、并购融资方式

并购融资方式多种多样,按照资金来源渠道的不同可分为内源融资和外源融资。顾名思义,内源融资指并购企业从企业内部筹集资金,外源融资则是指并购企业从企业外部获取资金。由于并购融资所需资金往往十分巨大,单纯采用内源融资方式很难满足融资需求,因此外源融资成为并购融资的主要融资方式。企业并购融资主要方式如图8-5所示。

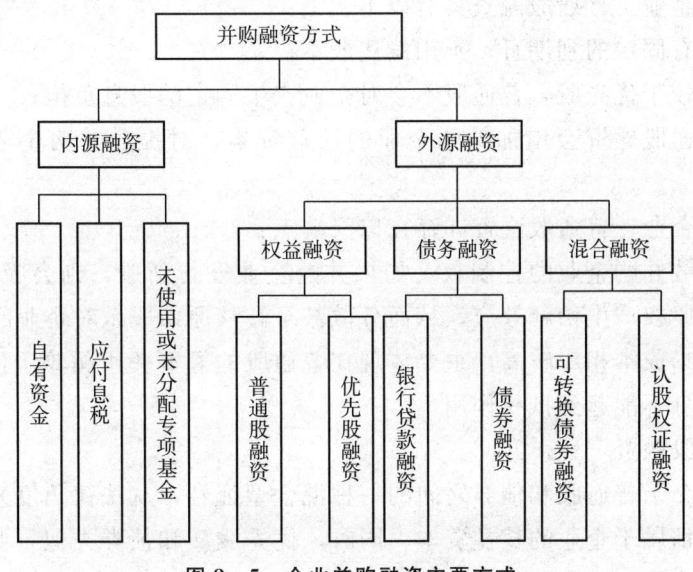

图8-5 企业并购融资主要方式

(一) 内源融资

企业内源融资资金来源主要包括企业自有资金、应付息税以及未使用或者未分配专项基金。其中,自有资金主要包括留存收益、应收账款以及闲置资产变卖等;未使用或未分配的专项基金主要包括更新改造基金、生产发展基金以及职工福利基金等。

内源融资由于源自企业内部,因此不会发生融资费用,具有明显的成本优势,同时内源融资还具有效率优势,能够有效降低时间成本。

(二) 外源融资

企业外源融资渠道比较丰富,主要包括权益融资、债务融资以及混合融资。其中,权益融资包括普通股和优先股融资,权益融资形成企业所有者权益,将对企业股权结构产生不同程度的影响,甚至影响原有股东对企业的控制权;债务融资包括借款融资和债券融资,融资后企业需按时偿付本金和利息,企业的资本结构可能产生较大的变化,企业负债率的上升会影响企业的财务风险;混合融资主要包括可转换债券和认股权证,混合融资是同时兼备权益融资和债务融资特征的特殊融资工具。

1. 权益融资

股票是股份公司为筹集资金而发行的证明持有者对企业净资产享有要求权的一种有价证券。在实践中,根据持有者享有的权利的不同,可以将股票分为普通股和优先股。发行股票融资(权益融资)是企业筹集资金的重要方式,根据发行的股票的不同,股票融资方式包括普通股融资和优先股融资。

(1) 普通股融资

发行普通股融资是并购融资中基本的融资方式，有条件的并购企业可以选择向目标企业或目标企业的股东或者社会公众发行普通股筹集并购所需资金。

对于并购企业，普通股融资具有以下优点：

第一，没有固定的到期日，不用偿还股本；

第二，相较于优先股，普通股不会对企业产生固定的股息负担；

第三，普通股融资会增加并购企业的权益资本，对提升并购企业资信有积极作用。

对于并购企业，普通股融资亦存在以下缺点：

第一，分散并购企业的控制权，如果并购企业发行新股，则会吸收新的股东，对原始股东的股权产生稀释效应，从而分散甚至转移原始股东对企业的控制权；

第二，资本成本相对较高，主要体现在普通股的筹资费用相较于债券更高，其次普通股的股息不能起到抵税作用。

(2) 优先股融资

优先股是介于普通股和债券之间的一种混合型证券，从法律角度来看，优先股同普通股一样都属于企业的权益资本；同时，优先股又和债券类似，要求支付固定股利且对盈余收益和剩余财产享有优先受偿的权利。基于优先股的上述特征，对于并购企业而言，发行优先股融资具有以下优点：

第一，优先股没有固定的到期日，因此并购融资企业没有到期偿还压力，同时采用优先股融资亦可以附加回购条款，增强使用弹性，根据企业的财务状况选择适时发行或回购；

第二，优先股需要支付固定股利但并不要求必须支付，因此在企业财务状况相对较差时可以选择不支付股利，缓解企业财务压力；

第三，一般而言，优先股不具有投票权，因此可以保证普通股股东对企业的控制权，对于试图获取权益资本而又不想稀释原有股东控制权的企业，优先股融资是首选方式；

第四，发行优先股可增加企业权益资本，增强企业的资信，提高企业信誉和融资能力。

但是，优先股融资对于并购融资企业亦存在以下缺点：

第一，优先股融资成本相对较高，股利需在税后支付，因此相较于债券，不具有抵税效果；

第二，优先股的发行限制条件多，包括对发行主体财务状况、公司章程等方面都有较高要求，因此成功发行难度相对较高。

在实践中，根据发行方式的不同，股票融资可分为增发新股或配股融资和换股并购两种形式。

增发新股或配股融资是指上市公司向社会公众公开发行新股或向原有股东按照其持股比例配发新股。通过增发新股或者配股融资，本质上是并购企业以自有资金实施并购行为,是属于现金交易的方式,因此在一定程度上可以降低收购成本。

换股并购是并购公司以本公司股票作为支付手段换取目标公司股票的并购方式,具体而言包括增资换股、库存股换股以及母公司与子公司交叉换股等方式。采用换股并购融资方式可以很大程度上缓解并购公司短期财务压力,避免短期大量现金的流出,可降低并购风险。

2. 债务融资

债务融资是指并购企业通过举债方式筹集并购所需资金,包括借款融资和债券融资。

(1) 借款融资

借款融资是指并购企业通过借款合同或协议向商业银行等金融机构获得资金。其中,金融机构既可以是商业银行,也可以是非银行金融机构。

相比于股票融资和债券融资,从商业银行借款融资的速度相对较快、程序相对简单;其次资本成本相对较低,因为债务利息具有抵税效果;同时可以利用借债的财务杠杆作用,提高并购企业股东权益资本的收益率。但是通过长期借款融资会对企业产生长期债务,定期的还本付息会对并购企业的后续经营产生现金流压力,增加企业的财务风险;其次借款融资通常筹集的资金数量有限,不如发行股票或债券那样一次可以融得大量资金。

除了商业银行,非银行等金融机构也可为并购企业提供并购融资,如投资银行可以提供短期的无需抵押的桥式贷款,又称过桥贷款,这种融资渠道可以为并购企业解决短期的并购资金需求,加快企业并购进程。

(2) 债券融资

债券是企业为筹集资金而发行的,并按约定在一定期限内向债权人还本付息的有价证券。通过发行债券融资是企业筹资的重要方式。

债券种类较多,根据不同的分类标准,可分为不同类别的债券。如,按照债券是否记名可将债券分为记名债券和不记名债券;按照是否有抵押品可将债券分为抵押债券和信用债券;按照利率是否固定可将债券分为固定利率债券和浮动利率债券等。

相比于权益融资,对于并购企业而言,发行债券融资具有如下优点:

第一,企业原有股东股份不会被稀释,有效保持原有股东对企业的控制权;

第二,融资成本相对较低,债券融资费用低于股票融资,其次债券利息具有抵税效果;

第三,企业可以利用债券融资的财务杠杆作用,从而提高企业权益资本收益率,增加原有股东收益。

但同借款融资类似,债券融资会对企业产生长期债务,定期的还本付息会对并购企业的后续经营产生现金流压力,增加企业的财务风险;其次债券融资条件相对苛刻,甚至影响企业未来的融资能力。

3. 混合融资

混合融资是指既带有权益融资特征又具有债务融资特征的特殊融资方式。其中，常用的混合融资包括可转换债券和认股权证。

（1）可转换债券

可转换债券是指由公司发行并规定债券持有人在一定期限内按约定的条件可以将其转换为发行公司股票的债券。相较于普通债券，可转换债券拥有一个选择权，同时可转换债券的利率较低。如果可转换债券没有实现转化，企业可以期满赎回，与普通债券在此方面无异。

对于并购融资企业而言，可转换债券融资具有以下优点：

第一，可以降低债券融资的资本成本，由于可转换债券赋予债券持有者在对其有利的条件下将债券转化为股票，因此可转换债券的利率低于发行普通债券的利率；

第二，可转换债券在转换时的价格高于发行时企业普通股的价格，因此当并购企业认为当前企业的普通股股价过低，而企业未来股价会上涨时，可转换债券为其提供了一种理想的融资方式；

第三，当可转换债券转化为企业普通股后，企业将不再负担还本付息责任。

对于并购融资企业而言，可转换债券融资也存在以下缺点：

第一，当企业普通股股价未能实现上涨预期，无法吸引可转换债券持有人将其转化为普通股，则企业将面临还本付息的压力；

第二，虽然可转换债券的票面利率相对较低，但是相比于认股权证，可转换债券一旦转化为普通股，则其较低的利率优势则丧失。

（2）认股权证

认股权证是一种以特定价格购买规定数量普通股的买入期权。认股权证赋予其持有者购买选择权，持有者可以选择以某一预定价格在未来买入证券。对于并购融资企业而言，发行认股权证是一种特殊的融资方式，一般情况会给融资企业带来额外现金，从而增强企业的资本实力和运营能力。

对于并购融资企业，发行认股权证融资有以下优点：

第一，认股权证持有者不是企业股东，因此可以有效避免其在并购整合初期成为企业普通股股东，有利于企业内部信息保密和决策；

第二，融资成本相对较低，当发行的证券附有认股权证时，其票面利率可适当降低；

第三，有利于调整企业的资本结构，扩大所有者权益。

但发行认股权证同样存在不利之处，在认股权证行驶时，如果普通股价格高于认股权证的定价，则企业就会遭受一定程度的融资损失。

此外，随着我国资本市场的逐步发展，企业并购融资方式呈现多样化的趋势。其中员工持股计划（ESOP）信托融资以及管理层收购（MBO）信托融资等融资创新工具也成为了企业并购融资的可选方式。

二、公允价值估值方法

美国财务会计准则委员会（Financial Accounting Standards Board，简称FASB）对

公允价值的定义是,"在计量日的有序交易中,市场参与者出售某项资产所能获得的价格或转移负债所愿意支付的价格。"

在企业并购中评估目标企业价值时采用公允价值。根据价值类型、预期收益、供求状况、信息收集情况等不同条件,按照《企业价值评估指导意见(试行)》和《企业会计准则第39号——公允价值计量》的规定,企业价值的评估方法主要分为三大类:第一类为收益法,收益法包括收益资本化法和未来收益折现法两种具体方法;第二类为市场法,市场法主要分为参考企业比较法和并购案例比较法;第三类为成本法,也称资产基础法。

(一) 收益法

收益法是指通过估测被评估企业未来的预期收益现值,来判断目标企业价值的方法总称。实务中,通常根据被评估企业成立时间的长短、历史经营情况、经营和收益稳定状况、未来收益的可预测性等来判断使用收益法的适用性。收益法需考虑企业持续经营和有限持续经营的情况。

1. 在企业持续经营的前提下,可采用年金法和分段法进行评估

(1) 年金法

$$P = A/r \qquad (8-16)$$

式中　P——企业评估价值;

　　　A——企业每年的年金收益;

　　　r——折现率或资本化率。

现实中,评估人员需要通过综合分析确定预期年金收益,可将企业未来若干年的预期收益进行年金化处理,从而得到企业年金,相应公式可表示为:

$$P = \sum_{i=1}^{n}[R_i \times (1+r)^{-i}] \div \sum_{i=1}^{n}[(1+r)^{-i}] \div r \qquad (8-17)$$

式中　$\sum_{i=1}^{n}[R_i \times (1+r)^{-i}]$——企业前 n 年预期收益折现值之和;

　　　$\sum_{i=1}^{n}[(1+r)^{-i}]$——复利现值系数之和(年净现值系数);

　　　r——折现率或资本化率。

这一方法的前提是年金化的可行性,年金化处理所得到的企业年金能够反映被评估企业未来预期的收益能力和水平。未来收益具有充分稳定型和可预测性的企业收益适合进行年金化处理。

【例 8-16】 企业预计未来五年的收益为 32 万元、60 万元、73 万元、65 万元和 67 万元。假设该企业的折现率和资本化率均为 10%,用年金法估测该企业的企业价值。

【解答】 根据公式(8-17)计算:

$$P = \sum_{i=1}^{n}[R_i \times (1+r)^{-i}] \div \sum_{i=1}^{n}[(1+r)^{-i}] \div r$$
$$= (32 \times 0.9091 + 60 \times 0.8264 + 73 \times 0.7513 + 65 \times 0.6830 + 67 \times 0.6209)$$
$$\div (0.9091 + 0.8264 + 0.7513 + 0.6830 + 0.6209) \div 10\% = 579.09 \text{（万元）}$$

（2）分段法

分段法的基本思想是将持续经营的企业收益预测分为前后两段。对于不稳定阶段的企业预期收益采用逐年预测，而后逐年累加。对于相对稳定阶段的企业收益，则可根据企业预期收益稳定程度，按照企业年金收益，或者按照企业收益变化率的变化规律对所对应的企业预期收益形式进行折现和资本化处理。

如果在不稳定期结束之后，各年收益率较为稳定，则分段法的公式为：

$$P = \sum_{i=1}^{n}[R_i \times (1+r)^{-i}] + \frac{R_n}{r} \times (1+r)^{-n} \qquad (8-18)$$

如果在不稳定期结束之后，各年收益率保持稳定增长，假设从（$n+1$）年起的后段，企业预期年收益按固定比率 g 增长，则分段法的公式可写成：

$$P = \sum_{i=1}^{n}[R_i \times (1+r)^{-i}] + \frac{R_n(1+g)}{r-g} \times (1+r)^{-n} \qquad (8-19)$$

【例8－17】 某企业预计未来五年的收益额为100万元、120万元、150万元、160万元和200万元，根据企业的实际情况推断，从第6年起，企业收益额将在第五年的水平上以2%的增长率保持增长，假定资本化率为10%，计算评估企业的价值。

$$P = \sum_{i=1}^{n}[R_i \times (1+r)^{-i}] + \frac{R_n(1+g)}{r-g} \times (1+r)^{-n}$$
$$= (100 \times 0.9091 + 120 \times 0.8264 + 150 \times 0.7513 + 160 \times 0.6830 + 200$$
$$\times 0.6209) + 200 \times (1+2\%) \div (10\% - 2\%) \times 0.6209 = 2119.53 \text{（万元）}$$

2. 企业有限持续经营的假设前提下企业价值评估

此种假设下的评估思路与分段法类似。首先，将企业在可预期的经营期限内的收益加以估测并折现；第二，将企业在经营期限后的参与资产的价值加以估测及折现；最后，将二者结果相加，计算公式为：

$$P = \sum_{i=1}^{n}[R_i \times (1+r)^{-i}] + P_n \times (1+r)^{-n} \qquad (8-20)$$

式中　P_n——第 n 年时企业资产的变现值；

$\sum_{i=1}^{n}[R_i \times (1+r)^{-i}]$——企业前 n 年预期收益折现值之和；

r——折现率或资本化率。

收益法在全面反映企业价值方面具有优势，原因在于其通常能够综合考虑企业价值的各方面有形及无形的因素。随着收益法在资本市场的应用渐趋广泛以及信息积累的逐渐丰富，其技术手段也在不断的完善，应用的基础也比较成熟。

（二）市场法

市场法是指将目标企业与参考企业或已在市场上有并购交易案例的企业进行比较以确定评估对象价值的评估方法。市场法主要包括参考企业比较法和并购案例比较法。

1. 参考企业比较法

参考企业比较法是指在资本市场中，尤其是在信息资料较为公开的上市公司中，将目标企业与处于同一或类似行业的企业的经营和财务数据进行分析，计算适当的价值比率或经济指标，再与目标企业进行比较分析，从而判断评估对象价值。

大部分专业评估机构倾向于使用3到4家可比企业的数据进行估值测算，而在选择可比企业样本时，通常主要的考虑因素有：目标企业所在行业及其成熟度、目标企业在行业中地位及市场占有率、企业的业务性质、企业的规模、资本结构及运营风险、盈利能力、利润率水平、分配股利能力、未来发展能力、商誉及无形资产、管理层情况等。

然后选择参考企业的一个或几个收益性或资产类参数，如市盈率、市净率和市销率、息税前利润、税息折旧及摊销前利润或总资产、净资产等作为"分析参数"，这些指标中市净率指标更适用于固定资产较多并且账面价值相对较为稳定的企业，比如银行业。基本计算公式为：

$$每股评估价值＝市净率×被评估单位每股净资产 \qquad (8-21)$$

式中　市净率＝市价/净资产。

$$被评估单位每股净资产＝评估基准日资产占有单位净资产/总股本 \qquad (8-22)$$

最后选择分析参数，计算其与参考市场价值的比例关系——称之为比率乘数，将该乘数与目标的相应的参数相乘，从而计算得到目标企业的市场价值。

2. 并购案例比较法

并购案例比较法，首先选取与目标企业经营状况、所属行业具有相似性的并购交易案例，获取并分析其数据资料，计算适当的价值比率，再与目标企业进行比较分析，从而判断评估对象价值。

在选择和计算价值比率时，应当考虑以下几个方面：

（1）参考案例的数据必须真实可靠，以便合理确定价值；

（2）参考案例与目标企业之间，相关数据的计算口径和方式应一致；

（3）由于差异性的存在，应根据目标企业的状况尽量合理地使用价值比率；

（4）不应局限于一种或个别几种价值比率计算得出的结果，而应对不同价值比率得出的数值进行仔细分析，形成合理的评估结论。

3. 参考企业比较法和并购案例比较法的运用

运用企业比较法和并购案例比较法的核心问题是确定适当的价值比率。

$$价值比率：\frac{V_1}{X_1}=\frac{V_2}{X_2} \qquad (8-23)$$

式中　V_1——被评估企业价值；

　　　V_2——可比企业价值；

　　　X_1——被评估企业与企业价值相关的可比指标；

　　　X_2——可比企业与企业价值相关的可比指标。

【例 8-18】 欲评估甲公司的价值，从市场上选取了三个相似的公司 A、B、C。分别计算各公司的市场价值与销售额的比率、与账面价值的比率以及与净现金流量的比率为可比价值倍数，得到结果如表 8-9 所示。

表 8-9　相似公司比率汇总表

	A公司	B公司	C公司	平均
市价/销售额	1.3	1.2	1.1	1.2
市价/账面价值	1.5	1.4	1.9	1.6
市价/净现金流量	21.0	19.0	26.0	22.0

把三个样本公司的各项可比价值倍数分别进行平均，就得到了应用于甲公司评估的三个可比价值倍数。计算出来的各公司的比率或倍数在数值上相对接近，则具有较强的可比性。如果差别很大，则表示平均数附近的离差是相对较大的，所选样本公司与目标公司在某项特征上存在较大差异性，需要重新筛选样本公司。

甲公司的年销售额为 1 亿元，账面价值为 7000 万元，净现金流量为 550 万元，计算甲公司的企业价值。

【解答】 计算甲公司的企业价值结果如表 8-10 所示。

表 8-10　甲公司的评估价值

单位：万元

项　　目	甲公司实际数据	可比公司平均比率	甲公司指示价值
销售额	10000	1.2	12000
账面价值	7000	1.6	11200
净现金流量	550	22.0	12100
甲公司的评估价值			11767

（三）成本法

成本法，是反映当前要求重置相关资产服务能力所需金额（通常指现行重置成本）的估值方法。在估计公允价值时采用的成本法有两个步骤（以折旧后重置承诺成本为例，该方法最为常用），具体如下：

1. 确定在当前环境下，重新建造或重新购置被计量资产所需消耗的全部成本。

2. 对被计量资产的经济性贬值、功能性贬值以及实体陈旧性贬值等贬值因素进行综合评价，以此为基础对上述成本做出调整，得出所计项目的公允价值估值。

此外,对公允价值的估计也可以以资产的成新率为依据,即用成本和成新率相乘的方法计算公允价值估值。

应用成本法评估企业价值,通常需要在正式开展评估工作前,首先对目标企业拟交易的股权或资产进行全面的清查,对其权属等问题进行全面清晰的了解。完成前期工作后,评估机构需实地勘查企业的各项资产,包括但不限于企业的存货、厂房、设备、土地等实物资产。同时,要逐一核对企业的各项负债,充分考虑目标企业拥有的所有有形资产、无形资产以及负债等。并对长期股权投资进行分析,如果对评估价值的结果影响较大,应对其单独评估。

在并购中,成本法能够发挥对目标企业资产和负债的尽职调查的作用,同时能够为企业间的并购提供交易价格谈判的"底线",并易于让评估报告的使用者了解目标企业的价值构成。按照《企业价值评估指导意见(试行)》的要求,以持续经营为前提对企业进行评估时,成本法一般不应当作为惟一使用的评估方法。但作为三大价值评估方法之一,其应用比例仍然较高。

【例 8-19】 某企业评估人员决定采用成本法评估企业价值,逐项评估了企业的可确值资产,评估结果为:机器设备 2200 万元,厂房 700 万元,流动资产 1400 万元,土地使用权价值 400 万元,商标权 100 万元,负债 1800 万元。则企业价值为多少?

【解答】 企业价值=2200+700+1400+400+100-1800=3000(万元)

与收益法相比,成本法的应用需要大量的实地调查,评估过程必须涉及目标企业资产的方方面面,其执行成本较高,但其对资产状况的反映是最真实有效的。

成本法在并购价值评估中的基本公式是:

$$净资产评估值=流动资产+非流动资产-流动负债-非流动负债 \quad (8-24)$$

【例 8-20】 A 公司与 B 公司正式签署 C 有限公司的股权转让合同。股权转让前,A 持有 C 有限公司 51% 的股份,B 持有 C 有限公司 49% 的股份。股权交易完成后,A 将持有 C 有限公司 100% 股份。

【解答】

(1)流动资产评估

公司流动资产如表 8-11 所示。

表 8-11 流动资产

科目	具体评估方法
货币资金	人民币货币资金以核实后的调整后账面值作为评估值。外币货币资金,以核实后的外币金额乘以评估基准日外汇汇率折算为人民币金额作为评估值。
应收票据	以核实后的可收回金额作为评估值。
应收账款	按账龄分析法及个别认定法综合判断应收款项收回的可能性,以预计可收回金额确定评估值。
其他应收款	同上。

续表

科目	具体评估方法
预付账款	以可收回货物、获得服务、或收回货币资金等可以形成相应资产和权益的金额的估计作为评估值。
存货	库存商品一般以其完全成本为基础，根据该产品市场销售情况好坏决定是否加上适当的利润，或是要低于成本。对于正常销售的产品，根据其出厂销售价格减去销售费用、全部税金和适当数额的税后净利润确定评估值。

（2）非流动资产评估

公司非流动资产如表 8-12 所示。

表 8-12 非流动资产

科目	具体评估方法
持有至到期投资	以评估基准日经审计后的账面价值确定其评估值。
长期股权投资	通过查阅投资协议、公司章程，对相关财务报表执行替代程序，以参股单位经审计的报表净资产乘以持股比例确定长期股权投资价值。
固定资产	房屋及机器设备的评估价值采用重置成本法。重置成本根据原概算、预决算工程量或图纸以及当地造价水平等资料，进行适当调整计算，套用现行概预算定额及取费标准计算评估基准日工程造价。 重置成本＝建安工程造价＋工程建设前期费用及其他费用＋资金成本 评估值＝重置成本×综合成新率 综合成新率＝年限法成新率×40％＋现场勘察成新率×60％ 年限法成新率＝（经济寿命年限－已使用年限）/经济寿命年限×100％
在建工程	以审计后账面价值确定评估值。
无形资产	以审计后账面价值确定评估值。
递延所得税	资产根据可抵扣暂时性差异及适用税率计算确定评估值。

（3）流动负债评估

流动负债包括应付账款、预付账款、应付职工薪酬、应交税费和其他应付款。以审定后的金额为基础，对各项负债进行核实，判断各笔债务是否是资产占有方基准日实际承担的，债权人是否存在，以基准日实际需要支付的负债额来确定评估值。

（4）评估结论

根据以上确定的评估方法和计算原则，以及参考专业机构的评估记录，经计算得出如下结论（见表 8-13）：

表 8-13 C 有限公司的价值评估结果

单位：万元

项目	账面价值	评估价值	增值额	增值率
流动资产	70349.62	70401.33	51.71	0.07％
非流动资产	2660.08	2680.60	20.52	0.77％

续表

项　　目	账面价值	评估价值	增值额	增值率
其中：持有至到期投资	5.00	5.00		
长期股权投资	1511.77	1512.29	0.52	0.03%
固定资产	420.76	460.03	39.27	9.33%
在建工程	63.24	43.97	−19.27	−30.47%
无形资产	139.64	139.64		
递延所得税资产	519.67	519.67		
资产总计	73009.70	73081.93	72.23	0.10%
流动负债	62997.54	62997.54		
非流动负债				
负债合计	62997.50	62997.54		
净资产	10012.16	10084.39	72.23	0.72%

根据上表可以看出持有至到期投资、无形资产、递延所得税资产、负债等均按照账面价值确定其价值，其他科目的价值按照上述公式计算而得。

第九章 工程项目财务分析

财务分析，又称财务评价，是项目决策分析与评价中为判定项目财务可行性所进行的一项重要工作，是项目经济评价的重要组成部分，是投融资决策的重要依据。

财务分析是在现行会计规定、税收法规和价格体系下，通过财务效益与费用（收益与支出）的预测，编制财务报表，计算评价指标，考察和分析项目的财务盈利能力、偿债能力和财务生存能力，据以判断项目的财务可行性，明确项目对财务主体及投资者的价值贡献。

本章介绍财务分析的主要内容、基本原则、财务效益与费用的估算以及财务盈利能力、偿债能力和财务生存能力分析方法等。

第一节 财务分析概述

一、财务分析的作用

1. 项目决策分析与评价的重要组成部分。项目评价应从多角度、多方面进行，对于项目的前评价、中间评价和后评价，财务分析都是必不可少的重要内容之一。在项目的前评价——决策分析与评价的各个阶段中，包括投资机会研究、项目建议书、初步可行性研究、可行性研究报告，财务分析都是重要组成部分。

2. 重要的决策依据。在经营性项目决策过程中，财务分析结论是重要的决策依据。项目发起人决策是否发起或进一步推进该项目；权益投资人决策是否投资于该项目；债权人决策是否贷款给该项目；财务分析都是重要依据之一。对于那些需要政府核准的项目，各级核准部门在做出是否核准该项目的决策时，许多相关财务数据可作为项目社会和经济影响大小的估算基础。

3. 项目或方案比选中起着重要作用。项目决策分析与评价的精髓是方案比选，在项目建设规模、产品方案、工艺技术方案、工程方案等方面都必须通过方案比选予以优化。财务分析结果可以反馈到建设方案构造和研究中，用于方案比选，优化方案设计，使项目整体更趋于合理。

4. 配合投资各方谈判，促进平等合作。目前，投资主体多元化已成为项目的融资主流，存在着多种形式的合作方式，主要有国内合资或合作的项目、中外合资或合作的项目、多个外商参与的合资或合作的项目等。在酝酿合资、合作的过程中，咨询工程师会成为各方谈判的有力助手，财务分析结果起着促使投资各方平等合作的重要作用。

5. 财务分析中的财务生存能力分析对项目，特别是对非经营性项目的财务可持续性的考察起着重要的作用。

二、财务分析的内容

1. 选择分析方法。在明确项目评价范围的基础上，根据项目性质和融资方式选取适宜的财务分析方法。

2. 识别财务效益与费用范围。项目财务分析的利益主体主要包括项目投资经营实体（或项目财务主体）和权益投资方等。对于不同利益主体，项目带来的财务效益与费用范围不同，需要仔细识别。

3. 测定基础数据，估算财务效益与费用。选取必要的基础数据进行财务效益与费用的估算，包括营业收入、成本费用估算和相关税金估算等，同时编制相关辅助报表。以上内容实质上是在为财务分析进行准备，也称财务分析基础数据与参数的确定、估算与分析。

4. 编制财务分析报表和计算财务分析指标进行财务分析，主要包括盈利能力分析、偿债能力分析和财务生存能力分析。

5. 在对初步设定的建设方案（称为基本方案）进行财务分析后，还应进行盈亏平衡分析和敏感性分析。常常需要将财务分析的结果进行反馈，优化原初步设定的建设方案，有时需要对原建设方案进行较大的调整。

财务分析内容随项目性质和目标有所不同，对于旨在实现投资盈利的经营性项目，其财务分析内容应包括本章所述全部内容；对于旨在为社会公众提供公共产品和服务的非经营性项目，在通过相对简单的财务分析比选优化项目方案的同时，了解财务状况，分析其财务生存能力，以便采取必要的措施使项目得以财务收支平衡，正常运营，其内容详见本章第五节。

三、财务分析的步骤

财务分析的步骤以及各部分的关系，包括财务分析与投资估算和融资方案的关系见图9—1"财务分析图"。

投资估算和融资方案是财务分析的基础。在实际操作过程中，三者互有交叉。投资决策和融资决策的先后顺序与相辅相成的关系也促成了这种交叉。在财务分析的分析方法和指标体系设置上体现了这种交叉。

首先要做的是融资前的项目投资现金流量分析，其结果体现项目方案本身设计的合理性，用于投资决策以及方案或项目的比选。也就是说用于考察项目是否基本可行，并值得去为之融资，这对项目发起人、投资者、债权人和政府部门都是有用的。

如果第一步分析的结论是"可"，才有必要进一步考虑融资方案，进行项目的融资后分析，包括项目资本金现金流量分析、偿债能力分析和财务生存能力分析等。融资后分析是比选融资方案，进行融资决策和投资者最终出资的依据。

如果融资前分析结果不能满足要求,可返回对项目建设方案进行修改;若多次修改后分析结果仍不能满足要求,甚至可以做出放弃或暂时放弃项目的建议。

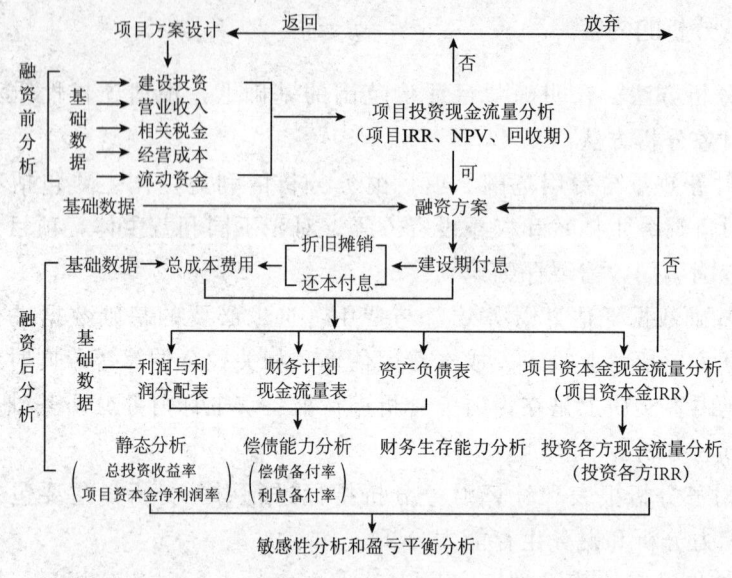

图 9—1 财务分析图

四、财务分析的基本原则

财务分析应遵循以下基本原则:

(一) 费用与效益计算范围的一致性原则

为了正确评价项目的获利能力,必须遵循项目的直接费用与直接效益计算范围的一致性原则。如果在投资估算中包括了某项工程,那么因建设了该工程而使企业增加的效益就应该考虑,否则就会低估了项目的效益;反之,如果考虑了该工程对项目效益的贡献,但投资却未计算进去,那么项目的费用就会被低估,从而导致高估了项目的效益。只有将投入和产出的估算限定在同一范围内,计算的净效益才是投入的真实回报。

(二) 费用与效益识别的有无对比原则

有无对比是项目评价中通用的费用与效益识别的基本原则。项目评价的许多方面都需要遵循这条原则,采用有无对比的方法进行,财务分析也不例外。所谓"有"是指实施项目后的将来状况,"无"是指不实施项目时的将来状况。在识别项目的效益和费用时,须注意只有"有无对比"的差额部分才是由于项目的投资建设增加的效益和费用,即增量效益和费用。因为即使不实施该项目,现状也很可能发生变化。例如农业灌溉项目,若没有该项目,将来的农产品产量也会由于气候、施肥、种子、耕作技术的变化而变化;再如计算交通运输项目效益的基础——运输量,在无该项目时,也会由于地域经济的变化而改变。采用有无对比的方法,就是为了识别那些真正应该算做项目效益的部分,即增量效益,排除那些由于其他原因产生的效益;同时也要找出与增量效益相对应的增量费用,只有这样才能真正体现项目投资的净效益。

有无对比不仅适用于依托老厂进行的改扩建与技术改造项目的增量盈利能力分析，对于新建项目，也同样适用该原则。对于新建项目，通常可认为无项目与现状相同，其效益与费用均为零。

（三）动态分析与静态分析相结合，以动态分析为主的原则

国际通行的财务分析都是以动态分析方法为主，即根据资金时间价值原理，考虑项目整个计算期内各年的效益和费用，采用现金流量分析的方法，计算内部收益率和净现值等评价指标。我国分别于 1987 年、1993 年和 2006 年由原国家计委或国家发展改革委和原建设部发布施行的《建设项目经济评价方法与参数》（以下简称《方法与参数》）第一版、第二版以及第三版，都采用了动态分析与静态分析相结合，以动态分析为主的原则制定出一整套项目经济评价方法与指标体系。2002 年由原国家计委办公厅发文试行的《投资项目可行性研究指南》（以下简称《指南》）同样采用这条原则。

（四）基础数据确定的稳妥原则

财务分析结果的准确性取决于基础数据的可靠性。财务分析中所需要的大量基础数据都来自预测和估计，难免有不确定性。为了使财务分析结果能提供较为可靠的信息，避免人为的乐观估计所带来的风险，更好地满足投资决策需要，在基础数据的确定和选取中遵循稳妥原则是十分必要的。

第二节 财务分析的价格及选取原则

一、财务分析的价格体系

（一）影响价格变动的因素

影响价格变动的因素很多，可归纳为两类：一是相对价格变动因素；二是绝对价格变动因素。

相对价格是指商品间的价格比例关系。导致商品相对价格发生变化的因素很复杂，例如供应量的变化、价格政策的变化、劳动生产率变化等可能引起商品间比价的改变；消费水平变化、消费习惯改变、可替代产品的出现等引起供求关系发生变化，从而使供求均衡价格发生变化，引起商品间比价的改变等。

绝对价格是指用货币单位表示的商品价格水平。绝对价格变动一般体现为物价总水平的变化，即因货币贬值（通货膨胀）引起的所有商品价格的普遍上涨，或因货币升值（通货紧缩）引起的所有商品价格的普遍下降。

（二）财务分析涉及的三种价格及其间关系

在项目财务分析中，要对项目整个计算期内的价格进行预测，涉及到如何处理价格变动的问题。在整个计算期的若干年内，是采用同一个固定价格呢，还是各年都变动以及如何变动？也就是投资项目的财务分析采用什么价格体系的问题。

财务分析涉及的价格体系有三种，即固定价格体系（或称基价体系）、实价体系和时价体系。同时涉及三种价格，即基价、实价和时价。

1. 基价（Base year price），是指以基年价格水平表示的，不考虑其后价格变动的价格，也称固定价格（Constant price）。如果采用基价，项目计算期内各年价格都是相同的，就形成了财务分析的固定价格体系。一般选择评价当年的年份为基年，也有选择预计的开始建设年份的。例如某项目财务分析在2016年进行，一般选择2016年为基年，假定某货物A在2016年的价格为100元，即其基价为100元，是以2016年价格水平表示的。基价是确定项目涉及的各种货物预测价格的基础，也是估算建设投资的基础。

2. 时价（Current price），顾名思义是指任何时候的当时市场价格。它包含了相对价格变动和绝对价格变动的影响，以当时的价格水平表示。以基价为基础，按照预计的各种货物的不同价格上涨率（可称为时价上涨率）分别求出它们在计算期内任何一年的时价。假定2017年货物A的时价上涨率为2%，在2016年基价100元的基础上，2017年的时价应为[100×（1+2%）]，即102元。若2018年货物A的时价上涨率为3%，则2018年货物A的时价为[100×（1+2%）×（1+3%）]，即105.06元。

设基价为P_b，时价为P_c，各年的时价上涨率为c_i，$i=1,2,\cdots,n$，c_i可以各年相同，也可以不同，则第n年的时价P_{c_n}可由（9—1）式表示：

$$P_{c_n} = P_b \times (1+c_1) \times (1+c_2) \times \cdots \times (1+c_n) \qquad (9-1)$$

若各年c_i相同，$c_i=c$则有：

$$P_{c_n} = P_b \times (1+c)^n \qquad (9-2)$$

3. 实价（Real price），是以基年价格水平表示的，只反映相对价格变动因素影响的价格。可以由时价中扣除物价总水平变动的影响来求得实价。若物价总水平上涨率为3.5714%，则2017年货物A的实价为[102/（1+3.5714%）]，即98.48元。这可以说明，虽然看起来2017年A的价格比2016年上涨了2%，但扣除物价总水平上涨影响后，货物A的实际价格反而比2016年降低了，这是由于某种原因所导致的相对价格变动所致。如果把实际价格的变化率称为实价上涨率，那么货物A的实价上涨率为：

$$[（1+2\%）/（1+3.5714\%）]-1=-1.52\%$$

只有当时价上涨率大于物价总水平上涨率时，该货物的实价上涨率才会大于零，此时说明该货物价格上涨超过物价总水平的上涨。设第i年的实价上涨率为r_i，物价总水平上涨率为f_i，则有：

$$r_i = \frac{(1+c_i)^i}{(1+f_i)^i} - 1 \qquad (9-3)$$

如果所有货物间的相对价格保持不变，则实价上涨率为零，每种货物的实价等于基价，同时意味着各种货物的时价上涨率相同，也即各种货物的时价上涨率等于物价总水平上涨率。

二、财务分析的取价原则

(一) 财务分析应采用预测价格

财务分析基于对拟建项目未来数年或更长年份的效益与费用的估算，而无论投入还是产出的未来价格都会发生各种各样的变化，为了合理反映项目的效益和财务状况，财务分析应采用预测价格。该预测价格应是在选定的基年价格基础上测算。至于采用上述何种价格体系，要视具体情况决定。

(二) 现金流量分析原则上应采用实价体系

采用实价计算净现值和内部收益率进行现金流量分析是比较通行的做法。这样做，便于投资者考察投资的实际盈利能力。因为实价体系排除了通货膨胀因素的影响，消除了因通货膨胀（物价总水平上涨）带来的"浮肿净现金流量"，能够相对真实地反映投资的盈利能力，为投资决策提供较为可靠的依据。

如果采用含通货膨胀因素的时价进行现金流量分析，计算出来的项目内部收益率包含通货膨胀率，会使显示出的未来收益增加，形成"浮肿净现金流量"，夸大项目的实际盈利能力。此时采用的财务基准收益率应当包含通货膨胀率才能不影响对项目财务可行性的判断。

(三) 偿债能力分析和财务生存能力分析原则上应采用时价体系

用时价进行财务预测，编制利润和利润分配表、财务计划现金流量表及资产负债表，是比较通行的做法。这样做有利于描述项目计算期内各年当时的财务状况，相对合理地进行偿债能力分析和财务生存能力分析。

为了满足实际投资的需要，在投资估算中应该同时包含两类价格变动因素引起投资增长的部分，一般通过计算涨价预备费来体现。同样，在融资计划中也应考虑这部分费用，在投入运营后的还款计划中自然包括该部分费用的偿还。因此，只有采用既包括了相对价格变化，又包含通货膨胀因素影响在内的时价价值表示的投资费用、融资数额进行计算，才能真实反映项目的偿债能力和财务生存能力。

(四) 对财务分析采用价格体系的简化

在实践中，并不要求对所有项目，或在所有情况下，都必须全部采用上述价格体系进行财务分析，多数情况下都允许根据具体情况适当简化。

《方法与参数》和《指南》都各自提出了简化处理的办法，虽然表述不尽相同，但实际上两者对财务分析采用价格体系的简化处理基本一致，可以归纳为以下几点：

1. 一般在建设期间既要考虑通货膨胀因素，又要考虑相对价格变化，包括对建设投资的估算和对运营期投入产出价格的预测。

2. 项目运营期内，一般情况下盈利能力分析和偿债能力分析可以采用同一套价格，即预测的运营期价格。

3. 项目运营期内，可根据项目和产出的具体情况，选用固定价格（项目运营期内各年价格不变）或实价，即考虑相对价格变化的变动价格（项目运营期内各年价格不同，或某些年份价格不同）。

4. 当有要求，或通货膨胀严重时，项目偿债能力分析和财务生存能力分析要采用时价价格体系。

第三节 财务现金流量的估算

本节所述及的财务效益与费用是指项目运营期内企业因项目所获得的收入以及企业为项目所付的支出。主要包括营业收入、成本费用和有关税金等。某些项目可能得到的补贴收入也应计入财务效益。

一、项目计算期的分析确定

项目财务效益与费用的估算涉及到整个计算期的数据。项目计算期是指对项目进行经济评价应延续的年限，是财务分析的重要参数，包括建设期和运营期。

（一）建设期

评价用的建设期是指从项目资金正式投入起到项目建成投产止所需要的时间。建设期的确定应综合考虑项目的建设规模、建设性质（新建、扩建和技术改造）、项目复杂程度、当地建设条件、管理水平与人员素质等因素，并与项目进度计划中的建设工期相协调。项目进度计划中的建设工期是指项目从现场破土动工起到项目建成投产止所需要的时间，两者的终点相同，但起点可能有差异。对于既有法人融资的项目，评价用建设期与建设工期一般无甚差异。但新设法人项目需要先注册企业，届时就需要投资者投入资金，其后项目才开工建设，因而两者的起点会有差异。因此根据项目的实际情况，评价用建设期可能大于或等于项目实施进度中的建设工期。

对于一期、二期连续建设的项目、滚动发展的总体项目等应结合项目的具体情况确定评价用建设期。

（二）运营期

评价用运营期应根据多种因素综合确定，包括行业特点、主要装置（或设备）的经济寿命期（考虑主要产出物生命周期、主要装置物理寿命、综合折旧年限等确定）等。

对于中外合资项目还要考虑合资双方商定的合资年限。在按上述原则估定评价用运营期后，还要与该合资运营年限相比较，再按两者孰短的原则确定。

二、营业收入与补贴收入估算

（一）营业收入估算

营业收入是指销售产品或提供服务所取得的收入，通常是项目财务效益的主要部分。对于销售产品的项目，营业收入即为销售收入。在估算营业收入的同时，一般还要完成相关流转税金的估算。流转税金主要包括增值税、消费税、税金及附加等。

在项目决策分析与评价中，营业收入的估算通常假定当年的产品（实际指商品，等于产品扣除自用量后的余额）当年全部销售，也就是当年商品量等于当年销售量。营业收入估算的具体要求如下：

1. 合理确定运营负荷

计算营业收入，首先要正确估计各年运营负荷（或称生产能力利用率、开工率）。运营负荷是指项目运营过程中负荷达到设计能力的百分数，它的高低与项目复杂程度、产品生命周期、技术成熟程度、市场开发程度、原材料供应、配套条件、管理因素等都有关系。在市场经济条件下，如果其他方面没有大的问题，运营负荷的高低应主要取决于市场。在项目决策分析与评价阶段，通过对市场和营销策略所做研究，结合其他因素研究确定分年运营负荷，作为计算各年营业收入和成本费用的基础。

运营负荷的确定一般有两种方式：一是经验设定法，即根据以往项目的经验，结合该项目的实际情况，粗估各年的运营负荷，以设计能力的百分数表示。常见的做法是：设定一段低负荷的投产期，以后各年均按达到年设计能力计。如【例9-1】所示；二是营销计划法，通过制定详细的分年营销计划，确定各种产出各年的生产量和商品量。项目的运营负荷可能先低后高，再降低，如【例9-2】所示，也可能是其他形式。根据项目和产品的具体情况，也有的始终达不到年设计能力，例如季节性强的产品生产项目。

2. 合理确定产品或服务的价格

为提高营业收入估算的准确性，应遵循前述稳妥原则，采用适宜的方法，合理确定产品或服务的价格。

对于某些基础设施项目，其提供服务的价格或收费标准有时需要通过由成本加适当的利润的方式来确定，或者根据政府调控价格确定。

3. 多种产品分别估算或合理折算

对于生产多种产品和提供多项服务的项目，应分别估算各种产品及服务的营业收入。对那些不便于按详细的品种分类计算营业收入的项目，也可采取折算为标准产品的方法计算营业收入。

4. 编制营业收入估算表

营业收入估算表的格式可随行业和项目而异。项目的营业收入估算表格既可单独给出，也可同时列出各种应纳税金及附加以及增值税。

【例9-1】某拟建工业项目（以下简称M项目），建设期2年，运营期6年。根据市场需求和同类项目生产情况，计划投产当年生产负荷达到90%，投产后第二年及以后各年均为100%。该项目拟生产4种产品，产品价格采用预测的投产期初价格（不含增值税销项税额，以下简称不含税价格），营业收入估算详见表9-1。

表9—1　M项目营业收入估算表

单位：万元

序号	项目	年销量（吨）	单价（元/吨）	运营期 3	4	5	6	7	8
	生产负荷	100%		90%	100%	100%	100%	100%	100%
	营业收入合计	536300		114888	127653	127653	127653	127653	127653
1	产品A	330000	2094	62192	69102	69102	69102	69102	69102
2	产品B	150000	2735	36923	41025	41025	41025	41025	41025
3	产品C	50000	3419	15386	17095	17095	17095	17095	17095
4	产品D	6300	684	388	431	431	431	431	431

注：(1) 本表产品价格采用不含税价格，即营业收入以不含税价格表示。

(2) 表中数字加和尾数有可能不对应，系计算机自动圆整所致。以下表格都可能有此问题，不再重复说明。

【例9—2】　某公司欲投资生产一种电子新产品，设计生产能力是每年250万只。该项目拟2016年建设，2017年投产。由于是新产品，需要大量的营销活动拓展市场，根据市场预测及产品营销计划安排，投产当年（计算期第2年）生产负荷可以达到30%，投产后第二年达到60%，第三年和第四年达到90%。预计第五年开始出现竞争对手或替代产品，生产负荷开始下降，第八年寿命周期结束。价格研究预测结果表明，该产品价格（只考虑相对价格变动因素）将先高后低。各年的生产负荷、价格、营业收入估算见表9—2。

表9—2　某项目营业收入估算表

年数	1	2	3	4	5	6	7	8
生产负荷	0	30%	60%	90%	90%	70%	50%	10%
设计生产能力（万只）	250	250	250	250	250	250	250	250
预测销售量	0	75	150	225	225	175	125	25
产品售价（元/只）	50	39	36	35	35	26	20	18
营业收入（万元）	0	2925	5400	7875	7875	4550	2500	450

注：预测销售量是生产负荷与设计生产能力的乘积，营业收入是预测销售量与产品售价的乘积。

（二）补贴收入估算

按照《企业会计制度》（2001），"企业按规定实际收到的补贴收入或按销量或工作量等和国家规定的补助定额计算并按期给予的定额补贴，以及属于国家财政扶持的领域给予的其他形式补助"应计入补贴收入科目。

按照《企业会计准则》（2006），将企业从政府无偿取得货币性资产或非货币性资产称为政府补助，并按照是否形成长期资产区分为与资产相关的政府补助和与收益相关的政府补助。

在项目财务分析中,作为运营期财务效益核算的往往是与收益相关的政府补助,主要用于补偿项目建成(企业)以后期间的相关费用或损失。按照《企业会计准则》,这些补助在取得时应确认为递延收益,在确认相关费用的期间计入当期损益(营业外收入)。

由于在项目财务分析中通常可忽略营业外收入科目,特别是非经营性项目财务分析往往需要推算为了维持正常运营或实现微利所需要的政府补助,客观上需要单列一个财务效益科目,可称其为"补贴收入"。

三、成本与费用估算

(一) 成本与费用的概念

按照企业会计准则—基本准则(2014 修订),费用是指企业在日常活动中发生的、会导致所有者权益减少的、与向所有者分配利润无关的经济利益的总流出,费用只有在经济利益很可能流出从而导致企业资产减少或者负债增加,且经济利益的流出额能够可靠计量时才能予以确认。企业为生产产品、提供劳务等发生的费用可归属于产品成本、劳务成本;其他符合费用确认要求的支出,应当直接作为当期损益列入利润表(主要有管理费用、财务费用和营业费用)。在项目财务分析中,为了对运营期间的总费用一目了然,将管理费用、财务费用和营业费用这三项期间费用与生产成本合并为总成本费用。这是财务分析相对会计规定所做的不同处理,但并不会因此影响利润的计算。

(二) 成本与费用的种类

项目决策分析与评价中,成本与费用按其计算范围可分为单位产品成本和总成本费用;按成本与产量的关系分为固定成本和可变成本;按会计核算的要求有生产成本(或称制造成本)和期间费用;按财务分析的特定要求有经营成本。

(三) 成本与费用估算要求

1. 成本与费用的估算,原则上应遵循国家现行《企业会计准则》和(或)《企业会计制度》规定的成本和费用核算方法,同时应遵循有关税收法规中准予在所得税前列支科目的规定。当两者有矛盾时,一般应按从税的原则处理。

2. 结合运营负荷,分年确定各种投入的数量,注意成本费用与收入的计算口径对应一致。

3. 合理确定各项投入的价格,并注意与产出价格体系的一致性。

4. 各项费用划分清楚,防止重复计算或低估漏算。

5. 成本费用估算的行业性很强,应注意根据项目具体情况增减其构成科目或改变名称,反映行业特点。

(四) 总成本费用估算

1. 总成本费用构成与计算式

总成本费用是指在一定时期(项目评价中一般指一年)为生产和销售产品或提

供服务而发生的全部费用。财务分析中总成本费用的构成和计算通常由以下两种公式表达：

(1) 生产成本加期间费用法

$$总成本费用 = 生产成本 + 期间费用 \qquad (9-4)$$

其中：

$$生产成本 = 直接材料费 + 直接燃料和动力费 + 直接工资或薪酬[①]$$
$$+ 其他直接支出 + 制造费用 \qquad (9-5)$$

$$期间费用 = 管理费用 + 财务费用 + 营业费用 \qquad (9-6)$$

项目评价中财务费用一般只考虑利息支出，上式可改写为：

$$期间费用 = 管理费用 + 利息支出 + 营业费用 \qquad (9-7)$$

采用这种方法一般需要先分别估算各种产品的生产成本，然后与估算的管理费用、利息支出和营业费用相加。

(2) 生产要素估算法

$$总成本费用 = 外购原材料、燃料及动力费 + 工资或薪酬[①] + 折旧费$$
$$+ 摊销费 + 修理费 + 利息支出 + 其他费用 \qquad (9-8)$$

企业财务核算中，制造费用、管理费用和营业费用中均包括多项费用，且行业间不尽相同。为了估算简便，财务分析中可将其归类估算，上式其他费用系指由这三项费用中分别扣除工资或薪酬、折旧费、摊销费、修理费以后的其余部分。

生产要素估算法是从估算各种生产要素的费用入手，汇总得到项目总成本费用，而不管其具体应归集到哪个产品上。即将生产和销售过程中消耗的全部外购原材料、燃料及动力等费用要素加上全部工资或薪酬、当年应计提的全部折旧费、摊销费以及利息支出和其他费用，构成项目的总成本费用。采用这种估算方法，不必考虑项目内部各生产环节的成本结转，同时也较容易计算可变成本、固定成本和增值税进项税额。

2. 总成本费用各分项的估算要点

下面以生产要素估算法总成本费用构成公式为例，分步说明总成本费用各分项的估算要点。

(1) 外购原材料、燃料及动力费

外购原材料和燃料动力费的估算需要以下基础数据：

1) 相关专业所提出的外购原材料和燃料动力年耗用量。

2) 选定价格体系下的预测价格，应按入库价格计算，即到厂价格并考虑途库损耗；或者按到厂价格计算，同时把途库损耗换算到年耗用量中。

[①] 该项在以往会计科目中一直被称为"工资及福利费"。2006年《企业会计准则》改为"职工薪酬"，2014年对此部分进行了修订。至今两种称谓都有应用，故此处简称为"工资或薪酬"。

3）适用的增值税税率，以便估算进项税额。

（2）工资或薪酬

工资或薪酬是成本费用中反映劳动者报酬的科目，是指企业为获得职工提供的服务而给予各种形式的报酬以及福利费，通常包括职工工资、奖金、津贴和补贴以及职工福利费。

按照生产要素估算法估算总成本费用时，所采用的职工人数为项目全部定员。

执行《企业会计准则》的项目（企业），应当用"职工薪酬"代替"工资和福利费"。职工薪酬包括：

①职工工资、奖金、津贴和补贴；

②职工福利费；

③医疗保险费、工伤保险费和生育保险费等社会保险费；

④住房公积金；

⑤工会经费和职工教育经费；

⑥非货币性福利；

⑦因解除与职工的劳动关系给予的补偿；

⑧企业为获得职工提供的服务而给予的其他各种形式的报酬或补偿。

可见职工薪酬包含的范围大于工资和福利费，例如原在管理费用中核算的由企业缴付的社会保险费和住房公积金以及工会经费和职工教育经费等都属于职工薪酬的范畴。实际工作中，当用"职工薪酬"代替"工资和福利费"时，应注意核减相应的管理费用。

按照《企业会计准则》的要求，职工薪酬，应当根据职工提供服务的受益对象，区分下列情况处理：

· 应由生产产品、提供劳务负担的职工薪酬，计入产品成本或劳务成本。

· 其他职工薪酬，计入当期损益。

在项目评价中，当采用生产要素法估算总成本费用时，公式中的职工薪酬是指项目全部定员的职工薪酬。

确定工资或薪酬时需考虑以下因素：

1）项目地点。工资或薪酬水平随地域的不同会有差异，要注意考虑地域的不同对工资水平的影响，项目评价中对此应有合理反映。

2）原企业工资水平。对于依托老厂建设的项目，在确定单位工资或薪酬时，需要将原企业工资或薪酬水平作为参照系。

3）行业特点。不同行业的工资或薪酬水平可能有较大差异，确定单位工资或薪酬时需考虑行业特点，参照同行业企业薪酬标准。

4）平均工资或分档工资或薪酬。根据不同项目的需要，财务分析中可视情况选择按项目全部人员年工资或薪酬的平均数值计算，或者按照人员类型和层次的不同分别设定不同档次的工资或薪酬进行计算。如采用分档工资或薪酬，最好编制工资或薪酬估算表。

(3) 固定资产原值和折旧费

1) 固定资产与固定资产原值

固定资产是指同时具有下列特征的有形资产：①为生产商品、提供劳务、出租或经营管理而持有；②使用寿命超过一个会计年度。

计算折旧，需要先计算固定资产原值。固定资产原值是指项目投产时（达到预定可使用状态）按规定由投资形成固定资产的价值，包括：工程费用（设备购置费、安装工程费、建筑工程费）和工程建设其他费用中应计入固定资产原值的部分（也称固定资产其他费用）。预备费通常计入固定资产原值。按相关规定建设期利息应计入固定资产原值。

应注意：2009 年增值税转型改革以及 2016 年全面试行营改增后，允许抵扣建设投资进项税额。该部分可抵扣的进项税额不得计入固定资产、无形资产和其他资产原值。

按照生产要素估算法估算总成本费用时，需要按项目全部固定资产原值计算折旧。

2) 固定资产折旧

固定资产在使用过程中的价值损耗，通过提取折旧的方式补偿。

财务分析中，折旧费通常按年计列。按生产要素法估算总成本费用时，固定资产折旧费可直接列支于总成本费用。符合税法的折旧费允许在所得税前列支。

固定资产的折旧方法可在税法允许的范围内由企业自行确定。一般采用直线法，包括年限平均法（原称平均年限法）和工作量法。税法也允许对由于技术进步，产品更新换代较快的，或常年处于强震动、高腐蚀状态的固定资产缩短折旧年限或者采取加速折旧的方法。我国税法允许的加速折旧方法有双倍余额递减法和年数总和法。

固定资产折旧年限、预计净残值率可在税法允许的范围内由企业自行确定，或按行业规定。项目评价中可按税法明确规定的分类折旧年限或行业规定的综合折旧年限。

上述各种方法的计算公式如下：

① 年限平均法

$$年折旧率 = \frac{1-预计净残值率}{折旧年限} \times 100\% \quad (9-9)$$

$$年折旧额 = 固定资产原值 \times 年折旧率 \quad (9-10)$$

② 工作量法

工作量法又分两种，一是按照行驶里程计算折旧，二是按照工作小时计算折旧，计算公式如下：

按照行驶里程计算折旧的公式：

$$单位里程折旧额 = \frac{固定资产原值 \times (1-预计净残值率)}{总行驶里程} \quad (9-11)$$

$$年折旧额 = 单位里程折旧额 \times 年行驶里程 \qquad (9-12)$$

按照工作小时计算折旧的公式：

$$每工作小时折旧额 = \frac{固定资产原值 \times (1-预计净残值率)}{总工作小时} \qquad (9-13)$$

$$年折旧额 = 每工作小时折旧额 \times 年工作小时 \qquad (9-14)$$

③双倍余额递减法

$$年折旧率 = \frac{2}{折旧年限} \times 100\% \qquad (9-15)$$

$$年折旧额 = 年初固定资产净值 \times 年折旧率 \qquad (9-16)$$

$$年初固定资产净值 = 固定资产原值 - 以前各年累计折旧 \qquad (9-17)$$

实行双倍余额递减法的，应在折旧年限到期前两年内，将固定资产净值扣除净残值后的净额平均摊销。

④年数总和法

$$年折旧率 = \frac{折旧年限 - 已使用年数}{折旧年限 \times (折旧年限 + 1) \div 2} \times 100\% \qquad (9-18)$$

$$年折旧额 = (固定资产原值 - 预计净残值) \times 年折旧率 \qquad (9-19)$$

⑤几种折旧方法的比较

在上述几种折旧方法中，按年限平均法计算的各年折旧率和年折旧额都相同；而按双倍余额递减法计算的各年折旧率虽相同，但年折旧额因按固定资产净值计算，故逐年变小；按年数总和法进行计算时，虽按原值进行计算，但因各年折旧率逐渐变小，故年折旧额也逐年变小。但无论按哪种方法计算，只要折旧年限相同，所取净残值率也相同，在设定的折旧年限内，总折旧额是相同的。只是按后两种方法，在折旧年限前期折旧额大，以后逐年变小，故称快速折旧或加速折旧法。

同时可以看出，如果不计净残值率，采用双倍余额递减法估算的第1年的折旧额是采用年限平均法的2倍。

【例9-3】 设固定资产原值为10000万元，综合折旧年限为5年，净残值率为5%，试分别按年限平均法、双倍余额递减法和年数总和法计算折旧。

【解答】

1. 按年限平均法

$$年折旧率 = \frac{1-5\%}{5} \times 100\% = 19\%$$

各年折旧额 = $10000 \times 19\% = 1900$（万元）

2. 按双倍余额递减法

$$年折旧率 = \frac{2}{5} \times 100\% = 40\%$$

第 1 年折旧额 $=10000\times40\%=4000$（万元）

第 2 年折旧额 $=(10000-4000)\times40\%=2400$（万元）

第 3 年折旧额 $=(10000-4000-2400)\times40\%=1440$（万元）

第 4、5 年折旧额 $=[(10000-4000-2400-1440)-(10000\times5\%)]\div2=830$（万元）

3. 按年数总和法

第 1 年年折旧率 $=\dfrac{5-0}{5\times(5+1)\div2}\times100\%=33.33\%$

年折旧额 $=(10000-10000\times5\%)\times33.33\%=3166.35$（万元）

第 2 年年折旧率 $=\dfrac{5-1}{5\times(5+1)\div2}\times100\%=26.67\%$

年折旧额 $=(10000-10000\times5\%)\times26.67\%=2533.65$（万元）

第 3 年年折旧率 $=\dfrac{5-2}{5\times(5+1)\div2}\times100\%=20\%$

年折旧额 $=(10000-10000\times5\%)\times20\%=1900$（万元）

第 4 年年折旧率 $=\dfrac{5-3}{5\times(5+1)\div2}\times100\%=13.33\%$

年折旧额 $=(10000-10000\times5\%)\times13.33\%=1266.35$（万元）

第 5 年年折旧率 $=\dfrac{5-4}{5\times(5+1)\div2}\times100\%=6.67\%$

年折旧额 $=(10000-10000\times5\%)\times6.67\%=633.65$（万元）

可以看出以上分别按三种方法计算的 5 年年折旧费总额都为 9500 万元。

（4）固定资产修理费

固定资产修理费是指为保持固定资产的正常运转和使用，充分发挥其使用效能，在运营期内对其进行必要修理所发生的费用，按其修理范围的大小和修理时间间隔的长短可以分为大修理和中小修理。

项目决策分析与评价中修理费可直接按固定资产原值（扣除所含的建设期利息）的一定百分数估算，百分数的选取应考虑行业和项目特点。

按照生产要素估算法估算总成本费用时，计算修理费的基数应为项目全部固定资产原值（扣除所含的建设期利息）。

（5）无形资产摊销费

无形资产，是指企业拥有或者控制的没有实物形态的可辨认非货币性资产。

包括专利权、非专利技术、商标权、著作权、土地使用权和特许权等。项目决策分析与评价中可以将项目投资中所包括的专利及专有技术使用费、土地使用权费、商标权费等费用直接转入无形资产原值。但房地产开发企业开发商品房时，相关的土地使用权账面价值应当计入所建造的房屋建筑物成本。

按照有关规定，无形资产从开始使用之日起，在有效使用期限内平均摊入成本。法律和合同规定了法定有效期限或者受益年限的，摊销年限可从其规定，同时注意摊销年限应符合税法关于所得税前扣除的有关要求。无形资产的摊销一般采用年限平均法，不计残值。

(6) 其他资产摊销费

其他资产原称递延资产，是指除固定资产、无形资产和流动资产之外的其他资产。关于建设投资中哪些费用可转入其他资产，有关制度和规定中不完全一致。项目决策分析与评价中可将生产准备费、办公和生活家具购置费等开办费性质的费用直接形成其他资产。其他资产的摊销也采用年限平均法，不计残值，其摊销年限应注意符合税法的要求。

(7) 其他费用

其他费用包括其他制造费用、其他管理费用和其他营业费用这三项费用，是指由制造费用、管理费用和营业费用中分别扣除工资或薪酬、折旧费、摊销费和修理费等以后的其余部分。

1) 其他制造费用

制造费用是产品生产成本的重要组成部分。制造费用指企业为生产产品和提供劳务而发生的各项间接费用，但不包括企业行政管理部门为组织和管理生产经营活动而发生的管理费用。

项目决策分析与评价中为了简化计算常将制造费用归类为生产单位（分厂或车间）管理人员工资或薪酬、折旧费、修理费和其他制造费用几部分。其他制造费用是指由制造费用中扣除工资或薪酬、折旧费、修理费后的其余部分。项目决策分析与评价中常见的估算方法有：

①按固定资产原值（扣除所含的建设期利息）的百分数估算；
②按人员定额估算。

2) 其他管理费用

管理费用是指企业行政管理部门为组织和管理企业生产经营活动所发生的费用。

为了简化计算，项目决策分析与评价中将管理费用归类为行政管理部门管理人员工资或薪酬、折旧费、无形资产和其他资产摊销费、修理费和其他管理费用几部分。其他管理费用是指由管理费用中扣除工资或薪酬、折旧费、摊销费、修理费以后的其余部分。

项目决策分析与评价中常见的估算方法是取工资或薪酬总额的倍数或按人员定额估算。

若管理费用中的技术使用费、研究开发费等数额较大，可单独核算后并入其他管理费用，或另外列项计入总成本费用。当前对高危行业企业要求提取的安全生产费用也可同样处理。

3) 其他营业费用

营业费用是指企业在销售商品过程中发生的各项费用以及专设销售机构的各项经费，还包括企业委托其他单位代销产品时所支付的委托代销手续费。

为了简化计算，项目决策分析与评价中将营业费用归为工资或薪酬、折旧费、修理费和其他营业费用几部分。其他营业费用是指由营业费用中扣除工资或薪酬、折旧费和修理费后的其余部分。

项目决策分析与评价中常见的其他营业费用估算方法是按营业收入的百分数估算。

(8) 利息支出

按照现行财税规定，可以列支于总成本费用的财务费用，是指企业为筹集所需资金等而发生的费用，包括利息支出（减利息收入）、汇兑损失（减汇兑收益）以及相关的手续费等。在项目决策分析与评价中，一般只考虑利息支出。利息支出的估算包括长期借款利息（即建设投资借款在投产后需支付的利息）、用于流动资金的借款利息和短期借款利息三部分。

1) 建设投资借款利息

建设投资借款一般是长期借款。建设投资借款利息是指建设投资借款在还款起始年年初（通常也是运营期初）的余额（含未支付的建设期利息）应在运营期支付的利息。

建设投资借款还本付息方式要由借贷双方约定，通行的还本付息方法主要有等额还本付息和等额还本、利息照付两种，有时也可约定采取其他方法。

① 等额还本付息方式

等额还本付息方式是在指定的还款期内每年还本付息的总额相同，随着本金的偿还，每年支付的利息逐年减少，同时每年偿还的本金逐年增多。还本付息计算公式如下：

$$A = I_c \times \frac{i(1+i)^n}{(1+i)^n - 1} \quad (9-20)$$

式中　A——每年还本付息额（等额年金）；

　　　I_c——还款起始年年初的借款余额（含未支付的建设期利息）；

　　　i——年利率；

　　　n——预定的还款期；

　　　$\frac{i(1+i)^n}{(1+i)^n - 1}$——资金回收系数，可以自行计算或查复利系数表。

每年还本付息额 A 中包含的支付利息和偿还本金的数额计算：

$$每年支付利息 = 年初借款余额 \times 年利率 \quad (9-21)$$
$$每年偿还本金 = A - 每年支付利息 \quad (9-22)$$

式中非还款起始年各年年初借款余额等于 I_c 减去本年以前各年偿还的本金累计。

【例 9-4】 若还款年年初的借款余额为 1000 万元，年利率为 5%，预定的还款期为 5 年，若按等额还本付息方式计算，每年还本付息额以及所付利息和偿还本金为多少？

【解答】 第1步先求年还本付息额（年金 A），然后再逐年分别求出付息和还本额。

$$A = 1000 \times \frac{5\%(1+5\%)^5}{(1+5\%)^5 - 1} = 1000 \times (A/P, 5\%, 5) = 230.97$$

第1年　付息：$1000 \times 5\% = 50$（万元）
　　　　还本：$230.97 - 50 = 180.97$（万元）
第2年　付息：$(1000 - 180.97) \times 5\% = 40.95$（万元）
　　　　还本：$230.97 - 40.95 = 190.02$（万元）
第3年　付息：$(1000 - 180.97 - 190.02) \times 5\% = 31.45$（万元）
　　　　还本：$230.97 - 31.45 = 199.52$（万元）
第4年　付息：$(1000 - 180.97 - 190.02 - 199.52) \times 5\% = 21.47$（万元）
　　　　还本：$230.97 - 21.47 = 209.50$（万元）
第5年　付息：$(1000 - 180.97 - 190.02 - 199.52 - 209.50) \times 5\% = 11.00$（万元）
　　　　还本：$230.97 - 11.00 = 219.97$（万元）

计算得出的各年利息，分别计入各年总成本费用中的利息支出科目。

②等额还本、利息照付方式

等额还本、利息照付方式是在每年等额还本的同时，支付逐年相应减少的利息。还本付息方式计算公式如下：

$$A_t = \frac{I_c}{n} + I_c \times (1 - \frac{t-1}{n}) \times i \qquad (9-23)$$

式中　A_t——第 t 年还本付息额；
　　　$\frac{I_c}{n}$——每年偿还本金额；
　　　$I_c \times (1 - \frac{t-1}{n}) \times i$——第 t 年支付利息额。

【例9-5】 按照【例9-4】中的条件，采用等额还本、利息照付方式计算各年还本和付息额。

【解答】
每年偿还本金额 = 1000/5 = 200（万元）
第1年　付息：$1000 \times [1 - (1-1)/5] \times 5\% = 50$（万元）
第2年　付息：$1000 \times [1 - (2-1)/5] \times 5\% = 40$（万元）
第3年　付息：$1000 \times [1 - (3-1)/5] \times 5\% = 30$（万元）
第4年　付息：$1000 \times [1 - (4-1)/5] \times 5\% = 20$（万元）
第5年　付息：$1000 \times [1 - (5-1)/5] \times 5\% = 10$（万元）

③其他还本付息方式

其他还本付息方式是指由借贷双方商定的除上述两种方式之外的还本付息方式。

2）流动资金借款利息

项目评价中估算的流动资金借款从本质上说应归类为长期借款，但财务分析中往往设定年终偿还，下年初再借的方式，并按一年期利率计息。现行银行流动资金贷款期限分为短期（1年以内）、中期（1年以上至3年），财务分析中也可以根据情况选用适宜的利率。

财务分析中对流动资金的借款偿还一般设定在计算期最后一年，也可在还完建设投资借款后安排。流动资金借款利息一般按当年年初流动资金借款余额乘以相应的借款年利率计算。

3）短期借款利息

项目决策分析与评价中的短期借款是指项目运营期间为了满足资金的临时需要而发生的短期借款，短期借款的数额应在财务计划现金流量表中有所反映，其利息应计入总成本费用表的利息支出中。计算短期借款利息所采用的利率一般可为一年期借款利率。短期借款的偿还按照随借随还的原则处理，即当年借款尽可能于下年偿还。

（五）经营成本

经营成本是项目决策分析与评价的现金流量分析中所采用的一个特定的概念，作为运营期内的主要现金流出。

经营成本与融资方案无关。因此在完成建设投资和营业收入估算后，就可以估算经营成本，为项目融资前的现金流量分析提供数据。

经营成本的构成可用下式表示：

$$经营成本＝外购原材料费＋外购燃料及动力费＋工资或薪酬 \\ ＋修理费＋其他费用 \qquad (9-24)$$

经营成本与总成本费用的关系如下：

$$经营成本＝总成本费用－折旧费－摊销费－利息支出 \qquad (9-25)$$

（六）固定成本与可变成本

根据成本费用与产量的关系可以将总成本费用分解为可变成本、固定成本和半可变（或半固定）成本。固定成本是指不随产品产量变化的各项成本费用，可变成本是指随产品产量增减而成正比例变化的各项成本费用。有些成本费用属于半可变（或半固定）成本，例如不能熄灭的工业炉的燃料费用等。工资或薪酬、营业费用和流动资金利息等也都可能既有可变因素也有固定因素。必要时需将半可变（或半固定）成本进一步分解为可变成本和固定成本，使成本费用最终划分为可变成本和固定成本。

项目决策分析与评价中一般可以根据行业特点进行简化处理。通常可变成本主要包括外购原材料、燃料及动力费和计件工资等。固定成本主要包括工资或薪酬（计件工资除外）、折旧费、摊销费、修理费和其他费用等。

长期借款利息应视为固定成本，流动资金借款和短期借款利息可能部分与产品产量相关，其利息可视为半可变（或半固定）成本，为简化计算，一般也将其作为固定成本。

进行盈亏平衡分析时，需要将总成本费用分解为固定成本和可变成本。

（七）维持运营的投资费用

在运营期内发生的固定资产更新费用和矿产资源开发项目的开拓延深费用等，应计作维持运营的投资费用，并在现金流量表中将其作为现金流出，同时应适当调整相关报表。

（八）成本与费用估算的有关表格

在分项估算上述各成本费用科目的同时，应编制相应的成本费用估算表，包括总成本费用估算表和各分项成本费用估算表。这些报表都属于财务分析的辅助报表。按生产要素估算法的总成本费用表参考格式见表9-3。为了编制总成本费用估算表，还需配套编制下列表格：包括"外购原材料费估算表""外购燃料和动力费估算表""固定资产折旧费估算表""无形资产和其他资产摊销费估算表""长期借款利息估算表"（可与"借款还本付息计划表"合二为一）等。这些表格的编制应符合有关规定，并体现行业特点。

【例9-6】续【例9-1】，M项目建设期2年，运营期6年，总成本费用、经营成本、可变成本和固定成本的估算结果如表9-3所示。

表9-3 总成本费用估算表

单位：万元

序号	项目	运营期					
		3	4	5	6	7	8
	生产负荷	90%	100%	100%	100%	100%	100%
1	外购原材料费	26471	29413	29413	29413	29413	29413
2	外购辅助材料	882	980	980	980	980	980
3	外购燃料	6630	7366	7366	7366	7366	7366
4	外购动力	4723	5247	5247	5247	5247	5247
5	职工薪酬	2720	2720	2720	2720	2720	2720
6	修理费	7838	7838	7838	7838	7838	7838
7	其他费用	7697	7952	7952	7952	7952	7952
7.1	其中：其他营业费用	2298	2553	2553	2553	2553	2553
8	经营成本（1+2+3+4+5+6+7）	56960	61516	61516	61516	61516	61516
9	折旧费	37758	37758	37758	37758	37758	37758
10	摊销费	733	733	733	733	733	623
11	利息支出	9974	8621	7160	5612	3970	2230

续表

序号	项 目	运营期					
		3	4	5	6	7	8
12	总成本费用合计（8+9+10+11）	105426	108629	107168	105620	103978	102128
	其中：可变成本 （1+2+3+4+7.1）	41003	45559	45559	45559	45559	45559
	固定成本 （5+6+7−7.1+9+10+11）	64422	63070	61609	60060	58419	56569

注：（1）此例的产品销售委托营销公司，并按产品量收取费用，故其他营业费用全部为可变成本。

（2）表中利息包括应计入总成本费用的全部利息。

（3）表中固定资产折旧年限为6年，无形资产摊销，除场地使用权摊销年限为50年外，其余为6年，其他资产摊销年限为5年。

（4）表中相关数据采用不含税价格计算。

四、税费估算

（一）注意事项

财务分析中涉及多种税费的估算，不同项目涉及的税费种类和税率可能各不相同。税费计取得当是正确估算项目费用乃至净效益的重要因素。要根据项目的具体情况选用适宜的税种和税率。这些税金及相关优惠政策会因时而异，部分会因地而异，项目评价时应密切注意当时、当地的税收政策，适时调整计算，使财务分析比较符合实际情况。

（二）财务分析涉及的税费种类和估算要点

财务分析中涉及的税费主要包括增值税、消费税、资源税、所得税、关税、城市维护建设税和教育费附加等，有些行业还涉及土地增值税、矿产资源补偿费、石油特别收益金和矿区使用费等。此外还有车船使用税、房产税、土地使用税、印花税、契税和环境保护税等。财务分析时应说明税种、征税方式、计税依据、税率等。如有减免税优惠，应说明减免依据及减免方式。在会计处理上，消费税、资源税、土地增值税、城市维护建设税、教育费附加和地方教育附加等包含在"税金及附加"科目中。

1. 增值税。对适用增值税的项目，财务分析应按税法规定计算增值税，并应按照规定正确计算可抵扣固定资产增值税。

2009年1月1日起，我国开始施行2008年11月颁布的《中华人民共和国增值税暂行条例》，由过去的生产型增值税改革为消费型增值税，允许抵扣规定范围的固定资产进项税额。

《中华人民共和国增值税暂行条例》规定："在中华人民共和国境内销售货物或者提供加工、修理修配劳务以及进口货物的单位和个人，为增值税的纳税人，应当依照本条例缴纳增值税。纳税人销售货物或者提供应税劳务（以下简称销售货物或者应税劳务），应纳税额为当期销项税额抵扣当期进项税额后的余额。应纳税额计算公式：

应纳税额＝当期销项税额－当期进项税额

当期销项税额小于当期进项税额不足抵扣时，其不足部分可以结转下期继续抵扣。

销项税额＝销售额×税率

销售额为纳税人销售货物或者应税劳务向购买方收取的全部价款和价外费用，但是不包括收取的销项税额。"

"纳税人购进货物或者接受应税劳务（以下简称购进货物或者应税劳务）支付或者负担的增值税额为进项税额。下列进项税额准予从销项税额中抵扣：

（1）从销售方取得的增值税专用发票上注明的增值税额。

（2）从海关取得的海关进口增值税专用缴款书上注明的增值税额。……"

我国从2011年开始进行服务业营业税改征增值税改革（简称"营改增"）的试点。从2016年5月1日起，将试点范围扩大到建筑业、房地产业、金融业、生活服务业，并将所有企业新增不动产所含增值税纳入抵扣范围。2017年10月，国务院已通过《中华人民共和国增值税暂行条例》修改案，并于11月正式发布执行。2018年6月，财务部发布《增值税暂行条例实施细则》，并于2019年1月正式执行。2018年3月28日国务院常务会议决定，从2018年5月1日起，正式执行调整后的增值税税率。其中增值税税率分为四档：

①销售或者进口货物、提供加工及修理修配劳务为16%；

②农产品（含粮食）、自来水、天然气、图书、报纸、杂志、音像制品、电子出版物等产品，交通运输服务（包括铁路、公路、航空等）、销售不动产以及转让土地使用权等为10%；

③增值电信、金融、文化、咨询、旅游、医疗、餐饮等现代服务业为6%；

④出口货物、航天运输服务、向境外单位提供的完全在境外消费的技术转让等特殊业务为0%。

2. 消费税。我国对部分货物征收消费税。项目评价中涉及适用消费税的产品或进口货物时，应按税法规定计算消费税。

3. 土地增值税。是按转让房地产（包括转让国有土地使用权、地上的建筑物及其附着物）取得的增值额征收的税种，房地产项目应按规定计算土地增值税。

4. 资源税。是国家对开采特定矿产品或者生产盐的单位和个人征收的税种。当前对资源税的征收大多采用从量计征方式，但对原油和天然气等采用从价计征的方式，将来有可能对资源税的计征方式进行全面改革。

5. 企业所得税。是针对企业应纳税所得额征收的税种，项目评价中应注意按有关税法对所得税前扣除项目的要求，正确计算应纳税所得额，并采用适宜的税率计算企业所得税，同时注意正确使用有关的所得税优惠政策，并加以说明。

6. 城市维护建设税、教育费附加和地方教育附加

（1）城市维护建设税以纳税人实际缴纳的增值税和消费税税额为计税依据，分别与增值税和消费税同时缴纳。城市维护建设税税率根据纳税人所在地而不同，在市区，县城或镇，或不在市区、县城或镇的，税率分别为7%、5%或1%。

（2）教育费附加。以各单位和个人实际缴纳的增值税和消费税税额为计征依据，教育费附加费率为3%，分别与增值税、消费税同时缴纳。

（3）地方教育附加。为贯彻落实《国家中长期教育改革和发展规划纲要（2010－2020年）》，进一步规范和拓宽财政性教育经费筹资渠道，支持地方教育事业发展，根据国务院有关工作部署和具体要求，2010年财政部发布"关于统一地方教育附加政策有关问题的通知"。一是要求统一开征地方教育附加；二是统一地方教育附加征收标准。地方教育附加征收标准统一为单位和个人（包括外商投资企业、外国企业及外籍个人）实际缴纳的增值税和消费税税额的2%。

（4）根据《国务院关于统一内外资企业和个人城市维护建设税和教育费附加制度的通知》（国发［2010］35号）决定，自2010年12月1日起，对外商投资企业、外国企业及外籍个人征收城市维护建设税和教育费附加。

7. 关税。是以进出口应税货物为纳税对象的税种。项目决策分析与评价中涉及应税货物的进出口时，应按规定正确计算关税。引进设备材料的关税体现在投资估算中，而进口原材料的关税体现在成本中。

将财务分析（含建设投资估算）涉及的主要税种和计税时涉及的费用效益科目归纳于表9－4。

表9－4 财务分析涉及税种表

税种名称	建设投资	总成本费用	税金及附加	增值税	利润分配
进口关税	√	√			
增值税	√	√		√	
消费税	√		√		
资源税		自用√	销售√		
土地增值税			√		
耕地占用税	√				
企业所得税					√
城市维护建设税			√		
教育费附加			√		
地方教育附加			√		
车船使用税		√			
房产税		√			
土地使用税		√			
契税	√				
印花税	√	√			
环境保护税	√	√			

根据"财会（2016）22号"文发布的增值税会计处理规定，全面试行营业税改征增值税后，"营业税金及附加"科目名称调整为"税金及附加"科目，该科目核算企业经营活动发生的消费税、城市维护建设税、教育费附加及房产税、土地使用税、车船使用税、印花税等相关税费。会计处理上应将上述房产税、土地使用税、车船使用税、印花税以及环境保护税等税费计入税金及附加；但在财务分析实际工作中，为方便计算，可将房产税、土地使用税、车船使用税、印花税以及环境保护税等税费计入总成本费用中的管理费用，财务分析的"税金及附加"则主要包括消费税、资源税、土地增值税、城市维护建设税、教育费附加和地方教育附加等。

【例9－7】 续【例9－1】、【例9－6】，M项目没有消费税应税产品。根据项目具体情况，税金及附加费率为10%（包括城市维护建设税5%、教育费附加3%及地方教育附加2%）。投入和产出的增值税率为16%（水、产品B除外，为10%）。可抵扣固定资产进项税额已估算为24417万元。试估算该项目的税金及附加和增值税。

【解答】

（1）首先计算应纳增值税：

（产出）销项税额＝营业收入（销售收入）×增值税税率（增值税税率不同时，应分项计算）

（运营投入）进项税额＝(外购原材料费＋外购辅助材料费＋外购燃料费＋外购动力费)×增值税税率（增值税税率不同时，应分项计算）

应纳增值税＝（产出）销项税额－（运营投入）进项税额
　　　　　－可抵扣固定资产进项税额

根据国家消费型增值税的相关政策，对符合要求的固定资产增值税进项税额，可以凭增值税扣税凭证从销项税额中抵扣。由于本项目为新建项目，建设期内并无销项税额可供抵扣，因此延迟至项目投产后，由销项税额逐年抵扣。

（2）税金及附加的计算

城市维护建设税＝应纳增值税×城市维护建设税税率
教育费附加＝应纳增值税×教育费附加费率
地方教育附加＝应纳增值税×地方教育附加费率
税金及附加＝城市维护建设税＋教育费附加＋地方教育附加

按上式计算的各年应纳增值税和税金及附加见表9－5。

表9－5 应纳增值税和税金及附加估算表

单位：万元

序号	项目	运营期					
		3	4	5	6	7	8
	生产负荷	90%	100%	100%	100%	100%	100%
1	税金及附加			801	1118	1118	1118
1.1	消费税						

续表

序号	项目	运营期					
		3	4	5	6	7	8
1.2	城市维护建设税			400	559	559	559
1.3	教育费附加			240	335	335	335
1.4	地方教育附加			160	224	224	224
2	增值税						
2.1	产出销项税额	16167	17963	17963	17963	17963	17963
	产品 A	9951	11056	11056	11056	11056	11056
	产品 B	3692	4103	4103	4103	4103	4103
	产品 C	2462	2735	2735	2735	2735	2735
	产品 D	62	69	69	69	69	69
2.2	运营投入进项税额	6104	6782	6782	6782	6782	6782
	外购原材料	4235	4706	4706	4706	4706	4706
	外购辅助材料	141	157	157	157	157	157
	外购煤、电、其他动力	1579	1754	1754	1754	1754	1754
	外购新鲜水	149	165	165	165	165	165
2.3	抵扣固定资产进项税额	10063	11181	3173			
2.4	应纳增值税			8008	11181	11181	11181

计算说明：

（1）计算期第 3 年应纳增值税＝当年销项税额－当年进项税额－以前年度待抵扣进项税余额（可抵扣固定资产进项税额）＝16167－6104－24417＝－14354（万元）＜0，因此应纳增值税按 0 计算（也即当年仅能抵扣固定资产进项税额 10063 万元）。

（2）计算期第 4 年应纳增值税＝17963－6782－（24417－10063）＝－3173（万元）＜0，因此应纳增值税按 0 计算（也即当年仅能抵扣固定资产进项税额 11181 万元）。

（3）计算期第 5 年应纳增值税＝17963－6782－（24417－10063－11181）＝8008（万元）

（4）计算期第 6－8 年应纳增值税＝17963－6782＝11181（万元）

五、改扩建项目现金流量分析的特点

（一）投资项目的分类

投资项目可以从不同角度进行分类，按照项目建设性质以及项目与企业原有资产的关系，分为新建项目和改扩建项目；按照项目的融资主体，分为新设法人项目和既有法人项目。既有法人项目，特别是依托现有企业进行改扩建与技术改造的项目（简称改扩建项目）在效益和费用估算方面有着显著的特点，应予以充分注意。

（二）改扩建项目的特点

与从无到有的新建项目相比，改扩建项目的财务分析涉及面广，需要数据多，复杂程度高。究其原因，它涉及项目和企业两个层次，"有项目"和"无项目"两个方面。其特点归纳如下：

1. 在不同程度上利用了原有资产和资源，以增量调动存量，以较小的新增投入取得较大的效益。

2. 原来已在生产，若不改扩建，原有状况也会发生变化，因此，项目效益与费用的识别和计算较新建项目复杂。

3. 建设期内建设与生产可能同步进行。

4. 项目与企业既有联系，又有区别。既要考察项目给企业带来的效益，又要考察企业整体财务状况。

5. 项目的效益和费用可随项目的目标不同而有很大差别，改扩建项目的目标各异，或是依托老厂新增生产线或车间，生产新品种；或是在老装置上进行技术改造，降耗、节能、提高产品质量；或是扩大老品种的生产能力，提高产量；或是达到环境保护要求，或是上述两项以上兼而有之，因此其效益可能表现在不同方面。

6. 改扩建项目的费用多样，不仅包括新增投资（含原有资产的拆除和迁移费用等）、新增成本费用，还可能包括因改造引起的停减产损失。

（三）项目范围的界定

项目建成后由新设法人承债的项目，项目范围比较明确，就是项目本身涉及的范围。所有为项目的建设和生产运营所花费的费用都要计为费用，同时项目的产出就是项目的效益；对于原有法人发起的，项目建成后仍由原法人承债的既有法人项目，应认真研究项目与原有企业的关系，合理界定项目范围。项目范围的界定宜采取最小化原则，以能正确计算项目的投入和产出，说明项目给企业带来的效益为限，其目的是易于采集数据，减少工作量。项目范围界定方法是：企业总体改造或虽局部改造但项目的效益和费用与企业的效益和费用难以分开的，应将项目范围界定为企业整体；企业局部改造且项目范围可以明确为企业的一个组成部分，可将项目直接有关的部分界定为项目范围，成为"项目范围内"，企业的其余部分作为"项目范围外"。"项目范围内"的数据需详细了解和分项估算，用于估算项目给企业带来的增量效益和费用；而"项目范围外"的数据可归集在一起，必要时，用于估算有项目后企业整体效益和费用。

例如某企业有 A、B、C 三个生产车间，拟建项目仅涉及对 A 车间的扩产，而 A 车间与其他车间仅有简单的供料关系，投入产出关系明晰，此时为简化工作，可仅将项目范围局限在 A 车间，其他均界定为"项目范围外"。但如果 A、B、C 三个车间关系紧密，其效益或费用难以明确分开，就只能将项目范围界定在整个企业。

（四）效益与费用的数据

1. 涉及的五套数据

对既有法人项目的盈利能力分析要强调"有无对比"，进行增量分析。即通过对"有项目"和"无项目"两种情况效益和费用的比较，求得增量的效益和费用数据，并计算效益指标，作为投资决策的依据。因此可能涉及以下五套数据：

(1)"现状"数据，反映项目实施起点时的效益和费用情况，是单一的状态值。现状数据的时点应定在建设期初。若预期建设期初的情况与评价时点不同，应对现状数据进行合理预测。

(2)"无项目"数据，指不实施该项目时，在现状基础上考虑计算期内效益和费用的变化趋势（其变化值可能大于、等于或小于零），经合理预测得出的数值序列。

(3)"有项目"数据，指实施该项目后计算期内的总量效益和费用数据，是数值序列。

(4)新增数据，是"有项目"相对"现状"的变化额，即有项目效益和费用数据与现状数据的差额，实际上大多要先估算新增数据，例如新增投资，然后加上现状数据得出有项目数据。

(5)增量数据，是"有项目"效益和费用数据与"无项目"效益和费用数据的差额，即"有无对比"得出的数据，是数值序列。

2. 五套数据之间的关系

这些数据之间存在一定的关系，现以固定资产数据为例说明各套数据之间的关系：

$$无项目固定资产价值＝原有固定资产价值（现状数据）$$
$$＋无项目追加投资形成固定资产价值 \quad (9-26)$$

$$有项目固定资产价值＝新增固定资产价值＋原有固定$$
$$资产价值（假设固定资产全部利用） \quad (9-27)$$

$$增量固定资产价值＝有项目固定资产价值－无项目固定资产价值$$
$$＝新增固定资产价值－无项目追加投资形成固定资产价值$$
$$(9-28)$$

若无项目追加投资＝0，则：

$$增量固定资产价值＝新增固定资产价值 \quad (9-29)$$

如果现状为零，无项目也为零，此时：

$$新增数值＝有项目数值－现状数值（0）＝有项目数值 \quad (9-30)$$
$$增量数值＝有项目数值－无项目数值（0）＝有项目数值 \quad (9-31)$$
$$新增数值＝增量数值＝有项目数值 \quad (9-32)$$
$$即：有项目＝新项目 \quad (9-33)$$

3. "无项目"数据是增量分析的关键

"无项目"时的效益由"老产出"产生，费用是为"老产出"投入；"有项目"时的效益可由"新产出"或由"新产出"与"老产出"共同产生；费用是为"新产出"投入,或为"新产出"与"老产出"共同投入。"老产出"的效益与费用在"有项目"与"无项目"时可能会有较大差异。

因此,在这五套数据中"无项目"数据的预测是一个难点,也是增量分析的关键所在。

现状数据是指项目实施起点时的数据,是预测无项目数据的基点数据,"无项目"数据是很可能发生变化的,如果不区分项目的具体情况,一律简单地用现状数据代替无项目数据,可能会影响增量数据的可靠性,进而影响盈利能力分析结果的准确性。举例说明"无项目"数据预测的重要性。

【例9-8】 表9-6演示了无项目数据预测中可能发生的三种情况,具体操作中应该具体情况具体分析。

表9-6 某项目产量的预测(增加一条4万吨/年生产线)

单位:万吨

	起点	第一年	第二年	第三年	……	第九年	第十年
现状	6						
新增		0	4	4	4	4	4
无项目1	6	6	6	6	6	6	6
有项目	6	6	10	10	10	10	10
增量1		0	4	4	4	4	4
无项目2	6	6	4	3	3	2	2
有项目	6	6	10	10	10	10	10
增量2		0	6	7	7	8	8
无项目3	6	6	6	8	8	8	8
有项目	6	6	10	10	10	10	10
增量3		0	4	2	2	2	2

表9-6对无项目的情况设定了三种不同的预测数据,因而导致了增量数据的不同,进而会影响盈利能力分析的结果。

无项目1是基于无项目情况等同于现状,即在计算期内不发生变化,一直维持6万吨。

无项目2是设定无项目时产量逐年减少(可能由于设备老化或产品质量差,销路不畅等原因);

无项目3是设定产量在第三年开始增加(可能预测市场转好,发挥了设备潜力)。

财务分析中应根据项目的具体情况,合理预测无项目的效益和费用,以保证盈利能力分析结果的可靠性。同时无项目的效益和费用预测需注意采取稳妥原则，以避免人为夸大增量效益。

（五）计算期的确定

"有项目"与"无项目"效益和费用的计算范围和计算期应保持一致。为使计算期保持一致，应以"有项目"（指新增资产部分）的计算期为基础，对"无项目"的计算期进行调整。若"有项目"时也利用了原有资产，也应对其可利用的期限进行调整。

一般情况下可通过追加投资来维持"无项目"时的生产运营或"有项目"时原有旧资产的持续使用；也可以通过加大各年修理费的方式，延长其寿命期使之与"有项目"新增资产的计算期相同，并在计算期末将固定资产余值回收。

在某些情况下，通过追加投资延长其寿命期在技术上不可行，或在经济上明显不合理时，可以使"无项目"的生产运营适时终止，其后各年的现金流量视为零。但根据项目决策分析与评价的稳妥原则，实践中这种方式很少采用，除非有充分的理由能说明其合理性。

在某些极端的情况下，例如按环保政策要求限时停产的装置，届时以后各年无项目时的现金流量可视为零。

（六）沉没成本

沉没成本也称沉没费用，是指源于过去的决策所决定的费用，非当前决策所能改变。在改扩建项目的决策分析与评价中，沉没费用的概念得到了应用。即在项目增量盈利能力分析中，认为已有资产应作为沉没费用考虑，无论其是否在项目中得到使用。例如项目利用原有企业闲置厂房的情况，若没有当前项目，这笔已花的费用也无法收回，故应视为沉没费用，尽管它是有项目资产的组成部分，但不能作为增量费用。当前项目利用企业原有设施的潜在能力的，不论其潜力有多大，已花投资也都作为沉没费用。

（七）机会成本

企业资产一旦用于某项目，就同时丧失了用于其他机会（出租、出售等）所可能带来的收入，这损失的收入就是该资产被用于该项目的机会成本。

必要时，财务分析中应考虑机会成本。考虑的方式往往是把该机会成本作为无项目时的效益计算。例如上述利用原有企业闲置厂房的情况，如果该厂房能够脱离原有企业售出，并有明确的出售意向；或者该厂房已有明确的租出意向，此时在无项目效益预测中应计入该厂房售出或者租出的收入。当简化直接进行增量计算时可直接将其列为项目的增量费用。

【例9—9】 某公司计划新上一个项目。该项目需要一个原材料库，该公司原有的一个闲置仓库正好可以满足项目的需要，其固定资产净值100万元。同时该仓库正被他人租用，而且在项目运营期间一直可以租出，平均年租金估计6万元。在进行该项目的决策分析与评价时，应该如何处理该仓库的费用？为什么？

【解答】 该仓库是过去投资建设的，原有价值属于沉没成本，其固定资产净值

100万元不应计为增量费用。但如果项目不使用这个仓库，公司可以每年得到固定的租金收入；项目使用了这个仓库，导致公司损失了每年的租金收入。因此该租金收入就是项目使用该仓库的机会成本，应计作无项目时的收入，也可直接表示为增量的费用。

第四节 财务盈利能力分析

财务盈利能力分析是项目财务分析的重要组成部分，从是否考虑资金时间价值的角度，财务盈利能力分析分为动态指标分析与静态指标分析；从是否在融资方案的基础上进行分析的角度，财务盈利能力分析又可分为融资前分析（without funding）和融资后分析（with funding）。

一、动态指标分析

动态指标分析采用现金流量分析方法，在项目计算期内，以相关效益费用数据为现金流量，编制现金流量表，考虑资金时间价值，采用折现方法计算净现值、内部收益率等指标，用以分析考察项目投资盈利能力。现金流量分析又可分为项目投资现金流量分析、项目资本金现金流量分析和投资各方现金流量分析三个层次。项目投资现金流量分析是融资前分析，项目资本金现金流量分析和投资各方现金流量分析是融资后分析。

（一）项目投资现金流量分析

1. 项目投资现金流量分析的含义

项目投资现金流量分析（原称为"全部投资现金流量分析"），是从融资前的角度，即在不考虑债务融资的情况下，确定现金流入和现金流出，编制项目投资现金流量表，计算财务内部收益率和财务净现值等指标，进行项目投资盈利能力分析，考察项目对财务主体和投资者总体的价值贡献。

项目投资现金流量分析是从项目投资总获利能力的角度，考察项目方案设计的合理性。不论实际可能支付的利息是多少，分析结果都不发生变化，因此可以排除融资方案的影响。项目投资现金流量分析计算的相关指标，可作为初步投资决策的依据和融资方案研究的基础。

根据需要，项目投资现金流量分析可从所得税前和（或）所得税后两个角度进行考察，选择计算所得税前和（或）所得税后分析指标。

2. 项目投资现金流量识别与报表编制

进行现金流量分析，首先要正确识别和确定现金流量，包括现金流入和现金流出。是否能作为融资前项目投资现金流量分析的现金流量，要看其是否与融资方案无关。从该角度识别的现金流量也被称为自由现金流量。按照上述原则，项目投资现金流量分析的现金流入主要包括营业收入（必要时还可包括补贴收入），在计算期的最后一年，还包括回收资产余值及回收流动资金。该回收资产余值应不受利息因素的影响，它区别与项目资本金现金流量表中的回收资产余值。现金流出主要包括建设投资（含固定资产进项税）、流动资金、经营成本、税金及附加。如果运营期内需要投入维持运营投资，也应将其作为现金流出。

2009年执行新的增值税条例以后，为了体现增值税进项税抵扣导致企业应纳增值税额的降低进而致使净现金流量增加的作用，应在现金流入中增加销项税额，同时在现金流出中增加进项税额（指运营投入的进项税额）以及应纳增值税。详见表9－7。

所得税后分析还要将所得税作为现金流出。由于是融资前分析，该所得税应与融资方案无关，其数值应区别于其他财务报表中的所得税。该所得税应根据不受利息因素影响的息税前利润（EBIT）乘以所得税税率计算，称为调整所得税，也可称为融资前所得税。调整所得税的计算见【例9－10】。

净现金流量（现金流入与现金流出之差）是计算评价指标的基础。

根据上述现金流量编制的现金流量表称为项目投资现金流量表，其格式见表9－7。

3. 项目投资现金流量分析的指标

依据项目投资现金流量表可以计算项目投资财务内部收益率（FIRR）、项目投资财务净现值（FNPV），这两项指标通常被认为是主要指标。

另外还可借助该表计算项目投资回收期，可以分别计算静态或动态的投资回收期，我国的评价方法只规定计算静态投资回收期。

各指标的含义、计算和判断简述如下：

(1) 项目投资财务净现值。项目投资财务净现值是指按设定的折现率 i_c 计算的项目计算期内各年净现金流量的现值之和。计算公式为：

$$FNPV = \sum_{t=1}^{n}(CI-CO)_t(1+i_c)^{-t} \qquad (9-34)$$

式中 CI——现金流入；

CO——现金流出；

$(CI-CO)_t$——第 t 年的净现金流量；

n——计算期年数；

i_c——设定的折现率，通常可选用财务内部收益率的基准值（可称财务基准收益率、最低可接受收益率等）。

项目投资财务净现值是考察项目盈利能力的绝对量指标，它反映项目在满足按设定折现率要求的盈利之外所能获得的超额盈利的现值。项目投资财务净现值等于或大于零，表明项目的盈利能力达到或超过了设定折现率所要求的盈利水平，该项目财务效益可以被接受。

(2) 项目投资财务内部收益率。项目投资财务内部收益率是指能使项目在整个计算期内各年净现金流量现值累计等于零时的折现率，它是考察项目盈利能力的相对量指标。其表达式为：

$$\sum_{t=1}^{n}(CI-CO)_t(1+FIRR)^{-t}=0 \qquad (9-35)$$

式中 FIRR——欲求取的项目投资财务内部收益率。

项目投资财务内部收益率一般通过计算机软件中配置的财务函数计算，若需要手算时，可根据现金流量表中的净现金流量采用第六章所述的人工试算法计算。将求得的项目投资财务内部收益率与设定的基准参数（i_c）进行比较，当 $FIRR \geqslant i_c$ 时，即认为项目的盈利性能够满足要求，该项目财务效益可以被接受。

(3) 关于净现值、内部收益率（包括下面将要讲到的投资回收期）公式中采用 $\sum_{t=0}^{n}$ 还是 $\sum_{t=1}^{n}$ 的说明：

项目评价中现金流量的期数往往按年计，也即现金流量表按年编制。每年的现金流入或现金流出均按年末发生计。现值是指计算期内各年年末的净现金流量折现到建设起点，即 1 年初的时点值，或称"0"点，也即 $t=0$ 时的数值。无论是公式中采用 $\sum_{t=0}^{n}$ 还是 $\sum_{t=1}^{n}$，都是如此。因此只要各年现金流量发生的时点和数值相同，无论采用哪种写法，计算的净现值都是相同的。由《建设项目经济评价方法与参数》（第一版）开始，就选择了 $\sum_{t=1}^{n}$ 这种形式，常用的计算机函数（EXCEL）也是这种形式，这与工程经济书籍中所看到的 $\sum_{t=0}^{n}$ 的形式并不矛盾。

应该注意的是：在项目评价中，当在建设起点（即"0"点）处有现金流量发生时，计算净现值时该流量的折现系数应该取为 1，即 $(1+i)^{-0}=1$。如果该现金流量较小，在误差允许范围内，往往也可简化处理，即按其发生在 1 年末来进行折现。

4. 所得税前分析和所得税后分析的作用

按项目投资所得税前的净现金流量计算的相关指标，即所得税前指标，是投资盈利能力的完整体现，可用以考察项目的基本面，即由项目方案设计本身所决定的财务盈利能力，它不受融资方案和所得税政策变化的影响，仅仅体现项目方案本身的合理性。该指标可以作为初步投资决策的主要指标，用于考察项目是否基本可行，并值得去为之融资。所谓"初步"是相对而言，意指根据该指标可以做出项目方案一旦实施能实现投资目标的判断，可以决策投资。在此之后再通过融资方案的比选分析，有了较为满意的融资方案后，投资者才能最终出资。所得税前指标应该受到项目有关各方（项目发起人、项目业主、银行和政府相关部门）广泛的关注。该指标还特别适用于建设方案研究中的方案比选。政府投资和政府关注项目必须进行所得税前分析。

项目投资所得税后分析也是一种融资前分析，所采用的表格同所得税前分析，只是在现金流出中增加了调整所得税，根据所得税后的净现金流量来计算相关指标。

所得税后分析是所得税前分析的延伸。由于其计算基础——净现金流量中剔除了所得税，有助于判断在不考虑融资方案的条件下项目投资对企业价值的贡献。

(二) 项目资本金现金流量分析

1. 项目资本金现金流量分析的含义和作用

项目资本金现金流量分析是在拟定的融资方案下，从项目资本金出资者整体的角度，确定其现金流入和现金流出，编制项目资本金现金流量表，计算项目资本金内部收益率指标，考察项目资本金可获得的收益水平。

项目资本金现金流量分析是融资后分析。项目资本金现金流量分析指标应该能反映从项目权益投资者整体角度考察盈利能力的要求。

项目资本金现金流量分析指标是比较和取舍融资方案的重要依据。在通过融资前分析已对项目基本获利能力有所判断的基础上，通过项目资本金现金流量分析结果可以进而判断项目方案在融资条件下的合理性，因此可以说项目资本金现金流量分析指标是融资决策的依据，有助于投资者在其可接受的融资方案下最终决策出资。

2. 项目资本金现金流量识别和报表编制

项目资本金现金流量分析需要编制项目资本金现金流量表，该表的现金流入包括营业收入（必要时还可包括补贴收入），在计算期的最后一年，还包括回收资产余值及回收流动资金；现金流出主要包括建设投资和流动资金中的项目资本金（权益资金）、经营成本、税金及附加、还本付息和所得税。该所得税应等同于利润表等财务报表中的所得税，而区别于项目投资现金流量表中的调整所得税。如果计算期内需要投入维持运营投资，也应将其作为现金流出（通常可设定维持运营投资由企业自有资金支付）。可见该表的净现金流量包括了项目（企业）在缴税和还本付息之后所剩余的收益（含投资者应分得的利润），也即企业的净收益，又是投资者的权益性收益。

同样，在执行新的增值税条例以后，为了体现固定资产进项税抵扣导致应纳增值税额的降低进而致使净现金流量增加的作用，应在现金流入中增加销项税额，同时在现金流出中增加进项税额（指运营投入的进项税额）以及应纳增值税。

项目资本金现金流量表的格式详见表9-8。

3. 项目资本金现金流量分析指标

按照我国财务分析方法的要求，一般可以只计算项目资本金财务内部收益率一个指标，其表达式和计算方法同项目投资财务内部收益率，只是所依据的表格和净现金流量的内涵不同，判断的基准参数（财务基准收益率）也不同。

项目资本金财务基准收益率应体现项目发起人（代表项目所有权益投资者）对投资获利的最低期望值（也称最低可接受收益率）。当项目资本金财务内部收益率大于或等于该最低可接受收益率时，说明在该融资方案下，项目资本金获利水平超过或达到了要求，该融资方案是可以接受的。

(三) 投资各方现金流量分析

对于某些项目，为了考察投资各方的具体收益，还需要进行投资各方现金流量分析。投资各方现金流量分析是从投资各方实际收入和支出的角度，确定现金流入和现金流出，分别编制投资各方现金流量表，计算投资各方的内部收益率指标，考察投资各方可能获得的收益水平。

投资各方现金流量表中的现金流入和现金流出科目需根据项目具体情况和投资各方因项目发生的收入和支出情况选择填列。依据该表计算的投资各方财务内部收益率指标，其表达式和计算方法同项目投资财务内部收益率，只是所依据的表格和净现金流量内涵不同，判断的基准参数也不同。

在仅按股本比例分配利润和分担亏损和风险的情况下，投资各方的利益是均等的，可不进行投资各方现金流量分析。投资各方有股权之外的不对等的利益分配时，投资各方的收益率将会有差异，比如其中一方有技术转让方面的收益，或一方有租赁设施的收益，或一方有土地使用权收益的情况。另外，不按比例出资和进行分配的合作经营项目，投资各方的收益率也可能会有差异。计算投资各方的财务内部收益率可以看出各方收益的非均衡性是否在一个合理的水平上，有助于促成投资各方在合作谈判中达成平等互利的协议。

（四）现金流量分析基准参数

1. 现金流量分析基准参数的含义和作用

现金流量分析指标的判别基准称为基准参数，最重要的基准参数是财务基准收益率，它用于判别财务内部收益率是否满足要求，同时它也是计算财务净现值的折现率。

采用财务基准收益率作为折现率，用于计算财务净现值，可使财务净现值大于或等于零与财务内部收益率大于或等于财务基准收益率两者对项目财务可行性的判断结果一致。

计算财务净现值的折现率也可取不同于财务基准收益率的数值。依据不充分时或可变因素较多时，可取几个不同数值的折现率，计算多个财务净现值，以给决策者提供全面的信息。

2. 财务基准收益率的确定

（1）财务基准收益率的确定要与指标的内涵相对应。所谓基准，即是设定的投资截止率（国外有称"cut off rate"），收益低于这个水平不予投资。这也就是最低可接受收益率的概念。

选取财务基准收益率，应该明确是对谁而言。不同的人，或者从不同角度去考虑，对投资收益会有不同的最低期望值。因此，在谈到财务基准收益率时，应有针对性。也就是说，项目财务分析中不应该总是用同一个财务基准收益率作为各种财务内部收益率的判别基准。

（2）财务基准收益率的确定要与所采用价格体系相协调。所谓"协调"，是指采用的投入和产出价格是否包含通货膨胀因素，应与指标计算时对通货膨胀因素的处理相一致。如果计算期内考虑通货膨胀，并采用时价计算财务内部收益率，则确定判别基准时也应考虑通货膨胀因素，反之亦然。含否通货膨胀因素的财务内部收益率及其基准收益率之间关系近似为：

$$i_c' \cong i_c + f \quad (9-36)$$

$$IRR' \cong IRR + f \quad (9-37)$$

式中　i_c——不含通货膨胀因素的财务基准收益率；

　　　i_c'——含通货膨胀因素的财务基准收益率；

　　　IRR——不含通货膨胀因素的财务内部收益率；

　　　IRR'——含通货膨胀因素的财务内部收益率；

　　　f——通货膨胀率。

（3）财务基准收益率的确定要考虑资金成本。投资获益要大于资金成本，否则该项投资就没有价值。因此通常把资金成本作为财务基准收益率的确定基础，或称第一参考值。

（4）财务基准收益率的确定要考虑资金机会成本。投资获益要大于资金机会成本，否则该项投资就没有比较价值。因此通常也把资金机会成本作为财务基准收益率的确定基础。

（5）项目投资财务内部收益率的基准参数。项目投资财务内部收益率的基准参数可采用国家、行业或专业（总）公司统一发布执行的财务基准收益率，或由评价者根据投资方的要求设定。一般可在加权平均资金成本（简称WACC）基础上再加上调控意愿等因素来确定财务基准收益率。

选择项目投资财务内部收益率的基准参数时要注意所得税前和所得税后指标的不同。

（6）项目资本金财务内部收益率的判别基准。项目资本金财务内部收益率的基准参数应为项目资本金所有者整体的最低可接受收益率。其数值大小主要取决于资金成本、资本收益水平、风险以及项目资本金所有者对权益资金收益的要求，还与投资者对风险的态度有关。通常可采用相关公式计算（详见第六章），也可参照同类项目（企业）的净资产收益率确定，《方法与参数》第三版也给出了项目资本金财务基准收益率的参考值。

（7）投资各方财务内部收益率的判别基准。投资各方财务内部收益率的基准参数为投资各方对投资收益水平的最低期望值，应该由各投资者自行确定。因为不同投资者的决策理念、资本实力和风险承受能力有很大差异。出于某些原因，投资者可能会对不同项目有不同的收益水平要求。

【例9—10】　续【例9—1】、【例9—6】和【例9—7】，M项目建设投资为254410万元，其中固定资产费用202375万元，无形资产费用5500万元（其中场地使用权为2000万元），其他资产费用550万元，预备费21568万元，可抵扣增值税进项税24417万元。项目计算期为8年，其中建设期2年，运营期6年。建设期内建设投资分年投入比例为第1年50%、第2年50%。项目投产第1年负荷90%，其他年份均为100%。

满负荷流动资金为10031万元，投产第1年流动资金估算为9365万元。计算期末将全部流动资金回收。

生产运营期内满负荷运营时，销售收入 127653 万元（对于制造业项目，可将营业收入记作销售收入），经营成本 61516 万元，其中原材料、辅助材料和燃料动力等可变成本 45559 万元，以上均以不含税价格表示。

满负荷运营时的销项税额为 17963 万元，进项税额为 6782 万元，税金及附加按增值税的 10% 计算，企业所得税率 25%。

折旧年限 6 年，净残值率为 3%，按年限平均法折旧。

设定所得税前财务基准收益率 12%，所得税后财务基准收益率 10%。

【问题】

1. 识别并计算各年的现金流量，编制项目投资现金流量表（现金流量按年末发生计）。

2. 计算项目投资财务内部收益率和财务净现值（所得税前和所得税后），并由此评价项目的财务可行性。

【解答】

1. 编制项目投资现金流量表

（1）第 1 年末现金流量

现金流入：0

现金流出：建设投资 254410×50%＝127205 万元

（2）第 2 年末现金流量

现金流入：0

现金流出：建设投资 127205 万元

（3）第 3 年末现金流量

现金流入：

①销售收入：114888 万元

②销项税额：16167 万元

现金流出：

①流动资金：9365 万元

②经营成本：56960 万元

③进项税额：6104 万元

④应纳增值税：0

⑤税金及附加：0

⑥调整所得税：要计算调整所得税，必须先计算折旧和摊销，再计算出息税前利润。

先算折旧（融资前，固定资产原值不含建设期利息）和摊销。

固定资产折旧：

固定资产原值＝形成固定资产的费用＋预备费＝202375＋21568＝223943（万元）

年折旧率＝（1－3%）/6＝16.1667%（此处为使手算结果与软件计算一致，书面折旧率取值到小数点后 4 位）

年折旧额＝223943×16.1667%＝36204（万元）

摊销：

无形资产中场地使用权按 50 年平均摊销

年场地使用权摊销＝2000/50＝40（万元）

其他无形资产摊销按 6 年平均摊销

年其他无形资产摊销＝（5500－2000）/6＝583（万元）

其他资产 550 万元按 5 年平均摊销

年其他资产摊销＝550/5＝110（万元）

年摊销合计＝583＋40＋110＝733（万元）

再算息税前利润（EBIT，该 EBIT 不受建设期利息影响，与利润表下附的 EBIT 数值不同）：

息税前利润＝销售收入－经营成本－折旧－摊销－税金及附加＝114888－56960－36204－733－0＝20991（万元）

最后算调整所得税：

调整所得税＝息税前利润×所得税率＝20991×25%＝5248（万元）

（4）第 4 年末现金流量

现金流入：

①销售收入：127653 万元

②销项税额：17963 万元

现金流出：

①流动资金增加额：10031－9365＝666（万元）

②经营成本：61516 万元

③进项税额：6782 万元

④应纳增值税：0

⑤税金及附加：0

⑥调整所得税：

息税前利润＝127653－61516－36204－733－0＝29200（万元）

调整所得税＝29200×25%＝7300（万元）

（5）第 5 年末现金流量

现金流入：

①销售收入：127653 万元

②销项税额：17963 万元

现金流出：

①流动资金增加额：0

②经营成本：61516 万元

③进项税额：6782万元

④应纳增值税：8008万元

⑤税金及附加：801万元

⑥调整所得税：

息税前利润 = 127653 - 61516 - 36204 - 733 - 801 = 28399（万元）

调整所得税 = 28399 × 25% = 7100（万元）

(6) 第6、7年末现金流量

现金流入：

①销售收入同第5年

②销项税额同第5年

现金流出：

①流动资金增加额：0

②经营成本：61516万元

③进项税额：6782万元

④应纳增值税：11181万元

⑤税金及附加：1118万元

⑥调整所得税：

息税前利润 = 127653 - 61516 - 36204 - 733 - 1118 = 28082（万元）

调整所得税 = 28082 × 25% = 7021（万元）

(7) 第8年末现金流量

现金流入：

①销售收入同第4～7年

②销项税额同第4～7年

③回收资产余值，包括回收固定资产余值和回收无形资产余值

固定资产余值 = 固定资产原值 × 净残值率 = 223943 × 3% = 6718（万元）（融资前）

无形资产余值（场地使用权余值）= 2000 - 2000/50 × 6 = 1760（万元）

两者相加为8478万元

④回收流动资金10031万元

现金流出：

所得税前现金流出同第6～7年

调整所得税：

因其他资产550万元之前5年已经摊销完，本年不再摊销，摊销减少110万元，摊销合计为623万元。

息税前利润 = 127653 - 61516 - 36204 - 623 - 1118 = 28192（万元）

调整所得税 = 28192 × 25% = 7048（万元）

将所计算的各年现金流量汇入，编制项目投资现金流量表，见表9-7。

表9—7 项目投资现金流量表

单位：万元

序号	项　目	建设期 1	建设期 2	运营期 3	运营期 4	运营期 5	运营期 6	运营期 7	运营期 8
	生产负荷			90%	100%	100%	100%	100%	100%
1	现金流入			131054	145616	145616	145616	145616	164125
1.1	营业收入			114888	127653	127653	127653	127653	127653
1.2	销项税额			16167	17963	17963	17963	17963	17963
1.3	回收资产余值								8478
1.4	回收流动资金								10031
2	现金流出	127205	127205	72429	68964	77107	80597	80597	80597
2.1	建设投资	127205	127205						
2.2	流动资金			9365	666				
2.3	经营成本			56960	61516	61516	61516	61516	61516
2.4	进项税额			6104	6782	6782	6782	6782	6782
2.5	应纳增值税					8008	11181	11181	11181
2.6	税金及附加					801	1118	1118	1118
2.7	维持运营投资								
3	所得税前净现金流量	−127205	−127205	58625	76652	68509	65018	65018	83528
4	累计税前净现金流量	−127205	−254410	−195785	−119133	−50624	14394	79413	162941
5	调整所得税			5248	7300	7100	7021	7021	7048
6	所得税后净现金流量	−127205	−127205	53377	69352	61409	57998	57998	76480
7	累计税后净现金流量	−127205	−254410	−201032	−131680	−70272	−12274	45724	122204

2. 依据项目投资现金流量表计算相关指标

所得税前：

$FNPV(i=12\%)$

$= -127205 \times (1.12)^{-1} - 127205 \times (1.12)^{-2} + 58625 \times (1.12)^{-3} + 76652 \times (1.12)^{-4}$
$+ 68509 \times (1.12)^{-5} + 65018 \times (1.12)^{-6} + 65018 \times (1.12)^{-7} + 83528 \times (1.12)^{-8}$

$= -127205 \times 0.8929 - 127205 \times 0.7972 + 58625 \times 0.7118 + 76652 \times 0.6355 + 68509$
$\times 0.5674 + 65018 \times 0.5066 + 65018 \times 0.4523 + 83528 \times 0.4039$

$=10407$（万元）

$FIRR$ 计算：

采用人工试算法，经计算 $FNPV(i=12\%)=10407$，$FNPV(i=14\%)=-4041$，$FIRR$ 必在 12% 和 14% 之间，插值计算的所得税前 $FIRR$ 如下：

$$FIRR=12\%+\frac{10407}{10407+4041}\times(14\%-12\%)=13.44\%$$

所得税前财务内部收益率大于设定的基准收益率12%，所得税前财务净现值（$i_c=12\%$）大于零，项目财务效益是可以接受的。

所得税后指标：

$FNPV$ ($i=10\%$)

$=-127205\times(1.1)^{-1}-127205\times(1.1)^{-2}+53377\times(1.1)^{-3}+69352\times(1.1)^{-4}$
$+61409\times(1.1)^{-5}+57998\times(1.1)^{-6}+57998\times(1.1)^{-7}+76480\times(1.1)^{-8}$
$=-127205\times0.9091-127205\times0.8264+53377\times0.7513+69352\times0.6830+61409$
$\times0.6209+57998\times0.5645+57998\times0.5132+76480\times0.4665$
$=3016$（万元）

$FIRR$ 计算：

采用人工试算法，经计算 $FNPV$（$i=10\%$）$=3016$，$FNPV$（$i=11\%$）$=-4555$，$FIRR$ 必在10%和11%之间，插值计算的所得税后 $FIRR$ 如下：

$$FIRR=10\%+\frac{3016}{3016+4555}\times(11\%-10\%)=10.40\%$$

所得税后财务内部收益率大于设定的财务基准收益率10%，所得税后财务净现值（$i_c=10\%$）大于零，项目财务效益是可以接受的。

【例9－11】 续【例9－10】，M项目初步融资方案为：用于建设投资的项目资本金94190万元，建设投资借款160219万元，年利率6%，计算的建设期利息9613万元（采用项目资本金支付建设期利息，利率按单利计算）。流动资金的30%来源于项目资本金，70%为流动资金借款。以投资者整体要求的最低可接受收益率13%作为财务基准收益率。已编制的项目资本金现金流量表如表9－8所示，试根据该表计算项目资本金财务内部收益率，并评价项目资本金的盈利能力是否满足要求。

表9－8 项目资本金现金流量表

单位：万元

序号	项目	建设期		运营期					
		1	2	3	4	5	6	7	8
	生产负荷			90%	100%	100%	100%	100%	100%
1	现金流入			131054	145616	145616	145616	145616	164413
1.1	营业收入			114888	127653	127653	127653	127653	127653
1.2	销项税额			16167	17963	17963	17963	17963	17963
1.3	回收资产余值								8767
1.4	回收流动资金								10031
2	现金流出	49498	54305	101182	106223	114997	118795	119205	126689

续表

序号	项　目	建设期 1	建设期 2	运营期 3	运营期 4	运营期 5	运营期 6	运营期 7	运营期 8
2.1	项目资本金	49498	54305	2810	200				
2.2	长期借款本金偿还			22969	24348	25808	27357	28998	30738
2.3	流动资金借款本金偿还								7022
2.4	借款利息支付			9974	8621	7160	5612	3970	2230
2.5	经营成本			56960	61516	61516	61516	61516	61516
2.6	进项税额			6104	6782	6782	6782	6782	6782
2.7	增值税					8008	11181	11181	11181
2.8	税金及附加					801	1118	1118	1118
2.9	维持运营投资								
2.10	所得税			2365	4756	4921	5229	5639	6102
3	净现金流量	−49498	−54305	29872	39393	30619	26821	26411	37724

注：(1) 本表中所得税与表 9-7 中调整所得税不同，应以销售收入减去总成本费用和税金及附加之后得出的利润总额为基数计算。

(2) 本表中回收资产余值与表 9-7 不同，因其中固定资产余值为将建设期利息纳入固定资产原值后计取的回收固定资产余值。

【解答】

1. 表中所得税的计算，以第 8 年为例

销售收入：127653 万元

经营成本：61516 万元

折旧：(202375+21568+9613)×[(1−3%)÷6]=37758（万元）

摊销：623 万元

利息：2230 万元

税金及附加：1118 万元

利润总额=127653−61516−37758−623−2230−1118=24408（万元）

所得税=24408×25%=6102（万元）

2. FIRR 计算

采用人工试算法，经计算 $NPV(i=16\%)=4304$，$NPV(i=18\%)=-803$，FIRR 必在 16% 和 18% 之间，插值计算的项目资本金 FIRR 如下：

$$FIRR=16\%+\frac{4304}{4304+203}\times(18\%-16\%)=17.69\%$$

项目资本金财务内部收益率大于要求的财务基准收益率（最低可接受收益率）13%，说明项目资本金获利水平超过了要求，从项目权益投资者整体角度看，在该

融资方案下财务效益是可以接受的。

二、静态指标分析

除了进行现金流量分析以外，在盈利能力分析中，还可以根据具体情况进行静态指标分析。静态指标分析是指不考虑资金时间价值，直接用未经折现的数据进行计算分析的方法，包括计算总投资收益率、项目资本金净利润率和静态投资回收期等指标的方法。静态指标分析的内容都是融资后分析。

（一）静态指标

1. 项目投资回收期（P_t）

见本书第六章第二节。

《方法与参数》第三版只规定计算静态项目投资回收期。若需要计算动态投资回收期，也可借助项目投资现金流量表，依据经折现的净现金流量及其累计净现金流量计算。

【例 9-12】 某公司目前有两个项目可供选择，两者计算期相同，其净现金流量见表 9-9。若该公司要求项目投入资金必须在 3 年内回收，应选择哪个项目？

表 9-9 某公司投资项目净现金流量

单位：万元

年数	1	2	3	4
项目 A 净现金流量	-6000	3200	2800	1200
项目 B 净现金流量	-4000	2000	960	2400

【解答】 项目 A 的累计净现金流量计算见表 9-10：

表 9-10 投资项目 A 累计净现金流量计算

单位：万元

年数	1	2	3	4
净现金流量	-6000	3200	2800	1200
累计净现金流量	-6000	-2800	0	1200

按投资回收期计算式，项目 A 投资回收期=3-1+2800/2800=3（年）

项目 B 的累计净现金流量计算见表 9-11：

表 9-11 投资项目 B 累计净现金流量计算

单位：万元

年数	1	2	3	4
净现金流量	-4000	2000	960	2400
累计净现金流量	-4000	-2000	-1040	1360

按投资回收期计算式，项目 B 投资回收期 = 4 − 1 + 1040/2400 = 3.43（年）

项目 A 投资回收期刚好为 3 年，而项目 B 投资回收期超过了 3 年，因此应该选择项目 A。

【例 9−13】 上述采用投资回收期法进行投资决策的【例 9−12】中，如果该公司要求采用净现值法进行投资决策，设定折现率为 14%，应选择哪个项目？

【解答】

项目 A 的净现值：

$NPV = -6000/1.14 + 3200/(1.14)^2 + 2800/(1.14)^3 + 1200/(1.14)^4 = -200.44$

项目 B 的净现值：

$NPV = -4000/1.14 + 2000/(1.14)^2 + 960/(1.14)^3 + 2400/(1.14)^4 = 99.14$

$NPV_A < 0$，$NPV_B > 0$，因此应选项目 B。

上述计算结果表明，投资回收期法（静态）不考虑资金的时间价值，不考虑现金流量在各年的时间排列顺序，同时忽略了投资回收以后的现金流量，因此利用投资回收期进行投资决策有可能导致决策失误。而净现值法考虑项目整个计算期的现金流量，并且考虑资金的时间价值。

2. 总投资收益率

总投资收益率表示总投资的盈利水平，是指项目达到设计能力后正常年份的年息税前利润（$EBIT$）或运营期内年平均息税前利润与项目总投资的比率。其计算式为：

$$总投资收益率 = \frac{年息税前利润}{项目总投资} \times 100\% \quad (9-38)$$

式中

$$息税前利润 = 利润总额 + 支付的全部利息 \quad (9-39)$$

或

$$息税前利润 = 营业收入 - 税金及附加 - 经营成本 - 折旧和摊销 \quad (9-40)$$

总投资收益率高于同行业的收益率参考值，表明用总投资收益率表示的盈利能力满足要求。

3. 项目资本金净利润率

项目资本金净利润率表示项目资本金的盈利水平，是指项目达到设计能力后正常年份的年净利润或运营期内年平均净利润与项目资本金的比率。其计算式为：

$$项目资本金净利润率 = \frac{年净利润}{项目资本金} \times 100\% \quad (9-41)$$

项目资本金净利润率高于同行业的净利润率参考值，表明用项目资本金净利润率表示的盈利能力满足要求。

（二）静态指标分析依据的报表

除投资回收期外，静态指标计算所依据的报表主要是"项目总投资使用计划与资金筹措表"和"利润表"。

【例 9-14】 续【例 9-1】、【例 9-6】和【例 9-7】，编制 M 项目的利润表（不包括利润分配部分），并计算息税前利润、总投资收益率和项目资本金净利润率指标。项目总投资为 274054 万元，项目资本金为 106813 万元。

【解答】

1. 息税前利润计算

息税前利润等于利润总额加上利息，也即营业收入减去税金及附加、经营成本、折旧和摊销后的余额。静态指标分析所依据的息税前利润系按考虑融资方案后的数值计算（受建设期利息的影响），与项目投资现金流量分析中计算调整所得税所用的息税前利润（融资前，不受建设期利息的影响）不同。

2. 将上边计算的数据汇入编制的利润表，见表 9-12。

表 9-12 某项目利润表的部分数据

单位：万元

序号	项 目	运营期					
		3	4	5	6	7	8
	生产负荷	90%	100%	100%	100%	100%	100%
1	营业收入	114888	127653	127653	127653	127653	127653
2	税金及附加			801	1118	1118	1118
3	总成本费用	105426	108629	107168	105620	103978	102128
4	补贴收入						
5	利润总额	9462	19024	19684	20915	22557	24406
6	弥补以前年度亏损						
7	应纳税所得额	9462	19024	19684	20915	22557	24406
8	所得税	2365	4756	4921	5229	5639	6102
9	净利润	7096	14268	14763	15686	16917	18305
	附：息税前利润	19436	27645	26844	26527	26527	26637

3. 计算年平均息税前利润和年平均净利润

根据表 9-12 中的利润总额和表 9-3 中的利息支出，可以计算出各年的息税前利润，附于表 9-12 下方。

运营期 6 年内，年平均息税前利润计算为 25603 万元。

运营期内年平均净利润计算为 14506 万元。

4. 计算指标

按年平均息税前利润和净利润计算总投资收益率和项目资本金净利润率指标。

$$总投资收益率 = \frac{25603}{274054} \times 100\% = 9.34\%$$

$$项目资本金净利润表 = \frac{14506}{106213} \times 100\% = 13.58\%$$

三、改扩建项目盈利能力分析的特点

既有法人改扩建项目盈利能力分析除了遵循上述报表编制和指标计算的一般性要求外，还应注意以下几个特点。

（一）增量分析为主

改扩建项目的盈利能力分析要在明确项目范围和确定了上述五套数据的基础上进行。虽然改扩建项目的财务分析涉及五套数据，但并不要求计算五套指标。而是强调以有项目和无项目对比得到的增量数据进行增量现金流量分析，以增量现金流量分析的结果作为评判项目盈利能力的主要依据。

（二）辅以总量分析

必要时，既有法人改扩建项目的盈利能力分析也可以按"有项目"效益和费用数据编制"有项目"的现金流量表进行总量盈利能力分析，依据该表数值计算有关指标。目的是考察项目建设后的总体效果，可以作为辅助的决策依据。是否有必要进行总量盈利能力分析一般取决于企业现状与项目目标。如果企业现状亏损，而该改扩建项目的目标又是使企业扭亏为盈，那么为了了解改造后的预期目标能否因该项目的实施而实现，就可以进行总量盈利能力分析；如果增量效益较好，而总量效益不能满足要求，则说明该项目方案的带动效果不足，需要改变方案才有可能实现扭亏为盈的目标。

实际上，通过编制的"有项目"利润表就可以考察是否实现扭亏为盈，因此编制"有项目"的现金流量表计算相关指标并不是投资决策的必然要求。

（三）改扩建项目盈利能力分析报表

既有法人改扩建项目盈利能力分析报表可以与新建项目的财务报表基本相同，只是输入数据可以不同，科目可能略有增加，改扩建项目盈利能力分析的主要报表有项目投资现金流量表（增量）和利润表（有项目）。

（四）关于改扩建项目盈利能力增量分析的简化

所谓简化的增量分析即按照"有无对比"原则，直接判定增量数据用于报表编制，并进行增量分析。这种做法实际上是把项目模拟成一个法人，相当于按照新建（新设法人）项目的方式进行盈利能力分析。

1. 按照"有无对比"原则，直接判定增量数据的前提条件

（1）项目与老厂界限清晰，例如建设一套新装置，该装置与原有装置没有任何关联，或仅有简单的供料关系，当然还可能利用老厂的水、电、汽等。

（2）作为公司的局部改造项目，涉及范围较少，对其他部分影响很小。

（3）在上述两种情况下，有充分的理由设定投入和产出的现状数据在"无项目"时保持不变，即"无项目"数据等于现状数据；或者投入和产出的无项目数据很容易理清，使得增量数据的确定十分简单。

2. 直接进行增量分析时应注意的问题

(1) 新增投资包括新建或扩建装置的投资和对老厂原有设施填平补齐发挥能力为新项目配套的投资，还可能包括为腾出场地必须对原有建构筑物的拆除和还建费用。

(2) 正确识别增量效益和费用。

1) 如因项目的建设使老厂的生产受到了影响，则停产、减产损失应计为增量费用，作为现金流量表的一项现金流出。

2) 如建设新项目利用了原有企业的资产，而该资产有明确的机会成本，该机会成本是无项目的收入，在直接判定增量数据进行增量分析时应作为增量费用，作为现金流量表的一项现金流出。

(3) 直接进行增量盈利能力分析的报表格式与新建项目的财务报表基本相同，只是输入的是增量数据。

【例 9-15】 某公司要将其生产线改造成计算机自动化控制的生产线，以提高生产效率。由于项目建设工程量不大，耗时少，为简化计算，设定建设投资在第 1 年年初投入，当年就投入运营，实现效益，运营期按 5 年计。假设流动资金不发生变化。项目资金来源中无债务资金。财务基准收益率（所得税后）设定为 15%，适用的所得税率为 25%。其他有关数据见表 9-13。

表 9-13 某公司生产线改造项目有关数据

单位：万元

现状数据	
年职工薪酬	20000
年运营维护费用	8500
年残次品损失	7200
旧设备当初购买成本	30000（资产原值）
预计使用寿命	10 年
已经使用年限	5 年
预计净残值	0
折旧年限及方法	10 年，年限平均法
旧设备当年市值	15000
公司年上缴增值税	30588
无项目数据（不进行更新改造的预计数据）	
设定同现状数据	
有项目数据（更新改造后的预计数据）	
年职工薪酬	2000
年运营维护费用	6800
年残次品损失	1800
预计使用寿命	5

续表

预计净残值	0
折旧年限及方法	5年，年限平均法
新增数据	
更新改造投资	75000
其中：可抵扣增值税进项税	8000

【问题】

1. 假定无项目与现状相同，计算本次更新改造投资计划的现金流量（融资前分析）。
2. 计算所得税后的投资回收期、财务净现值和财务内部收益率指标。
3. 评价该投资计划的财务可行性。

【解答】

1. 识别并计算增量现金流量

该项目仅为一条生产线的改造，项目与老厂界限清晰，对企业其他部分基本无影响，可以通过有无对比直接判定增量现金流量，包括期初现金流量、项目运营期间的现金流量和期末现金流量。

（1）期初现金流量

期初现金流量主要涉及购买资产和使之正常运行所必须的直接现金支出，包括资产的购买价格加上运输、安装等费用。本项目为对原有生产线的更新改造，期初现金流量还可考虑与旧资产出售相关的现金流入以及旧资产出售所带来的纳税效应。

出售旧资产可能涉及三种纳税情形：①当旧资产出售价格高于该资产折旧后的账面价值时，旧资产出售价格与其折旧后的账面价值之间的差额属于应税收入，按所得税税率纳税；②旧资产出售价格等于该资产折旧后的账面价值，此时资产出售没有带来收益或损失，无须考虑纳税问题；③旧资产出售价格低于该资产折旧后的账面价值，旧资产出售价格与其折旧后的账面价值之间的差额属于应税损失，可以用来抵减应税收入从而减少纳税。

按年限平均法计算折旧，旧资产已经计提的折旧（累计折旧）＝（资产原值－期末残值）×已使用年限/预计全部使用年限

＝（30000－0）×5/10＝15000（万元）

旧设备账面价值＝原值－累计折旧＝30000－15000＝15000（万元）

旧设备当前的市值为15000万元，旧设备出售价格与其折旧后的账面价值相等，因此，没有上述纳税效应。

期初现金流量见表9-14。

表9—14 期初现金流量表（增量）

单位：万元

现金流入	15000
旧设备出售收入	15000
现金流出	75000
更新改造投资	75000
税后净现金流量	−60000

(2) 运营期间现金流量

①计算增量收入

本例中，更新改造并没有新增加营业收入，只是通过费用节约产生效益。节约的费用也可以直接列为增加的收入，主要包括：

年职工薪酬节省：20000−2000=18000（万元）

年运营维护费减少：8500−6800=1700（万元）

年残次品损失减少：7200−1800=5400（万元）

通过费用节约增加的收入合计为25100万元。

②计算增量折旧费

尽管折旧费及其增加额对现金流量不造成直接影响，但它会通过减少应税收入的形式而减少应纳税所得额，从而影响税后净现金流量。

旧设备的年折旧费为：

30000×(1−0)/10=3000（万元）

新设备的年折旧费为：

(75000−8000)×(1−0)/5=13400（万元）

该项目的实施将使公司每年增加折旧费13400−3000=10400（万元）

③计算增量的调整所得税

要对项目运营期内的包括由于利润增加所带来的纳税增加和由于折旧费增加所带来的节税额进行计算。

融资前分析现金流量中的所得税应以息税前利润（EBIT）为基数计算，由于该项目资金来源中没有借款，没有利息支出，因此息税前利润就等于利润总额。调整所得税与企业应缴所得税相同。

同时，由于该项目是通过费用节约实现效益，按上述方法计算的增量收入构成增量息税前利润的主要部分。

另外，由于折旧费增加使息税前利润减少10400万元。

因此：增量息税前利润=25100−10400=14700（万元）

　　　　增量调整所得税=14700×25%=3675（万元）

④计算应纳增值税的变化

从企业的角度来看，企业年上缴增值税额为30588万元，而新设备所含可抵扣增值税进项税额为8000万元,即新设备所含增值税进项税完全可以在投产后的第1年予以抵扣,对项目增量现金流而言,表现为当年应纳增值税的减少和净现金流量的增加(此处忽略出售旧设备对增值税的影响)。

表9-15列示了该项目运营期间的现金流量。

表9-15 运营期间现金流量表

单位:万元

项　目	第1年	第2~4年
现金流入		
增量收入(费用节省额)	25100	25100
现金流出		
应纳增值税	-8000	
增量调整所得税	3675	3675
税后现金流入合计	29425	21425

注:忽略税金及附加可能的变化。

(3) 期末现金流量

项目运营期末年现金流量除了运营期内通常的现金流量外,还包括资产余值回收。该项目已设定新设备的预计净残值为0,折旧年限又等于计算期,所以没有期末固定资产余值回收现金流量。又因设定改造后流动资金不发生变化,增量流动资金为零,因此也没有期末流动资金回收现金流量。

2. 编制项目投资现金流量表并计算相关指标

将上述三步骤得到的分年现金流量纳入现金流量表,编制的项目投资现金流量表见表9-16,并计算相关指标。

表9-16 项目投资现金流量表(增量)

单位:万元

序号	项　目	年数					
		0点	1	2	3	4	5
1	现金流入	15000	25100	25100	25100	25100	25100
1.1	旧设备出售收入	15000					
1.2	运营期间增量收入(费用节省额)		25100	25100	25100	25100	25100
2	现金流出	75000	-4325	3675	3675	3675	3675
2.1	更新改造投资	75000					
2.2	应交增值税		-8000				
2.3	调整所得税		3675	3675	3675	3675	3675
3	税后净现金流量	-60000	29425	21425	21425	21425	21425
4	累计税后净现金流量	-60000	-30575	-9150	12275	33700	55125
	折现系数($i=15\%$)	1	0.8696	0.7561	0.6575	0.5718	0.4972

注:本例中,0点表示计算期的起点,即计算现值的时点。该时点发生的现金流入和现金流出数值不予折现(或称折现系数为1)。

项目投资回收期 $=3-1+\dfrac{9150}{21425}=2.43$（年）

项目投资财务净现值（$i_c=15\%$）$=18778$（万元）

项目投资财务内部收益率$=28.45\%$

3. 评价结论

上述计算结果表明，本次更新改造投资的财务内部收益率大于财务基准收益率15%，以15%为折现率计算的财务净现值为18778万元，大于零，该投资计划财务上可行。

第五节 偿债能力分析和财务生存能力分析

偿债能力分析主要是通过编制相关报表，计算利息备付率、偿债备付率等比率指标，分析企业（项目）是否能够按计划偿还为项目所筹措的债务资金，判断其偿债能力。财务生存能力分析是在财务分析辅助报表和利润与利润分配表的基础上编制财务计划现金流量表，通过考察项目计算期内各年的投资、融资和经营活动所产生的各项现金流入和流出，计算净现金流量和累计盈余资金，分析项目是否能为企业创造足够的净现金流量维持正常运营，进而考察实现财务可持续性的能力。项目（企业）的利润表以及资产负债表在偿债能力分析和财务生存能力分析中也起着相当重要的作用。

一、相关报表编制

（一）借款还本付息计划表

应根据与债权人商定的或预计可能的债务资金偿还条件和方式计算并编制借款还本付息计划表，其简要格式参见表9—17。

【例9—16】 续【例9—1】、【例9—6】和【例9—7】，M项目建设期2年，建设投资借款160219万元，年利率6%，假定借款在年中支用，建设期利息估算为9613万元（采用项目资本金当年支付建设期利息），投产后在6年内等额还本付息，编制的借款还本付息计划表见表9—17。

表9—17 借款还本付息计划表

单位：万元

序号	项 目	运营期					
		3	4	5	6	7	8
	借款及还本付息						
1	借款余额	160219	137250	112902	87094	59737	30738
2	本年借款						
3	本年应计利息	9613	8235	6774	5226	3584	1844

续表

序号	项目	运营期 3	4	5	6	7	8
4	本年还本付息	32583	32583	32583	32583	32583	32583
	其中：还本	22969	24348	25808	27357	28998	30738
	付息	9613	8235	6774	5226	3584	1844
5	年末借款本息累计	137250	112902	87094	59737	30738	0

（二）财务计划现金流量表

财务计划现金流量表是国际上通用的财务报表，用于反映计算期内各年的投资活动、融资活动和经营活动所产生的现金流入、现金流出和净现金流量，考察资金平衡和余缺情况，是表示财务状况的重要财务报表。财务计划现金流量表格式如表9—18所示，表中绝大部分数据可来自其他表格。

【例9—17】 续【例9—1】、【例9—6】、【例9—7】、【例9—14】和【例9—16】，将上述相关各表中数据纳入编制的财务计划现金流量表见表9—18。

表9—18 财务计划现金流量表

单位：万元

序号	项目	建设期 1	2	运营期 3	4	5	6	7	8
	生产负荷			90%	100%	100%	100%	100%	100%
1	经营活动净现金流量			65625	72562	63588	59790	59379	58917
1.1	现金流入			131054	145616	145616	145616	145616	145616
1.1.1	营业收入			114888	127653	127653	127653	127653	127653
1.1.2	增值税销项税额			16167	17963	17963	17963	17963	17963
1.1.3	补贴收入								
1.1.4	其他流入								
1.2	现金流出			65430	73054	82028	85826	86237	86699
1.2.1	经营成本			56960	61516	61516	61516	61516	61516
1.2.2	增值税进项税额			6104	6782	6782	6782	6782	6782
1.2.3	税金及附加					801	1118	1118	1118
1.2.4	增值税					8008	11181	11181	11181
1.2.5	所得税			2365	4756	4921	5229	5639	6102
2	投资活动净现金流量	-127205	-127205	-9365	-666				
2.1	现金流入								
2.2	现金流出	127205	127205	9365	666				
2.2.1	建设投资	127205	127205						

续表

序号	项 目	建设期		运营期					
		1	2	3	4	5	6	7	8
2.2.2	维持运营投资								
2.2.3	流动资金			9365	666				
3	筹资活动净现金流量	127205	127205	−23578	−32303	−32969	−32969	−32969	−39990
3.1	现金流入	129608	134415	9365	666				
3.1.1	项目资本金投入	49498	54305	2810	200				
3.1.2	维持运营投资								
3.1.3	建设投资借款	80110	80110						
3.1.4	流动资金借款			6556	466				
3.1.5	短期借款								
3.2	现金流出	2403	7210	32943	32969	32969	32969	32969	39990
3.2.1	各种利息支出	2403	7210	9974	8621	7160	5612	3970	2230
3.2.2	偿还长期借款本金			22969	24348	25808	27357	28998	30738
3.2.3	偿还流动资金借款本金								7022
3.2.4	偿还短期借款本金								
3.2.5	股利分配								
4	净现金流量			32682	39593	30619	26821	26411	18926
5	累计盈余资金			32682	72274	102893	129714	156125	175051

(三) 资产负债表

资产负债表通常按企业范围编制,企业资产负债表是国际上通用的财务报表,表中数据可由其他报表直接引入或经适当计算后列入,以反映企业某一特定日期的财务状况。编制过程中应实现资产与负债和所有者权益两方的自然平衡。

与实际企业相比,财务分析中资产负债表的科目可以适当简化,反映的是各年年末的财务状况,必要时也可以按"有项目"范围编制。按增量数据编制的资产负债表无意义。资产负债表格式如表9—19所示。

根据企业资产负债表的数据可以计算资产负债率、流动比率、速动比率等比率指标,用以考察企业的财务状况。《方法与参数》第三版只要求计算"有项目"的资产负债率指标。

【例9—18】 续【例9—14】、【例9—17】,按照财务分析中对资产负债表的编制要求,编制的M项目资产负债表见表9—19。并将计算的各年资产负债率列示于表中。

表 9—19 资产负债表

单位：万元

序号	项目	建设期 1	建设期 2	运营期 3	运营期 4	运营期 5	运营期 6	运营期 7	运营期 8
1	资产	129608	264023	271312	273494	265621	253951	241870	222415
1.1	流动资产总额	12208	24417	70198	110871	141490	168311	194722	213648
1.1.1	货币资金			33550	73164	103783	130604	157014	175941
	现金			868	889	889	889	889	889
	累计盈余资金			32682	72274	102893	129714	156125	175051
1.1.2	应收账款			7007	7589	7589	7589	7589	7589
1.1.3	预付账款								
1.1.4	存货			5224	5702	5702	5702	5702	5702
1.1.5	其他	12208	24417	24417	24417	24417	24417	24417	24417
1.2	在建工程	117400	239606						
1.3	固定资产净值			195798	158039	120281	82523	44765	7007
1.4	无形及其他资产净值			5317	4583	3850	3117	2383	1760
2	负债及所有者权益	129608	264023	271312	273494	265621	253951	241870	222415
2.1	流动负债总额			13797	25393	28566	28566	28566	28566
2.1.1	短期借款								
2.1.2	应付账款			3734	4149	4149	4149	4149	4149
2.1.3	预收账款								
2.1.4	其他			10063	21244	24417	24417	24417	24417
2.2	建设投资借款	80110	160219	137250	112902	87094	59737	30738	0
2.3	流动资金借款			6556	7022	7022	7022	7022	
2.4	负债小计	80110	160219	157603	145317	122681	95324	66326	28566
2.5	所有者权益	49498	103804	113710	128177	142940	158627	175544	193849
2.5.1	资本金	49498	103804	106613	106813	106813	106813	106813	106813
2.5.2	资本公积								
2.5.3	累计盈余公积金			710	2136	3613	5181	6873	8704
2.5.4	累计未分配利润			6387	19228	32515	46632	61858	78332
计算指标	资产负债率			58.09%	53.13%	46.19%	37.54%	27.42%	12.84%

二、偿债能力分析

(一) 计算指标

根据借款还本付息计划表数据与利润表以及总成本费用表的有关数据可以计算利息备付率、偿债备付率指标，各指标的含义和计算要点如下：

1. 利息备付率

利息备付率是指在借款偿还期内的息税前利润与当年应付利息的比值，它从付息资金来源的充裕性角度反映支付债务利息的能力。利息备付率的含义和计算公式均与财政部对企业效绩评价的"已获利息倍数"指标相同。息税前利润等于利润总额和当年应付利息之和，当年应付利息是指计入总成本费用的全部利息。利息备付率计算公式如下：

$$利息备付率 = \frac{息税前利润}{应付利息额} \quad (9-42)$$

利息备付率应分年计算，分别计算在债务偿还期内各年的利息备付率。若偿还前期的利息备付率数值偏低，为分析所用，也可以补充计算债务偿还期内的年平均利息备付率。

利息备付率表示利息支付的保证倍率，对于正常经营的企业，利息备付率至少应当大于1，一般不宜低于2，并结合债权人的要求确定。利息备付率高，说明利息支付的保证度大，偿债风险小；利息备付率低于1，表示没有足够资金支付利息，偿债风险很大。

2. 偿债备付率

偿债备付率是从偿债资金来源的充裕性角度反映偿付债务本息的能力，是指在债务偿还期内，可用于计算还本付息的资金与当年应还本付息额的比值，可用于计算还本付息的资金是指息税折旧摊销前利润（EBITDA，息税前利润加上折旧和摊销）减去所得税后的余额；当年应还本付息金额包括还本金额及计入总成本费用的全部利息。国内外也有其他略有不同的计算偿债备付率的公式。

$$偿债备付率 = \frac{息税折旧摊销前利润 - 所得税}{应还本付息额} \quad (9-43)$$

如果运营期间支出了维持运营的投资费用，应从分子中扣减。

偿债备付率应分年计算，分别计算在债务偿还期内各年的偿债备付率。

偿债备付率表示偿付债务本息的保证倍率，至少应大于1，一般不宜低于1.3，并结合债权人的要求确定。偿债备付率低，说明偿付债务本息的资金不充足，偿债风险大。当这一指标小于1时，表示可用于计算还本付息的资金不足以偿付当年债务。

【例9-19】 M项目与备付率指标有关的数据见表9-20，试计算利息备付率和偿债备付率。

表 9-20 M 项目与备付率指标有关的数据

单位：万元

序号	项　目	运营期					
		3	4	5	6	7	8
1	应还本付息额	32583	32583	32583	32583	32583	32583
	还本	22969	24348	25808	27357	28998	30738
	付息	9613	8235	6774	5226	3584	1844
2	应付利息额	9974	8621	7160	5612	3970	2230
3	息税前利润	19436	27645	26844	26527	26527	26637
4	折旧	37758	37758	37758	37758	37758	37758
5	摊销	733	733	733	733	733	623
6	所得税	2365	4756	4921	5229	5639	6102

【解答】 根据表 9-20 的数据计算的备付率指标见表 9-21。

表 9-21 M 项目利息备付率与偿债备付率指标

序号	项　目	运营期					
		3	4	5	6	7	8
计算指标	利息备付率	1.95	3.21	3.75	4.73	6.68	11.94
	偿债备付率	1.69	1.86	1.83	1.81	1.80	1.79

计算结果分析：由于投产后第 1 年负荷低，同时利息负担大，所以利息备付率相对较低，但这种状况从投产后第 2 年起就得到了改善。

3. 资产负债率

资产负债率是指企业（或"有项目"范围）的某个时点负债总额同资产总额的比率，其计算式见公式（9-46）。项目财务分析中通常按年末数据进行计算，在长期债务还清后的年份可不再计算资产负债率。

（二）改扩建项目偿债能力分析

对于新设法人项目，项目即为企业。而对于既有法人改扩建项目，根据项目范围界定的不同，可能会分项目和企业两个层次。当项目范围与企业范围一致时（企业整体改造或局部改造但将项目范围界定为企业整体时），"有项目"数据与报表都与企业一致，可直接进行借款偿还计算；当项目范围与企业不一致时（局部改扩建且将项目范围界定为企业局部），偿债能力分析就有可能出现项目和企业两个层次。

1. 项目层次的借款偿还能力

首先可以进行项目层次的偿债能力分析，编制有项目时的借款还本付息计划表计算利息备付率和偿债备付率。

当项目范围内存在原有借款时，应纳入计算。

虽然，借款偿还是由企业法人承借并负责偿还的，但计算得到的项目偿债能力指标可以表示项目用自身的各项收益偿付债务的能力，显示项目对企业整体财务状况的影响。计算得到的项目层次偿债能力指标可以给企业法人两种提示：一是靠本项目自身收益可以偿还债务，不会给企业法人增加债务负担；二是本项目的自身收益不能偿还债务，需要企业法人另筹资金偿还债务。企业投资计划部门和财务管理部门可由此获得是否会因项目给企业增加财务负担的信息，对该部门的计划管理工作十分有益。

对于大型企业集团，为满足总公司决策需要，项目层次的借款偿还能力分析是十分必要的。

同样，计算得到的拟建项目偿债能力指标对银行等金融部门也可作为参考，一是项目自身有偿债能力；二是项目自身偿还能力不足，需要企业另外筹资偿还。由于银行贷款通常是贷给企业法人而不是贷给项目，因此计算项目层次的借款偿还能力要与企业财务状况的考察相结合，才能满足银行信贷决策的要求，因此在计算项目层次的借款偿还能力的同时，企业要向银行提供前3—5年的主要财务报表。因为银行是根据企业的整体资产负债结构和财务状况决定信贷取舍。有时虽然项目自身无偿债能力，但是整个企业信誉好，偿债能力强，银行也可能给予贷款；有时虽然项目有偿债能力，但企业整体信誉差、负债高，偿债能力弱，银行也可能不予贷款。

2. 企业层次的借款偿还能力

银行等金融部门为了考察企业的整体经济实力，决定是否贷款，往往在考察现有企业财务状况的同时还要了解企业各笔借款（含项目范围内外的原有借款、其他拟建项目将要发生的借款和项目新增借款）的综合偿债能力。为了满足债权人要求，不仅需要提供项目建设前3—5年的企业主要财务报表，还需要编制企业在拟建项目建设期和投产后3—5年内（或项目偿还期内）的综合借款还本付息计划表，并结合利润表、财务计划现金流量表和资产负债表，分析企业整体偿债能力。企业过去和未来的财务报表的编制通常需要企业和咨询人员的通力合作。

3. 考察企业财务状况的指标

主要有资产负债率、流动比率、速动比率等比率指标，根据企业资产负债表的相关数据计算。

上述指标的含义和计算公式如下：

(1) 资产负债率

资产负债率是指企业某个时点负债总额同资产总额的比率。其计算公式为：

$$资产负债率 = (负债总额/资产总额) \times 100\% \qquad (9-44)$$

资产负债率表示企业总资产中有多少是通过负债得来的，是评价企业负债水平的综合指标。适度的资产负债率既能表明企业投资人、债权人的风险较小，又能表明企业经营安全、稳健、有效，具有较强的融资能力。过高的资产负债率表明企业财务风险太大；过低的资产负债率则表明企业对财务杠杆利用不够。实践表明，行业间资产负债率差异较大。实际分析时应结合国家总体经济运行状况、行业发展趋势、企业实力和投资强度等具体条件进行判定。

（2）流动比率

流动比率是企业某个时点流动资产同流动负债的比率。其计算公式为：

$$流动比率 = 流动资产/流动负债 \qquad (9-45)$$

流动比率衡量企业资产流动性的大小，考察流动资产规模与流动负债规模之间的关系，判断企业短期债务到期前，可以转化为现金用于偿还流动负债的能力。该指标越高，说明偿还流动负债的能力越强。国际公认的标准比率是 2.0。但行业间流动比率会有很大差异，一般而言，行业生产周期较长，流动比率就应相应提高；反之，就可以相对降低。

（3）速动比率

速动比率是企业某个时点的速动资产同流动负债的比率，其计算公式为：

$$速动比率 = 速动资产/流动负债 \qquad (9-46)$$

$$速动资产 = 流动资产 - 存货 \qquad (9-47)$$

速动比率也是衡量企业资产流动性的指标，是将流动比率指标计算公式的分子剔除了流动资产中的存货后，计算企业的短期债务偿还能力，较流动比率更为准确地反映偿还流动负债的能力。该指标越高，说明偿还流动负债的能力越强。国际公认的标准比率为 1.0。同样，行业间该指标也有较大差异，实践中应结合行业特点分析判断。

【例 9-20】 某企业 2017 年资产负债相关数据见表 9-22，试计算比率指标。

表 9-22 某企业资产负债相关数据

单位：万元

序号	项目	2017 年
1	资产	3773
1.1	流动资产总额	1653
	其中：存货	608
1.2	在建工程	0
1.3	固定资产净值	1910
1.4	无形及其他资产净值	210
2	负债及所有者权益	3773
2.1	流动负债总额	583
2.2	中长期借款	1183
	负债小计	1766
2.3	所有者权益	2007

【解答】
1. 资产负债率＝（1766/3773）×100％＝46.8％
2. 流动比率＝1653/583＝2.84
3. 速动比率＝（1653－608）/583＝1.79

三、财务生存能力分析

(一) 财务生存能力分析的作用

财务生存能力分析旨在分析考察"有项目"时（企业）在整个计算期内的资金充裕程度，分析财务可持续性，判断在财务上的生存能力。财务生存能力分析主要根据财务计划现金流量表，同时兼顾借款还本付息计划和利润分配计划进行。

非经营性项目财务生存能力分析还兼有寻求政府补助维持项目持续运营的作用。

(二) 财务生存能力分析的方法

财务生存能力分析应结合偿债能力分析进行，对项目的财务生存能力的分析可通过以下相辅相成的两个方面：

1. **分析是否有足够的净现金流量维持正常运营**

（1）在项目（企业）运营期间，只有能够从各项经济活动中得到足够的净现金流量，项目才能得以持续生存。财务生存能力分析中应根据财务计划现金流量表，考察项目计算期内各年的投资活动、融资活动和经营活动所产生的各项现金流入和流出，计算净现金流量和累计盈余资金，分析项目是否有足够的净现金流量维持正常运营。

（2）拥有足够的经营净现金流量是财务上可持续的基本条件，特别是在运营初期。一个项目具有较大的经营净现金流量，说明项目方案比较合理，实现自身资金平衡的可能性大，不会过分依赖短期融资来维持运营；反之，一个项目不能产生足够的经营净现金流量，或经营净现金流量为负值，说明维持项目正常运行会遇到财务上的困难，实现自身资金平衡的可能性小，有可能要靠短期融资来维持运营，有些项目可能需要政府补助来维持运营。

（3）通常因运营期前期的还本付息负担较重，故应特别注重运营期前期的财务生存能力分析。如果拟安排的还款期过短，致使还本付息负担过重，导致为维持资金平衡必须筹借的短期借款过多，可以设法调整还款期，甚至寻求更有利的融资方案，减轻各年还款负担。所以财务生存能力分析应结合偿债能力分析进行。

（4）财务生存能力还与利润分配的合理性有关。利润分配过多、过快都有可能导致累计盈余资金出现负值。出现这种情况时，应调整利润分配方案。【例9-17】的财务计划现金流量表中各年累计盈余资金数额较大，未将股利分配纳入计算是其中原因之一。

2. **各年累计盈余资金不出现负值是财务上可持续的必要条件**

各年累计盈余资金不出现负值是财务上可持续的必要条件。在整个运营期间，允许个别年份的净现金流量出现负值，但不能容许任一年份的累计盈余资金出现负值。一旦出现负值时应适时进行短期融资，该短期融资应体现在财务计划现金流量表中，同时短期融资的利息也应纳入成本费用和其后的计算。较大的或较频繁的短期融资，有可能导致以后的累计盈余资金无法实现正值，致使项目难以持续运营。

第十章 工程项目经济分析

经济分析，又称国民经济评价，是对投资项目进行决策分析与评价，判定其经济合理性的一项重要工作。

本章介绍经济分析的作用、基本方法、适用范围、经济效益与费用识别和估算、经济费用效益分析方法、经济费用效果分析方法、经济影响分析方法等。

第一节 经济分析概述

经济分析是按合理配置资源的原则，采用社会折现率、影子汇率、影子工资和货物影子价格等经济分析参数，从项目对社会经济所做贡献以及社会经济为项目付出代价的角度，识别项目的效益和费用，分析计算项目对社会经济（社会福利）的净贡献，评价项目投资的经济效率，也即经济合理性。

经济分析的理论基础是新古典经济学有关资源优化配置的理论。从经济学角度看，经济活动的目的是通过配置稀缺经济资源用于生产产品和提供服务，满足社会需要。当经济体系功能发挥正常，社会消费的价值达到最大时（社会福利最大），就认为是取得了"经济效率"，达到了帕累托最优。

一、经济分析的作用

（一）正确反映项目对社会福利的净贡献，评价项目的经济合理性

前章所表述的财务分析主要是从企业（财务主体）和投资者的角度考察项目的效益。由于企业利益并不总是与国家和社会利益完全一致，项目的财务盈利性至少在以下几个方面可能难以全面正确地反映项目的经济合理性：

1. 国家给予项目补贴
2. 企业向国家缴税
3. 某些货物市场价格可能的扭曲
4. 项目的外部效果（间接效益和间接费用）

因而需要从项目对社会资源增加所做贡献和项目引起社会资源耗费增加的角度进行项目的经济分析，以便正确反映项目对社会福利的净贡献。

（二）为政府合理配置资源提供依据

合理配置有限的资源（包括劳动力、土地、各种自然资源、资金等）是人类经济发展所面临的共同问题。在完全的市场经济状态下，可通过市场机制调节资源的流向，实现资源的优化配置。在非完全的市场经济中，需要政府在资源配置中发挥

调节作用。但是由于市场本身的原因及政府不恰当的干预，可能导致市场配置资源的失灵。

项目的经济分析对项目的资源配置效率，也即项目的经济效益（或效果）进行分析评价，可为政府的资源配置决策提供依据，提高资源配置的有效性。主要体现在以下两方面：

1. *对那些财务效益虽好，但经济效益差的项目实行限制*

政府在审批或核准项目的过程中，对那些本身财务效益好，但经济效益差的项目实行限制，使有限的社会资源得到更有效的利用。

2. *对那些财务效益虽差，而经济效益好的项目予以鼓励*

对那些本身财务效益差，而经济效益好的项目，政府可以采取某些支持措施鼓励项目的建设，促进对社会资源的有效利用。

因此，咨询工程师应对项目的经济效益费用流量与财务现金流量存在的差别以及造成这些差别的原因进行分析。对一些国计民生急需的项目，如经济分析合理，而财务分析不可行，可提出相应的财务政策方面的建议，调整项目的财务条件，使项目具有财务可持续性。

（三）政府审批或核准项目的重要依据

在我国新的投资体制下，国家对项目的审批和核准重点放在项目的外部性、公共性方面，而经济分析强调对项目的外部效果进行分析，可以作为政府审批或核准项目的重要依据。

（四）为市场化运作的基础设施等项目提供制定财务方案的依据

对部分或完全市场化运作的基础设施等项目，可通过经济分析来论证项目的经济价值，为制定财务方案提供依据。

（五）比选和优化项目（方案）的重要作用

在项目决策分析与评价的全过程中强调方案比选，为提高资源配置的有效性，方案比选应根据能反映资源真实经济价值的相关数据进行，这需要依赖于经济分析，因此经济分析在方案比选和优化中可发挥重要作用。

（六）有助于实现企业利益、地区利益与全社会利益有机地结合和平衡

国家实行审批和核准的项目，应当特别强调要从社会经济的角度评价和考察，支持和发展对社会经济贡献大的产业项目，并特别注意限制和制止对社会经济贡献小甚至有负面影响的项目。正确运用经济分析方法，在项目决策中可以有效地察觉盲目建设、重复建设项目，实现企业利益、地区利益与全社会利益有机地结合与平衡。

二、经济分析的基本方法

1. 经济分析遵循项目评价的"有无对比"原则，采用"有无对比"方法识别项目的效益和费用。

2. 经济分析采用影子价格（或称计算价格）估算各项效益和费用。

3. 经济分析采用费用效益分析或费用效果分析方法，寻求以最小的投入（费用）获取最大的产出（效益或效果）。

4. 经济费用效益分析采用费用效益流量分析方法，计算经济内部收益率、经济净现值等指标，从资源配置角度评价项目的经济效率是否达到要求；经济费用效果分析对费用和效果采用不同的度量方法，计算效果费用比或费用效果比指标。

三、经济分析的适用范围

（一）确定适用范围的原则

1. 市场自行调节的行业项目一般不必进行经济分析

在理想的市场经济条件下，依赖市场调节的行业项目，项目投资通常由投资者自行决策。对这类项目，政府调控的主要作用发挥在构建合理有效的市场机制，而不在具体的项目投资决策。因此，除特别要求外，这类项目一般不必进行经济分析，而是由市场竞争决定其生存，由市场竞争的优胜劣汰机制促进生产力的不断发展和进步。

2. 市场配置资源失灵的项目需要进行经济分析

在现实经济中，由于市场本身的原因及政府不恰当的干预，都可能导致市场配置资源的失灵，市场价格难以反映项目各项效益和费用的真实经济价值，需要通过经济分析来予以正确反映，判断项目的经济合理性，为投资决策提供依据。

市场配置资源的失灵主要体现在以下几类项目：

（1）具有自然垄断特征的项目；

（2）产出具有公共产品特征的项目，即项目提供的产品或服务在同一时间内可以被共同消费，具有"消费的非排他性"（未花钱购买公共产品的人不能被排除在此产品或服务的消费之外）和"消费的非竞争性"（一人消费一种公共产品并不以牺牲其他人的消费为代价）特征；

（3）外部效果显著的项目，例如对环境、公共利益等影响较大的项目；

（4）国家控制的战略性资源开发和关系国家经济安全的项目，这类项目往往具有公共性、外部效果等综合特征，不能完全依靠市场配置资源；

（5）受过度行政干预的项目。

（二）需要进行经济分析的项目类别

从投资管理角度，现阶段需要进行经济分析的项目可以分为以下几类：

1. 政府预算内投资用于关系国家安全、国土开发和市场不能有效配置资源的公益性项目和公共基础设施项目、保护和改善生态环境项目、重大战略性资源开发项目；

2. 政府各类专项建设基金投资用于交通运输、农林水利等基础设施、基础产业建设项目；

3. 利用国际金融组织和外国政府贷款，需要政府主权信用担保的建设项目；

4. 法律、法规规定的其他政府性资金投资的建设项目；

5. 企业投资建设的涉及国家经济安全，影响环境资源、不可再生自然资源和公众利益，可能出现垄断，涉及整体布局等公共性问题，需要政府核准的建设项目，主要是产出品不具备实物形态且明显涉及公众利益的无形产品项目，如水利水电、交通运输、市政建设、医疗卫生等公共基础设施项目，以及具有明显外部性影响的有形产品项目，如污染严重的工业产品项目等。

四、经济分析与财务分析的异同与联系

（一）经济分析与财务分析的主要区别

1. 分析角度和出发点不同。财务分析是从项目的财务主体、投资者甚至债权人角度，分析项目的财务效益和财务可持续性，分析投资各方的实际收益或损失，分析投资或贷款的风险及收益；经济分析则是从全社会的角度分析评价项目对社会经济的净贡献。

2. 效益和费用的含义及范围划分不同。财务分析只根据项目直接发生的财务收支，计算项目的直接效益和费用，称为现金流入和现金流出；经济分析则从全社会的角度考察项目的效益和费用，不仅要考虑直接的效益和费用，还要考虑间接的效益和费用，称为效益流量和费用流量。同时，从全社会的角度考虑，项目的有些财务收入或支出不能作为效益或费用，例如企业向政府缴纳的大部分税金和政府给予企业的补贴等。

3. 采用的价格体系不同。财务分析使用预测的财务收支价格体系，可以考虑通货膨胀因素；经济分析则使用影子价格体系，不考虑通货膨胀因素。

4. 分析内容不同。财务分析包括盈利能力分析、偿债能力分析和财务生存能力分析；而经济分析只有盈利性分析，即经济效率分析。

5. 基准参数不同。财务分析最主要的基准参数是财务基准收益率，经济分析的基准参数是社会折现率。

6. 计算期可能不同。根据项目实际情况，经济分析计算期可长于财务分析计算期。

（二）经济分析与财务分析的相同之处

1. 两者都采用效益与费用比较的理论方法；
2. 两者都遵循效益和费用识别的有无对比原则；
3. 两者都根据资金时间价值原理，进行动态分析，计算内部收益率和净现值等指标。

（三）经济分析与财务分析之间的联系

经济分析与财务分析之间联系密切。在很多情况下，经济分析是在财务分析的基础之上进行，通常以财务分析中所估算的财务数据为基础进行调整计算，得到经济效益和费用数据。经济分析也可以独立进行，即在项目的财务分析之前就进行经济分析。

第二节　经济效益与费用的识别与计算

经济分析是对投资项目进行决策分析与评价，判定其经济合理性的一项重要工作。进行经济分析首要的工作是对经济效益与费用识别和估算。

一、经济效益与费用识别的基本要求

（一）对经济效益与费用进行全面识别

凡项目对社会经济所作的贡献，均计为项目的经济效益，包括项目的直接效益和间接效益。凡社会经济为项目所付出的代价（即社会资源的耗费，或称社会成本）均计为项目的经济费用，包括直接费用和间接费用。因此，经济分析应考虑关联效果，对项目涉及的所有社会成员的有关效益和费用进行全面识别。

（二）遵循有无对比的原则

识别项目的经济效益和费用，要从有无对比的角度进行分析，将"有项目"（项目实施）与"无项目"（项目不实施）的情况加以对比，以确定某项效益或费用的存在。

（三）遵循效益与费用识别和计算口径对应一致的基本原则

效益与费用识别和计算口径对应一致是正确估算项目净效益的基础，特别是经济分析。因为经济分析中既包括直接效益和直接费用，也包括间接效益和间接费用，识别时要予以充分关注。

（四）合理确定经济效益与费用识别的时间跨度

经济效益与费用识别的时间跨度应足以包含项目所产生的全部重要效益和费用，不完全受财务分析计算期的限制。不仅要分析项目的近期影响，还可能需要分析项目将带来的中期、远期影响。

（五）正确处理"转移支付"

正确处理"转移支付"是经济效益与费用识别的关键。对社会成员之间发生的财务收入与支出，应从是否新增加社会资源和是否增加社会资源消耗的角度出发加以识别。将不增加社会资源财富的财务收入（例如政府给企业的补贴）和不增加社会资源消耗的财务支出（例如企业向政府缴纳的所得税）视作社会成员之间的"转移支付"，不作为经济分析中的效益和费用。

（六）遵循以本国社会成员作为分析对象的原则

经济效益与费用的识别应以本国社会成员作为分析对象。对于跨越国界，对本国之外的其他社会成员也产生影响的项目，应重点分析项目给本国社会成员带来的效益和费用，项目对国外社会成员所产生的影响应予单独陈述。

二、经济效益与费用的估算原则

（一）支付意愿原则

项目产出正面效益的计算应遵循支付意愿（WTP）原则，分析社会成员为项

目产出愿意支付的价值。

（二）受偿意愿原则

项目产出负面影响的计算应遵循接受补偿意愿（WTA）原则，分析社会成员为接受这种不利影响所要求补偿的价值。

（三）机会成本原则

项目投入的经济价值的计算应遵循机会成本原则，分析项目所占用资源的机会成本。机会成本应按该资源的最佳可行替代用途（也称次优用途）所产生的效益计算。

（四）实际价值计算原则

项目经济分析应对所有效益和费用采用反映资源真实价值的实际价格进行计算，不考虑通货膨胀因素的影响，但可考虑相对价格变动。

三、直接效益与直接费用的识别与计算

（一）直接效益

项目直接效益是指由项目产出（包括产品和服务）带来的，并在项目范围内计算的，体现为生产者和消费者受益的经济效益，一般表现为项目为社会生产提供的物质产品、科技文化成果和各种各样的服务所产生的效益。例如工业项目生产的产品、矿产开采项目开采的矿产品、邮电通讯项目提供的邮电通讯服务等满足社会需求的效益；运输项目提供运输服务满足人流物流需要、节约时间的效益；医院提供医疗服务满足人们增进健康减少死亡的需求；学校提供的学生就学机会满足人们对文化、技能提高的要求；生产者获得的成本节约；等等。

项目直接效益有多种表现：

1. 项目产出用于满足国内新增加的需求时，项目直接效益表现为国内新增需求的支付意愿。

2. 当项目的产出用于替代其他厂商的产品或服务时，使被替代厂商减产或停产，从而使其他厂商耗用的社会资源得到节省，项目直接效益表现为这些资源的节省。

3. 当项目的产出直接出口或者可替代进口商品，从而导致进口减少，项目直接效益还表现为国家外汇收入的增加或支出的减少。

以上所述的项目直接效益大多在财务分析中能够得以反映，尽管有时这些反映会有一定程度的价值失真。对于价值失真的直接效益在经济分析中应按影子价格重新计算。

4. 对于一些目标旨在提供社会服务的行业项目，其产生的经济效益与在财务分析中所描述的营业收入无关。例如，交通运输项目产生的经济效益体现为时间节约、运输成本降低等，教育项目、医疗卫生和卫生保健项目等产生的经济效益体现为人力资本增值、生命延续或疾病预防等。

（二）直接费用

项目直接费用是指项目使用社会资源投入所产生并在项目范围内计算的经济费

用,一般表现为投入项目的各种物料、人工、资金、技术以及自然资源而带来的社会资源的消耗。

项目直接费用也有多种表现:

1. 当社会扩大生产规模满足项目对投入的需求时,项目直接费用表现为社会扩大生产规模所增加耗用的社会资源价值。

2. 当社会不能增加供给时,导致其他人被迫放弃使用这些资源来满足项目的需要,项目直接费用表现为社会因其他人被迫放弃使用这些资源而损失的效益。

3. 当项目的投入导致进口增加或减少出口时,项目直接费用还表现为国家外汇支出的增加或外汇收入的减少。

直接费用一般在项目的财务分析中已经得到反映,尽管有时这些反映会有一定程度的价值失真。对于价值失真的直接费用在经济分析中应按影子价格重新计算。

(三) 转移支付

项目的有些财务收入和支出,是社会经济内部成员之间的"转移支付"。从社会经济角度看,并没有造成资源的实际增加或减少,不应计作经济效益或费用。经济分析中,转移支付主要包括:项目(企业)向政府缴纳的所得税、增值税、消费税等;政府给予项目(企业)的各种补贴;项目向国内银行等金融机构支付的贷款利息和获得的存款利息。在财务分析基础上调整进行经济分析时,要注意从财务效益和费用中剔除转移支付部分。

需要注意的是有些税费体现的是资源价值的补偿,若没有更好的方式体现资源真实价值时,一般可暂不作为转移支付处理,主要有体现资源稀缺价值的资源税和补偿费、体现环境价值补偿的税费等。

四、间接效益与间接费用的识别与计算

在经济分析中应关注项目外部效果。拟建项目会对项目以外产生诸多影响,包括正面影响和负面影响,可将这些影响统称为外部效果。外部效果是指项目的产出或投入给他人(生产者和消费者之外的第三方)带来了效益或费用,但项目本身却未因此获得收入或付出代价。习惯上也把外部效果分为间接效益(外部效益)和间接费用(外部费用)。

(一) 间接效益

间接效益是指由项目引起的,在直接效益中没有得到反映的效益。

1. 劳动力培训效果

项目使用劳动力,使非技术劳动力经训练而转变为技术劳动力,引起人力资本增值的效果。但这类外部效果通常难于定量计算,一般只作定性说明。

2. 技术扩散效果

先进技术项目的实施,由于技术人员的流动,技术在社会上扩散和推广,整个社会都将受益。这类外部效果影响明显并可以设法货币量化的,应予定量计算,否则可只作定性说明。

3. 环境改善的效益

某些项目在为社会提供产品或服务的同时,有可能对环境产生有利影响,例如林业项目对气候的影响进而导致农业增产的效益,某些旨在提高质量、降低成本的项目,由于技术、设备或原料的改变导致环境质量的改善、污染物处理费用的降低等。这类间接效益应尽可能量化和货币化。

4. "上、下游"企业相邻效果

"上、下游"企业相邻效果指项目对上、下游产业链的影响。项目的"上游"企业是指为该项目提供原材料或半成品的企业。项目的实施可能会刺激这些上游企业得到发展,增加新的生产能力或是使原有生产能力得到更充分的利用。例如兴建汽车厂,会对为汽车厂生产零部件的企业产生刺激,对钢铁生产企业产生刺激。项目的"下游"企业是指使用项目的产出作为原材料或半成品的企业。项目的产出可能会对下游企业的经济效益产生影响,使其闲置的生产能力得到充分利用,或使其节约生产成本。例如兴建大型乙烯联合企业,可满足对石化原料日益增长的需求,刺激乙烯下游加工行业的发展。

很多情况下,项目对"上、下游"企业的相邻效果可以在项目的投入和产出的影子价格中得到反映,不再计算间接效果。例如大型乙烯项目的产品价格已经市场化或以进口替代计算其影子价格,就不应再计算下游加工行业受到刺激增加生产带来的间接效益。也有些间接影响难以反映在影子价格中,需要作为项目的外部效果计算。

5. 乘数效果

这是指项目的实施使原来闲置的资源得到利用,从而产生一系列的连锁反应,刺激该地区经济发展乃至影响其他地区。在对经济尚不发达地区的项目进行经济分析时可能会需要考虑这种乘数效果,特别应注意选择乘数效果大的项目作为扶贫项目。须注意不宜连续扩展计算乘数效果。如果同时对该项目进行经济影响分析,该乘数效果可以在经济影响分析中体现。

(二)间接费用

间接费用是指由项目引起的,在直接费用中没有得到反映的费用。通常,项目对环境及生态的不利影响是不少项目主要的间接费用。例如矿业、工业项目通常会对大气、水体和土地造成一定污染,给养殖业带来损失等。严重的甚至会造成生态破坏,进而对人类产生不利影响。尽管我国有严格的环境影响评价制度,要求污染物达标排放,但这种影响仍然会或多或少存在。这种间接费用虽然较难计算,但必须予以重视。有时也可按同类企业所造成的损失估计,或按环境补偿费用和恢复环境质量所需的费用估计等。实在不能定量计算的,应作定性描述。

(三)识别计算说明

1. 在识别计算项目的外部效果时须注意不能重复计算。特别要注意那些在直接效益和费用中已经计入的不应再在外部效果中计算,同时还要注意所考虑的外部效果是否确应归于所评价的项目。在考虑外部效果时,特别需要避免发生重复计算和虚假扩大项目间接效益的问题。如果项目产出以影子价格计算的效益已经将部分外部效果考虑在内了，就不必再计算该部分外部效果；项目投入的影子价格大多数也已经充分计算了投入的社会成本，不应再重复计算间接的上游效益。有些间接效益能否完全归属所评价的项目，往往也是需要仔细论证的。比如一个地区的经济发展制约因素往往不止一个，可能有能源、交通运输、通讯等，瓶颈环节有多个，不能简单的归于某一个项目。例如在评价交通运输项目时，要考虑到其他瓶颈制约因素对当地经济发展的影响，不能把当地经济增长都归因于该项目。

2. 可以采用调整项目范围的办法，解决项目外部效果计算上的困难。由于项目外部效果计算上的困难，有时可以采用调整项目范围的办法，将项目的外部效果变为项目以内。调整项目范围的一种方法是将项目的范围扩大，将具有关联性的几个项目合成一个"项目群"进行经济分析，这样就可以将这几个项目之间的相互支付转化为项目内部，从而相互抵消。例如，在评价相互联系的煤矿、铁路运输和火力发电项目时，可以将这些项目合成一个大的综合能源项目，这些项目之间的相互支付就转为大项目内部。

3. 项目的外部效果往往体现在对区域经济和宏观经济的影响上，对于影响较大的项目，需要专门进行经济影响分析，同时可以适当简化经济费用效益分析中的外部效果分析。

第三节 投入产出经济价格的确定

一、投入产出经济价格的含义

投入产出经济价格通常称为影子价格，是进行项目经济分析专用的计算价格。影子价格依据经济分析的定价原则测定，反映项目投入和产出的真实经济价值，反映市场供求关系，反映资源稀缺程度，反映资源合理配置的要求。进行项目的经济分析时，项目的主要投入和产出，原则上应采用影子价格。

影子价格理论最初来自于求解数学规划，在求解一个"目标"最大化数学规划的过程中，发现每种"资源"对于"目标"有着边际贡献。即这种"资源"每增加一个单位，"目标"就会增加一定的单位，不同的"资源"有着不同的边际贡献。这种"资源"对于目标的边际贡献被定义为"资源"的影子价格。经济分析中采用了这种影子价格的基本思想，采取不同于财务价格的影子价格衡量项目耗用资源及产出贡献的真实价值。

影子价格应当根据项目的投入和产出对社会经济的影响，从"有无对比"的角度研究确定。项目使用了资源，将造成两种影响：对社会经济造成资源消耗或挤占其他用户的使用；项目生产的产品及提供的服务，也会造成两种影响：用户使用得到效益或挤占其他供应者的市场份额。

根据货物（广义的货物，指项目的各种投入和产出）的可外贸性，将货物分为可外贸货物和非外贸货物；根据货物价格机制的不同，分为市场定价货物和非市场定价货物。可外贸货物通常属于市场定价货物。非外贸货物中既有市场定价货物也有非市场定价货物。

土地、劳动力和自然资源有其特殊性，被归类为特殊投入。

在明确货物类型之后，即可有针对性地采取适当的定价原则和方法。

二、市场定价货物的经济价格确定

随着我国市场经济的发展和国际贸易的增长，大部分货物已经主要由市场定价，政府不再进行管制和干预。市场价格由市场形成，可以近似反映支付意愿或机会成本。

进行项目经济分析应采用市场价格作为市场定价货物的影子价格的基础，另外加上或者减去相应的物流费用作为项目投入或产出的"厂门口"（进厂或出厂）影子价格。

（一）可外贸货物影子价格

项目使用或生产可外贸货物，将直接或间接影响国家对这种货物的进口或出口。包括：

1. 项目产出直接出口、间接出口和替代进口。
2. 项目投入直接进口、间接进口和减少出口。

原则上，对于那些对进出口有不同影响的货物，应当根据不同情况，采取不同的影子价格定价方法。但在实践中，为了简化工作，可以只对项目投入中直接进口的和产出中直接出口的，以进出口价格为基础确定影子价格。对于其他几种情况仍按国内市场价格定价。

$$\text{直接进口的投入的影子价格（到厂价）} = \text{到岸价（CIF）} \times \text{影子汇率} + \text{进口费用} \qquad (10-1)$$

$$\text{直接出口的产出的影子价格（出厂价）} = \text{离岸价（FOB）} \times \text{影子汇率} - \text{出口费用} \qquad (10-2)$$

式中：影子汇率是指外汇的影子价格，应能正确反映国家外汇的经济价值，由国家指定的专门机构统一发布。

进口费用和出口费用是指货物进出口环节在国内所发生的各种相关费用，包括货物的交易、储运、再包装、短距离倒运、装卸、保险、检验等物流环节上的费用支出，也包括物流环节中的损失、损耗以及资金占用的机会成本，还包括工厂与口岸之间的长途运输费用。对进口费用和出口费用都用人民币计价，一般情况下可直接按财务价值取值。

【例 10-1】 某货物 A 进口到岸价为 100 美元/吨，某货物 B 出口离岸价也为 100 美元/吨，进口费用和出口费用分别为 50 元/吨和 40 元/吨（取其财务价值），若影子汇率 1 美元 = 7.02 人民币元，试计算货物 A 的影子价格（到厂价）以及货物 B 的影子价格（出厂价）。

【解答】

货物 A 的影子价格为：
100×7.02+50=752（元/吨）
货物 B 的影子价格为：
100×7.02-40=662（元/吨）

（二）市场定价的非外贸货物影子价格

1. 价格完全取决于市场的，且不直接进出口的项目投入和产出，按照非外贸货物定价，其国内市场价格作为确定影子价格的基础，并按下式换算为到厂价和出厂价：

$$投入影子价格（到厂价）＝市场价格＋国内运杂费 \qquad (10-3)$$
$$产出影子价格（出厂价）＝市场价格－国内运杂费 \qquad (10-4)$$

2. 产出的影子价格是否含增值税销项税额（以下简称含税），投入的影子价格是否含增值税进项税额（以下简称含税），应分析货物的供求情况，采取不同的方式处理。

（1）项目产出

1) 若项目产出需求空间较大，项目的产出对市场价格影响不大，影子价格按消费者支付意愿确定，即采用含税的市场价格。

2) 若项目产出用以顶替原有市场供应的，也即挤占其他生产厂商的市场份额，应该用节约的社会成本作为影子价格，这里节约的社会成本是指其他生产厂商减产或停产所带来的社会资源节省。对于市场定价的货物，其不含税的市场价格可以看作其社会成本。

对于可能导致其他企业减产或停产，产出质量又相同的，甚至可以按被替代企业的分解可变成本定价（即定位于不合理重复建设的情况）。

（2）项目投入

1) 若该投入的生产能力较富裕或较容易扩容来满足项目的需要，可通过新增供应来满足项目需求的，采用社会成本作为影子价格，这里社会成本是指社会资源的新增消耗。

对于市场定价的货物，其不含税的市场价格可以看作其社会成本。

对于价格受到管制的货物，其社会成本通过分解成本法确定。若通过新增投资增加供应的按全部成本计算分解成本，而通过挖潜增加供应的，按可变成本计算分解成本。

2) 若该投入供应紧张，短期内无法通过增产或扩容来满足项目投入的需要，只能排挤原有用户来满足项目需求的，影子价格按支付意愿确定，即采用含税的市场价格。

（3）若没有可能判别出产出是增加供给还是挤占原有供给，或投入供应是否紧张，也可简化处理为：产出的影子价格一般采用含税的市场价格；投入的影子价格一般采用不含税的市场价格。为避免效益高估，从稳妥原则出发，这种方法要慎重采用。

3. 如果项目产出或投入数量大到影响了其市场价格，导致"有项目"和"无项目"两种情况价格不一致，可取两者的平均值作为确定影子价格的基础。

【例 10-2】 某制造业项目生产的产品中包括市场急需的 C 产品，预测的目标市场价格为 12000 元/吨（含税），项目到目标市场运杂费为 200 元/吨，在进行经济费用效益分析时，该产品的影子价格应如何确定？

【解答】

经预测，在相当长的时期内，C 产品市场需求空间较大，项目的产出对市场价格影响不大，应该按消费者支付意愿确定影子价格，也即采用含增值税销项税额的市场价格为基础确定其出厂影子价格。该项目应该采用的 C 产品出厂影子价格为：

12000－200＝11800（元/吨）

三、不具备市场价格的产出效果经济价格确定

某些项目的产出效果没有市场价格，或市场价格不能反映其经济价值，特别是项目的外部效果往往很难有实际价格计量。对于这种情况，应遵循消费者支付意愿和（或）接受补偿意愿的原则，采取以下两种方法测算影子价格。

1. 根据消费者支付意愿的原则，通过其他相关市场信号，按照"显示偏好"的方法，寻找揭示这些影响的隐含价值，间接估算产出效果的影子价格。

2. 按照"陈述偏好"的意愿调查方法，分析调查对象的支付意愿或接受补偿意愿，通过推断，间接估算产出效果的影子价格。

四、政府调控价格货物经济价格确定

我国尚有少部分产品或服务，如电、水和铁路运输等，不完全由市场机制决定价格，而是由政府调控价格。政府调控价格包括：政府定价、指导价、最高限价等。这些产品或者服务的价格不能完全反映其真实的经济价值。

（一）几种定价方法

在经济分析中，往往需要采取特殊的方法测定这些产品或服务的影子价格，包括成本分解法、消费者支付意愿法和机会成本法。

1. 成本分解法

成本分解法是确定非外贸货物影子价格的一种重要方法，通过对某种货物的边际成本进行分解并用影子价格进行调整换算，得到该货物的分解成本。分解成本是指某种货物的生产所需要耗费的全部社会资源的价值，包括各种物料、人工、土地等的投入，各种耗费都需要用影子价格重新计算。另外还包括按资金时间价值原理计算的资金回收费用。

具体步骤如下：

（1）数据准备。①列出该非外贸货物按生产费用要素计算的单位财务成本。其中主要要素有：原材料、燃料和动力、职工薪酬、折旧费、修理费、流动资金借款利息及其他支出，对其中重要的原材料、燃料和动力，要详细列出价格、耗用量和

金额。②列出单位货物所占用的固定资产原值，以及占用流动资金数额。③调查确定或设定该货物生产厂的建设期和建设期各年投资比例。④经济寿命期限。⑤寿命期终了时的资产余值。

（2）确定重要原材料、燃料、动力、职工薪酬等投入的影子价格，以便计算单位经济费用。

（3）对建设投资进行调整和等值计算。按照建设期各年投资比例，计算出建设期各年建设投资额，用下式把分年建设投资额换算到生产期初：

$$I_F = \sum_{t=1}^{n_1} I_t(1+i_s)^{n_1-t} \qquad (10-5)$$

式中　I_F——等值计算到生产期初的单位建设投资；

I_t——建设期各年调整后的单位建设投资（元）；

n_1——建设期（年）；

i_s——社会折现率（%）。

（4）用固定资金回收费用取代财务成本中的折旧费。

设每单位该货物的固定资金回收费用为 M_F，

不考虑固定资产余值回收时为：

$$M_F = I_F \times (A/P, i_s, n_2) \qquad (10-6)$$

考虑固定资产余值回收时为：

$$M_F = (I_F - S_V) \times (A/P, i_s, n_2) + S_V \times i_s \qquad (10-7)$$

式中　S_V——计算期末回收的固定资产余值；

n_2——生产期。

$(A/P, i_s, n_2)$——资金回收系数（详见第六章）。

（5）用流动资金回收费用取代财务成本中的流动资金利息。

设每单位该货物的流动资金回收费用为 M_w，则有：

$$M_w = W \times i_s \qquad (10-8)$$

式中　W——单位该货物占用的流动资金。

（6）财务成本中的其他科目可不予调整。

（7）完成上述调整后，计算的各项经济费用总额即为该货物的分解成本，可作为其出厂影子价格。

【例 10-3】 分解成本计算举例。

某电网满足新增用电将主要依赖新建的火电厂供给，用成本分解法计算电力影子价格的计算过程简述如下：

1. 数据准备

（1）机组为 300MW 的火电厂，单位千瓦需要的建设投资为 4000 元，建设期 2 年，分年投资比例各 50%（按年末投入），不考虑固定资产余值回收；单位千瓦占用的流动资金为 0.6 元；生产期按 20 年计，年运行 6600 小时（折算为满负荷小时数）。发电煤耗按 330g 标准煤/千瓦时，换算为标准煤的到厂价格为 127 元/吨，火电厂厂用电率 6%，社会折现率 8%。

（2）典型的新建 300MW 火电机组单位发电成本见表 10—1。

表 10—1 单位发电成本表

要素成本费用项目	成本费用金额（元/千瓦时）
燃煤成本	0.042
运营及维护费用	0.100
折旧费用	0.041
财务费用	0.033
发电成本（元/千瓦时）	0.216

2. 计算分解成本

（1）调整燃煤成本：当地无大型煤矿，靠小煤矿供煤，小煤矿安全性差，开采燃煤对于自然资源损害严重，应当按照煤炭的市场价格作为影子价格。分析确定为 300 元/吨，另加运杂费 60 元，到厂价格为 360 元/吨，换算为标准煤的到厂价格为 504 元/吨。燃煤成本调整为 0.167 元/千瓦时（0.042×504/127）。

（2）已知单位千瓦需要的建设投资 4000 元，建设期 2 年，分年投资比例各 50%。

按（10—5）式将各年建设投资换算到生产期初：

$$I_F = \sum_{t=1}^{n_1} I_t (1+i_s)^{n_1-t}$$
$$= 4000 \times 50\% \times (1+8\%)^{2-1} + 4000 \times 50\% \times (1+8\%)^{2-2}$$
$$= 4160 （元）$$

（3）按（10—6）式计算单位千瓦固定资金回收费用。

固定资金回收费用 = 4160÷6600×(A/P, 8%, 20)
= 0.630×0.10185 = 0.064（元/千瓦时）

（4）按（10—8）式计算流动资金回收费用。

流动资金回收费用 = 0.60×8% = 0.048（元/千瓦时）

（5）将折旧费及财务费用从成本中扣除，改为按社会折现率计算的固定资金回收费用和流动资金回收费用：

0.064+0.048 = 0.112（元/千瓦时）

（6）运营及维护费用不做调整，仍为 0.10。

（7）火电厂发电分解成本计算。

综合以上各步，计算的火电厂发电分解成本为：

火电厂发电分解成本 = 0.167+0.10+0.112 = 0.379（元/千瓦时）

3. 计算电力影子价格

扣除厂用电后（厂用电率 6%）：

上网电分解成本＝0.379/（1－6%）＝0.379/0.94＝0.403（元/千瓦时）

则电力影子价格为 0.40（元/千瓦时）。

如果用电项目不是建设在火电厂旁边，还需要另外计算网输费（包括输变电成本及输电线损）。

【例 10－4】 接【例 10－3】，拟在新建火电厂旁边新建一电解铝项目，将主要由新建的火电厂供电。当地为支持该电解铝项目的建设，拟给以优惠电价。在进行电解铝项目经济费用效益分析时，试确定应采用的影子价格。

【解答】

该电解铝项目用电价格受政府调控，并可通过新增供应来满足项目需求，应采用社会成本作为影子价格，其社会成本可通过分解成本法确定。由于是通过新增投资增加电力供应的，应该用全部成本进行分解，依【例 10－3】，该电力影子价格最低取 0.40 元/千瓦时。

2. 支付意愿法

支付意愿是指消费者为获得某种商品或服务所愿意付出的价格。在经济分析中，通常采用消费者支付意愿测定影子价格。

在完善的市场中，市场价格可以正确地反映消费者的支付意愿。应注意在不完善的市场中，消费者的行为有可能被错误地引导，此时市场价格就不能正确地反映消费者支付意愿。

3. 机会成本法

机会成本是指用于拟建项目的某种资源的最佳可行替代用途所能获得的最大净效益。例如资金是一种资源，在各种投资机会中都可使用，一个项目使用了一定量的资金，这些资金就不能再在别的项目中使用，它的机会成本就是所放弃的所有投资机会中可获得的最大净效益。

在充分的市场机制下，资源会被出价最高的使用者得到，所以该资源的机会成本应该表现为它的市场价格。

在经济分析中，机会成本法也是测定影子价格的重要方法之一。

（二）几种主要的政府调控价格产品及服务的影子价格

1. 电价

作为项目的投入时，电力的影子价格可以按成本分解法测定。一般情况下应当按当地的电力供应完全成本口径的分解成本定价。有些地区，若存在阶段性的电力过剩，可以按电力生产的可变成本分解定价。水电的影子价格可按替代的火电分解成本定价。

作为项目的产出时，电力的影子价格应当按照电力对于当地经济的边际贡献测定。作为项目的产出时，电力的影子价格应体现消费者支付意愿，最好按照电力对于当地经济的边际贡献测定。无法测定时，可参照火电的分解成本，按高于或等于火电的分解成本定价。

目前水电项目经济分析中的发电效益习惯采用最优等效替代项目的费用估算，即按照发电量相同的火电项目的年费用作为水电项目的发电经济效益估算的基础。

2. 交通运输服务

交通运输作为项目投入时，一般情况下按完全成本分解定价。

交通运输作为产出品时，经济效益的计算不考虑服务收费收入，而是采取专门的方法，按替代运输量（或转移运输量）和正常运输量的时间节约效益、运输成本节约效益、交通事故减少效益以及诱增运输量的效益等测算。

3. 水价

作为项目投入时，按后备水源的成本分解定价，或者按照恢复水功能的成本定价。作为项目产出时，水的影子价格按消费者支付意愿或者按消费者承受能力加政府补贴测定。

五、特殊投入经济价格确定

项目的特殊投入主要包括：劳动力、土地和自然资源，其影子价格需要采取特定的方法确定。

（一）劳动力的影子价格——影子工资

劳动力作为一种资源，项目使用了劳动力，社会要为此付出代价，经济分析中用"影子工资"来表示这种代价。影子工资是指项目使用劳动力，社会为此付出的代价，包括劳动力的机会成本和劳动力转移而引起的新增资源消耗。

劳动力机会成本是指拟建项目占用的劳动力，因而不能再用于其他地方或享受闲暇时间而被迫放弃的价值，应根据项目所在地的人力资源市场及就业状况、劳动力来源以及技术熟练程度等方面分析确定。技术熟练程度要求高的，稀缺的劳动力，其机会成本高，反之机会成本低。劳动力的机会成本是影子工资的主要组成部分。

新增资源消耗是指劳动力在本项目新就业或由原来的岗位转移到本项目而发生的经济资源消耗，包括迁移费、新增的城市基础设施配套等相关投资和费用。

（二）土地影子价格

在我国土地是一种稀缺资源。项目占用了土地，社会就为此付出了代价，无论是否实际需要支付费用，都应根据机会成本或消费者支付意愿计算土地影子价格。土地的地理位置对土地的机会成本或消费者支付意愿影响很大，因此土地地块的地理位置是影响土地影子价格的关键因素。

土地作为稀缺资源，其影子价格应反映其稀缺价值。我国的土地资源日趋紧缺，政府也因此对土地利用采取更加严格的管理，在这种形势下，土地影子价格的确定应就高不就低。土地影子价格应当不低于项目取得土地使用权的成本加上政府为此付出的补贴或者政府给予的优惠（如果有的话），如果根据机会成本估算出来的土地影子价格较低，应当以项目取得土地使用权的成本加上政府为此付出的补贴或者政府给予的优惠（如果有的话）作为土地的影子价格。

1. 非生产性用地的土地影子价格

项目占用住宅区、休闲区等非生产性用地，市场完善的，应根据市场交易价格作为土地影子价格；市场不完善或无市场交易价格的，应按消费者支付意愿确定土地影子价格。

2. 生产性用地的土地影子价格

项目占用生产性用地，主要指农业、林业、牧业、渔业及其他生产性用地，按照这些生产用地的机会成本及因改变土地用途而发生的新增资源消耗进行计算。

即：土地影子价格＝土地机会成本＋新增资源消耗

（1）土地机会成本

土地机会成本按照项目占用土地而使社会成员由此损失的该土地"最佳可行替代用途"的净效益计算。通常该净效益应按影子价格重新计算，并用项目计算期各年净效益的现值表示。

土地机会成本估算中应注意：①原有用途往往不是最佳可行替代用途，按原有用途、原有数据估算，往往会造成低估。②要用发展的眼光看待"最佳可行替代用途"。当前，占用农用地建设工程项目的机会很多，应根据当地社会、经济发展规划和土地利用规划来确定"最佳可行替代用途"。如果已规划为建设用地，则应将建设用地作为最佳可行替代用途，而不是农用地。

农用地土地机会成本的计算过程中应适当考虑净效益的递增速度以及净效益计算基年距项目开工年的年数。

土地机会成本计算公式：

$$OC = NB_0(1+g)^{\tau+1} \times [1-(1+g)^n(1+i_s)^{-n}]/(i_s - g) \quad (10-9)$$

式中　OC——土地机会成本；

n——项目计算期；

NB_0——基年土地的最佳可行替代用途的净效益（用影子价格计算）；

τ——净效益计算基年距项目开工年的年数；

g——土地的最佳可行替代用途的年平均净效益增长率；

i_s——社会折现率（$i_s \neq g$）。

【例10-5】 某项目占用农用地的土地机会成本计算举例。

某项目拟占用农业用地 1000 亩。经调查，该地的各种可行的替代用途中最大净效益为 6000 元/亩（采用影子价格计算的每亩土地年平均净效益）。

在项目计算期 20 年内，估计该最佳可行替代用途的年净效益按平均递增 2% 的速度上升（$g=2\%$）。

预计项目第二年开始建设，所以 $\tau=1$。

社会折现率 $i_s=8\%$。

【解答】

首先根据每亩年净效益数据计算每亩土地的机会成本：

$$OC = 6000 \times (1+2\%)^1 + 1 \times [1-(1+2\%)^{20}(1+8\%)^{-20}]/(8\%-2\%)$$
$$= 70871 \text{（元）}$$

然后计算占用1000亩土地的机会成本为：$70871 \times 1000 = 7087$（万元）。

（2）新增资源消耗

新增资源消耗应按照在"有项目"情况下土地的占用造成原有地上附属物财产的损失及其他资源耗费来计算。项目经济分析中补偿费用一般可按相关规定的高限估算。由政府出资拆迁安置的，其费用也应计入新增资源消耗。

业主自行开发土地的，土地平整等开发成本通常应计入工程建设投资中，在土地影子费用估算中不再重复计算。

由开发区管委会负责开发的，或者政府给与补贴的，其费用应包括在土地影子费用中。

（3）实际征地费用的分解

实际的项目评价中，土地的影子价格可以从投资估算中土地费用的财务价值出发，进行调整计算。由于各地土地征收的费用标准不完全相同，在经济分析中须注意项目所在地区征地费用的标准和范围。一般情况下，项目的实际征地费用可以划分为三部分，分别按照不同的方法调整：

1）属于机会成本性质的费用，如土地补偿费、青苗补偿费等，按照机会成本计算方法调整计算。

2）属于新增资源消耗的费用，如征地动迁费、安置补助费和地上附着物补偿费等，按影子价格计算。

3）一般而言，政府征收的税费属于转移支付。但从我国耕地资源的稀缺程度考虑，征地费用中所包括的耕地占用税应当计入土地经济费用。

（4）已经在建或正在规划中的经济开发区和工业园区的土地，其用途已不再是农用地，应参照市场价格确定土地影子价格。

（三）自然资源影子价格

在经济分析中，各种有限的自然资源也被归类为特殊投入。项目使用了自然资源，社会经济就为之付出了代价。如果该资源的市场价格不能反映其经济价值，或者项目并未支付费用，该代价应该用表示该资源经济价值的影子价格表示，而不是市场价格。矿产等不可再生资源的影子价格应当按该资源用于其他用途的机会成本计算，水和森林等可再生资源的影子价格可以按资源再生费用计算。为方便测算，自然资源影子价格也可以通过投入替代方案的费用确定。

当以上方法难以具体应用时，作为投入的不可再生矿产资源的影子价格可简化为：市场价格（含增值税进项税额，也包含资源税）作为其影子价格的最低值，理由是：尽管作为政府征收的资源税有"转移支付"之嫌，但在对资源稀缺价值暂时难以度量的情况下，姑且将资源税作为资源稀缺价值的一种体现，尽管这种体现仍然可能是不充分的。

六、特殊产出经济价格确定

项目的特殊产出主要包括：人力资本、生命价值、时间节约和环境价值等，其影子价格需要采取特定的方法确定。

（一）人力资本和生命价值的估算

某些项目的产出效果表现为对人力资本、生命延续或疾病预防等方面的影响，如教育项目、医疗卫生和卫生保健项目等，应根据项目的具体情况，测算人力资本增值的价值、可能减少死亡的价值，以及减少疾病增进健康等的价值，并将货币量化结果纳入项目经济费用效益流量表中。如果因缺乏可靠依据难以货币量化，可采用非货币的方法进行量化，也可只进行定性分析。

1. 教育项目的目标是提高人才素质，其效果可以表现为人力资本增值，例如通过教育提高了人才素质，引发的工资提高。在劳动力市场发育成熟的情况下，其人力资本的增值应根据"有项目"和"无项目"两种情况下的所得税前工资的差额进行估算。例如世界银行的一项研究成果表明，每完成一年教育可以给受教育者增加约 5% 的月收入。

2. 医疗卫生项目的目标是维系生命，其效果常常表现为减少死亡和病痛的价值。可根据社会成员为避免死亡和减少病痛而愿意支付的费用进行计算。当缺乏对维系生命的支付意愿的资料时，可采用人力资本法，通过分析人员的死亡导致为社会创造收入的减少来评价死亡引起的损失，以测算生命的价值；或者通过分析伤亡风险高低不同的工种的工资差别来间接测算人们对生命价值的支付意愿。

3. 卫生保健项目的目标是预防疾病，其效果表现为对人们增进健康的影响效果时，一般应通过分析疾病发病率与项目影响之间的关系，测算由于健康状况改善而增加的工作收入、发病率降低而减少的看病、住院等医疗成本及其他各种相关支出，并综合考虑人们对避免疾病而获得健康生活所愿意付出的代价，测算其经济价值。

（二）时间节约价值的估算

交通运输等项目，其效果可以表现为时间的节约，需要计算时间节约的经济价值。应按照有无对比的原则分析"有项目"和"无项目"情况下的时间耗费情况，区分不同人群、货物，根据项目具体特点分别测算旅客出行时间节约和货物运送时间节约的经济价值。

1. 出行时间节约的价值

出行时间节约的价值可以按节约时间的受益者为了获得这种节约所愿意支付的货币数量来度量。在项目经济费用效益分析中，应根据所节约时间的具体性质分别测算。

（1）如果所节约的时间用于工作，时间节约的价值应为因时间节约而进行生产从而引起产出增加的价值。在完善的劳动力市场下，企业支付给劳动者的工资水平，可以看作是劳动者的边际贡献，因此可以将企业负担的所得税前工资、各项保险费用及有关的其他劳动成本用于估算时间节约的价值。

(2) 如果所节约的时间用于闲暇，应从受益者个人的角度，综合考虑个人家庭情况、收入水平、闲暇偏好等因素，采用意愿调查评估方法进行估算。

2. 货物时间节约的价值

货物时间节约的价值应为这种节约的受益者为了得到这种节约所愿意支付的货币数量。在项目经济费用效益分析中，应根据不同货物对运输时间的敏感程度以及受益者的支付意愿测算时间节约价值。

(三) 环境价值的估算

环境工程项目的效果表现为对环境质量改善的贡献，可采用相应的环境价值评估方法，估算其经济价值。

第四节　经济分析基本方法

一、项目费用效益分析

在经济费用效益分析中，当费用和效益流量识别和估算完毕之后，应编制经济费用效益分析报表，并根据报表计算评价指标，进行经济效率分析，判断项目的经济合理性。

(一) 经济费用效益分析指标

1. 经济净现值

经济净现值（ENPV）是指用社会折现率将项目计算期内各年的经济净效益流量折算到项目建设期初的现值之和，是经济费用效益分析的主要指标。

经济净现值的计算式为：

$$ENPV = \sum_{t=1}^{n}(B-C)_t(1+i_s)^{-t} \qquad (10-10)$$

式中　　B——经济效益流量；
　　　　C——经济费用流量；
　　　　$(B-C)_t$——第 t 年的经济净效益流量；
　　　　n——计算期，以年计；
　　　　i_s——社会折现率。

经济净现值是反映项目对社会经济净贡献的绝对量指标。项目的经济净现值等于或大于零表示社会经济为拟建项目付出代价后，可以得到符合或超过社会折现率所要求的以现值表示的社会盈余，说明项目的经济盈利性达到或超过了社会折现率的基本要求，从经济效率看，该项目可以被接受。经济净现值越大，表明项目所带来的以现值表示的经济效益越大。

2. 经济内部收益率

经济内部收益率（EIRR）是指能使项目在计算期内各年经济净效益流量的现

值累计等于零时的折现率，是经济费用效益分析的辅助指标。经济内部收益率可由下式表达：

$$\sum_{t=1}^{n}(B-C)_t(1+EIRR)^{-t}=0 \qquad (10-11)$$

式中　$EIRR$——经济内部收益率，其余符号同前。

经济内部收益率可由上式采用数值解法求解，手算可用人工试算法，利用计算机可使用现成的软件程序或函数求解。

经济内部收益率是从资源配置角度反映项目经济效益的相对量指标，表示项目占用的资金所能获得的动态收益率，反映资源配置的经济效率。项目的经济内部收益率等于或大于社会折现率时，表明项目对社会经济的净贡献达到或者超过了社会折现率的要求。

(二) 经济费用效益分析报表

经济费用效益分析主要报表是"项目投资经济费用效益流量表"，见表10-2。辅助报表一般包括建设投资调整估算表、流动资金调整估算表、营业收入调整估算表和经营费用调整估算表。如有要求，也可以编制国内投资经济费用效益流量表。按照《建设项目经济评价方法与参数》（第三版），本章只介绍项目投资经济费用效益流量表。

项目投资经济费用效益流量表用以综合反映项目计算期内各年的按项目投资口径计算的各项经济效益与费用流量及净效益流量，用来计算项目投资经济净现值和经济内部收益率指标。该表的编制与项目的融资方案无关。

表10-2　项目投资经济费用效益流量表

序号	项　　目	计算期					
		1	2	3	4	…	n
1	效益流量						
1.1	项目直接效益						
1.2	回收资产余值						
1.3	回收流动资金						
1.4	项目间接效益						
2	费用流量						
2.1	建设投资						
2.2	流动资金						
2.3	经营费用						
2.4	项目间接费用						
3	净效益流量（1-2）						

计算指标：

项目投资经济净现值（$i_s=8\%$）

项目投资经济内部收益率

(三) 编制项目投资经济费用效益流量表的两种方式

经济费用效益流量表可以按照前述效益和费用流量识别和计算的原则和方法直接进行编制，也可以在财务现金流量的基础上进行调整编制。

1. 直接计算法

直接进行效益和费用流量的识别和计算，并编制经济费用效益流量表。

（1）识别（包括量化）经济效益和经济费用，包括直接效益、直接费用和间接效益、间接费用。

（2）分析确定各项投入和产出的影子价格，对各项产出效益和投入费用进行估算，同时可以编制必要的辅助表格。

（3）根据估算的效益流量和费用流量，编制项目投资经济费用效益流量表。

（4）对能够货币量化的外部效果，尽可能货币量化，并纳入经济效益费用流量表的间接费用和间接效益；对难以进行货币量化的产出效果，应尽可能地采用其它量纲进行量化；难以量化的，进行定性描述。

（5）采用直接编制经济费用效益流量表方式的项目，其直接效益一般比较复杂，而且与财务效益完全不同，可结合项目目标，视具体情况采用不同方式分别估算。

交通运输项目的直接效益体现为时间节约的效果，可按本章第三节所述的时间节约价值的估算方法并结合项目的具体情况计算。

教育项目、医疗卫生和卫生保健项目等的产出效果表现为对人力资本、生命延续或疾病预防等方面的影响，可按本章第三节所述的人力资本增值的价值、可能减少死亡的价值，以及减少疾病增进健康等的价值估算方法并结合项目的具体情况计算。

水利枢纽项目的直接效益体现为防洪效益、减淤效益和发电效益等，可按照行业和项目具体情况分别估算。

2. 调整计算法

在财务分析项目投资现金流量表基础上调整编制经济费用效益流量表。

（1）调整内容

在财务分析基础上编制经济费用效益流量表，主要包括效益和费用范围调整和数值调整两方面内容：

1）效益和费用范围调整

①识别财务现金流量中属于转移支付的内容，并逐项从财务效益和费用流量中剔除。

作为财务现金流入的国家对项目的各种补贴，应看作转移支付，不计为经济效益流量；作为财务现金流出的，项目向国家支付的大部分税金也应看作转移支付，不计为经济费用流量。

前已述及，国内借款利息（包括建设投资借款建设期利息和生产期利息，流动资金借款利息）被看作转移支付，不计为经济费用流量。但实际上，因财务分析项目投资现金流量表中本不包括借款利息,该项调整并不存在。

②对流动资金估算中涉及的不属于社会资源消耗的应收、应付、预收、预付款项和现金部分予以剔除。

③遵循实际价值原则,不考虑通货膨胀因素,剔除建设投资中包含的涨价预备费。

④识别项目的外部效果,分别纳入间接效益和间接费用流量。

2) 效益和费用数值调整

①鉴别投入和产出的财务价格是否能正确反映其经济价值。如果项目的全部或部分投入和产出没有正常的市场交易价格,或者财务价格不能正确反映其经济价值,那么应该采用适当的方法测算其影子价格,并重新计算相应的费用或效益流量。

②投入和产出中涉及外汇的,需要用影子汇率代替财务分析中采用的国家外汇牌价。

③对项目的外部效果尽可能货币量化计算。例如,一个大型林业项目的财务效益主要是林木出售获得的收入,但由于种树引起的气候改善,使该流域农田增产,农民可由此受益。在经济分析中农田增产的效益应作为该林业项目的间接效益,合理估计后纳入经济费用效益流量表。再如,一个对环境产生负面影响的项目,尽管项目并未因此付费,但社会经济为此付出了代价,应尽可能将该影响货币量化后作为间接费用,纳入经济费用效益流量表。

(2) 具体调整方法

1) 调整直接效益流量。

项目的直接效益大多为营业收入。产出需要采用影子价格的,用影子价格计算营业收入。应分析具体供求情况,选择适当的方法确定产出影子价格。出口产品用影子汇率计算外汇价值。

重新计算营业收入,编制营业收入调整估算表。

【例10—6】 某大型中外合资项目X有多种产品,大部分产品的市场价格可以反映其经济价值。其中的主要产品Y,年产量为20万吨,产量大,但市场空间不够大。该项目市场销售收入总计估算为760000万元(含销项税额),适用的增值税税率为16%。当前产品Y的市场价格为22000元/吨(含销项税额)。据预测,项目投产后,将有可能导致产品Y市场价格下降20%,且很可能挤占国内原有厂家的部分市场份额。

在该项目的经济费用效益分析中,Y产品的影子价格应如何确定?试估算按影子价格计算调整后的项目营业收入(其他产品价格不作调整)。

【解答】

按照前述产出影子价格的确定原则和方法,该Y产品的影子价格应按社会成本确定,可按不含税的市场价格作为其社会成本。

按照市场定价的非外贸货物影子价格确定方法,采用"有项目"和"无项目"

价格的平均值确定影子价格：

[22000＋22000×（1－20％）]÷2÷（1＋16％）＝17069（元/吨）

调整后的年营业收入＝760000－20×（22000－17069）＝661380（万元）

该项目的直接经济效益为 661380 万元。

【例 10－7】 要求对 M 项目进行经济费用效益分析，在项目投资现金流量表营业收入基础上调整估算营业收入的经济价值，即该项目的直接经济效益，并编制营业收入调整表。

【解答】

在 M 项目财务分析中（【例 9－1】），营业收入按不含税价格估算。经分析研究，产品 A、C、D 属于市场定价的非外贸货物，市场空间大，按消费者支付意愿确定影子价格，即采用含税价格重新估算其营业收入。产品 B 市场空间小，必将挤占其他生产厂商的市场份额，按不含税价格作为其影子价格。调整后的营业收入及与财务数值的对比见表 10－3。

表 10－3 营业收入调整表

单位：万元

序号	项目	财务数值		经济数值	
	生产负荷	90％	100％	90％	100％
	营业收入合计	114888	127653	127362	141513
1	产品 A	62192	69102	72142	80158
2	产品 B	36923	41025	36923	41025
3	产品 C	15386	17095	17847	19830
4	产品 D	388	431	450	500

注：本表数字尾数可能有不对应之处，系计算机自动圆整所致。以下表格可能都有此问题，不再予以说明。

2）调整建设投资。

①将建设投资中涨价预备费从费用流量中剔除。

②根据具体情况，建设投资中的劳动力可按影子工资计算费用，也可不予调整。

③有进口用汇的应按影子汇率换算并剔除作为转移支付的进口关税和进口环节增值税。

④建设投资的国内费用中内含的增值税进项税额可根据市场定价的非外贸货物（投入）影子价格定价原则以及各类投入的市场供求情况决定是否剔除，也即采用含税价格还是不含税价格。其他费用通常不必调整。

⑤应重视建设投资中土地费用的调整，按照本章第三节土地影子价格确定方法及要求进行调整。

⑥其他的费用一般可认为等同于财务价值，通常不必调整。

【例 10－8】 举例说明进口设备经济价值的计算。

根据本书第七章【例7-7】，某公司拟从国外进口一套机电设备，重量1500吨，离岸价为400万美元。其他有关费用参数为：国外海运费费率为4%，海上运输保险费费率为0.1%，银行财务费费率为0.15%，外贸手续费费率为1%，进口关税税率为10%，进口环节增值税税率为16%。人民币外汇牌价为1美元＝6.5元人民币，设备的国内运杂费费率为2.1%。影子汇率换算系数为1.08，试计算该套进口设备的影子价格（到厂价）。

【解答】

①用影子汇率换算为人民币表示的进口设备到岸价＝400×（1＋4%）×（1＋0.1%）×6.5×1.08＝2923.24（万元）

②银行财务费＝400×6.5×0.15%＝3.9（万元）

③外贸手续费＝400×（1＋4%）×（1＋0.1%）×6.5×1%＝27.07（万元）

④国内运杂费＝400×6.5×2.1%＝54.60（万元）

⑤进口设备的影子价格＝2923.24＋3.9＋27.07＋54.60＝3008.81（万元）

【例10-9】 续【例10-7】，对M项目建设投资进行调整，编制建设投资调整表。

【解答】

调整说明如下：

①外币部分按影子汇率换算为人民币。

②经对当前经济形势和国内投资货物市场状况进行分析，认为国内投资货物市场供求基本平衡，可通过新增供应来满足项目需求，因而采用不含税价格作为其影子价格，即剔除国内设备费、安装工程费和建筑工程费中内含的增值税进项税额。

③进口设备材料关税和进口环节增值税是转移支付，予以剔除。

④工程建设其他费用中，由于是按优惠价格购买的土地使用权，因此土地费用的经济数值按市场价格重新估算；其他各项未予调整。

⑤基本预备费系按外币和人民币分别计算的，经济费用效益分析中，未重新按调整后的计费基数进行估算，只是将其中外币部分用影子汇率代替外汇牌价折算为人民币。

调整后的建设投资经济数值及与财务数值的对比见表10-4。

表10-4 建设投资调整表

单位：万元，万美元

序号	项 目	财务数值			经济数值		
		外币	人民币	合计	外币	人民币	合计
1	建设投资	4576	224666	254410	4576	201115	233239
1.1	建筑工程费		29200	29200		27051	27051
1.2	设备和工器具购置费	4400	101026	129626	4400	81200	112088
1.3	安装工程费		42466	42466		38390	38390
1.4	固定资产其他费用		25500	25500		25500	25500

续表

序号	项目	财务数值			经济数值		
		外币	人民币	合计	外币	人民币	合计
1.5	无形资产		5500	5500		8000	8000
	其中：土地费用		2000	2000		4500	4500
1.6	其他资产		550	550		550	550
1.7	基本预备费	176	20424	21568	176	20424	21660

3) 调整经营费用。

经营费用可采取以下方式调整计算：对需要采用影子价格的投入，用影子价格重新计算；对一般投资项目，人工工资可不予调整，即取影子工资换算系数为1；人工工资用外币计算的，应按影子汇率调整；对经营费用中的除原材料和燃料动力费用之外的其余费用，通常可不予调整。

【例10—10】 续【例10—7】，对 M 项目经营费用进行调整，编制经营费用调整表。

【解答】

M 项目主要原料 A 系不可再生矿产资源，财务分析中采用的是优惠价，经济费用效益分析中改按含税市场价格，高出对应的财务价格。原料 B 市场供应较富裕，按社会成本定价，即用不含税市场价格作为影子价格，也即其经济价值等同于财务价值。燃料煤改按含税市场价格作为影子价格，高出对应的财务价格。当地水资源紧缺，改按含税价格并含资源费，高出财务分析中的水价。其他原材料和燃料动力按社会成本，用不含税价格作为影子价格，即等同于财务价格。经营费用中的其他科目不做调整。调整后的经营费用及与财务数值的对比见表10—5。

表10—5 经营费用调整表

单位：万元

序号	项目	财务数值		经济数值	
	生产负荷	90%	100%	90%	100%
1	外购原材料	26471	29413	36780	40867
2	外购辅助材料	882	980	882	980
3	外购燃料	6630	7366	9064	10071
4	外购动力	4723	5247	5431	6035
5	工资及福利费	2720	2720	2720	2720
6	修理费	7838	7838	7838	7838
7	其他费用	7697	7952	7697	7952
8	经营费用合计	56960	61516	70412	76462

4) 调整流动资金。

如果财务分析中流动资金是采用扩大指标法估算的，经济分析中可仍按扩大指标法估算,但需要将计算基数调整为以影子价格计算的营业收入或经营费用,再乘以相应的系数估算。如果财务分析中流动资金是按分项详细估算法估算的,在剔除了现金、应收账款、预收账款、预付账款和应付账款后,剩余的存货部分要用影子价格重新分项估算。

【例10-11】 续【例10-7】,对M项目流动资金进行调整,编制流动资金调整表。

【解答】

M项目流动资金财务数值是按详估法估算的,经济费用效益分析中流动资金只包括用影子价格计算的存货部分,估算中的最低周转天数与财务分析相同。调整后的流动资金及与财务数值的对比见表10-6。

表10-6 流动资金调整表

单位:万元

序号	项目	财务数值		经济数值	
	生产负荷	90%	100%	90%	100%
1	流动资产	13099	14180	6810	7457
1.1	应收账款	7007	7589		
1.2	存货	5224	5702	6810	7457
1.3	现金	868	889		
2	流动负债	3734	4149		
2.1	应付账款	3734	4149		
3	流动资金	9365	10031	6810	7457

5)回收资产余值一般不必调整。

6)识别并估算间接效益和间接费用。

按照上述效益和费用范围调整的要求,识别项目的间接效益和间接费用,并尽可能予以货币化估算。

【例10-12】 识别并估算M项目的间接效益和间接费用。

【解答】

M项目生产的产品属于市场定价货物,其影子价格已然反映了对下游产业链产生的影响,不再估算该项间接效益。

当地政府承诺出资建设部分厂外工程,估计花费建设投资0.8亿元,应计作M项目的间接费用。

M项目对环境会产生一定负面影响,国际上一般要求对这种影响采用一定的标准予以补偿,本例采用低于国际补偿标准的金额估算的资源及环境补偿费用为1.6亿元,投产第一年按90%计。

7)在以上各项的基础上编制项目经济费用效益流量表。

【例10-13】 将【例10-7】、【例10-9】、【例10-10】、【例10-11】和【例

10—12】调整后的数据编制项目投资经济费用效益流量表,计算效益指标,并做出经济费用效益分析结论。

【解答】

编制的项目投资经济费用效益流量表见表10—7。依据该表数据计算的经济内部收益率为5.03%,经济净现值为—23122万元($i_s=8\%$),可见考虑环境影响后该项目经济效益不能满足8%的社会折现率的要求,因此从资源配置角度评价项目的经济效率不能满足要求,即该项目不具经济合理性。

表10—7 项目投资经济费用效益流量表

单位:万元

序号	项目	计算期 1	2	3	4	5	6	7	8
	生产负荷			90%	100%	100%	100%	100%	100%
1	效益流量			127362	141513	141513	141513	141513	157448
1.1	项目直接效益			127362	141513	141513	141513	141513	141513
1.2	回收资产余值								8478
1.3	回收流动资金								7457
1.4	项目间接效益								
2	费用流量	120619	120619	91622	93109	92462	92462	92462	92462
2.1	建设投资	116619	116619						
2.2	流动资金			6810	647				
2.3	经营费用			70412	76462	76462	76462	76462	76462
2.4	项目间接费用	4000	4000	14400	16000	16000	16000	16000	16000
	其中:政府出资厂外工程	4000	4000						
	环境补偿费用			14400	16000	16000	16000	16000	16000
3	项目净现金流量	—120619	—120619	35741	48404	49051	49051	49051	64986

计算指标:
项目投资经济内部收益率: 5.03%
项目投资经济净现值($i_s=8\%$): —23122万元

注:(1)本表回收资产余值取财务数值,不作调整。
(2)本表指标采用计算机配置的函数计算,手算可能有误差。

【例10—14】某投资者拟于年初投资5000万元在河流上游植树造林,计划第6年进行初伐后无偿移交地方政府。该大型林业项目的财务效益为林木出售获得的收入,扣除运营费用后,其净收入估算为6000万元。设定计算期从建设到初伐结束,共6年。

由于流域水土得以保持,气候环境得以改善,可使该地区农田增产,农民由此受益。假设从第二年起农民每年可增加净收入 540 万元。

为简化起见，假定财务数据能体现经济价值，不进行调整；无需缴纳税收；不考虑余值回收。

财务基准收益率为 6%，社会折现率为 8%。

【问题】

(1) 在考虑资金时间价值的情况下，该投资者靠初伐净收入能否获得期望的投资效益？

(2) 进行经济费用效益分析，考察项目是否具有经济合理性？

【解答】

(1) 按折现率 6% 计算的财务净现值为：

$FNPV(6\%) = -5000 + 6000 \times (1+6\%)^{-6} = -770.24$（万元）

财务净现值为负，说明该投资者靠初伐净收入不能获得期望的投资效益。

(2) 进行经济费用效益分析，应将气候改善导致农作物增产的效益作为效益流量纳入经济费用效益流量表，见表 10-8。

表 10-8 项目投资经济费用效益流量表

单位：万元

序号	项目	计算期					
		0	1	2	3	4	5	6
1	效益流量		0	540	540	540	540	6540
1.1	初伐净收入							6000
1.2	农田增产净效益		0	540	540	540	540	540
2	费用流量							
2.1	建设投资	5000						
3	净效益流量（1－2）	－5000	0	540	540	540	540	6540

计算指标：

$ENPV(i_s=8\%) = -5000 + 540 \times (1+8\%)^{-2} + 540 \times (1+8\%)^{-3} + 540 \times (1+8\%)^{-4} + 540 \times (1+8\%)^{-5} + 6540 \times (1+8\%)^{-6} = 777.37$（万元）

$ENPV(i_s=12\%) = -5000 + 540 \times (1+12\%)^{-2} + 540 \times (1+12\%)^{-3} + 540 \times (1+12\%)^{-4} + 540 \times (1+12\%)^{-5} + 6540 \times (1+12\%)^{-6} = -222.20$（万元）

$ENPV(i_s=11\%) = -5000 + 540 \times (1+11\%)^{-2} + 540 \times (1+11\%)^{-3} + 540 \times (1+11\%)^{-4} + 540 \times (1+11\%)^{-5} + 6540 \times (1+11\%)^{-6} = 5.85$（万元）

则 $EIRR = 11.02\%$

经计算，项目投资经济净现值（$i_s=8\%$）为 777.37 万元，大于零，项目投资经济内部收益率 11.02%，大于社会折现率 8%，说明该项目具有经济合理性。

【例 10-15】 某公路项目的经济费用效益分析。

某公路项目是"国家高速公路路网规划"中的××高速公路上的特大控制性工

程，其主体是隧道工程。该项目的关联项目（指必须与该公路配套建设的项目）为隧道北口和南口分别连接 A 城和 M 县的两侧接线高速公路。财务分析主体是拟建项目，经济费用效益分析主体包括拟建项目和关联项目。

在区域公路网总体背景下，采用"四阶段"法进行了交通量预测，包括趋势交通量（指区域公路系统趋势增长进行路网分配得到的交通量）和诱增交通量。

项目的财务效益是对各种车辆的收费收入（仅指拟建项目）；项目经济效益是在路网范围内，采用有无对比分析得出的针对趋势交通量的运输成本节约、旅客时间节约和交通事故减少的效益。此外，还包括诱增交通量的效益。

项目费用流量包括建设投资和运营管理费、日常维护费和机电运营费等运营费用。财务分析只考虑拟建项目的相应费用，而经济费用效益分析还要包括关联项目的费用。经济费用流量在财务费用数据基础上调整而得。但该类项目首先进行的是经济费用效益分析，在经济费用效益分析结论符合要求的前提下再进行财务分析。

该项目的项目投资经济费用效益流量表见表 10-9。该项目计算期长达 25 年，且各年流量都有不同，本表仅列出 8 年的流量。

表 10-9 项目投资经济费用效益流量表

单位：万元

序号	项目	合计	1	2	3	4	5	6	7	8
1	效益流量	3721270					38535	41891	45571	49615
1.1	运输成本降低	2071348					29105	31040	33131	35395
1.2	旅客时间节约	1185005					6533	7733	9082	10602
1.3	交通事故减少	9251					160	171	183	196
1.4	诱增交通量效益	229271					2737	2947	3175	3422
1.5	回收资产余值	226395								
1.6	间接效益									
2	费用流量	586233	90558	135837	135837	90558	4060	4094	4129	4165
2.1	建设投资	452790	90558	135837	135837	90558				
2.2	运营费用	133443					4060	4094	4129	4165
2.3	间接费用									
3	净效益流量（1-2）	3135036	-90558	-135837	-135837	-90558	34475	37797	41442	45450

计算指标：
项目投资经济内部收益率： 14.34%
项目投资经济净现值（$i_s=8\%$）： 466973 万元

注：表中运营费用包括运营管理费、日常养护费、机电运营费和大修理费。

依据表 10-9 的净效益流量计算的经济净现值（$i_s=8\%$）为 466973 万元，经济内部收益率为 14.34%。采用社会折现率作为折现率计算的经济净现值大于零；经济内部收益率大于社会折现率，项目具有经济合理性。

二、项目费用效果分析

(一) 费用效果分析概述

费用效果分析是通过对项目预期效果和所支付费用的比较,判断项目费用的有效性和项目经济合理性的分析方法。

效果是指项目引起的效应或效能,表示项目目标的实现程度,往往不能或难于货币量化。费用是指社会经济为项目所付出的代价,是可以货币量化计算的。

费用效果分析是项目决策分析与评价的基本方法之一。当项目效果不能或难于货币量化时,或货币量化的效果不是项目目标的主体时,在经济分析中可采用费用效果分析方法,并将其结论作为项目投资决策的依据。例如医疗卫生保健、政府资助的普及教育、气象、地震预报、交通信号设施、军事设施等项目。

作为一种方法,费用效果分析既可以应用于财务分析,采用财务现金流量计算;也可以应用于经济分析,采用经济费用效益流量计算。用于前者,主要用于项目各个环节的方案比选、项目总体方案的初步筛选;用于后者,除了可以用于上述方案比选、筛选以外,对于项目主体效益难以货币量化的,则取代经济费用效益分析,作为经济分析的最终结论。

(二) 费用效果分析的要求与应用条件

1. 费用效果分析的要求

费用效果分析是将费用与效果采取不同的度量方法和度量单位,在以货币度量费用的同时,采用某种非货币单位度量效果。

费用效果分析遵循多方案比选原则,通过对各种方案的费用和效果进行比较,选择最优或较好的方案。对单一方案的项目,通常不易直接评价其合理性。

2. 备选方案应具备的条件

进行费用效果分析,项目的备选方案应具备以下条件:

(1) 备选方案是互斥方案或可转化为互斥方案;

(2) 备选方案目标相同,且均能满足最低效果标准的要求,否则不可进行比较;

(3) 备选方案的费用可以货币量化,且资金用量不突破预算限额;

(4) 备选方案的效果应采用同一非货币单位度量。如果有多个效果,可通过加权的方法处理成用单一度量单位表示的综合效果;

(5) 备选方案应具有可比的寿命周期。

(三) 费用效果分析的基本程序

1. 确立项目目标,并将其转化为可量化的效果;
2. 拟定各种可以完成任务(达到效果)的方案;
3. 识别和计算各方案的费用与效果;
4. 计算指标,综合比较,分析各方案的优缺点;
5. 推荐最佳方案或提出优先采用的次序。

（四）费用估算要点

1. 费用应包括整个计算期内发生的全部费用；
2. 费用可采用现值或年值表示，备选方案计算期不一致时应采用年值。

（五）效果计量单位的选择

效果可以采用有助于说明项目效能的任何度量单位。选择的度量单位应能切实度量项目目标实现的程度，且便于计算。例如供水工程可以选择供水量（吨）、教育项目选择受教育人数等。若项目的目标不只一个，或项目的效果难于直接度量，需要建立次级分解目标加以度量时，需要用科学的方法确定权重，借助层次分析法对项目的效果进行加权计算，处理成单一度量单位表示的综合效果。

（六）费用效果分析基本指标

1. 费用效果分析基本指标是效果费用比（$R_{E/C}$），即单位费用所达到的效果：

$$R_{E/C} = \frac{E}{C} \qquad (10-12)$$

式中 $R_{E/C}$——效果费用比；
E——项目效果；
C——项目费用。

2. 习惯上也可以采用费用效果比（$R_{C/E}$）指标，即单位效果所花费的费用：

$$R_{C/E} = \frac{C}{E} \qquad (10-13)$$

（七）费用效果分析基本方法

1. 最小费用法

当项目目标是明确固定的，也即效果相同的条件下，选择能够达到效果的各种可能方案中费用最小的方案。这种满足固定效果寻求费用最小方案的方法称为最小费用法，也称固定效果法。例如优化一个满足特定标准的教育设施项目，比如一所学校，其设施要达到的标准和可以容纳的学生人数事先确定下来，可以采用最小费用法。

2. 最大效果法

将费用固定，追求效果最大化的方法称为最大效果法，也称固定费用法。例如用于某一贫困地区扶贫的资金通常是事先固定的，扶贫效用最大化是通常要追求的目标，也就是采用最大效果法。

3. 增量分析法

当备选方案效果和费用均不固定，且分别具有较大幅度的差别时，应比较两个备选方案之间的费用差额和效果差额，分析获得增量效果所花费的增量费用是否值得，不可盲目选择效果费用比大的方案或者费用效果比小的方案。

采用增量分析法时，需事先确定基准指标，例如$[E/C]_0$或$[C/E]_0$（也称截止指标）。如果增量效果超过增量费用，即$\triangle E/\triangle C \geqslant [E/C]_0$或$\triangle C/\triangle E \leqslant [C/$

$E]_c$时可以选择费用高的方案,否则选择费用低的方案。

如果项目有两个以上的备选方案进行增量分析,应按下列步骤选优:
(1) 将方案费用由小到大排队;
(2) 从费用最小的两个方案开始比较,通过增量分析选择优胜方案;
(3) 将优胜方案与紧邻的下一个方案进行增量分析,并选出新的优胜方案;
(4) 重复第三步,直至最后一个方案,最终被选定的优势方案为最优方案。

【例 10-16】 某地方政府拟实行一个免疫接种计划项目,减少国民的发病率。设计了 A、B、C 三个备选方案,效果为减少发病人数,费用为方案实施的全部费用,三个方案实施期和效果预测期相同,见表 10-10。拟通过费用效果比的计算,在政府财力许可情况下,决定采用何种方案。根据以往经验,设定基准指标 $[C/E]_c$ 为 400,即每减少一人发病需要花费 400 元(现值)。

表 10-10 方案费用效果比计算表

项　　目	A 方案	B 方案	C 方案
费用(万元)	8900	10000	8000
效果(万人)	26.5	29.4	18.5

【解答】
1. A、B、C 三个方案的费用效果比分别为 A 方案 336 元/人;B 方案 340 元/人;C 方案 432 元/人。
2. C 方案费用效果比明显高于基准值,不符合备选方案的条件,应予放弃。
3. A、B 两个方案费用效果比都低于基准值 400,符合备选方案的条件。计算 A 和 B 两个互斥方案的增量费用效果比:
$\triangle C/\triangle E=$(10000-8900)/(29.4-26.5)=379(元/人)
4. 由计算结果看,A 和 B 两个方案费用效果比都低于设定的基准值 400,而增量费用效果比也低于基准值 400,说明费用高的 B 方案优于 A 方案,在政府财力许可情况下可选择 B 方案。如果有资金限制,也可以选择 A 方案。

第五节　投资项目经济影响分析方法

一、分析原则及基本方法

(一) 分析原则

项目的经济影响分析应遵循系统性、综合性、定性分析与定量分析相结合的原则。

1. 系统性原则

重大项目本身就是一个系统,但从国民经济的全局来看,它又是国民经济这个大系统中的一个子系统。子系统的产生与发展,对于原有的大系统内部结构和运行机制将会带来冲击。原有的大系统会由于重大项目的加入而改变原有的运行轨迹或运行规律。按照系统协同原理，系统可以按照自身的结构与机制，使得原有的大系统能够"容忍"或"接纳"重大项目的存在。这种协调的过程，或者使重大项目与区域经济融为一体；或者重大项目适当改变自己的结构与机制，以适应区域经济大系统的运行规律。而一旦重大项目被排除在区域或宏观经济大系统之外，就意味着重大项目的失败。为了保证重大项目的建设成功和国民经济系统稳定运行，应从全局的观点，用系统论的方法来分析其可能带来的各方面的影响，尤其是对区域经济和宏观经济的影响。

2. 综合性原则

重大项目建设周期长，投资巨大，影响面广。其在建设期和生产运营期的投入将给原有经济系统的结构（包括产业结构、投资结构、就业结构、供给结构、消费结构、价格体系和空间布局等）、状态和运行带来重大的影响。它不仅影响到经济总量，而且影响到经济结构；不仅影响到资源开发，而且影响到资源利用，人力、物力、财力配置；不仅对局部区域有影响，而且对国民经济整体产生影响。因此，分析重大项目对区域和宏观经济影响要坚持综合性原则，进行综合分析。

3. 定量分析与定性分析相结合的原则

重大项目对区域和宏观经济的影响是广泛而深刻的，既包括实实在在的有形效果和经济效果，可以用价值型指标进行量化；也包括更大量的无形效果和非经济效果，难以用价值型指标进行量化。对于前者无疑要以定量分析为主，对于后者必须进行定性分析或进行比较性描述，或者用其他类型指标或指标体系进行描述或数量分析，以便得出可靠结论，为项目决策提供充分依据。

（二）基本方法

项目的经济影响分析，可以采用各种指标，通过各种定性和定量分析的方法进行分析评价，但其基本方法包括客观评价和主观评价两种方法。

1. 客观评价法

在对项目的产出与其影响后果进行客观分析的基础上，对其影响后果进行预测分析。如通过对项目关联对象的产出水平或成本费用变动的客观量化分析，进一步对项目的区域经济影响进行量化分析计算。

2. 主观评价法

以真实的或假设的市场行为的可能后果为依据，通过项目评价人员的主观判断，对项目的区域或宏观经济影响进行分析评价。这种方法建立在评价人员偏好的基础之上，是人们根据对某种后果的认知程度或所占有的信息量，对某种影响的价值进行的主观判断。

二、定量指标分析方法

项目的经济影响分析可以借助各种指标进行分析判断。通常采用的指标包括总量指标、结构指标、国力适应性指标以及就业和收入分配指标等。

(一) 总量指标

总量指标反映项目对国民经济总量的贡献，包括增加值、净产值、社会纯收入、财政收入等经济指标。

1. 增加值

项目的增加值是指项目投产后对国民经济的净贡献，即每年形成的国内生产总值。对项目而言，按收入法计算增加值较为方便。

$$增加值＝项目范围内全部劳动者报酬＋固定资产折旧 \\ ＋生产税净额＋营业盈余 \quad (10-14)$$

式中：劳动者报酬包括成本费用中列支的工资（薪金）所得、职工福利费、社会保险费、公益金以及其他各种费用中含有和列支的个人报酬部分；

固定资产折旧按照有关折旧政策计提；

生产税净额指项目税金及附加（包括消费税、城市维护建设税、资源税、教育费附加及房产税、车船税、土地使用税、印花税等税费）和增值税扣除政府给予的生产补贴后的净额；

营业盈余即营业利润加生产补贴。

项目评价实践中，由于所有数据来自预测，本身就有不确定性，可以直接采用财务分析中的效益、费用数据简略估算，计算公式如下：

$$增加值＝职工薪酬（含社会保险）＋固定资产折旧＋税金及附加 \\ ＋增值税－补贴收入＋利润总额 \quad (10-15)$$

2. 净产值

项目的净产值为增加值减去固定资产折旧后的余额，用于反映新创造的价值。

3. 社会纯收入

项目的社会纯收入是项目净产值扣除劳动者报酬后的余额。

4. 财政收入

项目的财政收入是项目对地方和国家财政的贡献，其中主要是项目向政府上缴的各种税费：

$$项目的财政收入＝生产税＋所得税＋国有资产收益 \quad (10-16)$$

式中：所得税包括个人所得税和企业所得税；

国有资产收益是指使用了国有资产的项目向各级政府有关部门国有资产管理部门上缴的利润、租金、股息、红利、资金使用费等。若项目有代政府收取的各项费用，相关费用也属于项目产生的财政收入。项目评价中，国有资产收益难以明确的，也可不予计算。

在项目经济影响分析中，可以计算项目各年带来的增加值、净产值和社会纯收入，也可以将各年的数值折现成现值总额，并根据现值总额折算成年值。

（二）结构指标

结构指标反映项目对经济结构的影响，主要包括影响力系数及项目对三次产业的贡献率等指标。

1. 影响力系数

影响力系数也称带动度系数，指重大项目所在的产业每增加一个单位最终需求时，对国民经济各部门产出增加的影响。

影响力系数大于1表示该产业部门增加产出对其他产业部门产出的影响程度超过社会平均水平，影响力系数越大，该产业部门对其他产业部门的带动作用越大，对经济增长的影响越大。

2. 三次产业贡献率

三次产业贡献率（也称三次产业结构）可以按各产业增加值计算，反映项目增加的三次产业增加值在全部增加值（国内生产总值）中所占份额的大小及其分配比率，分析项目建设对所在地区三次产业增加值变化的贡献情况，评价拟建项目对当地产业结构的影响。

（三）国力适应性指标

1. 国力适应性分析的必要性

重大项目的建设规模往往很大，需要耗费大量的人力、物力、财力、自然资源等，对国力（或地区经济）的承受能力提出了要求。如果重大项目需要的建设资金过多，就会影响到其他地区、其他部门的建设和发展；如果拟建项目需要占用的资源过多，就会影响其他领域的资源供应，并阻碍其发展。在这种情况下，对重大项目的国力适应性进行分析就显得尤为必要。

2. 国力适应性分析指标

国力适应性指标用于反映国家的人力、物力和财力承担重大项目投资建设的能力，一般用项目占用资源占全部资源的百分比或财政资金投入占财政收入或支出的百分比表示。

（1）人力

由于我国劳动力资源相对丰富，国力适应性的评价一般不分析人力需求。但应根据项目的具体情况，对特殊技能人才的需求和人力资源开发利用的需求进行分析。

（2）财力

国家财力是指一定时期内国家拥有的资金实力，用国内生产总值（或国民收入）、国家财政收入、外汇储备等指标反映，其中最主要的指标是国内生产总值（或国民收入）和国家财政收入。国内生产总值（或国民收入）水平和增长速度反映了国家当前的经济实力及其增长趋势，对重大项目的投资规模具有直接影响。财力承担能力一般通过国内生产总值（或国民收入）增长率、重大项目年度投资规模分别占国内生产总值（或国民收入）、全社会固定资产投资和国家预算内投资等数值的比重等指标来衡量。对于使用财政资金的项目，项目需要的财政资金投入占财政收入的比例可以用于反映财政对项目资金需求的承受能力。

（3）物力

国家物力是指国家所拥有的物质资源，包括重要产品物资及其储备量、矿产资源储备量、森林、草场以及水资源等。物力取决于国家可供追加的生产资料和消费资料的数量和构成。应分析能源、钢材、水泥和木材等重要物资能否支持项目建设，一般通过项目建设对相关物资的年度需要量占同期可供数量的比重来衡量。

（四）就业和收入分配指标

1. 就业效果指标

（1）总就业效果指标

实现社会充分就业是政府追求的宏观调控目标之一。评价重大项目的就业效果对我国尤其具有重要意义。项目引发的总就业效果包括项目投资所产生的直接就业效果和由该项目所引起的间接就业效果。

总就业效果指标一般采用项目单位投资带来的新增就业人数表示，即：

$$单位投资就业效果 = \frac{项目新增就业人数}{项目总投资}(人/万元) \quad (10-17)$$

式中：项目新增就业人数包括项目直接就业人数和项目所引起的间接就业人数。

（2）直接就业效果指标

直接就业效果指标用于评价项目投资所带来的直接就业机会。计算公式为：

$$单位投资直接就业效果 = \frac{项目新增直接就业人数}{项目总投资}(人/万元) \quad (10-18)$$

（3）间接就业效果指标

用于评价项目投资所带来的间接就业机会。计算公式为：

$$单位投资间接就业效果 = \frac{项目新增间接就业人数}{项目总投资}(人/万元) \quad (10-19)$$

2. 收入分配效果指标

收入分配效果指标是指项目在生产经营过程中所产生的净产值在职工、企业、地方和国家等不同方面的分配比例情况，即：

$$职工收入分配效果 = \frac{劳动者报酬}{项目净产值} \times 100\% \quad (10-20)$$

$$企业收入分配效果 = \frac{企业营业盈余}{项目净产值} \times 100\% \quad (10-21)$$

$$地方收入分配效果 = \frac{地方税收净额}{项目净产值} \times 100\% \quad (10-22)$$

$$国家收入分配效果 = \frac{国家税收净额}{项目净产值} \times 100\% \quad (10-23)$$

项目评价实践中，由于所有数据来自预测，本身就有不确定性，可以直接采用财务分析中的效益、费用数据简略估算，计算公式如下：

$$职工收入分配效果 = \frac{职工薪酬（含社会保险）}{项目净产值} \times 100\% \qquad (10-24)$$

$$企业收入分配效果 = \frac{所得税后利润}{项目净产值} \times 100\% \qquad (10-25)$$

$$地方收入分配效果 = \frac{项目上交地方税费总额 - 地方生产补贴}{项目净产值} \times 100\%$$
$$(10-26)$$

$$国家收入分配效果 = \frac{项目上交国家税费总额 - 国家生产补贴}{项目净产值} \times 100\%$$
$$(10-27)$$

3. 地区分配效果指标

如果拟建项目属于跨地区投资建设的项目，要进行不同地区之间分配效果的分析，用于评价项目投资建设对协调区域经济发展等方面的贡献，主要是各项总量指标在各地区的分配，尤其要重点分析贫困地区所获得的项目净产值情况。

三、重大项目的经济安全影响分析

（一）国家经济安全的内涵

国家经济安全是国家的经济在不受伤害条件下正常运行、确保本国最根本的经济利益不受伤害的态势。主要内容包括：一国经济在整体上主权独立、基础稳固、运行健康、增长稳定、发展持续；在国际经济生活中具有一定的自主性、防卫力和竞争力；不会因为某些问题的演化而使整个经济受到过大的打击和遭受过多的损失；能够避免或化解可能发生的局部或全局性的危机。

国家经济安全由国家产业安全、金融市场安全、国际收支安全、市场体系安全、国家外债安全、财政资金安全等众多子系统组成。其中与投资项目最密切相关的是国家产业安全。项目的投资建设活动，可能会影响到相关产业的安全，进而影响到整个国家的经济安全甚至是国家安全，这种影响可能是正面的，也可能是负面的。

（二）国家经济安全影响评价的目的

对于可能对国家经济安全产生影响的重大项目，要从维护国家经济安全的高度，对拟建项目的宏观经济影响进行分析评价，确保项目的投资建设有利于维护国家利益，提高我国相关产业的国际竞争力，保证国家经济运行免受侵害。

（三）国家经济安全影响评价的内容与方法

国家经济安全影响评价的内容包括对经济发展水平和国际竞争力的分析评价，对资源潜力及其发展能力的分析评价，对资源、人力资本利用效率的分析评价，对经济发展空间完整性的分析评价，以及对社会稳定和防止、解决社会冲突能力的分析评价等。

重大项目对国家经济安全的影响应从产业技术安全、资源供应安全、资本控制安全、产业成长安全、市场环境安全、产业竞争力安全等方面进行分析评价。

1. 产业技术安全评价

对项目的产业技术安全，重点从以下方面进行分析评价：①项目采用的关键技术是否受制于人，是否拥有自主知识产权。对于主要依靠国外进口的核心技术及关键部件，是否可能威胁到国家产业安全；②分析运用技术壁垒对项目法人进行保护的能力。技术壁垒指一国以维护国家安全或保护人类健康和安全、保护动植物、保护生态环境或防止欺诈行为、保证产品质量为由，采取一些强制或非强制性的技术措施，使其成为其他国家商品自由进入该国的障碍。如技术标准与法规、知识产权、检验检疫措施、环境保护和劳工标准、合格评定程序、通关程序、包装和标签等；③分析技术创新能力，包括不断完善和提高产品的各项技术、环保、卫生、安全等标准，拓宽技术标准覆盖领域，通过研究、追踪、借鉴和采用国际标准，缩小本国与国外的差距，促进企业提高产品质量和科技含量，增加低消耗、无污染、高附加值产品生产，保证国家经济、社会、环境全面协调发展的能力；④分析项目涉及的行业组织和企业在推动和参与产品技术标准制订工作方面的参与能力。

2. 资源供应安全评价

对于大量消耗重要战略资源的项目，分析项目建设及运营的资源保证程度；对于需要采取外交、经济、军事措施以保证供应安全的项目，重点分析资源供应及其对国家经济安全可能产生的影响。重点从以下角度进行分析评价：①项目所涉及的资源对国家经济增长的制约程度，评价所在行业的经济增长对这种资源的依赖程度及资源支撑力；②对于依赖国内资源供应的项目，分析经济发展对相关资源的需求增长情况，在矿产资源开发、利用方面存在的问题，对国民经济具有重要影响的矿产资源如原油、铁矿石等的自给能力，枯竭型矿产资源的替代能力等；③重要资源特别是能源和重要原材料等战略资源过于依赖进口的，重点分析受全球供求格局和价格变化的影响，包括打破现有垄断格局、运输线路安全保障等有关国际政治、外交、军事等方面可能存在的问题；④项目所涉及资源的国际市场变动情况及对我国资源供应的影响，以及可能产生的资源供应风险。

3. 资本控制安全评价

对项目的资本控制安全，重点从以下方面进行分析评价：①项目涉及的产业链各环节中，对关键产业资本的控制能力，分析评价在关键环节对外资等其他资本的依赖程度；②外资以并购等方式控制我国战略性产业的项目，分析外资进入的产业风险；③分析由于资本的聚积和扩张可能导致的垄断、产生不正当竞争等风险；④项目的投资方案通过利用国外的资本、市场、技术和人才提升我国相关企业竞争力等方面的效果。

4. 产业成长安全评价

对项目的产业成长安全，重点从以下方面进行分析评价：①按照科学发展观的要求，分析项目所依托的产业发展在优化结构、提高质量和效益方面的作用，确保速度、结构、质量、效益相统一；②对于幼稚产业，由于在企业规模、研发能力、产品质量、服务水平等方面无法与发达国家抗衡，离不开国外的先进技术等各种资源，更要在对外开放与产业安全中寻求平衡，提升研发创新能力，通过重大项目的实施促进相关产业发展；③通过实施重大项目促进产业战略协作关系的建立。战略协作是产业间适应激烈竞争的一种自救方式，对于重新搭建和稳定产业链、保证上下游产业间合理利益，维护产业安全具有重要作用。通过与上下游产业建立互利协作关系，在生产、技术、供应链、价格、合资合作、知识产权以及人才方面加强合作，确保产业成长安全，提高抵御风险能力；④项目实施对产业集中度的影响，包括对现有企业实施兼并、重组，形成大型企业集团，加强资本集中，实现产业规模经济效益，提高产业国际竞争力等方面的影响效果。

5. 市场环境安全评价

对项目的市场环境安全，重点从以下方面进行分析评价：①调查研究国外为了保护本地市场，采用反倾销等贸易保护措施和知识产权保护、技术贸易壁垒等手段，对拟建项目相关产业发展设置障碍的情况；②项目所在产业受到进口倾销等方式损害，市场份额被进口产品不正当竞争所挤占，产业受到实质损害，可能导致企业停产、倒闭，职工下岗、待业，产业发展受到阻碍，影响到社会再生产良性循环和产业安全的情况；③对市场准入进行有效控制，避免无序竞争和资源浪费的情况。分析项目投资是否按照国家产业政策、技术政策、环保政策、能源政策和科学发展观要求，引导调整和优化产业结构，规范竞争秩序，限制、淘汰落后技术，鼓励优势产业和高新技术产业，科学合理地保护和支持国内产业，优化市场环境和竞争秩序的状况。

6. 产业竞争力安全评价

对项目的产业竞争力安全，重点分析项目涉及的企业、行业组织和政府部门在树立产业安全理念，提升产业国际竞争力等方面的情况，主要包括：①拟建项目法人机构在管理创新、成本控制、研发能力等核心竞争力方面的素质，在自主知识产权和自主品牌建设方面的竞争实力、创新基础和发展能力；②政府主管部门和行业组织对提升行业竞争力，特别是在贯彻可持续发展战略、市场经济法律体系建设、政府管理和基础设施方面为企业创造外部环境等方面的情况；③行业组织在树立产业安全理念，维护国家产业经济安全、提升综合竞争能力等方面的情况。

四、经济影响分析模型简介

（一）定量分析模型

重大项目的区域经济和宏观经济影响分析，可将项目的总产出、总投入、资源、劳动力、进出口总额等作为区域或宏观经济的增量，通过构造各种既有科学依据又反映项目特点的经济数学模型，分别计算"有项目"与"无项目"情况下的总量指标、结构指标、国力适应性指标及收益分配效果指标，并根据有无对比的原则对项目的影响进行分析评价。

常用的经济数学模型有宏观经济计量模型、宏观经济递推优化模型、全国或地区投入产出模型、系统动力学模型和动态系统计量模型等。

1. 宏观经济计量模型

宏观经济计量模型是在一定的经济假设下，依据一定的经济理论，建立众多经济变量之间的关系式，利用变量的历史序列数据对关系方程式组成的联立方程组进行回归分析运算，确定方程式中的经济参数和其他参数数值，从而得出方程的确定形式，并在此基础上预测未来经济发展趋势，或者判定经济变量或经济参数对经济发展的影响。模型一般包括生产、收入、投资、消费、劳动力、财政、金融、价格、贸易、能源等模块，能较全面地反映现实经济结构及其数量关系。模型还应包括受拟建重大项目影响的区域经济模型块，并进行联立计算求解。利用宏观经济计量模型分析重大项目对区域和宏观经济的影响，主要是考察有无该项目的两种情况下宏观经济计量模型的运算结果，从而判定项目对区域和宏观经济影响的大小和好坏。

2. 宏观经济递推优化模型

宏观经济递推优化模型是统筹考虑国家中长期战略目标和近期发展目标的协调配合，在国力约束和供需平衡条件下，以年度国民收入最大化作为目标函数的模型。具体约束条件还包括产业间投入产出均衡、年度产业产出能力、消费年增长水平、积累率上下限、非生产性和更新改造投资比例、外汇平衡能力、进口需要量等。模型通过调整投资、消费结构和状态转移方程，使产业结构趋于合理化，在国力适应性等约束条件下寻求重大项目对宏观经济的有利影响和国民经济发展的合理途径。

3. 投入产出模型

投入产出模型是指依据著名经济学家列昂惕夫（W. Leontief）创立的投入产出经济学的原理，利用大量实际经济数据，构造反映国民经济各部门之间关联关系的投入产出表，根据该表计算出各部门的投入系数（即直接消耗系数）和完全消耗系数，并进一步计算各部门的影响力系数和感应度系数，分析判断各部门对国民经济其他部门的影响或其他部门发展对某一部门的影响，从数量上系统地揭示经济体内部的不同部门之间的相互关系。这个经济体可以是一个国家，甚至是整个世界，也可以是一个省、地区、企业或行业部门。应用投入产出模型可以分析重大项目对国民经济各部门增长和结构的影响。

4. 系统动力学模型

经济系统动力学模型可以动态地模拟经济发展的演进趋势。系统动力学建模不是建立纯数学符号的数学模型，而是借助于 DYNAMO 语言编写计算机仿真程序，再借助计算机的模拟技术定量地进行系统结构、功能与行为的模拟。模型可考虑短缺对国民经济的影响，还可以通过对比其他工程项目，分析其财力承受能力。在处理重大项目时，以不同融资方案或不同投资时机，动态模拟国民经济发展状况，对比有无该项目情况下的经济发展状态，分析判断国家财力对重大项目的承受能力。

5. 动态系统计量模型

动态系统计量模型是专门用于模拟长远发展态势的一种模型。它按照一定的规则，把经济计量模型及系统动力学模型的构模思想和方法，以及优化搜索技术和控制思想组合为一体，使模型能够更加合理地反映系统的长期理性行为，描述系统的长期变化。模型由主导结构、时变参数和决策结构的方程以及控制结构组成，可用来分析评价重大项目对国民经济的长期影响。

（二）多目标综合评价分析模型

重大项目的经济影响分析，由于是重点关注项目的间接影响、对区域或宏观经济的影响、对就业和居民收入的影响和贡献等，所以要站在更高的视野和更广的角度全面评价拟建项目宏观及区域经济影响的价值，分析这些影响最终导致的受影响地区的企业、政府、居民及其他社会组织福利增长的效果。因此，对重大项目的经济影响评价通常强调进行多目标综合评价，评价项目满足环境质量、经济发展、可持续性、社会公平等目标的程度。多目标综合评价一般都要组织若干专家，包括各行业和各学科的专家学者，根据国家产业政策、当地社会发展水平和区域经济发展目标，结合拟建项目的具体情况，对项目各项指标视其对项目的重要程度赋予一定的权重，并对各个指标进行量化分析，评价拟建项目的综合影响效果。

多目标综合评价通常采用的评价方法包括德尔菲法、矩阵分析法、层次分析法、模糊综合评价法、数据包络分析法等。

参考文献

[1] 施胜利，霍张玲，陆文洋，等. SWOT 分析法在生态环境保护规划中的应用研究 [J]. 中国环境管理，2017，9（5）：31—36.

[2] 张童莲，华立庚，黎文娟. 我国互联网金融可持续发展 [J]. 嘉应学院学报（哲学社会科学），2015，1（1）：38—42.

[3] 袁贺. 基于多模型的长三角中心城区区域经济联系定量分析 [J]. 南京大学学报社会科学版，2011（1）：31—36.

[4] 蔡睿，裴洪淑. 辽宁省城市规模结构演变分析 [J]. 绿色科技，2017（20）：143—146.

[5] 丁长发，谢晓琼. 福建省城市规模结构之研究——基于首位度和位序-规模法则的视角 [J]. 发展研究，2017（3）：35—43.

[6] 李茂，张真理. 中国城市系统位序规模分布研究 [J]. 前沿理论，2017（36）：12—31.

[7] 李斌. 基于位序—规模法则与分形理论的重庆市城镇体系结构测度及其优化 [J]. 资源开发与市场，2014（2）：167—170.

[8] 王勇. 论"两规"冲突的体制根源——兼论地方政府圈地的内在逻辑 [J]. 城市规划，2009（10）：53—59.

[9] 李开明. 基于利益相关者的公众参与特征研究——以上海市嘉定区控规编制为例 [J]. 规划师，2016（32）：36—43.

[10] 王晓军，梅傲雪，周洋. 县级土地利用总体规划编制过程中的利益相关者分析 [J]. 中国土地科学，2014（9）：47—52.

[11] 顿明明. 苏州居住型历史文化街区保护的利益相关者分析及其策略应对 [J]. 规划管理，2016（32），39—44.

[12] 关爱萍，陈锐. 产业集聚水平测度方法的研究综述 [J]. 工业技术经济，2014（12）：150—155.

[13] 封志明，杨艳昭，闫慧敏，等. 百年来的资源环境承载力研究：从理论到实践 [J]. 资源科学，2017，39（3）：379—395.

[14] 王红旗，等. 中国重要生态功能区资源环境承载力评价指标研究 [M]. 科学出版社，2017.

[15] 黄敬军，姜素，张丽，等. 城市规划区资源环境承载力评价指标体系构建——以徐州市为例 [J]. 中国人口·资源与环境，2015，25（11）增：204—208.

[16] 李华姣，安海忠. 国内外资源环境承载力模型和评价方法综述——基于

内容分析法 [J]. 中国国土资源经济，2013，08：65-68.

[17] 刘玉娟，刘邵权，刘斌涛，等. 汶川地震重灾区雅安市资源环境承载力 [J]. 长江流域资源与环境，2010，19（5）：554-559.

[18] 吕一河，傅微，李婷，等. 区域资源环境综合承载力研究进展与展望 [J]. 地理科学进展，2018，37（1）：130-138.

[19] 赵晨艳，张杜鹃. 基于生态足迹的长治县资源环境承载力评价研究 [J]. 山西科技，2017，33（3）：30-32.

[20] 袁艳梅，沙晓军，刘煜晴，等. 改进的模糊综合评价法在水资源承载力评价中的应用 [J]. 水资源保护，2017，33（1）52-56.

[21] 雷勋平，邱广华. 基于熵权 TOPSIS 模型的区域资源环境承载力评价实证研究 [J]. 环境科学学报，2016，36（1）：314-323.

[22] 刘芳，王慧芳，张利国. 基于主成分分析法的江西资源环境承载力研究 [J]. 鄱阳湖学刊，2015，6：99-104.

[23] 樊杰，等. 全国资源环境承载能力预警（2016 版）的基点和技术方法进展 [J]. 地理科学进展，2017，36（3）.

[24] 马海龙. 宁夏资源环境承载力研究 [M]. 科学出版社，2017.

[25] 安海忠，李华姣. 资源环境承载力研究框架体系综述 [J]. 资源与产业，2016，18（6）：21-26.

[26] 刘蕾. 区域资源环境承载力评价与国土规划开发战略选择研究——以皖江城市带为例 [M]. 人民出版社，2013.

[27] 祝秀芝，李宪文，贾克敬，等. 上海市土地综合承载力的系统动力学研究 [J]. 中国土地科学，2014（2）：90-96.

[28] 规划环境影响评价导则总纲（HJ130-2014）.

[29] 国家发发展改革委，建设部. 建设项目经济评价方法与参数 [M]. 3 版. 北京：中国计划出版社，2006.

[30] 全国咨询工程师（投资）职业资格考试参考教材编写委员会. 现代咨询方法与实务（2017 年版）[M]. 北京：中国计划出版社，2017.

[31] 中国国际工程咨询公司. 投资项目可行性研究指南 [M]. 北京：中国电力出版社，2002.